KB169317

교사와 학교 시스템 혁신을 위한 효과적 협력 방안

전문적 학습 네트워크

**전문적
학습네트
워크**

초판 1쇄 인쇄 2023년 11월 8일
초판 1쇄 발행 2023년 11월 18일

엮은이 크리스 브라운, 신디 L. 푸트먼
옮긴이 성기선, 문은경

펴낸이 김승희
펴낸곳 도서출판 살림터

기획 정광일
편집 송승호, 조현주
북디자인 꼬리별

인쇄·제본 (주)신화프린팅
종이 (주)명동지류

주소 서울시 양천구 목동동로 293, 2215-1호
전화 02-3141-6553
팩스 02-3141-6555
출판등록 2008년 3월 18일 제313-1990-12호
이메일 gwang80@hanmail.net
블로그 http://blog.naver.com/dkffk1020
한국교육연구네트워크 www.kednetwork.or.kr

ISBN 979-11-5930-264-0 93370

Networks for Learning
© 2018 selection and editorial matter, Chris Brown and Cindy L. Poortman; individual chapters, the contributors
All rights reserved
© 2023 Korean translation, Sallimter Publishing Co.
Authorised translation from the English language edition published by Routledge, a member of the Taylor & Francis Group
Korean translation rights arranged with the Taylor & Francis Group through Orange Agency

*가격은 뒤표지에 있습니다.
*잘못된 책은 바꾸어 드립니다.
*이 책은 저작권법에 따라 보호를 받는 저작물이므로 무단 전재와 복제를 금합니다.

교사와 학교 시스템 혁신을 위한 효과적 협력 방안

전문적 학습 네트워크

크리스 브라운·신디 푸트먼 엮음
성기선·문은경 옮김

살림터

　학교혁신이 자발성에 기초한 교사들의 헌신성과 전문성에 의해 가능하였다는 점을 고려해 볼 때 교사의 전문성 향상과 역량 개발은 학교개혁의 핵심 요인으로 볼 수 있다.성열관·이순철, 2011 교사 전문성 개발이 중요한 만큼 교사 역량과 전문성 개발을 위한 지원은 다양한 방법으로 이루어져 왔는데, 신규임용 교사 연수와 자격연수인 1·2급 정교사 연수, 직무연수, 학위 취득 대학 위탁 및 해외유학 등을 지원하는 특별연수 등 주로 연수의 형태를 띠었다. 즉, 교사의 전문성 개발을 위한 지원은 주로 강의식·전달식 방법을 활용하는 집합식 연수의 형태로 이루어져 왔다. 이처럼 집합식 연수 형태를 통해 교사 전문성 개발을 추구했던 것은 교사의 역할을 학교교육에 필요한 지식을 전달하는 것으로 인식했기 때문이다. 그러나 교사가 지식을 전달하는 교사 중심의 교육이 아니라 적극적으로 학습자가 참여하여 학습자 모두의 인지과정이 중요하게 인정받는 구성주의 관점에서는 교사가 학생들이 스스로 지식을 구성해 가는 것을 지원하고 안내하는 촉진자의 역할을 수행하는 것으로 본다.조윤정 외, 2016 이같이 교육, 수업, 학습에 대한 관점이 변화하면서 교사들의 전문성 향상을 위한 방식에도 변화가 일어나게 되었다.

　이러한 시대적 환경이 교사 전문성 개발의 새로운 대안인 전문적 학습공동체가 시작된 배경이었다. 기존의 교사 자율연수는 개별 교사들의 노력으로 일정 정도 전문성 향상에 기여했다. 그러나 단위학교 교육공동체의 협력 성장 또는 구성원 모두의 성장으로까지는 발전하지 못해 협업적인 교직문화를 만들어 내는 데는 한계가 있었다. 2010년 전후로 시작된 혁신학교 운동은 교사 개인의 역량만으로는 불가능한 공동체의 협력과 현장 중심의 문제 해결 역량이 필요한 일이었다. 이에 개방과 협업의 교직문화 형성, 학교 집단역량 향상 요구 등 학교현장의 문제를 해결하기 위한 실행연구의 필요성이 대두되었다.

경기도교육청에서는 전문적 학습공동체를 교원들의 동료성을 강화하여 협력적인 연구와 실천 과정을 통해 함께 성장하는 학습공동체로 정의하고, 교사들이 관료적 학교조직을 학습조직화하여 성찰을 바탕에 둔 공동연구와 공동실천으로 교사 개인과 학교 역량을 함께 성장시키는 것을 지향하고 있다. 전문적 학습공동체에 대한 선행연구가 주로 수업 개선에 초점을 두었다면, 경기도교육청의 정의는 전문적 학습공동체를 학교문화를 바꾸고 학교혁신을 이루는 데에서 중요한 중점과제로 인식했다는 점에서 특징적이다. 공동연구와 공동실천을 통해 수업이 개선될 뿐 아니라 더 나아가 분업적인 학교조직을 역동적이고 협업적인 연구 실천 조직으로 학습조직화하고 폐쇄적 학교문화를 개방과 협력, 공유의 학교문화로 바꾸어 집단지성의 조직 역량을 갖도록 하는 것을 지향하는 것이다.조윤정 외, 2016

이러한 전문적 학습공동체는 다양한 학교에서 활성화되었으며 그 성과에 대해서도 긍정적인 내용들이 보고되고 있다. 한 고등학교 교사는 "○○고등학교 교사들은 지난 전문적 학습공동체의 경험을 바탕으로 '어떻게 하면 잘될 수 있을까?'에 대해 많은 교사들이 고민하고 있고, 해결책은 바로 '전문적 학습공동체'라고 확신한다고 합니다. 이렇게 자기 학교의 문제와 해결 방법을 스스로 찾아가는 ○○고등학교가 앞으로 얼마나 더욱 성장할지 기대가 됩니다. ○○고등학교의 사례는 교사들이 협력하여 자발적으로 전문적 학습공동체를 운영함으로써 학업성취도가 낮고, 생활지도가 힘든 학생들을 교실 안으로 끌어들인 좋은 사례입니다. 생활지도뿐만 아니라 수업도 여럿이 함께 고민하면 더 멀리 나아갈 수 있습니다"라고 활동에 대해서 평가하고 있다. 또 중학교의 사례를 통해서도 교사들이 전문적 학습공동체 활동을 얼마나 소중하게 생각하는지 알 수 있다. "☆☆중학교 교사들은 매주 수요일 컴퓨터 모니터를 잠시 뒤로하고 동료 교사들과 나누는 수업 이야기와 아이들 이야기에 행복감을 느낍니다. 처리해야 할 업무를 못 한다는 걱정도 금세 사라지고 잠시 누리는 쉼표같이 이 시간의 소중함을 느낍니다. 그리고 동료와 수업에 대한 고민과 아이디어를 나누며 서로를 격려하고 응원합니다." 이러한 중학교와 고등학교 전문적 학습공동체 참여 교사들의 의견을 통해서 기존의 개인화되어 있던 교직사회가 함께 문제를 해결해 가는 협력적 문화로 변화되고 있음을 확인할 수 있었다.

이러한 전문적 학습공동체의 성과에 대한 조사 결과를 보면 연수 학점화 정책만족도 89.3%, 학교문화 개선 기여도 87.0%, 교실수업 개선 기여도 86.6%, 전문적 학습공동체 운영만족도 88.2%로 나타나, 학교 안 전문적 학습공동체 운영이 학교문화 개선과 교실수업 개선에 기여한 것으로 나타났다. 또한 정책 도입 첫해인 2015년 대비 교실수업 개선 기여도가 11.0% 상승, 전문적 학습공동체 운영만족도가 16.3% 상승하여 학교 안 전문적 학습공동체 참여 활성화뿐만 아니라 현장 교원의 긍정적 인식 변화가 확대되고 있다는 것을 알 수 있다. 이러한 성과는 기존의 교직사회 문화를 근본적으로 변화시키고 있다는 점에서 매우 긍정적이다. 전문적 학습공동체의 성과는 2020년을 넘어서면서 혁신학교의 일반화를 가능하게 했던 주요 요소라고 볼 수 있다.

전문적 학습공동체가 성공하기 위해서는 무엇이 필요한가? 먼저 구성원들에게 전문적 학습공동체의 필요성을 설명하고 공유하는 것, 정기적으로 전문적 학습공동체의 날을 운영하는 것, 업무 경감을 통하여 전문적 학습공동체 활동을 할 수 있는 시간적 여유를 마련하는 것을 들 수 있다. 둘째로는 민주적인 의사결정 구조가 확립되어 있어서 전문적 학습공동체와 관련한 의사결정을 교사들이 내리는 것, 전문적 학습공동체 활동과 교육과정이 유기적으로 연계되어 수업과 교육과정 개선을 위해 공동연구한 내용을 공동실천하는 것, 구성원 간에 신뢰가 형성되고 이를 위해서 비공식적으로 친밀감이 형성될 기회를 제공하는 것 등을 들 수 있다. 마지막으로 교사의 내적인 자발성이 살아날 수 있도록 믿고 기다려 주는 것, 전문적 학습공동체 내 리더와 구성원 간의 수평적인 의사소통이 이루어지는 것, 전문적 학습공동체 활동이 끝나면 그간의 활동에 대해 평가하고 피드백 내용을 반영하여 다음 해의 전문적 학습공동체 활동 내용과 형태에 대해 반영하는 것 등을 들 수 있다.조윤정 외, 2016

이상에서 우리나라 학교 안 전문적 학습공동체에 관한 연구 결과들을 검토해 보았다. 교사의 전문성 향상이 곧 학교문화의 변화로 이어지며 이를 통해서 교육 성과도 영향을 받는다고 볼 때, 학교혁신의 출발은 교사의 역량 강화라고 볼 수 있다. 이 책은 그런 점에서 시사하는 바가 매우 크다. 단위학교의 학습공동체를 넘어서서 학교와 학교, 학교와 지역사회가 어떻게 연계될 수 있는지를 전문적 학습네트워크PLN의 개념으로 접근하고 있다. 단위학교의 혁신을 넘어서서 학교와 학교 간의 연결망을 만들어 가고, 학교와 대학, 평생교육기관, 지역사회가 연계될 수 있다면 고립적인 학교 변화가 아닌 전체 사회의 변화까지 기대해 볼 수 있게 된다.

이 책은 영국, 캐나다, 오스트리아, 독일, 뉴질랜드 등 다양한 국가에서 일어나고 있는 전문적 학습네트워크 사례를 소개하고 있으며, 전문적 학습네트워크의 특성(이를테면 집중, 협업, 집단학습과 개별학습, 반성적인 전문적 탐구, 리더십, 그리고 경계 넘나들기)과 향후 발전 과제에 대해서도 상세히 안내하고 있다. 이른바 '초연결사회'는 전 세계가 매우 긴밀하게 연결되어 시공간의 차이가 없이 동시적으로 진행되고 있는 현재 상황을 잘 설명하는 개념이다. 교육에서도 마찬가지다. 단위학교의 성공과 실패가 공간적으로 제한된 그 학교에서만 끝나지 않는다. 동시적으로 전 세계가 공유하고 이로부터 새로운 정보와 아이디어를 얻고 있다. 전문적 학습네트워크는 이러한 변화의 양상을 기본 전제로 하면서 서로의 경험과 지식을 어떻게 공유하고 협업하며 새로운 문제 해결 방안을 찾아가는가에 대한 중요한 해법을 제시하고 있다. 학교 변화와 혁신을 꿈꾸는 모든 이들에게 일독을 권하고 싶다.

이 책을 우리말로 옮겨 보려는 시도는 본인이 경기도교육청 율곡교육연수원 원장으로 근무하게 된 2015년부터다. 교원연수를 개편하기 위해 노력하는 과정에서 전문적 학습공동체 활성화와 교원들의 자율연수 기획을 시도했는데, 강의식으로 연수를 진행하게 될 때 나타나는 수동적인 태도로는 교육혁신이 불가능하다고 생각했다. 그러면서 평소의 지론인 "Power to the teacher!"를 기반으로 교원연수의 근본 방향을 변화시키고자 하였다. 교사의 자발성, 전문성, 자율성이 살아나지 않는다면 우리나라 교육개혁은 실패할 수밖에 없다는 생각을 그 이전부터 해 왔다. 교육과정과 평가에 대한 권리를 보장하고 교사의 자율성과 전문성을 존중할 때 비로소 학교교육 혁신은 시작될 수 있다. 그런데 본인의 게으름으로 차일피일 번역 작업을 마무리하지 못하다가 이제야 마무리하게 되었음을 깊이 반성하게 된다. 그사이에 혁신교육의 불꽃도 서서히 사그라들고 있다. 학교혁신을 외치던 그 힘찬 목소리들도 다 숨죽이고 있다. 이럴 때일수록 좀 더 차분히 그동안의 노력과 성과를 정리하고 다시금 연대를 강화해 나가야 한다.

이 책이 전문적 학습네트워크를 통한 학교교육 변화의 지혜와 용기를 다시금 우리에게 전해 주리라 생각한다. 긴 시간을 기다려 주신 살림터 정광일 대표에게 감사드리며, 마무리 작업에 함께 노력해 주신 문은경 님에게도 이 자리를 빌려 깊이 감사드린다.

2023년 9월
성심교정에서
성기선 씀

● 참고문헌
성열관·이순철. (2011).『한국 교육의 희망과 미래 혁신학교』. 살림터.
조윤정 외. (2016).『전문적 학습공동체 사례 연구를 통한 성공요인 분석』. 경기도교육연구원.

추천사

앤디 하그리브스(Andy Hargreaves)

사회적 자본social capital이 갖는 협력적인 힘이 교육혁신, 교사의 전문성 향상과 교사 리더십 촉진을 위한 전략으로 전 세계적으로 각광을 받고 있다. 동시에 협력하는 방법은 많지만 항상 효과적이지는 않으며, 다양한 협력 방식이 그 문화에 맞지 않을 수도 있다. 아직 전문적인 협력에 대해서 알아야 할 내용은 많고, 또한 어떤 조건 아래에서 전문적 실천과 학생 성취도에 도움이 되는지에 관해서도 탐구할 것이 많이 남아 있다.

1980년대 후반부터, 교사들이 협력하고 개인 및 전문적인 신뢰 수준을 높이고 있는 학교는 학생 특성이 비슷하면서 교사들이 고립되어 근무하는 학교보다 평균적으로 교육적 성과가 더 뛰어나다는 증거들이 많이 제시되었다. 이후 전문가들 사이에서 새로운 형태의 협력적 활동이 의도적으로 설계되고 만들어졌는데, 이를테면 전문적 학습공동체, 데이터팀, 수업연구와 학교현장 개선을 위한 네트워크 등이 있다. 네트워크 디자인과 같은 사회적 자본의 기본 구조를 만들 때 전문가들은 지금까지의 실천 경험과 증거들을 좀 더 의도적으로 고려하기 시작했다. 이렇듯 새롭게 등장하면서 확장되고 있는 네트워크 디자인들은 등장하는 곳이나 형태에 따라 서로 차이가 있으며, 국가와 문화에 따라서도 형태가 다양하게 나타난다.

개인주의 문화보다 협업 문화가 더 가치 있다는 연구들을 토대로 많은 국가의 정책 결정자들이 협업 프로토콜과 과정들에 주목하고 관련 자금을 지원하고 있다. 예를 들어, 내가 참여하고 있는 연구 프로젝트도 연방정부의 지원을 받아서 태평양 북서부의 시골 학교 네트워크를 구축하여 교사들의 전문적 자본을 개발하고 학생들의 학습과 지역사회 참여 능력 향상을 지원하고 있다. 이 네트워크와 그 구체적인 형태는 교육 영역에서 무엇이 효과적인지에 관한 연구 결과와 캐나다와 영국의 기존 네트워크에 대한 평가를 참고해서 만들었다.

이제 교육 협력을 위한 다양한 유형과 전략들을 통해서 기대하는 성과인 학생 학습의 질적 개선과 공정성 확보에 얼마나 효과적인지를 배워야 한다. 수업연구의 이점은 관찰된 수업 자체를 넘어서는가? 외부 자금과 대학 파트너가 철수한 후에도 데이터팀이 학교의 지속적인 문화의 일환으로 남아 있을까? 이 분야의 교육연구는 이제 여러 증거기반, 데이터 기반 교육정책들에 대해 반대하거나 비판하는 입장을 견지하는 것이 아니라 그 정책들과 방향성을 같이하는 것으로 보인다. 이들 연구에서는 이 정책의 긍정적인 영향을 확인하고 있는가? 관련이 있는 경우 정책 자체에 관한 질문도 제기하는가?

이러한 점에서 중요하고도 시의적절한 이 책은 전 세계에서 진행되어 온 전문적 학습네트워크Professional Learning Networks에 대한 최고의 연구 내용을 다루고 있다. 이 책의 각 장에서는 네덜란드의 교사디자인팀, 스웨덴의 데이터팀, 영국의 증거기반 실천을 확산시키는 연구네트워크, 네덜란드에서 수업연구에 참여한 학교네트워크, 캐나다의 공동 조사, 오스트리아의 학습디자이너, 뉴질랜드의 학교 간 네트워크 및 다양한 지역에서의 교육적 변화를 함께 추구하는 파트너들의 네트워크들에 대한 설명과 평가를 다루고 있다.

이 책에서는 효과적인 방법과 그렇지 않은 방법, 초기 자금 지원 이후에 영향이 지속될 수 있는지, 상호 평등한 관계를 특징으로 하는 교직사회에서 교사 리더가 동료들과 다르게 느끼는 것을 어떻게 다루는지, 단기간의 문제 해결 및 데이터 기반의 네트워크가 관례적인 수준의 성과나 특정 주제에 대한 열의를 넘어선 깊이 있는 학습 과정과 목표에 대해서 충분한 관심을 보여 주고 있는지 여부를 다루고 있다.

이 책은 교육계의 최근 협력적 흐름을 제대로 보여 준다. 협력에 대한 중요한 쟁점은 더 이상 이것이 좋은 것인가, 아닌가의 문제가 아니다. 오히려 어떻게 하면 탐구와 성찰을 촉진하고 변화를 위한 좀 더 나은 실천과 헌신을 제고할 수 있도록 설계하며 실행하는가에 있다. 크리스 브라운과 신디 L. 푸트먼은 이 분야의 선도적인 학자다. 이들은 '학교교육 효과성과 혁신을 위한 국제회의ICSEI'와 기타 커뮤니티에 참여하면서 세계적인 네트워크를 구축했다. 이 책은 협력적인 노력을 디자인하고 개발하는 방법에 대한 최고 수준의 지식을 담고 있다. 따라서 긍정적인 결과를 만들어 내는 협력적인 노력을 어떻게 디자인하고 개발해 나가는지에 대해서 도움을 줄 것으로 확신한다.

네트워크는 예전에는 엘리트들을 묶는 수단이었지만 이제는 젊은 전문가들이 역량을 쌓는 수단이 되었다. 뇌와 생명체들은 네트워크를 통해서 기능한다. 디지털 기술도 마찬가지다. 네트워크는 피할 수 없다. 하지만 항상 바람직하지는 않다. 사회적 이익을 촉진하는 네트워크도 있지만 범죄나 테러범들의 네트워크도 있다. 또한 전문적인 지식을 보급하여 더 큰 이익을 가져다주는 네트워크도 있지만 중요한 것을 방해하거나 시간을 허비하도록 하는 네트워크도 있다. 이 책의 내용을 잘 읽어 보면, 독자들이 추구하는 협력을 위한 네트워크가 성공하고 지속될 가능성이 더욱 커질 것이다.

● 앤디 하그리브스
보스턴 칼리지 교육학부장.
『전문적 자본Professional Capital: Transforming Teaching in Every School』의 공저자.

차례

그림 차례

표 차례

서론

크리스 브라운(Chris Brown) & 신디 L. 푸트먼(Cindy L. Poortman)

학교와 학교체제 전반의 교육을 혁신시키기 위해서 전문적 학습네트워크Professional Learning Networks에 관심을 기울이는 학교 지도자와 정책 입안자가 증가하고 있다. 또한 학문 영역에서도 하그리브스Hargreaves, 2010와 스톨Stoll, 2015 같은 교육학자들이 효과적인 학교혁신을 위해서는 학습네트워크가 필수적이라고 주장하고 있다. 먼비와 풀란Munby & Fullan, 2016은 클러스터 또는 지역 수준의 학습네트워크가 지역과 시스템 수준의 변화를 이끌어 낼 원동력이 될 것이라고 제안한다. 아울러 OECD는 21세기의 성공적인 교육기관이 되기 위해서는 학교 내부에서 생겨나는 네트워크로부터 배워야 한다고 주장한다. 이러한 네트워크에 대한 강조의 핵심은 '빠르게 변화하는, 세계의 복잡성 증가로 인해 어느 한 학교가 감당하기에는 어려운 새로운 도전에 직면하고 있다'는 것이다. 또한 전문적 학습네트워크는 규모에 맞는 비용 효율적인 교육 변화를 달성할 기회도 제공하고 있다.Hargreaves, 2010 이 주장의 핵심적인 내용은 분명하다. 이제 교사들이 네트워크 활동을 배우고 이 활동에서 얻은 결과를 다른 사람들과 공유할 수 있도록 보장해 나갈 필요가 있다는 점이다.

이러한 맥락에서 우리는 전문적 학습네트워크를 "학교 또는 더 광범위한 학교 시스템 차원에서 교수-학습을 혁신시키기 위해 자신들의 일상적인 실천 공동체의 범위 밖에 있는 사람들과 협력적으로 학습 활동에 참여하는 집단"으로 정의 내릴 수 있다.Wenger, 1998 따라서 우리는 조사연구팀, 자료활용팀, 멀티사이트 수업연구팀, 교사디자인팀, 자녀돌봄 지원팀 등 광범위한 학교 간 또는 학교가 속한 조직 네트워크의 유형에 관심을 기울이고 있다. 우리가 이 책에서 제시하는 바와 같이, 네트워크는 구성, 특성, 관심 영역 면에서 다양하다. 즉 이는 서로 소속이 다른 학교의 교사 또는 학교 지도자들로 구성될 수도 있고, 지역 또는 국가 수준의 정책 입안자들, 교사들을 비롯한 다른 이해 당사자들 그리고 다양한 형태의 조합들로 구성될 수도 있다. 또한 대부분의 네트워크는 학자들과 파트너십 형태를 유지하거나 협력 작업을 하는 경우가 많다.

네트워크에 관심을 기울이게 되는 것은 학교혁신을 위해서 전문적 학습네트워크를 활용하고 있는 다양하고 직접적인 경험으로부터 비롯되고 있다. 또한 이러한 접근 방법을 지지해 주는 연구의 증거 자료들도 많이 제시되고 있다. 특히, 연구 결과에 따르면 학습네트워크에서 일어나는 교사들 사이의 협력을 통해서 교육현장의 실천 상황이 개선되며 그 결과 학생들의 학업성취도가 상승한다고 한다.Borko, 2004; Darling-Hammond, 2010; Vescio 외, 2008

효과적인 학습네트워크가 성공적인 전문성 개발을 위해 필요한 준거에 부합되기 때문에 이러한 교육혁신이 가능하다. 다시 말해 효과적인 전문적 학습네트워크는 여기에 참여하는 사람들이 자신의 교수-학습에 대한 새로운 접근 방식을 개발하기 위해서 다른 사람들이 지닌 전문성을 충분히 활용할 수 있을 정도로 오랜 기간 협력 활동이 가능하기 때문이다. 그런데 전문적 학습네트워크가 교육혁신에 크게 기여할 수는 있지만, 학습네트워크의 강점을 좀 더 활용하려면 여전히 도전해야 할 사항이 많은 것도 사실이다. 특별히 주목해야 할 점은 학습네트워크에 참여한다고 자동적으로 교육 실천이 개선되지 않으며, 네트워크 활동을 성공시키기 위해서는 사전에 준비해야 할 요소가 많다는 연구 결과들이다. 또한 선택할 수 있는 학습네트워크의 종류와 유형이 다양하며, 주어진 상황에 가장 효과적인 유형이 무엇인지를 선택하기가 쉽지 않다는 점이다.

또한 학교와 개인들은 종종 그들의 개인적인 목표, 네트워크의 목표, 그리고 그러한 네트워크를 성공적으로 만드는 데 필요한 시간과 노력 사이 최적의 관계를 사전에 결정하기가 어렵다. 그뿐만 아니라 성공의 핵심 요소는 참가하는 교육자들이 개인적 동기, 적극적이며 의미 있는 참여를 할 수 있는 충분한 기회와 시간을 지니고 있는지 여부다. 이러한 문제점을 전제하면서, 이 책은 교사와 학교 지도자, 연구자, 정책 입안자들에게 이러한 도전을 더 잘 이해하고 탐색할 수 있는 수단을 제공하기 위해 만들어졌다. 이에 우리는 다음과 같은 핵심 문제들을 논의하고 해결하기 위해 연구 결과와 실천의 관계를 찾아보고자 한다.

- 어떤 종류의 전문적 학습네트워크, 어떤 네트워크의 목표가 학교의 목표와 가장 잘 연결되어 있으며, 책무성 기관인 학교에 대한 요구와 잘 연결되는가?
- 전문적 학습네트워크의 진행 과정은 어떠한가? 참가자들은 전문적 학습네트워크의 목표를 어떻게 달성하는가?
- 교사와 학교가 성공적인 전문적 학습네트워크를 구축, 참여·유지하는 데 도움이 될 수 있는 것은 무엇인가?

이 책은 이러한 질문에 답하는 방식으로 내용이 전개되는데, 여러분은 이러한 네트워크를 뒷받침하는 생각들뿐만 아니라 서로 다른 유형의 네트워크와 관련되는 실제 사례를 접할 수 있을 것이다. 이에 더해서 그러한 네트워크가 미친 영향력을 서술해 봄으로써 학습네트워크를 효과적으로 이용하는 방법에 대해서 구체적으로 이해할 수 있을 것이다. 먼저, 우리는 이러한 네트워크가 무엇을 의미하는지 좀 더 자세히 들여다보고, 이들의 성공에 영향을 미치는 요인이 무엇인지를 간략히 살펴보겠다.

[그림 0.1] 실천 공동체와 전문적 학습네트워크의 관계

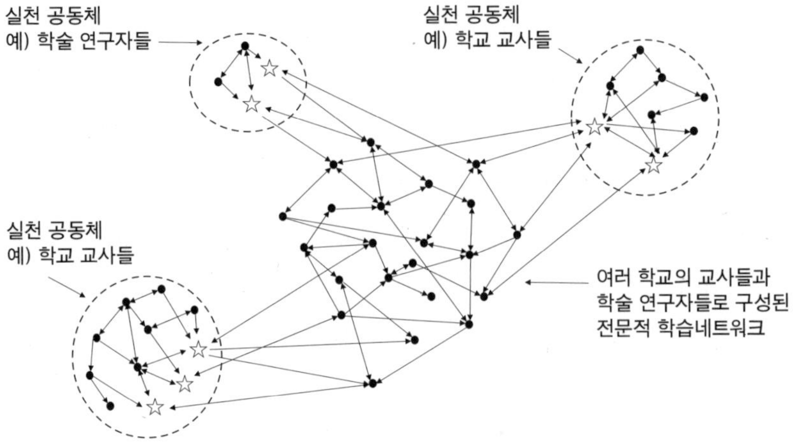

실천 공동체
예) 학술 연구자들

실천 공동체
예) 학교 교사들

실천 공동체
예) 학교 교사들

여러 학교의 교사들과
학술 연구자들로 구성된
전문적 학습네트워크

특징 규정

위에서 언급한 바와 같이, 우리는 전문적 학습네트워크를 하나 이상의 학교 또는 기타 관련 조직에서 온 개인들로 구성되었다고 정의하며, 이들은 일상적인 실천 공동체의 외부 공간에 모여 함께 활동한다. 이러한 정의에 따르면 전문적 학습네트워크의 특징을 세 가지로 설명할 수 있다. 즉, 지리적 공간, 구성 형태(또는 구성원), 그리고 참여하는 학습의 특성이다.

이러한 특성에 대한 이해를 돕기 위해 [그림 0.1]에 전문적 학습네트워크의 개념을 도식화해 보았다. 여기서 각각의 검은 점이나 하얀 별은 개인을 나타낸다. 한편 화살표는 개인들 간에 발생하는 정보나 다른 형

태의 사회적 자본의 연결을 나타낸다. 그림에 나온 바와 같이 두 가지 유형의 개인 그룹화가 있다. 첫 번째는 점선으로 된 원으로 표시되고 있는 일상적인 실천 공동체(예: CoP, 즉 학교 전체이거나 교과별 부서)이다. 둘째 유형의 그룹, 즉 다이아몬드 중앙에 있는 검은 점들의 덩어리는 전문적인 학습네트워크를 나타낸다. [그림 0.1]에 제시된 3개의 실천 공동체에서 전문적 학습네트워크의 구성원들은 흰색 별들이다. 따라서 전문적 학습네트워크는 다이어그램 중앙에 있는 개인들로 구성되어 있음을 알 수 있다. 동시에, 흰색 별들의 수가 나타내듯이, 전문적 학습네트워크는 일반적으로 전체 학교 단위의 접근이 아니라 각 실천 공동체에서 나온 소수의 개인들로 구성된다.

위에서 지적한 것처럼, [그림 0.1]의 의미는 지리적 공간, 구성원 및 참여하는 학습의 특성 측면에서 고려될 수 있다. 이제 이러한 세 가지 측면을 자세히 살펴보자.

지리적 공간

[그림 0.1]의 점선 원은 일반적으로 교사들이 제한된 경계를 갖는 일상적인 실천 공동체에 속한다는 점을 표시하도록 구안되어 있다. 이러한 경계들은 한편으로는 본질적인 내용content과 관련되어 있으며, 다른 한편으로는 물리적/지리적 공간을 의미한다. 반면에 네트워크는 공간이나 설정의 경계에 의해 정의되지 않지만, 대신 종종 교과 유형이나 더 일반적인 문제 영역(예: 현대 외국어 또는 학습 전략을 위한 평가 활용)에 의해 연결되는 개인과 그룹 간의 관계로 특징 지어진다. 이와 동시에, 네트워크 구성원들은 자신이 속한 학교나 부서와 같이 자신들이 속한 커뮤니티로 돌아가는 연결점(화살표)을 갖는다. 이는 전문적 학습네트워크 내에서 일어난 학습이 그 구성원들이 속한 학교로 되돌아가는 경로를 갖고 있다는 점을 강조한다.

구성원

공동체는 교사, 연구자, 특수 유형의 교사(예컨대 장애인 특수요구 조정자 또는 수학 교사 등)와 같이 동일 유형의 전문가들로 구성되는 게 일반적이다. 그러나 네트워크는 다양한 전문성을 포함할 수 있다. 전문적 학습네트워크는 교사뿐만 아니라 교육과 관련 있는 기타 지역 서비스(경찰, 청소년법, 사회복지, 건강복지 등)와 교육학계 관련자, 부모나 보호자와 같은 이해관계자, 그리고 심지어 지역의 사업주나 기업 등을 포함할 수 있다. 이처럼 다양한 구성원들의 전문성을 통해 전문적 학습네트워크 구성원들은 풍부한 아이디어와 관점이라는 자원을 가지고 참여하면서 서로에게 배울 수 있다.

전문적 학습네트워크 학습의 특성

공간적 제약으로 인해, 공동체가 학습 활동에 참여할 때(예: 학교 내 전문적 학습공동체 설립을 통해), 이 학습 활동은 다음 몇 가지 특성을 띤다. 대개 정기적인 상호 수업관찰 활동, 공동 기획이나 교육과정 개발 참여, 구성원들의 암묵지를 활용한 현장 공동 문제 해결, 공동의 문제점 해결을 위한 새로운 아이디어나 정보의 집단적인 활용 등의 특징을 보인다.Stoll 외, 2006 또한 네트워크는 학습을 위한 새로운 기회를 제공한다. 네트워크는 지식, 전문성 및 사회적 자본의 움직임을 촉진시키기 때문에, 다양한 관점에 대한 접근을 가능하게 해 준다는 강점이 있다. 결과적으로, 네트워크는 실천가들이 이용할 수 있는 다양한 자원을 통해 긴급한 문제들을 해결해 나갈 수 있도록 하는 여러 가지 방법을 제공할 수 있다.Baker-Doyle & Yoon, 2010; Wenger 외, 2011 그러나 공동체 내에서와는 달리 전반적으로 네트워크 학습은 집합적으로 일어나지는 않는다. 대신에 좀 더 개별화되어 네트워크의 각 구성원(또는 구성원의 하위 그룹), 그들의 상황, 그들이 해결하려고 하는 특정한 문제에 한정되어 있다. 여러 기관이 결합된 네트워크일 때 학습은 흔히 논의하는 문제에 관해서는 매우 제한적으로 일어난다(즉, 학습은 연구, 정책 및 실천 영역에 의해 제한될 수 있다). 마찬가지로 교육, 사회복지, 보건문제와 같은 직업적 영역에 의해 제한을 받기도 한다.

물론 현실 세계에서는 네트워크와 공동체를 구성하는 요소들은 모두 학생들의 학업성취도와 같은 결과를 향상시키려는 궁극적인 목적을 가진 모든 활동에서 영향을 미치는 경향이 있다. 공동체는 일반적으로 관계성의 네트워크를 포함하며, 네트워크는 그 구성원들이 모두 공통의 문제에 관심을 보이기 때문에 존재한다고 볼 수 있다.Wenger 외, 2011 하지만 이 책을 통해 우리는 공동체 측면을 폄하하거나 간과하지 않으면서 학습네트워크 측면의 의미를 부각하고자 할 것이다. 결국 우리는 교수-학습을 혁신할 방법을 공부하기 위해서 자신들이 속한 일상적인 공동체를 뛰어넘어서 활동하고 있는 교육자들에게 관심을 집중할 것이다.

물론 이러한 관심 때문에, 네트워크에 대해 생각할 때 학습공동체의 본질적인 부분들이 어떻게 작동하는지 고려하는 것도 중요하다. 특히, 우수한 전문적 학습공동체 내에서 일어날 수 있는 협력 활동이 네트워크 내에서도 생겨날 수 있도록 돕는 것이 중요하다. 더 나아가, 학습공동체는 본질적으로 총체적인 접근의 경향을 보이는 반면, 네트워크는 일반적으로 특정 학교나 조건을 갖는 일부 개인들만 참여하기 때문에 어떻게 하면 네트워크 활동을 하지 않는 사람들이 네트워크 내부에서 일어나는 학습으로부터 혜택을 받을 수 있도록 하는가의 문제도 중요하다. 그러므로 정보를 효과적으로 공유하기 위해서는 '경계 넘나들기boundary crossing'와 '중개brokerage'의 활용뿐만 아니라 네트워크 내에서 깊이 있는 협업 활동이 일어나도록 하는 것도 의미 있는 문제가 된다. 이러한 두 개념에 대한 논의는 제1장에서 깊이 있게 다룬다.

마지막으로, 학습네트워크의 효과성에 영향을 미치는 지원 조건이 무엇인가에 대해서 알아보는 것도 중요하다. 여기에는 정책, 전문성, 문화적이며 맥락적인 측면, 현재 존재하는 네트워크에 대한 지원체제뿐만 아니라 네트워크 참가자들의 사고방식 또는 지향성 등이 포함된다. 이 문제 역시 제1장에서 네트워크가 어떻게 작동하는지 설명하면서 상세히 다룰 것이다. 그러나 대부분의 성공적인 네트워크에서는 연결 connectivity이 우연히 일어나지 않으며, 오히려 성공적인 네트워크는 구성원들이 서로 참여하고 학습하고 문제 해결 방법을 개발할 수 있도록 구조, 과정/활동을 설계하고 있다는 점을 여기서 강조할 필요가 있다. 이와 관련하여, 성공적인 네트워크는 공식적인 의사소통 구조를 활용하여 상호 활동을 의도적으로 촉진시키고 있으며, 핵심 인력과 조직이 네트워크에서 공식적인 역할을 할 수 있도록 지원하는 체제를 갖추고 있다. 또한 성공적인 네트워크에서는 공식적인 의사소통 구조를 통해서 상호작용을 의도적으로 활성화시키고 있으며, 핵심적인 구성원들과 조직들이 회원으로 참여하도록 하고 이들에게 공식적인 역할을 부여하고 있다.Briscoe 외, 2015

마찬가지로 성공적인 학습네트워크는 협업과 공동 창작을 위한 기회 (시간과 공간 포함)를 창출하고 네트워크 구성원의 정체성을 계속적으로 확인시켜 준다(따라서 사람들은 참여를 지속할 수 있는 동기를 부여받고 인센티브를 받게 된다). 그뿐만 아니라 구성원이 맡는 공식적인 역할을 통해서 네트워크의 전략적 운영 방향을 만들어 가도록 하며, 협업이나 기타 활동들이 상호 조정될 수 있도록 한다.Briscoe 외, 2015 이는 리더십의 역할에 관한 중요한 문제를 제기하고 있다. 하나는 공식적/비공식적인 학습네트워크 그 자체의 문제이고, 또 다른 하나는 교직원들의 네트워크 활동 참여를 보장하는 학교 지도자의 역할(다른 이해 관련 집단의 리더들 포함)에 관한 것이다. 네트워크 리더들이 네트워크를 발전시키고 구성원들이 적극적으로 참여할 수 있도록 구조, 정책 및 절차를 만들고 자원을 제공하는 변혁적 리더십 행위를 통해서 이러한 지원이 실현될 수 있다. 또한 학습 중심의 리더십learning-centred leadership이 필요한데, 이를테면 학교 지도자들이 적극적으로 네트워크 활동에 참여함으로써 무엇이 필요한지를 이해하게 되고, 또한 타인이 기대하는 네트워크 행위의 모델이 무엇인지를 이해해야 한다.Day & Sammons, 2013; Southworth, 2009

이 책의 내용 구성

제1장('전문적 학습네트워크의 중요성')은 앞서 검토한 주제를 다룬다. 우선 현재의 교육적인 전망을 제시하고, 특히 교사들이 '자신의 전문지식과 직업능력을 지속적으로 계발하는 고등 지식인'이 되기를 희망한다는 기대를 제시한다.Schleicher, 2012: 11 이어서 어떻게 교사들로 구성된 전문적인 네트워크가 학교 안팎에서 교수 방법과 학생들의 학업 결과를 향상시키는 능력을 키우는 가장 성공적인 방법이 되는지 알아볼 것이다. 네트워크가 왜 작동해야 하는지에 대한 설명과 함께 네트워크의 효과성을 발생시키거나 또는 방해하는 핵심적인 요인들에 대해서도 설명한다. 여기에는 성공적인 전문적 학습네트워크를 구성하는 다섯 가지 요소가 포함되어 있다. 즉 집중, 협력, 반성적인 전문적 탐구, 리더십 그리고 집단학습과 개별학습이 그에 해당한다.

이러한 개요 설명에 이어서 제2장부터 제9장까지는 전문적 학습네트워크의 실천 사례연구를 제시한다. 사례연구를 제시하는 목적은 교사들과 학교 지도자들이 네트워크에 어떻게 참여하고 또한 교수-학습을 개선하기 위해서 어떻게 네트워크를 활용할 수 있는지 생각해 볼 토대를 제공하기 위함이다. 제2장에서 플로어 빈호르스트Floor Binkhorst

가 서술하는 첫 번째 사례('하향식 리더십과 공유 리더십 사이의 균형 잡기: 새로운 접근 방법을 이행하는 교사디자인팀에 관한 사례연구')에서는 교사디자인팀을 다룬다. 교사디자인팀은 소속 학교가 다른 중등학교 교사들이 혁신적인 교구재를 디자인하기 위해 협업하고 있는 네트워크다. 플로어가 논의하는 바와 같이, 교사디자인팀은 교사의 전문적 성장을 돕고 있으며 교육혁신에 대한 성공적인 실천에 일조하고 있다. 다만 일정한 조건이 맞을 때만 그러한 일이 가능하다. 특히 플로어는 네덜란드 화학 교사들을 대상으로 2년간 모니터링한 사례연구를 기술하고 있다. 연구 첫해에 참가자들은 교사와 학생들을 위한 의미 있고 체계적인 지원과 지도가 부족하다고 보고했다. 그러나 2년 차 연구에서는 새롭고 더 구조화된 접근법이 도입되어 참여 교사들에게 더 의미 있는 영향을 미쳤다. 플로어는 학습네트워크에 전반적인 도움을 줄 수 있는 지침과 구조의 유형이 무엇인지를 결론적으로 제시했다.

크리스 브라운은 제3장 '연구기반 학습네트워크: 네트워크를 활용한 대규모 지식 전달에 관한 사례연구'에서 증거기반 실천의 촉진에서 네트워크가 어떤 역할을 하는지를 설명한다. 크리스가 설명한 바와 같이, 연구기반 학습네트워크Research Learning Networks, RLNs는 연구 결과를 현장의 수업 장면에 적용하려는 방편으로 학습네트워크를 적용하기 위해 구안되었다. 이 장에서는 연구기반 학습네트워크의 개념에 대해 논의하고, 구체적인 연구기반 학습네트워크의 사례(영국의 남쪽 해안에 위치한 네트워크)를 예로 들면서 이 접근의 효과성이 어떠한지 살펴본다. 먼저 연구기반 학습네트워크 프로젝트의 기원을 설명하고, 이어서 연구기반 학습네트워크 운영 방법을 구성하는 실제적인 구성 요소, 이 모델을 뒷받침하는 이론적·개념적 기초 등에 대해서 논의한다. 그리고 이 사례연구는 연구기반 수업 실천에 참여하는 학교 교사들을 어떻게 이끌어 가는지, 또한 이러한 실천들이 다른 학교의 수업을 어떻게 바꾸고 학생들의 성취도를 얼마나 향상시키는지에 대해서 제시하고 있다.

제4장(리턴 슈넬르트Leyton Schnellert, 페이지 피셔Paige Fischer & 캐시 샌퍼드Kathy Sanford의 '브리티시컬럼비아에서의 교육 탐구 커뮤니티 개발')은 교육 분야의 여러 이해관계자로 구성되는 네트워크의 예를 보여준다. 이 장은 3개 대학 소속 연구원들이 지역에서 네트워크화된 탐구 허브networked inquiry hub를 구축하고 있는 브리티시컬럼비아 지역에 초점을 맞추고 있다. 이러한 허브의 구성원은 교사교육자, 교사 지원자, 학교와 지역 교육구의 교육자, 교육부 대표 등이다. 이들의 목표는 예비교사와 현직교사 사이의 협력 활동을 통해서 교육적 변화를 지원하려는 것이다. 브리티시컬럼비아 지역의 개정 교육과정을 실행하면서 연구와 실제 사이에 차이가 발생했는데, 협력적 파트너십이 혁신적 교사교육 모델을 지역 교육청에 연결시키는 역할을 함으로써 문제를 해결해주었다. 이같이 허브의 모든 참가자는 서로 교육혁신에 대한 생각을 교류하고, 교육 시스템의 변화를 지원하기 위해 다양한 활동과 비판적·성찰적 대화에 참여하고 있다.

제5장('데이터에서 학습까지: 데이터팀 전문적 학습네트워크')에서는 킴 실드캄프Kim Schildkamp, 야나 네헤스Jaana Nehez와 울프 블로싱Ulf Blossing이 데이터팀이 네트워크를 어떻게 활용하는지를 논의하고 있다. 먼저 교육을 혁신하기 위해 데이터 사용에서 데이터팀이 해야 할 역할을 설명한 후, 스웨덴의 자치구에 있는 데이터팀들이 데이터팀 모델의 효과성과 목표 달성도를 향상시키기 위해 어떻게 학습네트워크를 활용하는지 제시한다. 이러한 접근 방법의 영향력과 효과를 검토한 후, 어떻게 이러한 데이터팀들이 학습네트워크의 효과성을 지속적으로 유지하면서 발전시킬 수 있는지를 살펴본다.

한편, 제6장에서는 리비아 로슬러Livia Roessler와 타냐 웨스트폴-그라이터Tanja Westfall-Greiter가 오스트리아의 학습디자이너Lerndesigner

네트워크를 통해서 물리적 네트워크가 아닌 가상 네트워크를 다루고 있다('학교 간 네트워크에서 가상의 전문적 학습이 갖는 역동성'). 2012년에 시작된 학습디자이너 네트워크는 구성원인 학습디자이너들(교육과 정과 수업 전문성 영역에서 전문 지식을 갖추고 있는 교사 지도자)의 참여를 통해 평등성과 수월성을 추구하고자 하는 시스템 전반적인 차원의 전문성 강화를 시도하는 조직이다. 이들은 국가 수준의 면대면 행사의 수준을 뛰어넘어 '메타코스Meta-Course'라고 알려진 가상세계의 전문적 학습네트워크를 통해서 온라인 활동에 참여하고 있다. 이러한 유형의 가상 네트워킹과 학습 공간의 이점은 학습디자이너가 아이디어를 안전하게 교환하고 개발 작업에 대한 피드백을 받을 수 있다는 점이다. 이 장에서는 가상적인 네트워크의 미래 가치를 인정하고, 미래 디지털 네트워킹 활동을 위해 필요한 제언을 제시한다. 또한 가상 네트워크를 시스템 전반에 걸친 전문적 학습네트워크 활동들을 위해 활용해야 한다는 점도 언급하고 있다.

　제7장('지역 교육 시스템 전체를 위한 전문적 학습네트워크: 독일의 교육지평')에서 피에르 툴로위츠키Pierre Tulowitzki, 아니카 듀베넥Anika Duveneck과 미하엘 크뤼거Michael Krüger는 '교육지평Educational landscapes' 탐구를 통해 전문적 학습네트워크의 개념을 더욱 확장시킨다. 교육은 형식적인 환경 밖에서도 일어나기 때문에 학교를 고립된 기관으로만 바라보는 것은 문제가 있으며, 점차 복잡성이 증가되고 있기에 더 많은 협업이 필요하다고 주장한다. 이 장에서는 교육지평의 관점을 설명하고, 어떻게 교육지평이 새로운 유형의 전문적 학습네트워크를 만들어 내는지를 설명한다. 그렇게 함으로써 독일 교육지평의 역사를 간략히 알리며, 교육지평과 전문적 학습네트워크를 비교하고 있다. 다음으로, 교육지평 관련 세 가지 독일 프로그램 사례와 그 평가를 활용하여 교육지평의 기능과 영향력이 어떠한지 검토한다. 마지막으로, 베를

린의 뤼틀리Rütli 학교에 대한 사례연구를 통해 교육지평이라는 비전을 현실로 구현해 갈 때 마주치게 되는 강점, 도전과제와 한계가 무엇인지를 확인해 볼 것이다.

제8장에서 제시한 두 번째 사례연구('중등교육 단계의 수업연구 전문적 학습네트워크')는 네덜란드에서 수행된 네트워크화된 수업연구 모델을 탐구하고, 이것이 3년 동안 교사들의 성과에 미치는 영향력이 어떠한지를 검토하고 있다. 시브리히 더프리스Siebrich de Vries와 릴라나 프렌저Rilana Prenger가 설명하듯이, 이 프로젝트의 목표는 중등학교 네덜란드어 교사들의 활동을 촉진하고 효과를 거둘 수 있는 방안을 개발하는 것이었다. 이 장에서는 저자들의 네트워크화된 수업에 대한 연구 방법의 핵심 내용과 구조가 무엇인지를 설명하고, 이와 관련되는 성공을 이끌어 내는 프로세스와 성공 요인이 무엇인지를 평가한다.

제9장(사례연구의 마지막)은 뉴질랜드에서 문해교육 프로그램을 지속적으로 추진하기 위해 구성된 학습네트워크를 탐구한다('지속가능한 문해력 성취를 위한 학습네트워크'). 이 프로그램은 특별히 원주민과 소수민족 학생들의 학업성취도를 향상시키기 위한 것인데, 메이 쿠인 라이Mei Kuin Lai와 스튜어트 맥노턴Stuart McNaughton이 논의한 바와 같이, 이 프로그램의 효과를 지속시키기 위해서 학교 지도자들은 네트워크의 단위학교뿐만 아니라 여러 학교의 학생 자료를 같이 분석하고 활용하는 것에 동의하였다. 그리고 이러한 방법은 교육 프로그램이 종료되고 2년 이후까지도 효과가 지속적으로 나타날 수 있도록 하였다.

전문적 학습네트워크 사례연구들의 탐구에 이어 조엘 로드웨이Joelle Rodway는 제10장에서 전문적 학습네트워크를 이해할 수 있는 효과적인 방법을 설명한다('현상의 이면을 살펴보기: 전문적 학습네트워크의 사회적 측면 검토'). 이 장에서 조엘은 전문적 학습네트워크가 지향하는 목표와 성과를 확실하게 달성하고자 한다면 네트워크 구성원들은 전문적 학습을 위한 연구, 정책 및 실천들과 어떻게 관계를 맺어 나가야 하는지를 고민해야 한다고 주장한다. 또한 전문적 학습네트워크 연구를 위한 방법론인 사회관계망 분석social network analysis을 소개하고 있다. 특히, 온타리오Ontario주 교육구에서 개발한 연구기반의 학교 정신건강 정책을 가능하게 했던 학습네트워크 접근 방법을 예시하고, 핵심적인 사회관계망의 개념과 측정 방법에 관해서도 설명한다.

이 책의 마지막 두 장은 제2장부터 제9장까지의 사례연구와 제10장의 사회관계망 분석 내용을 토대로 지금까지 검토하고 학습한 내용을 고려하면서 전문적 학습네트워크가 당면한 중요한 도전과제가 무엇인가를 집중적으로 논의한다. 이 중 첫 번째 장은 미레유 D. 후버스 Mireille D. Hubers와 신디 L. 푸트먼이 집필한 '전문적 학습네트워크를 통한 지속가능한 학교혁신'이다. 이 장에서 이들은 학교의 지속적인 혁신이 어떤 의미인지를 먼저 설명한 후에, 이를 이루기 위해서 전문적 학습네트워크가 어떤 기여를 할 수 있는지에 대해서 고찰한다. 이를 위해 제1장에서 제시했던 요인들과 조건들(이를테면 '집중, 협력, 집단학습과 개별학습, 반성적인 전문적 탐구, 리더십, 그리고 경계 넘나들기')을 다시 논의한다. 한편, 제12장('회고와 전망: 학습네트워크의 다음 단계는 무엇인가?')에서 앨런 J. 데일리Alan Daly와 루이즈 스톨Louise Stoll은 이 책에서 다루었던 내용을 종합적으로 검토하고, 학교와 제도 혁신을 위한 초기의 접근 방법들의 현재 상태에 대해서 심도 있는 논의를 제공한다. 또한 그들은 네트워크들을 활용할 수 있는 다음 단계가 무엇인지를 살펴본 후, 교수-학습의 향상에 전문적 학습네트워크를 활용하기를 바라는 연구자들과 교육자들에게 도전할 만한 질문들을 제시하면서 글을 맺는다.

참고문헌

Baker-Doyle, K. and Yoon, S. A. (2010). Making expertise transparent: Using technology to strengthen social networks in Teacher Professional Development. In Daly, A. (Ed.), *Social network theory and educational change* (Cambridge, MA: Harvard Education Press).

Borko, H. (2004). Professional development and teacher learning: Mapping the terrain, *Educational Researcher*, 33(8), 3-15.

Briscoe, P., Pollock, K., Campbell, C. and Carr-Harris, S. (2015). Finding the sweet spot: Network structures and processes for increased knowledge mobilization, *Brock Education Journal*, 25(1), 19-34.

Darling-Hammond, L. (2010). *The flat world and education: How America's commitment to equity will determine our future* (New York: Teachers College Press).

Day, C. and Sammons, P. (2013). *Successful leadership: A review of the international literature* (Berkshire, UK: CfBT Education Trust).

Hargreaves, D. (2010). *Creating a self-improving school system*, available at: http://dera.ioe.ac.uk/2093/1/download%3Fid%3D133672%26filename%3Dcreating-a-self-improving-school-system.pdf, accessed on 6 July 2016.

Munby, S. and Fullan, M. (2016). *Inside-out and downside-up: How leading from the middle has the power to transform education systems*, available at: www.michaelfullan.ca/wp-content/uploads/ 2016/02/Global-Dialogue-Thinkpiece.pdf, accessed on 6 July 2016.

OECD (2016). *What makes a school a learning organization*, available at: www.oecd.org/education/school/school-learning-organisation.pdf, accessed on 25 July 2016.

Schleicher, A. (2012) (Ed.). *Preparing teachers and developing school leaders for the 21st Century: Lessons from around the world*, available at: www.oecd.org/site/eduistp2012/49850576.pdf, accessed on 7 November 2016.

Southworth, G. (2009). Learning centred leadership. In Davies, B. (Ed.), *The *essentials of school leadership* (2nd edition) (London; Sage).

Stoll, L. (2010). Professional learning community, *International Encyclopedia of Education*, 151-157.

Stoll, L. (2015). Using evidence, learning and the role of professional learning communities. In Brown, C. (Ed.), *Leading the use of research and evidence in schools* (London: IOE Press).

Stoll, L., Bolam, R., McMahon, A., Wallace, M. and Thomas, S. (2006). Professional learning communities: A review of the literature, *Journal of Educational Change*, 7(4), 221-258.

Vescio, V., Ross, D., and Adams, A. (2008). A review of research on the impact of professional learning communities on teaching practice and student learning, *Teaching and Teacher Education*, 24(1), 80-91.

Wenger, E. (1998). *Communities of practice* (Cambridge, UK: Cambridge University Press).

Wenger, E., Trayner, B. and de Laat, M. (2011). *Promoting and assessing value creation in communities and networks: A conceptual framework* (Ruud de Moor Centrum: Open Universiteit, Netherlands).

제1장

전문적 학습네트워크의 중요성

신디 L. 푸트먼(Cindy L. Poortman) & 크리스 브라운(Chris Brown)

1.1 도입

이 장에서는 현재의 교육적 지평을 검토함으로써 전문적 학습네트워크에 대한 국제적 관심의 증가를 이해해 보고자 한다. 사회가 점차 복잡해지면서 이러한 관심이 커지고 있다. 여기서는 파트너십과 네트워크들에 대한 초기의 관심과 함께 국제적 정책 요구들에 대해서 기술할 것이다.[1.2] 또한 전문적 학습네트워크가 어떻게 이러한 요구들에 부응하고 있는지도 묻는다. 우리는 '네트워크는 어떻게 작동하는가?'[1.3]를 질문해 보고, 이어서 전문적 학습네트워크를 위해 요구되는 지원 조건들에 대해서 깊이 논의하고[1.4], 전문적 학습네트워크에서 이루어지는 개인학습을 어떻게 학교로 전이될 수 있도록 하는지[1.5], 그리고 경계 넘나들기 boundary crossing에 대해서 어떻게 인식하고 있는지도 알아본다.[1.6] 마지막 절[1.7]에서 우리는 교사와 학교의 입장에서 볼 때, 전문적 학습네트워크가 학교 안팎에서 일어나는 교수법과 학습 결과를 향상시키는 가장 유용한 방법이라고 주장한다. 또한 다음 장에서는 전문적 학습네트워크를 실행할 수 있는 광범위하고 다양한 방법을 예시하고, 교사, 학교 지도자 및 이해관계자들이 현실에서 당면하게 되는 도전과제가 무엇인가를 살펴본다.

1.2 파트너십과 학습네트워크에 대한 정책적 요구

오늘날 사회가 점점 복잡해지면서 생겨나는 정책적 요구들에 부응하기 위해서 네트워크화된 전문성 개발이 더 많이 필요해지고 있다. 21세기 노동시장의 요구에 맞게 학생들을 준비시키려면 학교를 혁신해야 한다는 국제적 관심도 높아졌다.Schleicher, 2012 이러한 새로운 공간에 처해 있는 개인들은 지속적인 적응, 학습, 성장과 협력을 할 수 있어야 하며Pellegrino & Hilton, 2012; Binkley 외, 2012, 스스로 급변하는 세계의 일원으로 참여할 수 있어야 한다. 미래를 위해 현재의 학생들을 준비시키기 위해서는 교사들이 "스스로의 직업전문성뿐만 아니라 전문적인 지식을 지속적으로 향상시키는 높은 수준의 지식 노동자"가 되어야 한다.Schleicher, 2012: 11 이러한 맥락에서 모든 교사가 다양한 학생들의 요구에 제대로 부합하려면 높은 수준의, 지속적인 전문적 학습이 필수적이다.Kools & Stoll, 2016; Schleicher, 2012

더군다나 동료 교사나 다른 사람들(예: 대학의 연구자들)로부터 배우는 것이 교사들의 현장에서의 실천을 제고하고 수업을 혁신하는 데 도움을 주는 효과적인 방법으로 여겨지고 있다.Vescio 외, 2008 이는 학교혁신 노력이 이제 단위학교의 범위를 넘어서 여러 학교 간, 교육청 및 다른 네트워크 사이의 연결 차원으로 이행되어야 함을 의미한다.Finnigan 외, 2015 교사들로 구성된 전문적 학습네트워크는 "깊이 있고 광범위한 교수-학습 개선에 기여하며, 또 이러한 교수-학습을 창출할 수 있는 능력을 갖추고 있어야"Hargreaves & Shirley, 2009: 107 하는 지속적인 학교혁신을 달성하기 위한 매우 유의미한 접근 방법이다. 따라서 스트링필드와 셀러스Stringfield & Sellers, 2016가 미국에서 일어나고 있는 네트워크와 네트워킹의 공식적인 역할이 이전의 어느 때보다 높아져 있음을 관찰한 바와 같이 전문적 학습네트워크가 현재 적극적으로 추진되고 있다는 것은 놀랄 일이 아니다. 실제로 미국, 캐나다, 뉴질랜드, 네덜란드, 스웨덴, 오스트리아, 독일, 영국을 비롯한 여러 국가의 저자들이 이 책에 쓴 내용을 보면 오늘날 전문적 학습네트워크 개념이 전 세계적으로 널리 퍼져 있음을 확인할 수 있다.

1.3 네트워크 작동 원리

이 책의 서문에서 우리는 전문적 학습네트워크를 "학교 또는 더 광범위한 학교 시스템 차원에서 교수-학습을 혁신시키기 위해 자신들의 일상적인 실천 공동체의 범위 밖에 있는 사람들과 협력적으로 학습 활동에 참여하는 집단"으로 정의했다.Wenger, 1998 이 책의 목적을 고려해 본다면 전문적 학습네트워크는 항상 교사를 구성원으로 하지만 학교 지도자나 정책 입안자와 같은 다른 유형의 구성원도 포함될 수 있다. 이 책에서는 앞서 설명한 교육적 지평과 관련하여 주로 학교 내의 교사 팀워크가 아닌 다른 학교(및 다른 조직)의 구성원이 참여하고 있는 전문적 학습네트워크에 초점을 두고 있다. 이 책은 이러한 네트워크가 학교와 제도 혁신을 위해 필수적이라는 점을 기본 가정으로 전제하고 있다. 다만 이들의 효과는 다른 변인들과의 혼합효과이거나 아니면 매우 미약한 효과만 있다고 몇몇 연구에서 보고되고 있다.예: Chapman & Muijs, 2014; Lomos 외, 2011; Prenger 외 출간 예정 즉, 이는 전문적 학습네트워크를 한다고 자동적으로 학교와 제도의 혁신이 일어나지 않음을 의미한다. 채프먼Chapman, 2014에 따르면, 전문적 학습네트워크를 사용하여 전체 시스템 혁신을 시도하는 것은 별도로 치더라도, 학교 내에서 학교 간 접근 방식으로 전환하는 것은 특별히 도전적인 과제임이 틀림없다. 이것은 교사와 학교 지도자와 같은 교육자가 전문적 학습네트워크에 참여하는 게 어떻게 학교 학습 개선에 도움이 되는지를 설명할 수 있는 명확한 행위이론theory of action을 요구한다. 이 행위이론에는 교사들의 학습 활동이 어떻게 개별 학교와 단위학교를 넘어선 수준에서 교육혁신을 끌어낼 수 있는가에 대한 구체적 방법을 포함해야만 한다.Van Lare & Brazer, 2013 그러므로 전문적 학습네트워크에 관한 개념적 틀의 영역에는 개별학습, 집단학습, 조직학습 및 전문적 학습네트워크가 운영되는 학교와 시스템의 맥락 등이 포함될 필요가 있다.Van Lare & Brazer, 2013

따라서 전문적 학습네트워크에 대한 우리의 개념적 틀은 교사들의 전문성 개발 활동이 학생들의 교육 결과에 어떻게 영향을 미치는가에 대한 이론에 초점을 두고 있다.Earl 외, 2006 이러한 관점에서 볼 때, 전문적 학습네트워크를 통한 교사들의 학습 활동이 학교의 실천과 구조들을 크게 변화시키도록 요청받고 있다. 이러한 변화는 다시 학생들의 교육 결과 향상으로 이어지기를 기대하고 있다. 결과적으로 우리 추론의 기본 전제는 (1) 교사들이 전문적 학습네트워크에 참여함으로써 효과적인 전문성 개발을 경험한다면, (2) 이것이 지식, 기술 및 태도를 개발하는 데 도움이 될 것이다. (3) 이 새로운 지식, 기술 및 태도는 수업 내용, 교수 방법 혁신에 사용될 수 있다. (4) 수업 내용이나 교수 방법의 개선은 학생들의 학습 수준 향상으로 이어진다.Desimone 외, 2013 그러나 분명한 것은, 전문적 학습네트워크 구성원들이 자신의 일상적 실천 공동체(예: 소속 학교) 내에서 동료들의 지식 및 기술을 어떻게 공유하는가에 따라서 학생들의 학습 활동 혁신이 광범위하게 일어날 수 있다는 점이다. 이러한 시각에 기초해서 우리는 전문적 학습네트워크와 단위학교의 상호작용과 연결 문제를 1.5와 1.6에서 더 자세하게 논의할 것이다. 여기서는 우선 개념적 틀의 두 번째 핵심 요소인 전문적 학습네트워크를 통해 교사들의 효과적인 전문성 개발을 지원하는 일련의 조건들에 대해서 검토해 보겠다.

1.4 효과적인 전문적 학습네트워크를 위한 조건들

전문적 학습네트워크에 관한 문헌들에 따르면, 수업 실천과 학생들의 교육 결과를 변화시킬 수 있도록 전문적 학습네트워크를 만드는 다섯 가지의 핵심 조건을 확인할 수 있다. 연구마다 용어나 표현이 다소 차이가 나지만 일반적으로 이러한 조건으로는 집중focus, 협력 collaboration, 반성적인 전문적 탐구reflective professional inquiry, 리더십leadership 그리고 집단학습과 개별학습group and individual learning 이 제시된다. 이러한 조건들은 네트워크 수준에서뿐만 아니라 교사들이 참여하고 있는 개별 학교 단위의 수준에서도 관련성이 있고 관심이 필요하다는 점을 인식하는 것이 중요하다.Earl 외, 2006

첫 번째 핵심 조건은 집중이다. 집중은 교사들이 공유하는 목표가 있는가, 공통의 목표의식이 있는가, 학교의 임무mission와 자신들이 속한 학교의 운영 방식에 대해서 어느 정도 의견 일치를 보이고 있는가와 관련된다.Lomos 외, 2011; van Veen 외, 2010 전문적 학습네트워크에서 집중은 개별 구성원(소속이 다른 학교/조직) 간의 공유된 목표의식, 또 이것이 전문적 학습네트워크의 구체적인 목표에 어떻게 부합되는지와 관련된다. 전문적 학습네트워크에 참여하는 목표는 개별 구성원의 목표의식과 학교 상황에 의해서 정해지는데, 이는 목표에 대한 공유의식에 영향을 미치게 된다. 예를 들어 전문적 학습네트워크는 화학 교과의 새로운 평가 프로그램 도입을 위해 필요한 새로운 수업자료를 개발하는 데 관심을 기울일 수 있다.제2장 참조 네트워크에 참여하는 교사들은 학교별로 참여 이유가 다양할 수 있다. 이를테면, 일부 학교는 실제 수업에 사용할 수 있는 수업자료 개발에 전문성 개발 시간을 집중할 수 있도록 하고 있다. 동료 교사들과 전문적 학습네트워크에 참여하고 그 결과를 동료들과 소통하는 활동에 대한 지원은 학교의 목표에 따라 달라질 수 있다. 교사들도 동료들과의 의견 교환에서부터 구체적인 화학 수업을 위한 교구재를 만드는 것까지 목표의식에 대한 구체적인 생각들이 서로 다르다.제2장 참조

제5장에서 제시하는 데이터팀data team의 경우에 학교는 교사들이 모든 종류의 교육 문제를 다루기 위해 데이터를 사용하는 방법을 배우기를 원하고 있다. 교사들은 이 아이디어에 동의할 수도 있고, 그들이 당면한 교육 문제를 해결하는 데에만 관심이 있을 수도 있다. 전문적 학습네트워크, 학교와 개인 수준의 목표가 동일할 필요는 없지만, 이러한 목표가 서로 모순되면 전문적 학습네트워크가 효과적이지 않을 수 있다. 전문적 학습네트워크의 공통 목표가 전문적 학습네트워크를 시작할 때 명확하게 결정되지 않더라도 모든 구성원이 함께 목표를 설정하고 활동하는 것이 중요하다. 명확하고 합의된 (학생 학습에 대한) 집중은 모든 종류의 다른 주장이나 활동에 따라 산만해질 위험 없이 실제로 능력을 키우고 학습을 공유하기 위한 비전과 방향을 제시해 준다.Earl 외, 2006; Katz & Earl, 2010 또한 그러한 집중을 수업 활동에 의미 있는 영향력을 행사하는 것으로 받아들이고 있다.Katz & Earl, 2010

두 번째이자 가장 자주 인용되는 지원 조건은 협력이다.예: Katz & Earl, 2010; Lomos 외, 2011; Stoll 외, 2006; Vescio 외, 2008 전문적 학습네트워크에서의 협력은 피상적인 수준의 상호 도움 주기와 지원을 넘어서야 한다. 깊이 있는 협력을 통해 교사는 아이디어 교환뿐만 아니라 교수 활동을 이끌어 가는 심층적인 신념에 대한 상호 토론이 가능하도록 해야 한다. 강한 협력을 통해 교사들은 가르침과 학습을 구조화시킬 수 있도록 해 주는 교육학적 동기pedagogical motives를 공유하고 이를 명료화할 수 있어야 한다.Vangrieken 외, 2015 협력이 가능해야만 교사들이 자신의 신념을 표출하며, 자신의 수업을 연구와 논의를 위해 개방할 수 있게 된다.Katz & Earl, 2010 성공적인 협력을 위해서는 적극적인 참여가 중요

하다.Voogt 외, 2011; Huffman & Jacobson, 2003 따라서 전문적 학습네트워크에서 해결해야 할 과제는 참가자가 어떻게 하면 효과적으로 참여할 수 있도록 하는가, 혜택을 어떻게 극대화할 것인가, 그리고 학습네트워크에서 제시되는 다양한 지식, 경험, 전문성에 어떻게 접근할 수 있도록 할 것인가이다.

세 번째 조건은 교사들이 중요한 교육 문제에 관해 대화하는 것과 같은 반성적인 전문적 탐구reflective professional inquiry이다.Lomos 외, 2011 교사는 차이와 갈등에 대해서 인지하고 거기에 대응할 수 있는 능동적인 방법을 찾아야 함과 동시에, 효과적이지 않은 관례적인 교수 활동에 적극적이며 집단적으로 의문을 제기해야 한다.Little, 2005 다음 장예: 제3장에서 볼 수 있듯이 이 도전과제는 '학습 대화learning conversation'와 같은 접근 방식을 통해 해결해 갈 수 있는데, 이는 교사가 학생들의 학습을 실제로 변화시키기 위해 다양한 형태의 경험적 자료들을 이해할 수 있도록 조직하는 것이다.Earl & Timperley, 2008

네 번째 조건은 리더십이다.Huffman & Jacobson, 2003; Katz & Earl, 2010 학교와 전문적 학습네트워크에 속한 공식적·비공식적 지도자들은 관심 자극하기, 지적 지원과 도구 지원하기, 변화·발전에 대한 모니터링하기와 정보 확산하기 등 중요한 역할을 해야 한다.Earl 외, 2006 아울러 이 책에서도 이들의 시간과 자원 제공 역할도 중요하다는 점을 여러 번 언급하고 있다. 이와 동시에 시간과 자원 역시 학교 구성원의 전문적 학습을 위해 해결해야 할 중요한 도전과제 중 하나다.Kools & Stoll, 2016 다시 말해, 리더십은 그러한 지원이 제공되도록 하는 데 중요한 역할을 한다.

다섯 번째이자 마지막 조건은 집단학습과 개별학습이다. 개별학습과 집단학습 모두에 관심을 기울인다면 그 효과는 더 커질 것이다. 예를 들어, 개별 구성원의 사전 지식과 동기 수준은 자신들의 학습 활동에 영향을 미친다. 그런데 이는 팀의 발전에도 영향을 미친다. 이를테면 팀 내에서 몇몇 구성원이 관심 주제와 관련해서 사고나 학습의 수준이 앞서 있거나 전문적 학습네트워크 활동에 더 많은 시간을 보내게 된다면 다른 구성원들은 다소 어려움을 경험하게 된다. 아울러 모든 참가가 다양한 관점들을 활용하여 토론과 반성적 사고를 하게 된다면 이러한 배경의 차이는 오히려 장점이 될 수도 있다. 마찬가지로 전문적 학습네트워크를 통해서 일어나는 발전과 활동들이 개인에 영향을 미치고, 자기 스스로를 강화해 감으로써 학습의 순환 활동이 가능하게 한다.

이러한 지원 조건들이 상호 연관되어 있다는 점을 인식하는 게 중요하다.Earl 외, 2006 하나 이상의 조건이 변화되면 다른 조건들이 변화될 수 있다. 그러나 여전히 중요한 질문은 네트워크 내에서의 학습은 어떤 모양새를 갖추고 있는가이다. 어떻게 개별학습에서 집단학습으로, 또 전문적 학습네트워크를 넘어서는 학습으로 단계가 이어지는가? 다음 절에서는 이 점을 검토해 본다.

1.5 전문적 학습네트워크와 학교조직에서의 학습

전문적 학습네트워크 구성원들이 속한 학교의 혁신을 어떻게 추구할 것인가? 이것을 이해하려면 전문적 학습네트워크가 이러한 단위학교에서의 조직학습을 어떻게 만들어 가는지에 대해서 탐구해야 한다.Van Lare & Brazer, 2013 조직학습은 개별학습을 토대로 조직의 일상적 관행과 같은 실천을 변화시켜 가는 과정에 해당한다.Ellström, 2001 학생들의 학습 활동을 혁신하겠다는 궁극적인 목표를 위해서 일상적 관행을 타파하려는 노력은 매우 도전적인 과제이다. 한편으로는 1.2에서 설명한 바와 같이 학교의 정책적 맥락에 따르면 전문적 학습네트워크를 통해서 학교혁신을 추구하고 있다.예를 들어 연구기반의 교육 실천을 위해서−제3장 참조 그러나 다른 한편으로, 학교와 이를 둘러싼 정책적 맥락에서 볼 때, 전문적 학습네트워크를 통한 전문적인 탐구와 협력 활동에 의해서 현재의 실천 관행을 변화시킬 필요가 있다는 결론이 도출된다면 문제가 생기게 된다. 예를 들어, 실제로 무엇을 혁신해야 하는지(또는 어떻게 해야 하는지) 깊이 논의하게 되면 상당한 문제점들이 도출될 수 있다. 또한 학생들의 학습과 관련해서 현재 상황과 마땅히 변화되어야 하는 지점 사이의 불일치는 교사들의 학습을 자극하는 강력한 요인이 되지만 실제로는 잘 받아들여지지 않는다.Van Lare & Brazer, 2013 이러한 불일치는 이미 전문적 학습네트워크 자체 내에서 해결해야 할 과제이기도 하지만, 이는 단위학교뿐만 아니라 국가 수준과 지역 교육청 수준 정책들의 영향으로 인해 더 복잡하게 얽히게 된다.

게다가 이러한 차이를 좁히는 데 필요한 학습 형태가 학교의 동료 교사나 관리자들의 기대, 또는 기존 정책에서 요청되는 기대 또는 규정들과 맞지 않을 수 있다.Van Lare & Brazer, 2013 특별히 책무성과 고부담 시험이 강력히 요구되고 있는 상황에서 현재의 실천과 관행들을 깊이 고려해 볼 때, 교육혁신을 시도하고 있는 전문적 학습네트워크 활동조차도 문제시될 수 있다. 예를 들어, 고드프리Godfrey, 2017는 효과성 향상을 위해 도입된 책무성 시스템과 교사들의 교수 활동이 어떻게 상호 경쟁하고 있는지를 살펴본다. 이러한 생각은 네트워크에서 전문성을 기르고 있는 교사들에게도 적용될 수 있다. 교사는 혁신 전략을 찾기 위해 실험하고 성찰할 필요도 있지만, 동시에 학생의 성취와 현재의 규칙·규정에 집중해야 한다는 압박 요인이 새로운 접근 방법으로의 변화를 방해하고 있기도 하다. 즉, 학교 수준과 더 넓은 맥락 수준에서 전문적 학습네트워크는 구성원들이 효과적으로 협력 활동을 하도록 촉진할 필요가 있을 뿐 아니라 이들이 이러한 활동의 결과들을 적용할 수 있도록 도와줄 필요가 있다.예: 제4장, 특히 4.5 참조 전문적 학습네트워크 내에서 일어나는 학습 활동은 사회적 환경과 개별 학습자의 상호작용 결과라는 점을 고려해야 한다.Illeris, 2003; Poortman, 2007 개인 구성원들은 전문적 학습네트워크에 아이디어와 지식을 제공한다. 그러나 이것은 집단 내에서 자동으로 공유되는 지식이 되지는 않는다. 아이디어와 지식 제공이란 간략히 자신의 경험을 발표하고, 교사와 학생의 상호작용을 언급하고, 이들을 일반화시켜 미래에 실천하도록 하는 방식으로 구성된다.Schildkamp 외, 2016 이러한 방식으로 앞서 언급한 이상과 현실의 차이를 해결할 수 있을 것 같지는 않다. 오히려 교사들은 주어진 문제가 지닌 의미, 대안과 향후 해결 과제를 고민하면서 이러한 문제를 좀 더 면밀하게 살펴보기 위해서라도 전문적 학습네트워크 내에서의 협업 활동을 적극적으로 활용해야 한다. 따라서 유의미한 학습이 일어나도록 하려면 교사들은 그들이 일상적 실천 과정에서 경험하는 문제들과 해결 과제를 깊이 탐구해 볼 필요가 있다.Van Lare & Brazer, 2013 이로 인해 개별 학교에서 조직학습의 기회가 열릴 수 있다. 그러나 배운 것을 보급하는 활동은 교사 그룹에서 그다지 활발하지 않은 편이다.Hall & Horn, 2012 전문적 학습네트워크에서 일어나는 학습이 참가자들의 학교에 영향을 미치고, 더 나아가 좀 더 큰 범위에 어떻게 영향을 미치는지를 반드시 생각해 보아야 한다. 1.6에서 다루는 경계 넘나들기와 중개 활동은 이러한 점에서 유용한 개념이다.

1.6 경계 넘나들기

일단 새로운 학습이 시작되고 그것을 공유하게 된다면 개별 학교에 소속된 네트워크 구성원들의 일상적인 활동이 변화될 것이며, 그 결과 학습네트워크가 더 큰 변화를 만들어 갈 수 있으리라는 기대가 생긴다. 어떻게 일상적 방식routine이 변해야 하는지, 또 어떻게 새로운 방식을 만들어야 하는지에 대해서 이해하게 된다면, 전문적 학습네트워크 구성원과 전문적 학습네트워크에 참여하지 않는 교직원들 사이에 경계가 형성된다고 말할 수 있다.Hubers, 출간 예정 전문적 학습네트워크 밖에 있는 학교의 동료들은 아직 무엇이 문제이고 어떤 과제를 해결해야 하는지 잘 알지 못할 뿐 아니라 혁신을 위한 제안에도 동의하지 않는다. 학교 내의 참여하지 않는 동료들에게 전문적 학습네트워크 학습 활동을 확산시키려면 이러한 경계를 넘나들어야 한다.제11장 참조 이를 위해서는 네트워크에서 일정 위치를 점하고 있으며, 전문적 학습네트워크와 학교 사이의 연결고리 역할을 하는 소위 '중재자broker'가 이러한 연결고리 역할을 해야 한다.Akkerman & Bruining, 2016 다시 말해 그들은 더 넓은 학교 공동체에서 전문적 학습네트워크와 동료 간의 지식 공유에 대한 책임이 있다. 중재자는 확인identification, 조정coordination과 반성적 사고reflection, 그리고 변혁적transformation 활동을 통해서 이러한 연결고리를 만들 수 있다. 확인이란 단위학교에서 하는 기존의 실천 방식과 전문적 학습네트워크에서 제안하는 새로운 실천 방식의 차이를 분명히 하는 활동이다. 이를 위해서 전문적 학습네트워크 구성원들과 학교의 다른 동료 교사들은 그러한 차이점에 대해서 논의할 필요가 있다. 조정과 반성적 사고는 이러한 과정을 한 단계 더 진행함으로써 가능하다. 전문적 학습네트워크 구성원과 다른 동료 교사들은 먼저 교류와 협력을 위해서 공유하고 있는 방법과 절차를 모색해 본다. 예컨대 그들은 조직에서 이루어지는 의사소통에 관심을 기울일 수 있으며, 또한 전문적 학습네트워크 내에서 개발된 새로운 실천 방법을 어떻게 창출해 갈 것인지에 관심을 보인다. 예를 들어, 이것은 그들이 조직에서의 의사소통과 전문적 학습네트워크에서 개발한 새로운 실천 방식 창출에 관심을 보이는 것을 의미한다. 또한 그들은 각자 관점이 다르고, 그러한 관점에서 현재 시행되고 있는 방식과 새롭게 제안된 방식을 검토해 간다.[Akkerman & Bruining, 2016] 한편, 변혁은 조직에서의 변화가 실질적인 현재의 실천 방식 변화로 가시화되는 과정을 의미한다. 다양한 행위자들은 현장에서 여러 가지 해결 과제와 문제들에 직면하고 있고, 이들을 공유하고 있다는 점도 인식하고 있으며, 나중에 나타나게 될 문제점들을 해결하기 위한 새로운 아이디어들을 개발해 간다. 학교 수준, 더 나아가 학교체제 수준에서의 학교혁신은 전문적 학습네트워크가 궁극적으로 단위학교에서 변혁을 이끌어 가고, 또한 다른 학교와 정책 입안자 사이에서 교류할 수 있도록 만들어 갈 때 실현될 수 있다.

후버스[Hubers, 2016]에 따르면, 공동으로 사용하는 교구재(예컨대, 도구 상자나 매뉴얼 등)는 확인, 조정과 반성적 사고, 변혁의 과정에서 새로운 지식을 서로 나눌 수 있는 유용한 도구가 된다. 그러나 이러한 공동 교구재 사용이 효과를 발휘하려면 면대면 참여가 전제되어야 한다.[제11장 참조] 서로 공유하기에 가장 효과적인 내용은 새로운 학습의 기본 원리와 관련되어 있다.[Rogers, 2003] 다시 말해서, 네트워크 구성원들이 단위학교의 동료 교사에게 배운 것을 개괄적으로 소개하지 않고 서로 학습 내용을 공유하고자 할 때, 그들은 공동체 내의 다른 동료가 이러한 학습을 어떻게 받아들이고 또 이를 어떻게 내면화할 수 있는지 이해하도록 도와주어야 한다. 그러므로 가장 효과적인 학습네트워크는 네트워크로부터 얻은 정보가 일상생활의 공동체 생활에 스며들도록 공유한다. 이를 위해 면대면 의사소통과 공동 교구재를 활용하며, 단위학교의 동료 교사가 함께 활동에 참여하도록 하고 새롭게 얻은 지식을 실제 장면에 어떻게 적용할 수 있는지를 알려 주기도 한다.

1.7 결론

유형이 다른 네트워크들의 효과는 종종 미미하거나 혹은 혼합효과라고 보고되고 있다.Chapman & Muijs, 2014; Lomos 외, 2011; Muijs 외, 2011 따라서 네트워크의 성공을 위해서는 분명히 다양한 요인들이 전제되어야 한다.

[그림 1.1]은 서론에서 제시한 모델에 몇 가지 요소를 추가한 모델이다. 앞서 설명한 바와 같이 점들을 둘러싸고 있는 경계선은 모든 일상적인 커뮤니티를 표시하고, 검게 표시된 점들은 커뮤니티에 참여하는 구성원들을 의미하며, 흰색 별은 커뮤니티의 구성원이면서 동시에 전문적 학습네트워크의 구성원인 개인을 표시하고 있다. 이 그림의 가운데에 분포하고 있는 검은 점들은 전문적 학습네트워크 자체를 의미한다. 이 그림의 오른쪽에는 전문적 학습네트워크를 효과적으로 작동하도록 하고, 학생들의 교육 결과에 긍정적인 영향을 미칠 수 있는 전문적 학습이 가능하도록 하는 전문적 학습네트워크 지원 조건들(예: 집중, 협력, 반성적인 전문적 탐구, 리더십, 집단학습과 개별학습 등)이 제시되어 있다. 또한 전문적 학습네트워크를 통해서 일어나는 학습과 활동이 구성원들이 속한 단위학교에 영향을 미치게 하려면 경계 넘나들기가 필요하다. 다른 말로 표현하자면, 전문적 학습네트워크의 영향력을 키우기 위해서는 무엇이 필요한가? 이러한 경계 넘나들기란 바로 확인, 조정과 반성적 사고, 변혁 등을 의미한다. 마지막으로, 학교, 정책 환경 및 전문적 학습네트워크 간의 관계를 결정하는 조건들이 있다. 앞에서 살펴본 바와 같이 학교는 학교혁신을 위해서 전문적 학습네트워크를 활용하고자 하며, 정책 담당자들 역시 전문적 학습네트워크의 활용을 주창할 수 있다. 그러나 여기에서 불일치 현상이 발생할 수 있다. 특히 전문적 학습네트워크 구성원들이 교수-학습을 긍정적으로 변화시키는 데 필요하다고 판단한 것과 현재의 규정 및 구체적으로 구현되고 있는 실제와는

차이가 발생한다. 마찬가지로 전문적 학습네트워크가 효과적으로 작동하기 위해서 요구되는 학습 활동의 유형과 학생들의 학업성취도 향상에 필요한 현실적인 요구들이 충돌할 수 있다.

[그림 1.1] 네트워크 작동 방식에 대한 행위이론

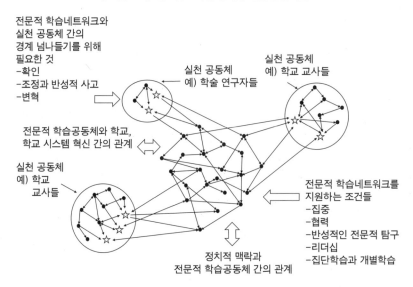

동시에 이러한 요인의 탐색은 첫 번째 단계일 뿐이며, 이 책의 초점은 전문적 학습네트워크의 효과적인 발전과 활용을 위해 전문적 학습네트워크를 훨씬 더 깊이 있게 이해하도록 하는 것이다. 이를 달성하기 위해 우리는 이 영역에서 최근에 일어나고 있는 연구 분석과 결과물들의 특성을 확장해 가려고 한다. 현재의 연구가 학습네트워크의 특성이나 영향력과 같은 특정 측면에 관심을 기울이고 있는 반면에Chapman & Muijs, 2014; Lomos 외, 2011, 이 책에 제시된 사례연구들은 두 가지를 모두 제공하는 것을 목표로 한다. 교사디자인팀Teacher Design Teams, 데이터팀Data Team, 수업연구팀Lesson Study Team 같은 전문적 학습네트워크의 특정한 유형을 검토하면서 우리는 전문적 학습네트워크의 목표, 과정, 영향

을 미치는 요인들, 성과와 정합성coherence을 파악하기 위해 도전하는 모습을 살펴볼 것이다.

이러한 방식으로 전문적 학습네트워크를 검토함으로써 얻게 되는 결론은 아마도 큰 상을 받을 만한 가치가 있을 것이다. 전문적 학습네트워크는 단일 학교 내에서 성취할 수 있는 것보다 더 광범위한 자원과 전문가들을 결합시킬 수 있다. 이들은 실천에 대한 자기반성과 집단적 반성의 기회를 제공하며, 개별 학교에서 할 수 있는 것보다 훨씬 더 많은 도전적이고 상호작용적인 전문적 학습 유형들에 참여할 수 있도록 기회를 제공한다.Lieberman, 2000 전문적 학습네트워크가 주는 이점을 실현하는 것은 쉬운 일이 아니다. 왜냐하면 학교혁신은 총체적인 관점에서 고려해야 할 복잡한 문제이기 때문이다. 또한 전문적 학습네트워크 방식으로 일하기 위해서는 교육체제 내에서 어떻게 역할을 하고 어떻게 책임감을 지녀야 하는지를 재고해 보아야 한다.Chapman, 2014 이와 동시에 '자기혁신self-improvement'을 목표로 학교 간 협력 활동을 추진하고 있는 현재의 정책 방향은 명료하다. 이처럼 전문적 학습네트워크 내부의 학습에서부터 학교 간 학습까지 포함하여, 지원 조건이 충족된 전문적 학습네트워크에서는 이러한 야심 찬 목표를 달성해 갈 수 있다.

참고문헌

Akkerman, S., and Bruining, T. (2016). Multilevel boundary crossing in a professional development school partnership. *Journal of the Learning Sciences*, 25(2), 240-284.

Binkley, M., Erstad, O., Herman, J., Raizen, S., Ripley, M., Miller-Ricci, M., and Rumble, M. (2012). Defining twenty-first century skills. In P. Griffin, B. McGaw, E. Care (Eds.), *Assessment and teaching of 21st century skills* (pp. 17-66). Netherlands: Springer Netherlands.

Chapman, C. (2014). *From within-to between-and beyond-school improvement: A case of rethinking roles and relationships?* State of Art Session: Educational Effectiveness and Improvement Research, Policy and Practice. ICSEI Conference, January 2-7, Yogyakarta. Retrieved from www. icsei.net/index.php?id=1677.

Chapman, C., and Muijs, D. (2014). Does school-to-school collaboration promote school improvement? A study of the impact of school federations on student outcomes. *School Effectiveness and School Improvement*, 25(3), 351-393.

Desimone, L., Smith, T., and Phillips, K. (2013). Linking student achievement growth to professional development participation and changes in instruction: A longitudinal study of elementary students and teachers in Title I schools. *Teachers College Record*, 115(5), 1-46.

Earl, L., and Timperley, H. (Eds.). (2008). *Evidence-based conversations to improve educational practices*. Netherlands: Kluwer/Springer Academic Publishers.

Earl, L., Katz, S., Elgie, S., Ben Jaafar, S., and Foster, L. (2006). *How networked communities work. Final report of the three year External Evaluation of the Networked Learning Communities Programme*. Nottingham, UK: National College of School Leadership.

Ellström, P. E. (2001). Integrating learning and work: Problems and prospects. *Human Resource Development Quarterly*, 12(4), 421-435.

Finnigan, K., Daly, A., Hylton, N., and Che, J. (2015). Leveraging social networks for educational improvement. In C. Brown (Ed.), *Leading the use of research and evidence in schools* (pp. 137-145). London: UCL IOE Press.

Godfrey, D. (2017). Exploring cultures of research engagement at eight English secondary schools (unpublished doctoral dissertation). University College London.

Hall, R., and Seidel Horn, I. (2012). Talk and conceptual change at work: Adequate representation and epistemic stance in a comparative analysis of statistical consulting and teacher workgroups. *Mind, Culture, and Activity*, 19(3), 240-258.

Hargreaves, A. P., and Shirley, D. L. (Eds.). (2009). *The fourth way: The inspiring future for educational change*. Thousand Oaks, CA: Corwin Press.

Hubers, M. D. (2016). *Capacity building by data team members to sustain schools' data use*. Doctoral dissertation. Enschede: Gildeprint.

Hubers, M. D., Poortman, C. L., Schildkamp, K., and Pieters, J. M. (accepted for publication). *Spreading the word: Boundary crossers building collective capacity for data use*.

Huffman, J., and Jacobson, A. (2003). Perceptions of professional learning communities. *International Journal of Leadership in Education*, 6(3), 239-250.

Illeris, K. (2003). Workplace learning and learning theory. *Journal of Workplace Learning*, 15(4), 167-178.

Katz, S., and Earl, L. (2010). Learning about networked learning communities. *School Effectiveness and School Improvement*, 21(1), 27-51.

Kools, M., and Stoll, L. (2016). *What makes a school a learning organisation?* (OECD) Education Working Paper No. 137. Paris: OECD Publishing. Retrieved from www.oecd.org/officialdocuments/publicdisplaydocumentpdf/?cote=EDU/WKP(2016)11anddocLanguage=En.

Lieberman, A. (2000). Networks as learning communities shaping the future of teacher development. *Journal of Teacher Education*, 51(3), 221-227.

Little, J. W. (2005). Nodes and nets: Investigating resources for professional learning in schools and networks (unpublished paper for NCSL).

Lomos, C., Hofman, R. H., and Bosker, R. J. (2011). Professional communities and student achievement-A meta-analysis. *School Effectiveness and*

School Improvement, 22(2), 121-148.

Muijs, D., Ainscow, M., Chapman, C., and West, M. (2011). *Collaboration and networking in education*. Dordrecht: Springer Science and Business Media.

Pellegrino J, W., and Hilton, M. L. (2012). Education for life and work: Developing transferable knowledge and skills in the 21st century. Committee on Defining Deeper Learning and 21st Century Skills. Division on Behavioral and Social Sciences and Education. National Research Council. Washington, DC: National Research Council.

Poortman, C. L. (2007). *Workplace learning processes in senior secondary vocational education*. Netherlands: University of Twente.

Rogers, E. (2003). *Diffusion of innovations* (5th edition). New York: Free Press.

Schildkamp, K., Poortman, C. L., and Handelzalts, A. (2016). Data teams for school improvement. *School Effectiveness and School Improvement*, 27(2), 228-254.

Schleicher, A. (2012). *Preparing teachers and developing school leaders for the 21st century: Lessons from around the world*. Paris: OECD Publishing.

Stoll, L., Bolam, R., McMahon, A., Wallace, M., and Thomas, S. (2006). Professional learning communities: A review of the literature. *Journal of Educational Change*, 7(4), 221-258.

Stringfield, S., and Sellers, G. (2016). *Institutionalized and other networking as the major changes in U.S. education over the last decade*. ICSEI symposium proposal abstract.

Vangrieken, K., Dochy, F., Raes, E., and Kyndt, E. (2015). Teacher collaboration: A systematic review. *Educational Research Review*, 15, 17-40.

Van Lare, M. D., and Brazer, S. D. (2013). Analyzing learning in professional learning communities: A conceptual framework. *Leadership and Policy in Schools*, 12(4), 374-396.

van Veen, K., Zwart, R., Meirink, J., and Verloop, N. (2010). *Professionele ontwikkeling van leraren: Een reviewstudie naar effectieve kenmerken van professionaliseringsinterventies van leraren* [Professional development of teachers: A review study into effective interventions in the professional development of teachers]. Leiden, The Netherlands: ICLON/ Expertisecentrum Leren van Docenten. Retrieved from www.nro.

nl/wp-content/uploads/2014/05/PROO+Professionele+ontwikkeling+van+l
eraren+Klaas+van+Veen+ea.pdf

Vescio, V., Ross, D., and Adams, A. (2008). A review of research on the impact of professional learning communities on teaching practice and student learning. *Teaching and Teacher Education*, 24(1), 80-91.

Voogt, J., Westbroek, H., Handelzalts, A., Walraven, A., McKenney, S., Pieters, J., and De Vries, B. (2011). Teacher learning in collaborative curriculum design. *Teaching and Teacher Education*, 27(8), 1235-1244.

Wenger, E. (1998). *Communities of practice*. Cambridge, UK: Cambridge University Press.

제2장

하향식 리더십과 공유 리더십 사이의 균형 잡기

새로운 접근 방법을 이행하는 교사디자인팀에 관한 사례연구

플로어 빈호르스트(Floor Binkhorst)

2.1 서론

교사디자인팀Teacher Design Team, TDT은 다양한 중등학교의 교사가 혁신적인 교육 자료를 디자인하기 위해 협력하는 네트워크다. 교사디자인팀은 교사의 전문적 성장과 교육혁신의 성공적인 수행에 기여할 수 있다. 이 장은 화학 교사로 구성된 교사디자인팀의 사례를 2년 동안 지속적으로 모니터링한 결과이다. 우선 교사디자인팀 개념에 대한 간략한 소개와 특정 사례의 배경 정보[2.2]로 시작한다. 2.3에서는 2014-2015학년도 교사디자인팀 운영을 집중적으로 설명한다. 여기에는 참가자와 조직구조, 과정별 단계, 팀 목표, 수행한 활동, 리더십 스타일, 교사디자인팀의 확인된 성과 등이 포함된다. 2.4에서는 교사디자인팀이 새로운 접근법으로 전환해야 하는 이유와 이 접근법이 어떻게 결정되었는지를 설명한다. 그다음에 2015-2016학년도에 새로운 접근법을 적용했을 때[2.5] 교사디자인팀 운영이 어떠했는지를 설명한다. 2.6에서는 연속된 두 연도 사이의 유사점과 차이점을 언급한 후에, 새로운 접근법이 어떻게 팀이 하향식 리더십과 공유 리더십 사이에서 올바른 균형을 찾도록 도왔는지, 이것이 교사디자인팀의 결과를 어떻게 지원했는지에 대해 논의함으로써 결론을 내리고 있다.[2.7]

2.2 교사디자인팀이란?

교사디자인팀은 교사들이 혁신적인 교육 자료를 (재)디자인하기 위해 협력하는 전문적 학습네트워크다. 이 협력의 결과로 교사는 새로운 지식과 기술을 습득하고 자신들의 실천을 향상시킬 수 있다. 이런 식으로 교사디자인팀은 교사의 전문성 개발에 기여할 수 있다.Bakah 외, 2012a; Huizinga 외, 2014; Voogt 외, 2011

또한 교사디자인팀에 참여하는 교사는 새로운 교수법을 익히게 될 뿐만 아니라 새로운 교구재를 만들고 사용함으로써 자신의 교수 방법을 만들어 간다.Voogt 외, 2011 교구재를 디자인하는 활동이 교사들의 업무 중에서 중요한 활동이라는 인식이 점차 늘어나고 있다.Carlgren, 1999 이것은 특히 교육개혁 기간에 중요하다. 교사들은 개혁적인 아이디어를 실행에 옮길 것으로 기대를 받고 있으며, 교사들의 실천과 생각은 교육개혁의 성공을 위해 매우 중요하다.Fullan, 2007 교사들은 디자인팀에서 개혁과 관련되는 교구재 디자인에 참여함으로써 개혁에 대한 주체의식을 키울 수 있다. 또한 교사들이 실질적으로 자신의 수업 활동에 이들을 적용해 볼 가능성을 높이게 된다.Visser 외, 2012; Wikeley 외, 2005 이와 같은 방식으로 교사디자인팀은 교육개혁을 위한 지속가능한 실행에 기여할 수 있다.Handelzalts, 2009; Johnson 외, 2014; Mooney Simmie, 2007

2.2.1 교사디자인팀의 주요 목표

교사디자인팀에는 크게 두 가지 목표가 있는데, 이는 성과 측정을 통해 평가할 수 있다. 첫 번째 목표는 교사의 전문성 개발이다. 교사디자인팀에 참여하는 교사는 교수법 지식, 교과내용 지식, 디자인 기술 또는 네트워킹 등의 전문적 기술들과 같은 새로운 지식과 기술을 얻을 수 있다.Bakah 외, 2012a; Huizinga 외, 2014; Voogt 외, 2011 전문성 개발은 네 가지

평가 단계로 구분될 수 있다.Kirkpatrick, 1996 첫 번째 평가 단계는 교사 디자인팀에 대한 교사의 반응이다. 참가자들은 교사디자인팀을 소중한 경험이라고 생각하는가? 두 번째 단계는 교사와 학습에 관한 것이다. 교사는 새로운 지식과 기술을 습득했는가? 세 번째 단계는 이 새로운 지식과 기술의 실제 사용에 관한 것이다. 교사는 새로운 통찰력을 적용하여 교육적 실천을 어느 정도로 향상시켰나? 최종 평가 단계는 교사 디자인팀의 전반적인 결과이다. 교사들이 가르치는 학생이나 학교가 수업 실제의 혁신으로부터 혜택을 받았는가?

교사디자인팀의 두 번째 목표는 교구재 디자인이다. 참가자들이 어떤 종류의 교구재를 만들지는 교사디자인팀의 관심에 따라 결정된다. 예를 들어 혁신적인 주제에 대한 강의 시리즈를 디자인하거나 디지털 퀴즈, 실천적 과제 또는 실험과 같은 몇 가지 소규모 교구재를 디자인할 수 있다.Binkhorst 외 2015 또한 디자인된 교구재들을 평가하기 위해서 앞서 제시한 바와 유사한 평가 수준을 적용해 볼 수 있다. 첫 번째 평가 수준은 자료의 질과 관련된다. 최종 제품의 질적 수준이 초기 예상치를 충족하는가? 두 번째 평가 수준은 실제로 이러한 자료의 실제 사용 정도이다. 참가자가 교실에서 더 오랫동안 자료를 사용하거나 사용하려고 계획하고 있는가? 최종 평가 수준은 다시 결과와 관련된다. 교사들이 가르치는 학생과 소속 학교가 디자인된 자료를 사용함으로써 어떤 혜택을 받았는가?

이러한 두 가지 주요 목표를 달성하는 데 주인의식ownership은 중요한 역할을 한다. 교사가 이러한 교구재를 디자인하고 이를 본인이 직접 현장에서 활용하기 때문에 교사디자인팀 활동 과정에서 주인의식이 발달할 가능성이 있다.Bakah 외, 2012b; Visser 외, 2012 이것은 교사가 교구재를 교육현장에서 구현할 가능성을 높이도록 만들어 준다.Wikeley 외, 2005 몇몇 참가자가 자신이 얻은 지식과 기술을 사용하고 새롭게 디자인된 교구재들을 적용하는 이유, 그리고 또 다른 이들은 적용하지 않는 이유를 설명하기 위해서 교사디자인팀의 성과를 평가할 때 이러한 주인의식을 분명히 고려해 볼 필요가 있다.

2.2.2 영향을 끼치는 요인들

교사디자인팀은 참가자가 방향을 제시하고 의사결정을 내릴 수 있는 자율적 팀이다.[Handelzalts, 2009] 따라서 팀 구성원들은 공유 리더십shared leadership을 기대하고 있다. 즉, 참가자들이 서로를 이끌어 주고 영감을 부여해 주고, 주도적으로 기획을 해 나간다.[Pearce, 2004] 디자인 과정에서 목표를 분명히 하고 기획 활동을 주도함으로써 이러한 목표와 활동이 참가자 자신의 교육 실천과 연관성이 있다는 점을 확인하게 된다.[Binkhorst 외, 2017a] 이런 식으로 공유 리더십 행동은 교사의 전문적인 학습에 도움이 되는 조건들을 만들어 낼 수 있다.[Admiraal 외, 2015]

이와 동시에 여러 연구에 따르면 팀 코치로부터의 하향식 지원이 중요하다고 한다. 팀 코치는 교사디자인팀 회의 조직, 디자인 과정에 대한 기본적인 지원 제공, 교수법에 대한 전문 지식 제공에 대해서 역할을 할 것을 기대받고 있다.[Becuwe 외, 2016; Huizinga 외, 2013; McKenney 외, 2016] 팀 코치는 디자인 과정을 분명하게 하고 관심을 끌도록 하며 새롭게 디자인된 교구재의 질 제고에 도움을 줄 수 있다.[Binkhorst 외, 2017a]

2.2.3 교사디자인팀 사례의 배경

교사디자인팀에는 다양한 유형이 있는데, 대체로 특정 주제와 관련된 교구재를 (재)디자인하기 위해서 협업하는 교사들로 구성되어 있다. 이 장에서는 네덜란드 트벤테대학교University of Twente에서 조직한 교사디자인팀에 관한 사례연구를 살펴본다. 이 교사디자인팀은 지역의 여러 중등학교 화학 교사들로 구성되었으며, 이들은 자발적으로 팀에 참여하고 있었다. 교사디자인팀은 이 대학교의 교육대학과 연계된 화학 교사를 양성하는 교수인 팀 코치가 지원하고 있다. 팀 코치는 참가자를 모집하고, 회의를 주재하고, 교수법 및 교구재 디자인과 관련된 전문적인 지식을 제공하는 역할을 한다.

교사디자인팀은 한 달에 3시간 정도 대학에서 모임을 한다. 여기에 참여한 교사들이 투자하는 공식적인 시간은 연간 60시간인데, 그중 약 30시간은 회의를 하고, 나머지 30시간은 교사 자신이 활용한다. 각각의 교사디자인팀 그룹은 한 학년 동안 함께 일하는 것을 원칙으로 하지만, 참가자들은 여러 해 참여할 수 있다. 이 장에서는 2년 동안의 화학 교사디자인팀의 활동을 다룬다. 특히, 이 2년은 화학 교사에게 매우 중요한 의미를 지니고 있는데, 개정된 평가 프로그램에 따르면 처음 2년 동안 학생들이 최종적인 시험을 쳐야 하기 때문이다.

2.3 2014-2015학년도 교사디자인팀

2.3.1 참가자 및 구조

2014-2015학년도에 이 지역의 몇 개 중등학교 소속 9명의 화학 교사가 화학 교사디자인팀에 참여했다. 여기서는 앨리스Alice, 프레드Fred, 맷Matt, 메리Mary, 제인Jane, 마이클Michael, 피트Pete, 존John, 폴라Paula와 같은 가명을 사용한다. 그들은 모두 학교의 승인을 받아 교사디자인팀에 참여했다. 교사디자인팀은 앨리스의 학교에서 열린 두 번째 모임을 제외하고는 대학에서 월례 모임을 했다.

첫 번째 모임에서 앨리스, 프레드, 맷, 그리고 팀 코치는 자발적으로 인터뷰 응답자로 나섰고, 그들은 연초와 연말에 두 번 인터뷰를 진행했다. 나는 항상 연구자로서 회의를 관찰했다. 각 회의가 끝난 후, 팀 코치와 필자는 함께 회의록을 작성했다.

2.3.2 진행 단계

교사디자인팀 회의에서 적용되는 단계를 알아보자. 교사디자인팀은 대학에서 매월 3시간의 모임을 진행하는 것으로 계획되었지만 팀 코치는 교사디자인팀 회의 진행 방법에 대한 구체적인 지침을 받지 못하고 있으며, 교사디자인팀 진행 단계에 관해 정해진 절차는 없는 편이다. 코치는 교사교육자로서의 전문 기술을 사용하여 참가자들을 안내할 것이라는 기대를 받고 있었다.

모든 회의에 공통적으로 있었던 하나의 단계는 팀 코치가 전자 메일로 회의 의제를 포함하여 초대장을 보냈다는 점이다. 하지만 이 의제역시 고정된 것은 아니었다. 회의 도중 참가자들이 다른 주제를 생각해 냈을 경우에는 이것들이 의제에 추가되었다. 교사디자인팀 참가자는 2014-2015학년도 목표를 스스로 선택할 수 있지만, 그들이 올해 첫 회의에서 팀 목표가 무엇인지 논의하고 구체화하는 데 별도로 시간을 할애하지는 않았다.

또 다음 회의 전이나 다음 회의에서 무엇을 해야 할지 계획을 세우는 시간이 별도로 정해져 있지도 않았다. 몇몇 참가자는 디자인 관련된 활동을 시작했으나 모두가 참여하지는 않았다. 과제를 나누고 각각의 계획을 기록하기 위해서 협업하는 절차는 없었다. 그럼에도 각 회의가 끝난 후 팀 코치는 회의 요약과 논의된 과제에 대한 간략한 설명을 담은 요약 자료를 제공했다. 팀의 상호작용은 상당히 비공식적이고 사교적이었다. 참가자들은 공개적으로 의사소통을 했으며, 모두 자기 생각과 경험을 편안하게 공유할 수 있다고 느꼈다.

2.3.3 팀 목표

학년 초에 진행된 인터뷰에서 참가자들은 교사디자인팀에 참가하는 개인적인 목표를 언급했다. 그들은 모두 새로운 평가 프로그램에 대해 더 많이 배우고 싶다고 했다. 또한 모두 교구재를 디자인하고 싶다고 했지만, 팀 목표가 명료화되지 않았기 때문에 어떤 자료를 만들 수 있을지 확신하지는 못했다. 학년 말 인터뷰에서 참가자들은 각각 디지털 수업을 다시 디자인하고, 화학 실험을 위한 컴퓨터 시뮬레이션 사용을 탐구하며, 디지털 퀴즈를 만드는 등 다양한 하위 목표를 추구했다고 언급했다. 이러한 하위 목표의 대부분은 참가자들이 주도적으로 만들었다. 전반적인 탐구 주제는 '화학 교육에서의 디지털 도구'로 요약될 수 있다.

인터뷰에 응한 참가자들은 이러한 전체 주제가 자신들 모두에게 유의미한 것이었다고 평가했다. 맷이 설명하기를, "우리가 도구를 찾고 있다는 것은 분명했다. 이를테면 실험실에 가지 않고도 컴퓨터를 활용한 화학실험 수행하기와 같은 것"이라고 했다. 그러나 맷은 참가자들에게 한 가지 공유된 목표가 있지는 않았다고 말했다. 만약 더 많이 집중했더라면 이 팀은 더 많은 성과를 얻을 수 있었을 것이라고 프레드와 맷은 평가했다.

2.3.4 수행 활동

교사디자인팀에서 실제로 일어난 일을 확인하기 위해 모임 안에서 일어나는 주요 활동에 관한 목록이 작성되었다. 거기에 교사디자인팀 모임 이전에 교사들이 했던 활동 목록이 추가되었다. 이것은 [표 2.1]에 제시되어 있다.

모임 내에서는 대부분 경험 공유와 토론 같은 지식 관련 활동을 수행한다. 모임 중 여섯 번 정도는 외부 전문가가 교사디자인팀을 방문하여 디지털 화학 시뮬레이션 도구와 이에 상응하는 탐구학습실Inquiry Learning Space에 대해 설명했다. 학년 말 인터뷰에서 앨리스는 시뮬레이션에 너무 많은 시간을 할애했다고 생각했다. "우리는 이 화학 시뮬레이션 도구 전문가와 함께 탐구학습실을 만들어 학생들에게 강수량 반응을 가르쳤다. 우리는 여기에 많은 시간을 썼다. […] 나의 경우에는 그것은 너무 많은 시간이었다." 프레드와 맷에 따르면, 시뮬레이션 도구가 교실에서 실제로 사용될 수 있을 정도로 준비되어 있지 않았으며, 따라서 기대한 것보다 유용성이 떨어졌다.

[표 2.1]에서 알 수 있듯이 다양한 활동이 자발적으로 일어났다. 예를 들어, 네 번째 회의 때 교사디자인팀은 화학 교육에서 언어의 역할에 관한 토론을 했고, 여섯 번째 회의에서는 명료하게 제시되어 있지 않은 교과서 내 과제물에 대해서 자발적으로 토론을 했다.

참가자들은 1년 동안 교사디자인팀에서 30시간을 보냈지만, 회의를 제외한 나머지 활동에 모든 참가자가 참여한 것은 아니다. 앨리스와 제인만이 스스로 교구재를 디자인하고 검증하는 데 매우 적극적이었다. 또한 피트와 프레드는 스스로 디지털 퀴즈를 디자인했다.

2.3.5 리더십 스타일

팀 코치, 참가자 모두 교사디자인팀 활동에서 나타나는 공유 리더십 행동들의 예를 많이 언급했다. 예를 들어, 팀 코치는 "활동에 대한 많은 아이디어를 생각해 냈다. 그들은 모든 퀴즈를 스스로 시작했다. […] 참가자들은 많은 것을 가져왔다"라고 설명했다. 참가자들은 자신들이 스스로 아이디어를 제시할 수 있다는 사실을 높이 평가했다. 앨리스는 "많은 아이디어가 집단에서 나왔기 때문에 더 많은 주인의식을 느낄 수 있었다"라고 관찰했다. 그러나 참가자들은 교사디자인팀이 하향식, 수직적 리더십으로 더 많은 혜택을 누릴 수도 있으리라고 생각했다. 그

[표 2.1] 교사디자인팀 모임 이전에 일어났던 활동들

	모임 이전의 활동	모임 중의 활동
1	• 화학 시뮬레이션에 외부 전문가 초청(팀 코치)	• 인사 나누기 • 화학 시뮬레이션에 관한 외부 전문가의 발표 • 다양한 디지털 수업 시리즈를 스터디한 후 하나를 선정하여 재디자인하기
2	• 사전 시험(pilot exam) 스터디(4명 참가자)	• 앨리스의 학교에 있는 과학실습실 관찰 • 사전 시험에 관한 토론 • 재디자인한 디지털 수업 시리즈에 관한 토론
3	• 디지털 수업 시리즈 재디자인 시작(앨리스)	• 화학 시뮬레이션에 대한 외부 전문가의 발표 • 앨리스가 해 왔던 디지털 수업 시리즈에 관한 스터디 • 새로운 평가 프로그램에 관한 즉흥 토론
4	• 재디자인한 디지털 수업 시리즈를 다른 참가자들에게 보내기(앨리스) • 앨리스의 재디자인한 디지털 수업 시리즈 관찰(제인)	• 화학 시뮬레이션을 위한 탐구학습실(ILS) 만들기에 관한 외부 전문가 발표 • 새로운 평가 프로그램에서의 언어의 역할에 관한 즉흥 토론 • 앨리스의 재디자인한 디지털 수업 시리즈에 관한 토론
5	• 탐구학습실 디자인하기(제인) • 재디자인한 디지털 수업 시리즈를 실행해 보기(앨리스)	• 동료 참가자들과 외부 전문가들이 함께 탐구학습실 디자인하는 경험 공유(제인) • 재디자인한 디지털 수업 시리즈 실행 경험 공유(앨리스) • 평가 과제에 관한 즉흥 토론
6	• 탐구학습실 디자인하기(제인, 맷) • 재디자인한 디지털 수업 시리즈를 계속적으로 실행해 보기(앨리스, 수업에 참여한 팀 코치)	• 화학 시뮬레이션과 탐구학습실에 대해서 외부 전문가와 토론하기 • 재디자인한 디지털 수업 시리즈 실행에 관한 경험 공유 • 화학 교과서에 제시된 불분명한 과제에 관한 즉흥 토론
7	• 국가 수준 시험 준비를 위한 디지털 퀴즈 디자인하기(피트)	• 외부 전문가와 함께 탐구학습실 디자인하기 • 재디자인한 디지털 수업 시리즈에 관한 시범 운영 결과 공유하기(앨리스) • 피트의 퀴즈에 대해서 함께 작업하고 토론하기
8	• 교실에서 사용하는 디지털 도구에 관한 비디오를 이메일로 보내기(프레드) • 프레드의 비디오 시청하기(몇몇 참가자 수행) • 디지털 퀴즈 디자인하기(프레드)	• 교실 내 디지털 도구에 관한 프레드의 비디오 보고 토론하기 • 프레드의 퀴즈에 대해서 작업하고 논의하기 • 학생들이 새로운 평가 프로그램을 어떻게 준비해야 하는지에 대해서 토론하기
9	• 없음	• 국가 수준 시험에 대한 성찰

러나 참가자들은 코치가 모임을 조직하고 전문적 지식을 활용하는 등의 중요한 역할을 하는 것을 알고 있었다고 하더라도, 진행 과정 중에 코치가 좀 더 분명하게 구조화시키는 역할을 했더라면 좋았을 것이라고 생각했다. "집단 내에서 도출된 아이디어는 서로 잘 통합되지 않았다. 더 많은 구조화가 필요했다. [⋯] 코치가 이렇게 해야 한다거나, 저렇게는 하지 말아야 한다고 결정했다면 더 좋았을 것이다"라고 프레드가 이야기했다.

2.3.6 결과에 대한 인식

마지막 인터뷰에서 모든 참가자가 전문적인 성장을 보여 주었다. 그들은 모두 교사디자인팀에 상당히 만족했으며 새로운 지식과 기술을 어떻게 획득하게 되었는지 그 사례들을 언급했다. 그들은 주로 참가자들 서로가 교수법에 대한 지식과 경험을 공유함으로써 새로운 교육학적 통찰력을 얻었다고 한다. 또한 교육용 디지털 도구들의 유용성에 대해서 새로운 통찰을 얻게 되었다. 앨리스는 이러한 통찰력으로 실제 수업을 개선하고 학생의 학습 수준을 제고했다고 설명했다. 그러나 프레드와 맷은 새로운 지식과 기술이 실제로 교육 결과를 개선했는지에 대해 확신할 수 없다고 했다. 맷은 "어쩌면 무의식적으로. [⋯] 그러나 나는 가르치는 방법 전체를 변화시키지 않았다"라고 했다. 결과적으로, 이 참가자들은 교사디자인팀 참여로 인해 자신의 소속 학교가 어떤 도움을 받았는지 분명하지 않다고 주장한다.

디자인을 다시 한 교구재에 대해서도 이와 동일한 유형이 적용될 수 있다. 앨리스는 자신이 다시 디자인한 디지털 수업 시리즈에 매우 만족했다. 그녀는 다른 팀원들로부터 귀중한 피드백을 받았으며, 이는 수업의 질적 수준을 향상시켰다고 설명했다. 그녀는 앞으로 이 디지털 강의 시리즈를 사용하기로 결심했으며, 소속 학교의 다른 화학 교사도 그것을 사용하기를 원했다. 반면에 프레드와 맷은 다시 디자인된 자료에 상대적으로 덜 만족했다. 그들은 자신들이 명확한 팀 목표를 갖고 있지 않았으며, 따라서 무엇을 위해 노력하고 있는지 분명하지 않았다고 주장했다.

모든 참가자가 교사디자인팀에 대한 주인의식을 어느 정도 갖게 되었다. 그러나 앨리스는 인터뷰에 응한 다른 두 명의 교사보다 더 많은 주인의식이 있었다. 그녀는 결과에 대한 책임감을 느끼고 자신이 교사디자인팀 활동으로 스스로의 정체성을 확인할 수 있었다고 설명한다. 즉 교사디자인팀의 성공을 마치 자신의 성공처럼 느끼고 있었다. 그리고 다른 측면에서, 일이 잘못되면 실패를 통해서도 배울 수 있다는 것을 느끼고 있었다. 프레드와 맷은 교사디자인팀의 성과에 책임감을 덜 느꼈다. 그들은 모두 교사디자인팀에 대한 자신들의 기여도를 확신하지 못했다. 프레드는 "화학 시뮬레이션에 내가 어떻게 기여할 수 있었는지 정말로 알지 못했다. 나는 그 기술을 사용하려고 할 때 여러 가지 기술적 문제를 겪었으므로 수업 개선에 활용하는 데 어려움을 느꼈다"라고 설명했다.

2.4 새로운 접근 방식으로의 전환

2014-2015학년도 교사디자인팀의 리더십 유형, 진행 과정, 결과를 분석해 보면 몇 가지 주목할 만한 점을 확인할 수 있다. 교사디자인팀에는 계획을 세우고 목표를 정의하는 구조화된 절차가 없었다. 참가자들이 직접 토론을 이끌고 활동을 시작할 수 있었기 때문에 공유 리더십에 관한 많은 사례가 언급되었다. 앨리스에게 이것은 매우 좋은 접근 방법이었다. [표 2.1]에 있듯이, 그녀는 많은 활동을 시작했고 전체 디지

털 강의 시리즈를 스스로 재설계했다. 인터뷰에 응한 다른 참가자와 비교해 볼 때, 앨리스는 주인의식이 강했으며 전문성 개발이나 교구재 디자인 활동을 통해서 교사디자인팀의 결과에 가장 큰 만족을 느꼈다. 그러나 프레드와 맷은 더 명확한 절차와 명확한 목표가 있었다면 교사디자인팀의 결과가 더 좋았을 것이라고 지적했다. 그들은 앨리스처럼 쉽게 활동을 시작하지 못했고, 팀 코치의 하향식 지도력이 방향을 제시하는 데 도움이 되었을 것이라고 설명했다. 그렇지만 그들은 공유 리더십이 주인의식을 자극하는 데 필수적이라고 생각하고 있었다.

비슷한 결과가 2014-2015학년도에 모니터링했던 다른 교사디자인팀에서도 나타났다. 이 팀은 모두 공유 리더십과 팀 코치의 하향식 지원 간의 균형이 필요하다고 했다. 이러한 이유로 교사디자인팀을 이끄는 팀 코치를 지원하는 단계적 방법이 개발되었다.[Binkhorst 외 2017b] 이 방법은 애자일 제품 개발agile product development[1]에 영감을 받았다.[Highsmith, 2010] 이 방법을 따르는 교사디자인팀은 작고 성취 가능한 반복 작업을 하며, 참가자들에게 자신들의 아이디어를 가져오도록 자극하고 그들의 계획을 정교화하고 창의적일 수 있게 한다. 또한 이 방법의 각 단계는 명료하게 규정되고, 목표를 전개하는 데 필요한 시간과 기획팀에서 계획을 세우는 데 필요한 시간을 분명히 마련해 주도록 한다. 따라서 단계적 방법은 구조화되지 않은 회의와 불분명한 팀의 목표를 예방할 수 있다는 기대를 주었다. 2015-2016학년도에 화학 교사디자인팀은 이러한 단계적 방법을 사용했다. 2.5에서는 교사디자인팀의 과정과 결과 디자인에 대해 설명하겠다.

---

1. Agile product development. 이는 애자일 개발 방법론이라고 하는데, 신속하고 변화에 유연하며 적응적인 소프트웨어 개발을 목표로 하는 다양한 경량 개발 방법론 전체를 일컫는 총칭으로, 반복(iteration)이라 불리는 단기 단위를 채용함으로써 위험을 최소화하는 개발 방법이다(네이버 지식백과).

2.5 2015-2016학년도 교사디자인팀

2.5.1 참가자 및 구조

2015-2016학년도에 5명의 화학 교사가 교사디자인팀에 참가했다. 그들 중 세 사람, 즉 앨리스, 메리, 존은 전년도에도 참여했었고, 두 명의 교사(Grace와 Bob)가 화학 교사디자인팀에 새로 합류했다. 팀은 전년도와 같은 팀 코치의 지원을 받았다. 연구원으로서의 나의 역할은 약간 달라졌다. 단계별 방법이 계획대로 구현되었는지 확인하기 위해서 기술위원장으로 활동하면서 이 방법의 각 단계에 대해서 지적을 했다.

이 팀의 구조는 전년도와 유사했다. 모든 교사가 학교의 승인을 얻어 자발적으로 참여했으며 모든 모임은 매달 대학에서 열렸다. 모든 참가자와 팀 코치는 학년 초와 학년 말에 인터뷰에 응했다. 또한 각 모임이 끝난 후 팀 코치와 나는 회의에서 진행된 사항을 기록했다.

2.5.2 과정별 단계

2015-2016학년도에 화학 교사디자인팀 설계 과정의 단계별 접근 방법에 대해서는 [그림 2.1]을 참고하면 된다. 과정에 대한 설명을 제시하면 다음과 같다.

A. 팀 목표에 관한 브레인스토밍

첫 번째 모임은 공유하고 있는 팀 목표에 관한 브레인스토밍을 하는 A 단계부터 시작한다. 전년과는 대조적으로 올해 첫 모임에서 교사디자인팀의 목표를 명확하게 논의했다. 여기에는 모든 참가자가 참여했다. 이어진 후속 모임에서 이 목표를 다시 한번 분명하게 확인하는 과정을 거쳤다. 대부분의 모임에서 참가자들은 팀 목표가 적절하다는 데 동의했고, 다섯 번째 모임에서 새로운 목표를 하나 더 추가했다.

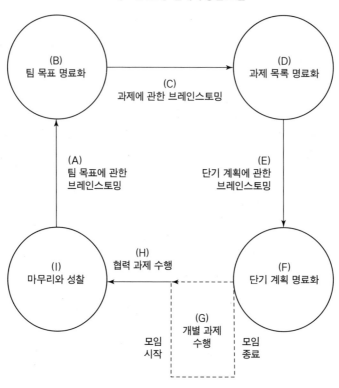

[그림 2.1] 단계적 방법 모델

B. 팀 목표 명료화

교사디자인팀 참가자가 팀 목표에 동의하면, 이를 스터커에 기록하고 모든 참가자가 볼 수 있도록 보드에 게시했다.

C. 과제에 관한 브레인스토밍

이 단계의 목표는 목표 달성을 위해서 수행해야 할 과제에 관해 브레인스토밍을 하는 것이다. 이는 모임 밖에서 일어나는 개인적 과제일 수도 있고 또한 모임 내에서 일어나는 집단적 과제일 수도 있다. 그러나 대부분의 모임에서 참가자들은 H단계^{아래 참조}의 과제에 관한 다양한 아이디어를 제시하면서 협력적인 활동에 참여했다.

D. 과제 목록 명료화

참가자들이 과제에 관해서 말할 때 이를 메모지에 기록했다. 대부분의 과제들은 단계 C보다는 단계 H에서 이미 언급되었으므로 참가자의 확인을 받기 위해서 이 단계에서 반복했다.

E. 단기 계획에 관한 브레인스토밍

이 단계에서 참가자들은 단계 F에서 단계 I까지의 기간에 대한 명시적인 단기 계획을 세웠다. 다음 기간에 수행해야 할 하위 목표, 무슨 과제를 하고 누가 하는가에 관해서 브레인스토밍을 했다.

F. 단기 계획 명료화

계획에 관해서 브레인스토밍을 한 후 그 결과를 보드에 기록했다. 참가자들이 결정한 다음 기간에 수행해야 할 하위 목표를 적어 선택한 과제와 함께 보드에 표시했다. 나는 모임을 끝내면서 늘 계획을 요약 정리했다. 또한 계획을 적어 게시한 내용을 사진으로 찍어서, 참가자들이 다음 모임 전에 해야 할 과제들에 대해서 알 수 있도록 참가자 모두에게 이메일로 보냈다.

G. 개별 과제 수행

모임과 모임 사이에 참가자들은 그들이 동의한 개별 과제들을 수행할 시간을 가졌다.

H. 협력 과제 수행

모든 후속 모임은 단계 H에서 시작되었다. 참가자는 이전 모임에서 결정된 협력 과제를 시작했다. 이 단계는 모임에서 가장 많은 시간이 필요했다(2시간~2시간 30분 소요). 참가자들은 협력 활동을 하면서 다음 기간에 수행할 새로운 활동을 위한 다양한 아이디어들을 내놓았다.

I. 마무리와 성찰

이 단계에서는 전체 논의를 마무리하고 단기 계획에 관해서 성찰하도록 했다. H단계가 모임 시간의 상당 부분을 차지했으므로, 이 성찰 단계에는 남은 시간이 별로 없는 경우가 많다. 교사디자인팀이 성찰을 위한 시간을 마련했을 때 그들은 대부분 진행 과정이 잘되고 있었다고 결론을 내렸다. 그중에서 단 한 번만 토론 시간이 너무 많았다는 의견이 나왔다. 그 결과 그들은 다음에는 더 활동적인,작업 방법들을 사용하기로 결정했다.

성찰 단계가 끝나면 한 학기가 종료되고, 교사디자인팀은 다시 A단계로 돌아가 새로운 반복을 시작한다. 팀은 이 방법을 사용해서 모든 모임의 목표와 과제들에 대해서 명시적으로 논의했으며, 수행해야 할 과제들은 게시판에 기록했다.

이전 연도와 마찬가지로, 팀의 상호작용은 매우 비공식적이었다. 참가자들은 자신들을 개방하고 아이디어를 공유하고 피드백을 요청하는 것 등에 매우 편안함을 느꼈다.

2.5.3 팀 목표

첫 번째 모임에서 교사디자인팀은 두 가지 주요 팀 목표를 설정했다, 즉 친환경 화학green chemistry이라는 주제에 관해 수업안 디자인하기, 새로운 시험 프로그램에 익숙해지기다. 다섯 번째 모임에서 그들은 세 번째 목표를 추가했다. 이는 화학 교육에서 언어적 기술이 하는 역할에 대해서 통찰하기였다.

마지막 인터뷰에서 참가자들은 모두 이 목표를 공유했다고 말했고 자신의 수업 활동과 이 목표들이 연계성을 갖게 되었다고 언급했다. 또한 그들은 목표들이 매우 분명하다고 설명했다. 밥Bob은 이러한 점이 그가 참여했던 다른 전문성 개발 프로그램보다 교사디자인팀을 효과적으로 만들었다고 설명했다. "저는 콘퍼런스나 워크숍에 가면 항상 생각합니다. 수익률rate of return은 어떤가? 대부분이 낮은데, 그 이유는 목표가 분명히 설정되어 있지 않기 때문입니다. 여기 교사디자인팀에서는 목표가 매우 분명합니다."

2.5.4 수행된 활동

모임 안팎에서 일어나는 주요 활동을 요약하면 [표 2.2]와 같다.

모든 모임에서 팀은 제시한 목표들에 관련되는 두 가지 주요 활동을 수행했다. 사전 시험pilot exam 문제에 관한 토론, 그리고 친환경 화학 수업에 관한 토론과 디자인 등이 그 내용이었다. 참가자들은 이러한 활동이 매우 유용하다고 지적했다. 밥은 다음과 같이 설명했다. "서로 질문을 하거나 연습하는 방법에 대해 이야기할 때 서로를 배웁니다." 그들이 화학 교육을 어떻게 바라보는지, 이 텍스트를 어떻게 보는지? 또한 두 차례에 걸쳐 외부 전문가가 교사디자인팀을 방문했다. 첫 번째는 친환경 화학에 관해 토론하고, 두 번째는 언어의 역할 탐구에 시간을 사용했다. 앨리스는 왜 이러한 프레젠테이션이 유용했는지 설명했다. "그런 종류의 지식은 교실에서 직접 사용할 수 있기 때문에 매우 중요합니다. 또는 그것을 실제 수업에 바로 적용할 수 있으므로 중요합니다."

다섯 번째 모임에서 교사디자인팀은 화학 교육에서 언어의 역할에 관해 자발적으로 토론했다. 이 토론의 결과로 참가자들은 화학 교육에서 언어의 역할에 관한 관점 취하기라는 새로운 목표를 설정했다. 다음 모임에서는 언어의 역할이 모든 토론에서 중요한 주제가 되었다.

모든 참가자는 교사디자인팀 미팅 밖에서도 활동을 수행했다. 이러한 활동은 실제 수업을 위한 관련 맥락 탐색에서부터 디자인한 교구재

[표 2.2] 모임 안팎에서의 주요 활동 요약

	모임 전 활동	모임 중 활동
1	• 없음	• 인사 나누기 • 팀의 목표와 가능한 활동에 관한 첫 브레인스토밍
2	• 친환경 화학에 관한 기존 모듈 스터디(모두) • 사전 시험의 첫 번째 문제 스터디(모두) • 외부 전문가 초청(팀 코치)	• 친환경 화학에 관한 외부 전문가의 발표 • 친환경 화학에 관한 기존 모듈에 관해 토론 • 사전 시험의 첫 번째 문제 토론
3	• 사전 시험의 두 번째 문제 스터디(모두) • 실제 수업용 관련 맥락 자료(대중적인 과학 기사) 검색(모두)	• 사전 시험의 두 번째 문제 토론 • 실제 수업용 맥락 자료에 관한 브레인스토밍
4	• 사전 시험의 세 번째 문제 스터디(모두) • 추가적 맥락 자료 송부(팀 코치, 밥Bob) • 이 맥락들이 실제 수업에 적용 가능한지 검토(모두)	• 사전 시험의 세 번째 문제 토론 • 친환경 화학의 다양한 맥락에 관해 토론 • 2인 1조 활동: 실제 수업을 위한 초안 설계
5	• 사전 시험의 네 번째 문제 스터디(모두) • 실제 수업과 변형안 검토(밥) • 실제 수업과 이론적 변형 검토(앨리스와 그레이스) • 추가적 맥락 자료 검색(메리)	• 사전 시험의 네 번째 문제 토론 • 두 종류의 실제 수업안 토론 • 화학 교육에서 언어의 역할에 관한 즉흥 토론
6	• 동료 교사가 작성한 친환경 화학 시험지 송부(메리) • 메리의 시험지 스터디(모두) • 실제 수업과 변형안 검토(밥) • 언어의 역할에 관한 외부 전문가 초청(팀 코치와 앨리스)	• 언어의 역할에 관해 외부 전문가 2명의 발표 • 국가 수준 시험에서의 언어의 역할에 관해 토론 • 메리의 시험지 내의 언어의 역할에 관한 짧은 토론
7	• 친환경 화학 수업을 교실에서 진행(밥) • 약간 수정된 친환경 화학 수업을 교실에서 진행(앨리스)	• 메리의 시험지 내의 언어의 역할에 관한 토론 • 밥과 앨리스의 교실 수업 경험에 관한 토론
8	• 학생들과 메리의 친환경 화학 시험 토론(그레이스) • 메리의 친환경 화학 시험지 수정(앨리스) • 읽기와 답변 전략을 위한 기존 로드맵 송부(앨리스) • 로드맵 스터디(모두)	• 읽기와 답변 전략을 위한 로드맵에 관한 토론 및 수정 • 밥의 교실 수업 경험에 관한 토론 • 앨리스가 수정한 메리의 시험지에 관한 토론
9	• 샘플 시험지 송부(팀 코치) • 샘플 시험지 스터디(모두) • 실제 수업 종결(밥)	• 샘플 시험지에서의 언어의 역할에 관한 토론 • 밥의 교실 수업 경험에 관한 토론 • 다양한 교수 방법에 관한 즉흥 토론
10	• 없음	• 국가 수준 시험과 교사디자인팀(TDT) 결과에 대한 성찰

를 교실에서 실행하기 등 다양했다. 팀 코치는 참가자들이 교사디자인 팀의 외부 활동을 수행하는 것이 왜 중요한지 다음과 같이 설명했다. "모두가 집에서 과제를 수행하고 있다는 좋은 징조입니다. 모임에 자신이 생각한 것, 자신이 만든 것 또는 수행한 것들을 가져옵니다. 이것은 발전을 위해서 매우 중요합니다."

2.5.5 리더십 스타일

참가자들과 팀 코치는 2015-2016학년도에 일어났던 교사디자인팀 활동에서 나타난 공유리더십 행동에 관한 여러 가지 예들을 언급했다. 메리는 "이니셔티브를 취하는 것이 자연스럽게 일어났으며 아무도 일을 강제적으로 부여하지 않았고, 모든 참가자가 주도권을 발휘하기 시작했습니다." 그들은 이를 모두 긍정적으로 받아들였다. 존은 다음과 같이 설명했다. "참가자들은 목표에 관한 아이디어를 가지고 방향을 결정할 수 있었습니다. […] 의심의 여지 없이 이것은 좋은 일입니다." 또한 참가자들은 다양한 하향식 리더십 행동의 사례들을 언급했다. 예를 들어, 팀 코치는 회의를 주최하고, 자신의 전문 지식을 공유하며 외부 전문가를 초청했다. 또한 그들은 단계적인 진행 방식을 따랐으며 의도된 단계를 지키도록 기술 위원장을 배치함으로써 항상 다음에 해야 할 일이 무엇인지가 분명했다고 설명한다. 그레이스 다음과 같이 설명했다. "우리는 '이것이 우리의 목표이다. 지난 시간에는 우리는 이것을 했다. 다음 계획은 무엇이다. […] 네, 그렇게 진행하세요'라고 항상 지적하는 기술위원장이 있었기 때문에 일의 구조가 매우 명확했습니다."

2.5.6 성과에 대한 인지

마지막 인터뷰에서 참가자들은 자신의 전문적 성장에 대한 다양한 예를 제시했다. 그들은 친환경 화학에 대한 새로운 지식, 매력적인 방법으로 가르치는 방법에 대한 새로운 아이디어를 얻었다고 설명했다. 또한 학생들이 시험 항목을 올바르게 읽고 응답하도록 더 잘 가르칠 수 있는 방법을 배웠으며, 화학 교육에서 언어의 역할에 관한 통찰력을 얻었다. 그들은 또한 새로운 지식과 기술로 어떻게 자신의 교수법을 개선했는지를 설명했다. 예를 들어, 메리는 "내 관점이 확장되어서 학생들에게 전달할 수 있다고 생각합니다. 교육은 매우 역동적이어서 교사디자인팀에서 배운 것들로 학생들이 혜택을 볼 수 있습니다." 그레이스는 지식과 기술을 습득하면 학교에 부가적인 가치를 창출할 수 있다고 설명했다. "우리 학교의 졸업률이 매우 낮아 이를 올리기 위해서는 무엇이든지 시도하기를 원하고 있습니다. 조금씩 도움이 되면 학생들은 화학을 조금이라도 더 잘 배우게 되고, 학교 차원에서도 혜택을 볼 수 있을 거예요."

연초에 실시한 인터뷰에서 참가자들은 새로 디자인한 교구재는 친환경 화학에 관한 실제 수업을 위해 만드는 것을 목표로 한다고 말했다. 마지막 인터뷰에서 모든 참가자와 팀 코치는 이 목표가 달성되었다고 설명했다. 학생들이 친환경 화학의 주요 원리를 발견할 수 있도록 하기 위해 실제 수업에 대한 두 가지 접근 방법을 설계했다. 하나는 인기 있는 과학 논문을 사용하는 이론적인 버전, 다른 하나는 학생들이 바이오 연료를 직접 만드는 실용적인 버전을 개발했다. 밥은 교사디자인팀 활동 기간에 교실에서 이 두 버전을 모두 테스트한 유일한 참가자였다. 그레이스는 "아직 테스트하지는 않았지만 내년에 두 버전을 모두 구현하려고 합니다. 내년에 우리 학교는 새로운 건물로 이전할 텐데, 그렇게 되면 실제적인 실험을 할 가능성이 더 커질 것입니다"라고 말했다. 이러한 수업안 외에도 교사디자인팀은 시험 문항, 읽기 및 대답하기 전략에 관한 로드맵과 같은 다양하고 작은 교구재들을 디자인했다. 앨리스는 동료들이 교구재들을 사용하게 되면 학교가 많은 혜택을 누릴 수 있으리라고 설명했다. "자료가 우리 학교에 배치되면 누구나, 주로 과학 교사가 이를 사용할 수 있습니다." 수업안은 다른 화학 교사에게만 관련이 있지만 읽기 및 대답하기 전략을 위한 로드맵과 같은 일부 자료는 더욱 광범위하게 적용될 수 있었으며, 모든 교사가 사용할 수 있었다.

모든 참가자가 일정 정도 교사디자인팀에 주인의식을 느끼고 있었다. 그들은 모두 뭔가를 더 할 수 있다고 느꼈으며 거의 모든 참가자가 교사디자인팀의 결과에 대해서 책무성을 갖고 있었다. 존만이 책무성을 갖기에는 교사디자인팀이 너무 자유로웠다는 생각이 들었다고 말했다.

2.6 유사점과 차이점

단계별 접근 방법이 화학 교사디자인팀에 어떤 영향을 미치는지 알기는 쉽지 않다. 왜냐하면 집단의 구성과 크기가 다르고 교사디자인팀의 목표들이 다르기 때문에 단순히 첫해를 출발점으로 생각하고 두 번째 해를 효과 연구로 설정하기에는 문제가 있다. 그러나 세 명의 참가자 (Alice, Mary, John), 팀 코치, 그리고 본인은 모두 2년 동안 화학 교사디자인팀에 참석했으므로 그 과정과 결과를 서로 비교할 수 있다.

연속 2년 동안 팀 분위기가 매우 자유로웠다는 점이 유사점이다. 참가자들은 서로 개방된 분위기를 느끼고 생각을 공유하고 서로 피드백을 제공할 수 있었다고 답했다.

또한 두 해 모두 참가자들은 공유 리더십의 많은 예들을 언급했다. 그들은 교사디자인팀의 목표를 제시하고 원하는 사람에게는 활동을 시작할 기회가 있다고 설명했다. 그러나 첫해에 모든 참가자가 이 기회를 이용하지는 않았다. [표 2.1]은 앨리스와 제인이 모임 이전에 다양한 교사디자인팀 활동을 수행하기 위해 주도적인 활동을 했음을 보여 준다.

이와 대조적으로 [표 2.2]는 2015-2016학년도에 모든 참가자가 모임 이전에 교사디자인팀 활동을 수행했음을 보여 준다. 두 해 모두 참석한 참가자들은 단계별 방법이 이러한 행동을 하도록 만들었다는 점을 지적했다.

또 다른 차이점은 두 번째 해에는 팀 목표와 목표를 달성하기 위해 수행해야 하는 활동이 훨씬 더 명료하게 설명되어 있다는 것이다. 앨리스는 게시판이 어떻게 도움이 되었는지를 다음과 같이 설명했다. 즉, "우리가 한 일과 앞으로 해야 할 일이 매우 분명했어요. 이는 계획에 대해 회의하고 몇 분 정도만 확인하게 되었던 그 전해보다 더욱 명료해졌습니다. 게시판을 활용하게 되니 훨씬 더 생동감이 지속될 수 있었어요." 또한 그들은 두 명의 리더로부터 많은 도움을 받았다고 한다. 한 명은 콘텐츠의 질을 지원하는 팀 코치이며, 다른 한 명은 일의 진행 단계를 안내하는 기술위원장이다. 그러나 팀에는 두 명의 리더가 장기간에 걸쳐 활동하기 때문에 비용이 많이 드는 문제가 있었다. 그래서 참가자들이 이후에는 팀의 기술위원장 역할을 대신할 수 있으리라고 제안하기도 했다.

성과에 대한 인지도 또한 차이가 있었다. 2014-2015학년도에는 앨리스만이 전문성 개발과 개발한 교구재에 만족할 뿐이었는데, 2015-2016학년도에는 모든 참가자가 만족했다. 메리는 어떻게 해서 단계적 방법으로 인해 일에 대한 자신감과 주도권을 갖게 되었는지, 그리고 주인의식이 생겼는지를 설명했다. 즉, "이 방법을 사용하면 쉽게 일을 시작할 수 있습니다. […] 교사디자인팀이 나에게 점점 더 중요해졌습니다. 아마도 나는 다른 사람보다 투입 요인이 낮았지만, 이전 해보다는 더 적극적으로 격려를 받았다고 생각합니다." 앨리스 역시 비록 그 방법을 활용하지 않고서 많은 활동을 했음에도 불구하고, 수행해야 할 과제를 기록해 놓고 모든 사람이 볼 수 있도록 함으로써 그 과제를 실제로 수행하는 데 느끼는 책임감이 더 커졌다는 점을 언급했다. 또한 팀 코치는 2014-2015학년도에는 모든 참가자가 동의했는지 물어보지도 않고 화학 시뮬레이션 도구들에 관한 주제에 많은 시간을 할애했다고 설명했다. 그는 이 경험이 다음 학년도에 목표와 계획을 명료화하는 데 도움을 주었다고 했다. "분명히 말하자면, 우리가 토론한 것들로 무엇을 할 수 있습니까? 저는 이것이 우리가 올해 일에 더 많이 집중할 수 있도록 했다고 생각합니다. 우리는 온갖 종류의 서로 다른 주제를 다루지 않을 수 있었습니다." 이를 설명하는 사례는 [표 2.1]과 [표 2.2]에서 찾을 수 있다. 2014-2015학년도에 네 차례에 걸쳐 교사디자인팀에서 자발적 토론이 진행되었다. 2015-2016학년도에는 다섯 번째 모임과 아홉 번째 모임에서 자발적 토론이 진행되었다. 그런데 다섯 번째 모임에서의 자발적 토론을 통해서 실제로 교사디자인팀의 추가적 목표를 만들어 냈다. 이것은 단계별 방법이 어떻게 자발적 토론을 활용하도록 지원하는지를 보여 준다.

2.7 맺음말

2년 동안 모니터링한 화학 교사디자인팀의 사례를 살펴보았다. 그동안 교사디자인팀은 새로운 방법으로 변화를 시도했다.

첫해에는 팀 코치가 교사디자인팀을 이끌어 가는 방법에 대한 구체적인 지침을 따르지 않았다. 참가자들이 주도권을 얻을 기회가 있다고 밝혔지만, 모든 참가자가 이 기회를 얻지는 못했다. 따라서 모든 참가자가 참여한 것은 아니며, 교사디자인팀에 모두가 주인의식을 느끼지는 못했다. 또한 참가자들은 집중된 하향식 지원이 더 명확하고 체계적인 구조를 제공할 수 있다고 설명했다. 참가자들은 더욱 집중된 위로부터의 지원이 있었다면 좀 더 분명하고 구조화되었을 것이라고 보았다. 비록 참가자들이 전문적인 성장을 경험했고 부분적으로 교구재를 만들었다고는 하지만, 모든 참가자가 성과에 비슷하게 만족하지는 않았다. 이러한 결과는 긍정적인 성과를 얻기 위해서는 공유 리더십과 하향식 리더십이 적절하게 혼합되어야 한다는 문헌들의 내용과 일치한다.Gronn, 2009; Pearce, 2004 그렇지만 첫해의 결과가 나타내는 것은 교사디자인팀에서 공유 리더십과 하향식 리더십을 자연스럽게 결합시키지 못했다는 것이다.

두 번째 해에 교사디자인팀은 수정된 접근법을 사용했다. 즉, 애자일 Agile 제품 개발에서 영감을 받은 단계적 접근법을 활용했다. 참가자들은 이 방법이 팀 코치와 기술위원장이 목표를 정교화하고 명확하고 실현 가능한 계획을 수립하는 데 도움을 주었다고 설명했다. 이러한 하향식 지원으로 인해 활동에 대한 집중과 명확성이 향상되었다. 동시에, 참가자들은 이 방법이 스스로 주도적으로 일을 진행할 수 있도록 했다고 말했다. 이 방법을 사용함으로써 팀은 모든 참가자의 아이디어에 관해 브레인스토밍하고 이를 바로 게시판에 적어서 통합적으로 볼 수 있도록 했다. 이로 인해 교사들의 실천과 관련되는 목표와 계획들을 도출할 수 있게 되었다. 모든 참가자가 새로운 지식과 기술을 습득했으며, 수업 실천을 개선하는 데 새롭게 디자인한 교구재들이 활용됨으로써 전반적인 성과에 만족하고 있다고 설명했다.

이 장에서는 수정된 접근 방법이 참가자의 개인 성과에 어떻게 기여했는지를 보여 주었다. 그런데 교사디자인팀에의 참여로 인해 학교혁신도 일어났는가? 어떤 면에서 교사 개인의 전문적 성장은 항상 학교의 성과 향상에 기여한다. 예를 들어 참가자 중 한 사람이 교사의 전문적인 성장으로 인해 학생들의 화학 실력은 아주 미약하게 향상되었지만, 학교 전체의 졸업률은 올라갔다고 설명했다. 그런데 이 사례연구에서의 학교의 성과는 교사디자인팀이 무엇에 초점을 두고 있는가에 따라 다르게 평가되어야 한다. 이 사례연구에서 교사디자인팀은 주로 화학 관련 자료 설계에 중점을 두었다. 따라서 이 활동에 참여한 학교의 화학 부서가 도움이 되었다. 예를 들어, 교사는 새로 얻은 화학 관련 지식을 동료와 공유하거나 새로 디자인한 교구재를 동료에게 제공할 수 있었다. 그와 동시에 교사디자인팀은 읽기 및 대답하기 전략 로드맵과 같은 단순한 화학 교육보다 광범위하게 적용할 수 있는 다른 자료도 디자인했다. 이 자료는 모든 교과목에 관련되므로 학교에서 공유하면 학교 교육력 향상에 기여할 수 있다.

요컨대 이 사례연구는 변화된 접근 방식이 어떻게 교사디자인팀에서 하향식 리더십과 공유 리더십을 균형 있게 조정할 수 있는 기회를 제공하는지를 보여 주었다. 단계적 방법이 교구재 디자인을 중심 활동으로 삼고 있었던 교사디자인팀을 위해서 개발되었음에도 불구하고, 이 연구로부터 얻을 수 있는 통찰력은 하향식 리더십과 공유 리더십 간의 균형을 찾는 데 어려움을 겪고 있는 다른 유형의 전문적 학습네트워크에서도 유용하게 적용될 수 있다. 이 경우 다른 전문적 학습네트워크에서는 참가자의 주도성과 창의력을 방해하지 않으면서 팀 내에서의 과제 수행의 명확성과 집중력을 높이기 위해 이와 유사한 단계별 접근 방법을 사용하는 것을 고려해 볼 필요가 있다.

●이 연구는 네덜란드 전문 기술 센터(Centre of Expertise TechYourFuture, the Netherlands)가 재정 지원하고 후원하는 '교사디자인팀을 위한 이론적·실제적 기초' 프로젝트의 일부분이다.

참고문헌

Admiraal, W., Kruiter, J., Lockhorst, D., Schenke, W., Sligte, H., Smit, B., et al. (2015). Affordances of teacher professional learning in secondary schools. *Studies in Continuing Education*, 38(3), 281-298.

Bakah, M. A. B., Voogt, J. M., and Pieters, J. M. (2012a). Updating polytechnic teachers' knowledge and skills through teacher design teams in Ghana. *Professional Development in Education*, 38(1), 7-24.

Bakah, M. A. B., Voogt, J. M., and Pieters, J. M. (2012b). Advancing perspectives of sustainability and large-scale implementation of design teams in Ghana's polytechnics: Issues and opportunities. *International Journal of Educational Development*, 32(6), 787-796.

Becuwe, H., Tondeur, J., Pareja Roblin, N., Thys, J., and Castelein, E. (2016). Teacher design teams as a strategy for professional development: The role of the facilitator. *Educational Research and Evaluation*, 22(3-4), 141-154.

Binkhorst, F., Handelzalts, A., Poortman, C. L., and van Joolingen, W. R. (2015). Understanding teacher design teams: A mixed methods approach to developing a descriptive framework. *Teaching and Teacher Education*, 51(C), 213-224.

Binkhorst, F., Poortman, C. L., and van Joolingen, W. R. (2017a). A qualitative analysis of Teacher Design Teams: In-depth insights into their process and links with their outcomes. *Manuscript submitted for publication*.

Binkhorst, F., Poortman, C. L., McKenney, S., and van Joolingen, W. R. (2017b). Teacher Design Teams for professional development: Guidelines for coaches. *Manuscript submitted for publication*.

Carlgren, I. (1999). Professionalism and teachers as designers. *Journal of Curriculum Studies*, 31(1), 43-56.

Fullan, M. (2007). Change theory as a force for school improvement. In J. M. Burger, C. Webber, and P. Klinck (Eds.), *Intelligent Leadership* (pp. 27-39) Netherlands: Springer.

Gronn, P. (2009). From distributed to hybrid leadership in practice. In A. Harris (Ed.), *Distributed leadership* (Vol. 7). Netherlands: Springer.

Handelzalts, A. (2009). *Collaborative curriculum development in teacher design teams*. Netherlands: University of Twente.

Highsmith, J. (2010). *Agile project management: Creating innovative products* (2nd edn). Boston: Pearson Education.

Huizinga, T., Handelzalts, A., Nieveen, N., and Voogt, J. M. (2013). Teacher involvement in curriculum design: Need for support to enhance teachers' design expertise. *Journal of Curriculum Studies*, 46(1), 33-57.

Huizinga, T., Handelzalts, A., Nieveen, N., and Voogt, J. (2014). Fostering teachers' design expertise in teacher design teams: Conducive design and support activities. *Curriculum Journal*, 26(1), 137-163.

Johnson, R., Severance, S., Leary, H., and Miller, S. (2014). Mathematical tasks as boundary objects in design-based implementation research. In J. L. Polman, E. A. Kyza, D. K. O'Neill, I. Tabak, W. R. Penuel, A. S. Jurow, et al. (Eds.), *Learning and becoming in practice: The International Conference of the Learning Sciences (ICLS) 2014, Volume 2* (pp. 1127-1131). Boulder, CO: International Society of the Learning Sciences.

Kirkpatrick, D. (1996). Great ideas revisited. Techniques for evaluating training programs. Revisiting Kirkpatrick's four-level model. *Training and Development*, 50(1), 54-59.

McKenney, S., Boschman, F., Pieters, J., and Voogt, J. (2016). Collaborative design of technology-enhanced learning: What can we learn from teacher talk? *TechTrends*, 60, 385-391.

Mooney Simmie, G. (2007). Teacher Design Teams (TDTs)-building capacity for innovation, learning and curriculum implementation in the continuing professional development of in-career teachers. *Irish Educational Studies*, 26(2), 163-176.

Pearce, C. L. (2004). The future of leadership: Combining vertical and shared leadership to transform knowledge work. *Academy of Management Executive*, 18(1), 47-57.

Visser, T. C., Coenders, F. G. M., Terlouw, C., and Pieters, J. M. (2012). Design of a model for a professional development programme for a multidisciplinary science subject in the Netherlands. *Professional Development in Education*, 38(4), 679-682.

Voogt, J., Westbroek, H., Handelzalts, A., Walraven, A., McKenney, S., Pieters,

J. M., and de Vries, B. (2011). Teacher learning in collaborative curriculum design. *Teaching and Teacher Education*, 27(8), 1235-1244.

Wikeley, F., Stoll, L., Murillo, J., and De Jong, R. (2005). Evaluating effective school improvement: Case studies of programmes in eight European countries and their contribution to the effective school improvement model. *School Effectiveness and School Improvement*, 16(4), 387-405.

제3장

연구기반 학습네트워크

네트워크를 활용한 대규모 지식 전달에 관한 사례연구

크리스 브라운(Chris Brown)

3.1 도입

연구기반 학습네트워크Research Learning Network, RLN는 연구 정보
에 기초한 활동을 대규모로 전개할 수 있도록 설계되었다.Brown, 2015 이
장은 학교에서 연구 결과들을 더 많이 활용할 수 있도록 영국에서 연
구기반 학습네트워크를 더 일반화하려 노력했다는 점을 논의한다.3.2 그
런 다음 연구기반 학습네트워크 모델을 뒷받침하는 이론적·개념적 사
고들에 대해서 구체적으로 살펴본다.3.3 그다음 절에서는 〈함께 수월성
을! 교육연구학교 연합'Excellence Together' Teaching School Alliance〉이
라는 사례연구를 통해 연구기반 학습네트워크가 실제로 어떻게 실행되
고 전달되는지 제시할 것이다.3.4 또한 이 사례는 연구기반 학습네트워
크 방식이 연구기반 수업 실천Research-Informed Teaching Practice, RITP
에 참여하는 특정 네트워크 소속 교사들을 어떻게 이끌어 내는지를 보
여 주기 위해 활용된다. 연구기반 학습네트워크 모델은 학교에서 교수
법을 변화시키고 학생 성과를 향상시키는 데 도움을 주었다.3.5 그리고
연구기반 학습네트워크뿐만 아니라 전문적 학습네트워크의 핵심 학습
내용을 정리하는 것으로 이 장을 마무리한다.3.6

3.2 연구기반 학습네트워크 접근의 시초

교사가 연구기반 수업 실천을 더 폭넓게 채택한다면 교사와 학생의 성과를 향상시킬 수 있을 뿐만 아니라 시스템의 수준 향상을 촉진한다는 생각이 현재 교육계에서 널리 퍼져 나가고 있다.Cain, 2015; Hammersley-Fletcher & Lewin, 2015 이같이 교사와 학교의 연구에 관심을 보이는 것의 중요성은 다양한 자료로 입증되고 있다. 즉 많은 연구를 활용하는 교사와 학교가 어떤 긍정적 효과를 얻는지에 대해서 여러 연구가 이루어지고 있다.Cordingley, 2013 또는 Mincu, 2014 참조 연구기반 수업 실천에 관한 논의는 대부분 긍정적이지만, 교사의 수업 활동에 실질적이고 지속적인 영향을 미칠 수 있게 연구를 활용하는 데에서는 아직 성공적이지 않은 것으로 국제적으로 인식되고 있다.Bryk 외, 2011 또한 상당한 활동에도 불구하고 현재 교사들이 연구 활동에 효과적으로 참여하도록 하는 제도적 지원체제가 구축되지 않다는 점 또한 인정된다.Gough 외, 2011

이러한 연구의 부족에 문제의식을 느끼고 2014년에 영국 교육기금재단EEF[1]은 학교에서 연구기반 수업 실천 향상과 관련된 프로젝트 지원을 위한 공모를 했다. 특히 이 재단은 성취도 수준을 향상시키고 성취도 격차를 줄이기 위해서 기존에 나와 있는 연구 결과들을 학교에 어떻게 지원하도록 할 것인가에 관한 프로젝트에 자금을 지원했다. 영국 교육기금재단의 목표를 설명하기 위해서 이 글의 저자와 교육연구소의 동료 팀이 연구기반 학습네트워크의 개념을 개발했다. 연구기반 학습네트워크 접근 방식은 네트워크의 두 가지 이점을 활용할 수 있도록 설계

---

1. 교육기금재단(The Education Endowment Foundation)은 영국의 초·중등학교의 소외 계층 자녀들을 지원하기 위한 교육혁신 방안을 확인하고 후원하는 자금 지원 단체이다. 구체적인 사항은 다음 사이트를 참고. 2016년 5월 15일 접속, http://educationendomentfoundation.org.uk/about-저자.

되었다.

첫째, 연구기반 학습네트워크는 여러 학교의 대표자들과의 협업을 통해 대규모 효과를 지향하고자 한다. 즉 여러 학교의 대표자들과 협력하여 그들 학교 내의 수많은 교사와 학생들에게 증거기반 변화를 불러일으키고자 했다. 이를 위해 55개의 학교에서 110명의 직원으로 구성된 14개의 연구기반 학습네트워크를 만들었다. 이 방법을 통해 네트워크 방식이 궁극적으로 500명 이상의 교사와 약 1만 3,000명의 학생에게 변화를 가져올 것으로 기대했다.

둘째, 연구기반 학습네트워크에 참가하면 더 넓은 맥락 속에서 다양한 관점들을 알게 되고, 동료 교사들의 다양한 경험에 함께 참여할 수 있다. 연구 지식과 관련된 학습 과정에의 참여는 교사들에게 많은 도움이 되는 것으로 알려져 있다. 또한 학교 내 연구기반 프로그램들을 시도해 보고 정착시키는 실천적 경험을 공유하는 것 역시 마찬가지다(예: 어떤 것은 작동하고 또 어떤 것은 작동하지 않는가? 그 이유는 무엇인가?).

3.3 모델을 지지하는 이론적, 개념적 생각

유의미한 학교 내 연구기반 변화를 이룬다는 첫 번째 목표를 위해서 세 가지 핵심 아이디어가 연구기반 학습네트워크 개발 과정에 동원되었다. 첫 번째는 교육 실천가들에게 단순히 연구와 관련된 자료를 제시하는 것만으로는 부족하다는 점이다. 대신 두 가지 일이 반드시 일어나야 한다. 먼저 교사는 연구로부터 나온 지식과 자신들이 알고 있는 가정과 지식이 어떻게 관련되는지에 대해서 학습해야만 한다.[Nonaka & Tikeuchi, 1995; Katz & Dack, 2013] 이 과정의 목표는 교사가 주어진 문제에 대해서 새롭게 이해할 수 있도록 돕는 것이다.[Katz & Dack, 2013] 연구로부터 나온 정보를 통해서 새로운 실천, 전략 또는 혁신을 만들어 내는 것을 배우고, 이후 현장에서 이러한 혁신을 활용해 새로운 실천을 해야만 한다. 다양한 상황과 맥락에서 그렇게 할 때, 교사는 자신의 새로운 변화가 어떻게, 어디서, 왜 가장 효과적일 수 있는지 이해하게 되며, 그러한 새로운 방법 적용에서의 전문성을 지속적으로 개발해 갈 수 있다.Flyvbjerg, 2001

연구기반 학습네트워크 접근법을 뒷받침하는 핵심 아이디어 중 두 번째는 새로운 실천이 성공하려면 효과적인 변화지향적인 리더십change leadership이 필요하다는 점이다. 혁신을 시작하면 새로운 무언가를 도입함과 동시에 이를 거부하는 문화가 나타난다. 따라서 새로운 실천은 그것을 받아들여야 하는 사람들로부터 거부당할 위험성을 내포한다. 그러므로 효과적인 대규모의 연구기반 활동은 이를 '하고자 하는 사람들'에 매우 의존적이다. 즉, 학교에서 변화를 만들어 낼 가능성이 큰 사람들(예: 변화를 이끌 수 있는 영향력과 권위를 가진 사람들)이 어느 정도 있는가에 따라 성패가 갈라진다. 이는 '하고자 하는 사람들'을 확인하고 선별하여 '연구와 실천을 연결시키는 활동CRP'에 참여하도록 해야 함을 의미한다. 즉, '하고자 하는 사람들'의 참여를 통해 연구기반 실천을 실행하는 것이 우선시되고 주요 활동으로 될 수 있다.Southworth, 2009

세 번째의 핵심 아이디어는 증거에 기반한 실천이 확산되면 '연구와 실천을 연결시키는 활동CRP' 담당자는 영향력과 권위를 가져야 할 뿐만 아니라 기저까지 효과적으로 변화를 이끌어 낼 수 있는 능력ability도 갖추어야 한다. 이는 변화를 효과적으로 이끌어 내는 데 필요한 것이 무엇인지, 그리고 변화의 지속성을 위해 자신이 무슨 역할을 할지를 분명히 알고 있어야 함을 의미한다. 이제 이들이 현실에서 어떻게 구현되고 있으며, 연구기반 학습네트워크가 학교에서 어떻게 작동되는지를 구체적으로 살펴보기에 앞서 핵심 아이디어와 이를 뒷받침하는 이론적, 개념적 기초를 좀 더 구체적으로 설명해 보고자 한다.

3.3.1 핵심 아이디어 #1: 학습 및 실제 응용

첫 번째 핵심 아이디어는 간단히 표현할 수 있다. 연구기반 수업 실천이 의미 있는 활동 방식이 되려면 교사는 효과적인 학습 활동을 통해 연구에 참여할 필요가 있다. 그러한 학습 활동의 본질은 지식 '창조'라는 관점으로 요약될 수 있다.Nonaka & Takeuchi, 1995; Brown, 2015 지식 창조는 개념적으로 볼 때, '실제적이고 공식적인' 지식의 생산자와 사용자들이 각자 알고 있는 것을 공유하게 될 때 실제적으로 유용하고 개념적으로 타당한 지식이 나올 수 있다는 점을 강조한다. 성공적으로 새로운 지식을 창조해 내기 위해서, 교사는 '학습 대화'에 참여할 필요가 있다. 이 대화는 학생들의 학습 활동에 실제적인 변화를 불러일으킬 수 있는 증거의 다양한 유형들을 교사들이 이해할 수 있게 도와주도록 구성되어 있다.Earl & Timperley, 2008: 2

학습 대화는 전통적으로 학교 내 활동으로 간주되었지만, 연구기반 학습네트워크에는 여러 학교가 함께 모여 참여하는 네트워크가 포함되어 있다. 연구기반 학습네트워크는 현재의 학문적 지식을 학습하고 또한 이를 토대로 더 발전시키려는 데 중점을 두고 있다는 점에서 구별된다. 따라서 연구기반 학습네트워크에서의 지식 창조 활동은 교사의 실천적 지식과 학문적 지식 사이의 학습 대화이다. 결국 외적인 지식과 이론이 구현되고, 현장 실천가들의 지식과 동일한 수준으로 취급받게 된다.

하지만 실천가들은 혁신 또는 새로운 실천을 개발하는 연구에 의미 있는 참여를 할 뿐만 아니라, 이러한 활동을 하기 위해서 전문성을 개발할 필요도 있다.

그러한 전문성은 실천에의 적용과 그 과정에서 경험하는 지속적인 시행착오로부터 나올 수 있다. 특히 개인들은 실제 생활에서의 실행에 지속적으로 참여할 때 진정한 전문가가 될 수 있다는 플리비에르Flyvbjerg, 2001의 주장을 기억할 필요가 있다. 그에 따르면 전문성은 각기 다른 상황에 대한 개인들의 인식 증가, 여기에 대응하여 새로운 실천이나 혁신을 어떻게 적절히 활용하는가에 의해 결정된다(즉, 자신들이 희망하는 효과를 성취하기 위해). 마찬가지로 지식 창조에 대한 노나카와 타케우치Nonaka & Takeuchi, 1995의 생각에 따르면, 새로운 지식을 반복적으로 사용하게 되면 그것이 암묵적으로 되며 더욱 효과적인 방식으로 활용할 수 있게 된다. 플리비에르, 노나카와 타케우치의 관점이 시사하는 것은, 연구기반 학습네트워크에서의 학습 대화를 통해서 더욱 강력한 실천 장면에의 적용을 위해 필요한 요소들을 다룰 필요가 있다는 점이다. 그들의 용어로 말하자면 새로운 지식이 일단 만들어지면, 그것이 교사들의 수업과 학습 활동에 지속적으로 긍정적 영향력을 미치기 위해서는 반복적으로 사용되어야만 한다.

3.3.2 핵심 아이디어 #2: '하고자 하는 사람들'을 모으기

변화를 전파하기 위한 학교 리더십의 중요성에 대해서는 제1장에서 설명했다. 그런데 이 말의 의미는 학교에서 연구지식의 적용을 실천하기 위해서는 학교 지도자들이 이것의 가치를 적극적으로 믿어야만 한다는 것이다. 마찬가지로 학교 지도자들은 두 가지를 수행할 필요가 있다. 첫째, 그들은 학교에서 연구를 활용하기 위한 비전을 적극적으로 조성해야 한다. 이와 동시에 교사들이 연구기반의 실천을 개발하고 채택하도록 격려, 촉진 및 지원하는 활동을 아끼지 말아야 한다.Stoll & Fink, 1996 둘째, 연구기반 학습네트워크 활동에 학교 지도자가 참여하는 것이 핵심이다. 그 이유는 학교 지도자들이 연구기반 활동 개발에 직접 관여하고 경험함으로써 언행일치가 가능해지기 때문이다. 즉, 리더십을 보일 수 있게 되고 모델링, 모니터링, 멘토링과 코칭(대화)과 같은 수업 지도성 활동에도 관여할 수 있게 된다. 결과적으로 학교 지도자들은 증거기반 정책 결정EIP을 선보일 수 있을 뿐만 아니라 그러한 실천을 하는 구성원을 적극적으로 지원하고, 학교 전체에 걸쳐 더 많이 활용하고 지속할 수 있도록 보장할 수 있다.Southworth, 2009

이와 동시에 리더십이 영향력을 행사하는 과정이라고 파악한다면, 이는 '공식적인 책임'을 갖는 그 이상의 것으로 받아들여질 수 있다.Ogawa & Bossert, 1995 마찬가지로 교사들이 업무 관련 전문 지식을 누구에게서 찾았는지 조사한 다음, 이들 가운데 가장 많이 언급된 사람을 파악하면 누가 연구기반 실천을 가장 잘 전파할 수 있는 핵심 인물인지 정확히 확인할 수 있는데, 이로부터 '여론 형성자opinion former'라는 개념을 생각할 수 있다. 또한 이 인물이 다른 영역(예: 학교 위탁 또는 지원 네트워크와 같은)에서도 중심적 지위에 있다면 다른 교사에게 연구기반 수업 실천을 적용하도록 영향력을 행사할 수 있을 것이다. 따라서 여론 형성자는 연구기반 학습네트워크 접근 방법이 갖는 목적 달성을 위해 여론을 움직이고 새로운 실천 방법을 채택하도록 하기 위한 통로 역할을 할 수 있는 실천가이다.

3.3.3 핵심 아이디어 #3: 변화를 전달하기 위해 필요한 것을 안다

스톨 등Stoll 외, 2015은 학교 지도자들이 동료들 사이에서 새로운 실천과 혁신을 시도할 때 종종 좌절을 경험한다는 점을 관찰했다. 부분적으로 이러한 좌절감은 선도적인 변화에 대한 이해 또는 확신이 부족해서 발생하기도 한다. 그러나 그러한 좌절감은 새로운 변화가 현재의 업무 처리 방식을 방해할 가능성이 있기에 조직 내부에서 본능적으로 저항하기 때문에 발생하기도 한다.Battilana & Casicaro, 2013 따라서 폴란이 주장한 것처럼 "좀 더 잘 이끌어 나가기 위해서는 변화를 이해할 필요가 있다".2001: 34 스톨과 브라운Stoll & Brown, 2015에 따르면 각국 정부가 교사와 학교 지도자들이 변화를 효과적으로 이해할 필요가 있다는 점을 심각하게 받아들이고 있으며, 그 결과 리더십 육성을 위한 교육과정에 변화 관리를 다수 포함시키고 있다. 예를 들어 선도적인 개선, 혁신, 변화는 '수업과 학교 리더십을 위한 호주 교육 연구소Australian Institute for Teaching and School Leadership'의 학교 지도자들을 위한 핵심적인 전문적 실천과제의 하나이다. 또한 변화 리더십은 노르웨이 학교 교장을 위한 다섯 가지 핵심역량 분야 중 하나이다. 마찬가지로 영국의 '수업과 학교 리더십을 위한 국립대학National College of Teaching and School Leadership'은 중간관리자 및 최고지도자들을 위한 전문자격과 전문성 개발을 위한 선택 교과목에 혁신을 위한 선도적 변화 역량을 포함시키고 있다.

또한 '경제사회연구협회Economic and Social Research Council'의 자금 지원을 받고 있는 지식 전달 프로젝트인 '증거기반 변화 촉진자로서의 중간관리자Middle leaders as Catalysts for Evidence-Informed Change' 활동의 일환으로 참가자들이 변화이론을 이해하고 적용할 수 있게 돕는 것은 스톨과 브라운Stoll & Brown, 2015이 제시하는 바와 같이 참가자들이 혁신을 시도하고 새로운 실천을 광범위하게 전개하는 데에서 대단히 중요하다. 마찬가지로, 핵심 아이디어 3번은 모임 내에 '하고자 하는 사람들'을 배치하는 것뿐만 아니라 이러한 사람들이 변화를 이끌어 갈 능력을 갖추도록 해야 한다는 것이다.

3.4 연구기반 학습네트워크가 학교에서 어떻게 운영되고 있는가: '함께 수월성을! 교육연구학교 연합'[2]

연구기반 학습네트워크 모델이 다른 사람들의 지식과 경험으로부터 도움받도록 함으로써 참가자들이 네트워크의 이점을 활용할 수 있게 되는지, 또한 세 가지의 핵심 아이디어가 구체적으로 어떻게 작동하는지 드러내 보이기 위해서 연구기반 학습네트워크에 대한 사례연구를 제시하고자 한다. 이러한 접근 방법이 교사와 학생의 성과에 미치는 효과는 3.5에서 논의한다.

'교육연구학교Teaching Schools'라는 개념은 영국 교육부가 2010년에 발표했는데, 이는 영국 정부가 교육 시스템 관리에 대해서 더 많은 자유를 주고 더 많은 책임을 부여하려는 정책이다. '교육연구학교'는 주변 파트너 학교와 제휴 관계(네트워크)를 형성하고 이러한 네트워크와 교수-학습을 개선하기 위해 협업하도록 지원하고 있다. 또한 학교들을 연구와 개발 활동 협력체계 내에 참여하도록 하는 역할을 부여받고 있다. 이는 참여하는 학교들이 효과적인 연구기반 교육 실천을 규정하고 확산하기 위해 협력학교와 함께 활동하도록 요구하는 것이다.

이 프로젝트의 핵심을 구성하는 교육연구학교 연합은 모든 학교급을 포함하는 31개 학교로 구성되었으며, 햄프셔의 남쪽에 위치하고 있다. 이 연합체는 책임자가 조정 역할을 한다. 필자는 2015년에 이 책임자와 접촉했는데, 교육연구학교 연합이 연구 참여와 연구기반 실천을 시작하려고 했을 때 어떤 지원을 할 수 있는가에 대해서 논의했다. 그 결과 연

---

2. 교육 분야에서 협력하는 연구 및 교육 집단으로, 학생들의 학습 경험을 개선하기 위해 교육 전문가들이 함께 일하는 것을 목적으로 한다. 이들은 교육 혁신, 교육 방법 등에 대한 최신 연구를 바탕으로 교사들에게 전문성 개발을 제공하고 있다. 또한 이들은 교육 분야에서 혁신적인 프로젝트와 리더십 개발을 촉진하여, 전국적으로 더 나은 교육을 실현하도록 하고 있다.-역자.

구기반 학습네트워크 모델이 제안되었고, 그렇게 하기로 동의했다. 또한 담당자는 연합체에 속한 학교들이 이 활동에 참여하도록 지원하고 집중하고 싶은 영역/연구가 무엇인지 확인하기 위해서 학교를 방문했다. 그렇게 해서 8개 학교가 참여에 관심을 보였다(8개 학교 중 초등 4개교, 중등 4개교 참여). 이들 학교는 두 가지 영역, 즉 성장 목표 설정과 학습을 위한 평가Assessment for Learning, AFL에 관심을 표명했다. 이와 관련하여 두 개의 연구기반 학습네트워크가 만들어졌는데, 하나의 네트워크에 4개 학교가 참여하는 방식이었다. 각각의 연구기반 학습네트워크는 관심 영역 하나에 특화되어 있었다.

3.4.1 프로젝트 참가자 선정

총 8개 학교에서 16명의 실무자가 프로젝트에 참여했다. 이 그룹은 핵심 아이디어 #2를 유지하면서 8명의 학교 지도자(교장/수석교사, 교감, 부장 등)와 8명의 여론 형성자로 구성되었다. 여론 형성자를 파악하기 위해 교장, 담임 교사, 교육 행정직원 등 학교 내 모든 교직원에게 사회관계망social network 설문 조사를 했다.사회관계망 설문 조사에 대한 자세한 내용은 제10장 참조 사회관계망 데이터는 처음에 두 가지 주요 영역에 관해서 수집되었다. 첫째, 참가자들에게 학교 내의 다른 동료들과의 전문 지식 관련 상호작용의 빈도를 평가하도록 요청했다. 교사에게 '교수-학습 측면에서 신뢰할 수 있는 전문 지식의 원천으로 누구를 꼽습니까?'라는 질문을 하고서, 동료의 이름을 고르도록 요구한 것이다. 교사는 미리 채워진 목록에서 동료를 선택했다. 교사는 특정 동료와 얼마나 자주 교류하는지를 표시했다. 참가자들은 그들의 교수-학습 관련 상호작용의 빈도뿐만 아니라, 유용성의 정도를 반영하여 그러한 상호작용에 대한 질적 평가를 하도록 요청받았다.[3] 그 결과 빈도가 높고 또한 유의미하게 '질적으로 우수'한 것으로 평가되는 관계들이 추출되었다.Carley &

그들의 동료들이 제시한 의견('새로운 교수법에 대한 의견을 구할 때 누구에게 묻는가?')에 대한 반응자들의 체크 결과를 확인하기 위해 유사한 과정을 몇 차례 반복하는 과정을 거쳤다. 이러한 결과를 종합해 볼 때, 교사의 조언 제공 빈도와 질적 수준에서 높은 점수를 얻었고 더 많은 동료 교사로부터 조언 요청을 받은 교사가 새로운 정책에 대한 지원 측면에서 잠재적인 여론 형성자임을 확인할 수 있었다. 그뿐만 아니라 새로운 교수법의 채택을 적극 추진할 수 있는 사람들도 잠재적 여론 형성자에 포함되었다. 더 구체적으로, 교사들은 새로운 교수법을 추진하기 위해서는 그러한 실천을 할 수 있도록 지원과 조언이 폭넓게 이루어져야 한다고 생각한 것이다.

3.4.2 탐구의 순환 활용

연구기반 학습네트워크 참가자가 연구에 참여하고 새로운 실천을 개발하는 단계를 밟을 수 있도록 하려면 그러한 방식을 언제, 어떻게, 왜 사용해야 하는지에 대한 전문 지식을 구축해야 했다.핵심 아이디어 #1 그리고 학교 내에서 이들을 작동시키도록 했으며핵심 아이디어 #3, 하나의 탐구 방법의 전체 과정을 활용하도록 했다. 특히 연구기반 학습네트워크 모델에서는 참가자들이 한 학년 동안 개설된 4개의 워크숍에 참여하도록 했는데(10월부터 6월까지), 이 워크숍의 내용은 다음과 같다. 워크숍1에서는 참가자들이 구체적인 문제(예컨대 어린이들에게 성장에 따른 마음가짐을 어떻게 길러 줄 수 있는가?)에 관해서 기존의 연구 결과와 네트워크에서 공유하고 있는 지식에 대해서 이해할 수 있도록 내용을 구성했

---

3. 연대의 질적 수준은 5단 척도를 활용하여 측정했다. 1점(전혀 유용하지 않다)에서 5점(매우 유용하다)까지 분포한다.-저자.

다. 또한 어떤 효과가 발생할지, 출발점(즉, 지금 여기) 상황을 설정할 수 있게 하려면 어떻게(그리고 무엇을) 자료를 수집할 것인지 이해할 수 있도록 했다. 워크숍2에서는 출발점에 대해서 더욱 상세히 다루었으며, 개별 학교 내에서의 실천을 개선하기 위한 연구기반 접근을 다루었고, 이러한 접근들이 어떻게 하면 효과적으로 실행될 수 있는지도 검토했다. 워크숍3에서는 참가자들이 자신들의 접근 방식을 개선할 수 있도록 했다. 또한 이 워크숍에서는 활용하는 도구와 접근 방법의 변화뿐만 아니라 학교의 총체적 변화에 대한 생각을 안내하기도 했다. 워크숍4에서는 네트워크 내외에 미친 효과와 이러한 효과를 어떻게 공유할 수 있을지에 대해서 다루었다.

그런데 전문적 학습네트워크에서 서로 연결된 접근을 추구하는 참가자들이 이 접근 방법의 강점을 확산시키기 위해서는 이후 학교 내에서 동일한 활동을 병행해야만 한다. 달리 말하자면, 새로운 지식이 단지 동료들에게 전달되는 것이 아니라, 동료들도 참여를 통해 학습 커뮤니티의 업무를 함께하고, 또한 학습 커뮤니티로부터 현장 실천 개선을 위한 아이디어를 얻을 수 있어야 한다.^{Earl & Katz, 2006} 따라서 워크숍1 이후에 참가자들은 근무지에 돌아와서 배운 것을 공유하고, 각자의 연구 문제를 정교화하고, 출발점 수준에 대한 증거 자료를 모으기 시작했다. 워크숍2 이후에는 참가자들이 자신들의 접근 방식을 시험하고 그 효과에 관한 데이터를 수집했으며, 또한 자신들이 하고 있었던 것을 동료들이 공유할 수 있도록 참여를 독려하기도 했다. 워크숍3 이후, 참가자들은 그들의 주장을 광범위하게 전개하는 데 참여했다. 워크숍4 이후에는 새로운 시작을 준비하기 위해 지금까지 활동이 보여 주었던 효과와 관련된 자료들을 공유했다. 따라서 어떤 의미에서, 이러한 중간 세션 과업들은 참가자들이 워크숍 활동들 사이에 수행한 관련 활동의 이중나선구조로 나타나면서 참가자들이 경험한 것을 반영하고 확장시킨다. 이러한 탐구활동에 대한 '이중나선구조'는 [그림 3.1]에서 묘사되고 있다.

[그림 3.1] 4개 워크숍 접근법의 구조

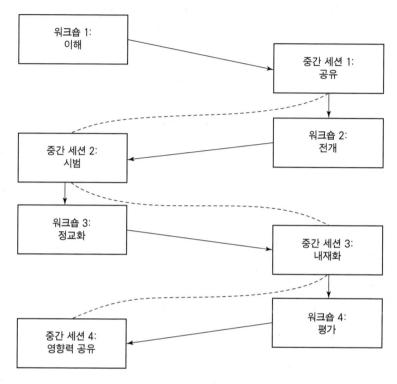

3.4.3 지식 창조 활동의 사용

핵심 아이디어 #1을 다루기 위해, 첫 번째 워크숍에서 지식 창조의 과정들을 촉진할 수 있도록 하기 위한 프로토콜과 실습을 개발했다. 좀 더 구체적으로, 이러한 프로토콜과 실습은 참가자들이 학습 대화 learning conversation에 참여하도록 기획되었다. 이 학습 대화는 이미 공식적인 지식으로 인정되고 있는 '기존의 지식'뿐만 아니라 참가자와 네트워크에 속한 다른 사람들의 경험에 비추어 효과적이라고 판단되는 것, 자신의 맥락과 학생들에 대해 알고 있는 것 등을 모두 다룬다. 첫 번째 실습은 이들 중 두 번째('전문가가 아는 것')를 탐구하도록 고안되었다. 여기에서 전문가는 참가자들이 생각하고, 토론하고, 기록하는 데 활용하도록 '데이터 캡처' 매트를 사용하게 했다.

- 주제와 관련되어 '작동'하는 실제의 모습
- 주제 영역과 관련되는 것으로 가장 우수한 학교 실천 모범 사례
- 다음과 같은 표현을 위한 기초: 즉, 그들 주장을 입증할 만한 증거는 무엇인가?

핵심 관심 영역과 관련된 연구의 증거 자료를 연구기반 학습네트워크 참가자들에게 소개하기 위해서 우리는 영국 경제사회연구협회 ESRC가 자금을 지원하는 (증거기반 변화 촉진자로서의 중간관리자) 프로젝트의 일환으로 스톨과 브라운이 개발한 학습 대화 연습learning conversation exercise을 실시했다. 이때 전문가들이 이 프로젝트를 위해 준비한 문헌들을 직접 검토하지 않도록 하고, 대신에 다음과 같은 공식적인 연구로부터 도출된 지식을 확인하도록 했다. 즉, (1) 사람들이 갖고 있는 암묵적 지식을 어떻게 연결할 것인가? (2) 가용한 의미 단위 unit of meaning와 형식에 대해서 어떻게 고려할 것인가? (3) 의미 형성의 사회적 과정에 어떻게 참여할 것인가?[Stoll & Brown, 2015] 이러한 방식으로 개별 연구를 통해서 정보를 확인할 수 있도록 했다. 즉, 연구기반 학습네트워크 그룹을 위해 만들어진 문헌 분석의 주요 내용은 작은 단위의 정보로 정리되었다. 그리고 나서 이들을 인쇄하여 카드 방식으로 나누도록 했다. 그런 다음 참가자들이 두세 개 정도를 갖고 활동하여 각 카드에 적힌 내용에 대해 토의한 후에 의미를 부여하도록 했다. 이어서 참가자들에게 연구와 그 결과가 어떻게 자신들의 기존 지식과 첫 번째 실습과 관련되는지, 첫 번째 실습에서 제시된 지식과 활동을 얼마나 심화시켰는지, 그리고 첫 번째 실습에서의 지식과 경험에 대

해서 얼마나 도전적인 문제 제기를 했는지를 생각해 보도록 했다. 그다음에 참가자들에게는 주제 영역과 관련된 전반적인 문헌 분석 또는 개별 분석 자료를 제공해 주었다.

3.4.4 연구기반 변화 시도와 정교화

두 번째 워크숍에서는 참가자들이 주어진 연구 문제에 답하기 위해서 혁신이나 새로운 실천 방법을 만들어 보도록 했다. 여기서는 참가자들이 참여한 연구뿐만 아니라 자신의 경험적 지식이나 다른 참가자의 지식을 활용해야 한다는 점을 필수 요구 조건으로 제시했다. 이러한 실천을 위한 전문적 지식 개발을 돕기 위해 '공동 실천 개발Joint Practice Development, 이하 JPD'Fielding 외, 2005이라는 관점을 소개했다. 이것은 다른 사람들과 협력하면서 새로운 실천을 시도하고 이를 지속적으로 개선해 가도록 하는 방법이다. 공동 실천 개발에는 '수업연구', '학습 진행', '동료 관찰' 등이 포함된다. 워크숍2와 3 사이 참가자의 주요 업무는 다양한 상황에 대응하여 전략을 시험하고 개발하며 발전시키는 데 도움이 되는 공동 실천 개발 형태의 방법을 사용하는 것이다. 공동 실천 개발 활동 참여의 이점은 교사에게 새로운 시도를 하도록 하고 새로운 실천과제를 구체화할 수 있도록 하는 것이다. 즉, 교사들이 새로운 실천을 현장에 적용할 때 어떻게 하면, 또한 언제 하면 효과적인지를 먼저 경험하도록 하는 방식이다. 이 프로그램 참여 교사들은 실천의 개선점에 대해서 동료들로부터 피드백을 받을 수 있다. 그러므로 공동 실천 개발을 활용한 협력을 통해서 교사들은 새로운 실천과제를 개발할 수 있게 된다. 또한 연구기반 학습네트워크 구성원들은 어떻게 하면 새로운 실천과제와 새로운 접근 방법을 다른 동료들에게 더 널리 확산시킬 수 있는지에 대한 더 많은 아이디어를 얻을 수 있다.

3.4.5 주요 변화에 대한 학습

스톨과 브라운Stoll & Brown, 2015의 제안에 따라, 연구기반 학습네트워크 참가자들은 세 번째 워크숍에서 이론적으로 안내된 교육 변화를 추진하는 방법에 대해서 배웠다. 특히 참가자들은 코터Kotter, 1996와 풀란Fullan, 2001이 개발한 프레임워크를 소개받았다. 다른 학자들의 아이디어예: Hall & Hord, 2001; Kaser & Halbert, 2009; Stoll & Fink, 1996도 다루었으며, 이를테면 수용자의 유형Rogers, 2003과 같은 관련된 개념들 역시 리더십 역량 제고를 위한 연습 과정에서 활용했다. 또한 참가자들은 변화이론들이 취하고 있는 관점, 즉 어떻게 조직이 변화를 추구하는가에 대한 '이론' 또는 이야기 등에 대해서도 소개받았다.Earl & Timperley, 2015 워크숍을 통해서 기대하는 주요 결과는 참가자들이 변화이론으로 접했던 핵심적인 변화 리더십 원리에 기초하여 변화 리더십 전략을 만들어 내는 것이다. 이 전략의 목적은 참가자들이 학교에서 이러한 새로운 실천과제를 확산시키는 방법 수립에 있다.

3.5 연구기반 학습네트워크 접근법의 영향

이 절에서는 연구기반 학습네트워크 모델이 전제하는 가정이 다음과 같은 결과를 산출했는지, 했다면 어느 정도였는지 살펴보고자 한다. (1) 함께 참여한 실천가practitioner들이 연구에 참여하도록 지원했는지, 그들에게 이론과 네트워크에서 공유하고 있는 전문적 지식을 개발하는 데 도움을 주었는지, (2) 연구기반 학습네트워크 참가자들이 동료와 함께 소속 학교 전반에 걸쳐서 연구기반의 혁신과 실천과제를 널리 활용할 수 있도록 했는지, (3) 연구기반의 실천과제를 도입함으로써 소속 학교 내에서 일어나고 있는 교수-학습 활동에서 긍정적인 변화(그래서 대규모의 영향력을 행사)를 불러일으켰는지를 알아본다.

3.5.1 연구기반 학습네트워크 방법이 참가자들의 연구 참여에 얼마나 도움이 되었는가?

연구기반 학습네트워크 방법이 참가자들의 연구 참여에 미친 효과성을 측정하기 위해 자기보고 방식의 조사를 했다. 이 설문 조사는 노트와 윌다브스키Knott & Wildavsky, 1980가 제시한 '연구 활용의 범위' 척도로서 '강한 긍정'부터 '강한 부정'까지 5단 척도로 구성되어 있으며, 내용은 다음과 같다.

1. 수용: 연구 내용은 잘 전달되었는가?
2. 인식: 연구 결과를 잘 이해했는가?
3. 토론: 연구 결과를 어떻게 활용할 것인가에 대해서 네트워크 활동 집단 내의 다른 사람들과 토론을 잘했는가?
4. 참고: 연구 결과를 본인의 관심 분야와 잘 연결했는가?
5. 노력: 다음번 실천에서 그 연구를 사용했는가?
6. 영향: 이 연구를 본인의 활동에 지속적으로 적용했는가?

3.5.2 연구기반 학습네트워크 방법이 연구와 전문가들의 지식을 통해 참가자들의 새로운 실천과제 개발에 어떻게 도움을 주었는가?

'연구기반 학습네트워크 모델이 참가자들의 연구 참여를 지원하고, 연구와 기존 지식을 연결하도록 하는 데 얼마나 도움이 되었는가'라는 질문을 알아보기 위해 자기보고 방식의 조사를 활용했다.

• 이 방법은 자신의 관심 영역과 관련된 지식을 좀 더 잘 이해할 수 있도록 도움을 주었는가?

- 연구기반 학습네트워크에서 얻은 지식은 자신이 관심 있는 영역을 이해하는 데 도움을 주었는가?
- 제시된 연구와 자신의 지식 그리고 연구기반 학습네트워크에서 제시된 지식 사이를 연결시킬 전략을 개발하는 데 도움을 주었는가?

참가자들이 각각의 응답에 대해서 그 이유나 관련 사례들을 자유 기술 방식으로 표현할 수 있도록 했다.

3.5.3 연구기반 실천과제 적용에 따른 혁신적 교수법과 학생 성과에 대해서 평가하기

연구기반 학습네트워크 방법이 연구기반 실천과제의 도입에 미친 효과뿐만 아니라 참가자들의 동료와 학교에서 개발한 연구기반 실천과제가 광범위하게 활용될 수 있도록 도운 정도를 평가하기 위해서 6개의 반구조화된 인터뷰를 2명씩을 대상으로 실시했다(즉, 참가자 12명의 생각을 함께 알아보았다). 인터뷰에서 다룬 내용은 크게 세 가지 영역이다. (1) 선도적인 변화와 관련된 참가자들의 지식과 자신감, (2) 새로 개발된 연구기반 실천과제를 수행하기 위해 취해진 조치, (3) 이러한 실천 사례가 교수-학습 활동에 미친 영향력 등이다.

3.5.4 연구기반 학습네트워크 방법은 참가자가 연구에 참여하도록 도왔는가?

노트와 윌다브스키의 '연구 활용의 범위' 척도에 대한 13개 응답 결과는 [표 3.1]에 나와 있다. 조사 참가자들은 연구 활동에 참여할 수 있었고 또한 그 지식을 학교의 교수-학습 과정에서 당면한 핵심적인 문제를 해결하는 데 도움을 받았다고 긍정적인 답변을 했다. 특히 참가자들에게 정보의 '조각'들을 사용하도록 하여 적합한 연구 결과를 안내해 주고, 협력적으로 핵심 주제들을 고민하도록 함으로써 연구 내용을 잘 이해할 수 있도록 했다(응답자 13명 모두가 수용 영역에 대해서 '긍정' 또는 '강한 긍정'으로 답했다). 연구에 대한 이해도 역시 높았다(12명이 이해 영역에 대해서 '긍정' 또는 '강한 긍정'으로 답했다). 또한 토론에서도 긍정적 평가를 했다(13명 모두 토론 영역에 대해서 긍정적 평가를 했다). 그리고 참가자들은 연구 내용과 자신들의 핵심적인 관심 영역의 관련성에 대해서도 긍정적 평가를 했으며(모든 응답자가 참고 영역에 대해서 긍정적인 답을 했다), 교수-학습을 개선하기 위해 가능한 전략을 고민하고 있기도 했다(노력 영역에서 12명이 긍정적 평가를 했다). 또한 마음가짐, 아동과 성인의 학습 스타일, 학습평가 방법을 바꾸기 위해 구체적인 방법을 고민하도록 하고 있었다(영향력 영역에 대해서 12명이 긍정적 평가를 했다).

[표 3.1] '연구 활용의 범위' 척도에 대한 반응 결과

영역	강한 긍정	긍정	보통	부정	강한 부정	계
수용	5	8	-	-	-	13
인지	1	11	1	-	-	13
토론	4	9	-	-	-	13
참고	3	10	-	-	-	13
노력	4	8	1	-	-	13
영향	2	10	1	-	-	13

3.5.5 연구기반 학습네트워크 방법은 참가자들이 연구에서 얻은 지식뿐만 아니라 자신의 실무 지식과 네트워크에서의 지식 등을 활용하여 새로운 실천과제를 개발하는 데 도움을 주고 있는가?

우리의 지식 생산 활동은 참가자들에게 자신의 암묵적 지식을 표현할 수 있도록 하고 있다. 그뿐만 아니라 '이미 알려진 지식'과 '그들이 알고 있는 지식'을 연결할 수 있도록 하는 활동들로 구성되었다. 이러한

지식을 결합하는 목적은 그들이 이미 교사로서 참여하고 있는 우수 실천 사례에 기초해서 연구기반의 새로운 시도를 개발하도록 하는 것이다. 이 접근 방법의 효과성을 평가하기 위해서 참가자들에게 이러한 연구기반 학습네트워크 방법과 활동에 어느 정도 동의하는지, 다음과 같이 질문해 보았다. (1) 핵심 관심 영역과 관련된 자신의 지식을 더 잘 이해할 수 있도록 했는가? (2) 연구기반 학습네트워크 구성원들의 지식을 바탕으로 핵심 관심 영역을 더 잘 이해할 수 있었는가? (3) 참여한 연구, 자신의 지식, 연구기반 학습네트워크 구성원들의 지식을 잘 연결시키는 전략 형성에 도움을 주었는가? 이 세 가지 질문에 13명의 응답자는 모두 '긍정' 또는 '강한 긍정'을 표시했다. 또한 각 문항에 대한 서술형 응답도 제시했다. 서술형 답변을 내용별로 구분해 본 결과, 토론 활동을 더 많이 강조해야 한다는 점도 확인할 수 있었다.

특히 이러한 토론을 통해 참가자는 어떻게 자신이 지닌 기존 지식에 대해서 고민하게 되었고, 또한 타인의 지식과 관점과 연관 지어서 자신의 지식을 고려할 수 있게 되었는지를 다음과 같이 표현했다.

> 관심이 비슷한 동료 실천가들과의 토론과 협업 활동을 통해서 나는 항상 내 생각을 확신하고, 또는 변화시킬 수 있었다. 이것이 가장 중요한 요소 중 하나이다. 학교 리더: 중등학교 #1

> 공유와 피드백을 통해서 우리는 관심 영역에 대한 논의를 다른 방식으로 할 수 있다는 점에 대해서 개방적인 태도를 갖게 되었다. 학교 리더: 초등학교 #3

> 네트워크 내 다른 사람들의 의견을 들음으로써 나 자신의 실천에 대해서 반성할 수 있게 되었다. 학교 리더: 중등학교 #4

또한 토론 활동을 통해서 향후 연구기반 전략을 어떻게 개발하고 실행할 것인지에 관한 다양한 관점들이 제시되었다. 예컨대,

'혼란스러운' 문헌 검토 과정을 통해서 나는 연구가 실제 장면에서 어떻게 활용될 수 있는지에 대해서 생각할 수 있었다.여론 형성자: 초등학교 #4

연구기반 학습네트워크 내의 토론을 통해서 현장에 적용할 때 필요한 가장 효과적인 전략 또는 가장 비효과적인 전략이 무엇인지에 대해서 토론하고 이해할 수 있게 되었다.여론 형성자: 중등학교 #1

이 연구는 나에게 자극을 주었으며, 토론을 통해서 어떻게 연구기반의 전략들을 활용하고 실행할 수 있는지 도움을 받았다.여론 형성자: 초등학교 #2

3.5.6 연구기반 학습네트워크 방법은 참가자들이 연구기반의 혁신과 실천을 그들의 동료와 여러 학교에 확산시키도록 할 수 있었는가?

6개의 2인 1조 인터뷰에 참가한 응답자들은 모두 프로젝트에 참여한 결과 학교 내 학습공동체를 새롭게 만들거나 기존의 학습공동체를 더욱더 잘 활용하게 되었다고 답했다. 그러한 학습공동체의 목적은 협력적 문화를 조성하는 것이다. 또한 참가자들이 개발한 연구기반 수업 실천 전략에 교사들이 참여하도록 촉진하는 매개체 역할을 하였다. 참가자들은 학습네트워크 활용이 연구기반 학습네트워크 방법의 직접적인 결과라고 믿었다. 그들은 이러한 방법이 연구기반 수업 실천 전략 성취에 대한 자신감과 지식을 제공했다고 생각했는데, 다음 인용문에서 확

인할 수 있다.

> ○○○ 선생님[이론 형성자]은 학교의 학습공동체를 통해서
> 자원을 공유할 수 있으며 연구기반 변화를 촉진하는 토론에
> 교직원들이 참여하도록 하는 데 자신감을 갖게 되었다. 우리
> 는 또한 신뢰의 문화를 만들기 위해서 노력해 왔으며, 교직원
> 들이 자신들의 실수와 계속되는 학습의 여정에 대해서 서로
> 개방적인 마음으로 이야기 나누도록 격려할 수 있게 되었다.
> 학교 리더: 중등학교 #3

> 우리는 과정을 통해서 변화를 선도하고 실행하는 방법을
> 알게 되었으며 앞으로도 지속적으로 이를 이어 갈 것이다.학교
> 리더: 초등학교 #2

더 나아가, 변화를 촉진할 수 있는 지식과 자신감이 늘어났다는 성
찰은 학교 리더와 여론 형성자들이 맡은 역할을 통해서도 나타났다. 아
래의 인용문은 한 학교 리더의 역할을 설명하고 있다.

> △△△ 선생님[학교 리더]은 연구기반 변화를 촉진하는 문
> 화를 적극적으로 홍보하고 있으며, 2016/2017년에는 교직원
> 이 이를 수행할 수 있도록 하기 위해 4일간 연수를 실시했다.
> 또한 우리 접근법의 지속적 개발에 필요한 도서와 기타 연구
> 자료 구입 예산을 확보했다. △△△ 선생님은 정말 추진력이
> 강하시다.여론 형성자: 초등학교 #3

마찬가지로, 다른 학교 지도자들(초등학교 2번과 3번)도 연구 관련

전략들이 공식적으로 학교 발전 계획과 관련되는지를 논의했다. 중학교 2번 학교 참여 교사들과의 인터뷰에서도 그 학교의 교장이 어떻게 성장지향적인 사고방식을 강조하는 내용을 학교혁신 문서에 포함시켰으며 학교 비전의 필수적인 부분이 되도록 했는지 조명했다. 또 다른 인터뷰에서는 참가자들 간의 리더십 역할에서 분명한 분리가 강조되었고, 이를 통해 여론 형성자가 어떻게 변화를 선도하기 위해 영향력을 행사하는지를 보여 주었다.예: Spillane 외, 2010

> 나의 역할은 공식적으로 변화를 이끄는 것이지만, □□□ 선생님[여론 형성자]의 역할은 우리의 학습공동체를 통해서 [새로운 교수-학습에 대한 접근법] 지원을 활성화함으로써 변화를 이끄는 것이다.학교 리더: 중등학교 #3

인터뷰 자료들에 따르면, 연구기반의 전략이 다른 사람들에 의해 만들어지고 채택될 수 있도록 하기 위해서는 교사들이 이론적으로 풍부한 방법으로 교육 변화를 이끄는 방법을 이해할 수 있도록 하는 게 중요하다는 것을 재확인해 주었다.

3.5.7 연구기반 학습네트워크 방법은 학교 내에서의 교수-학습 활동 혁신에 도움을 주고 있는가?

6개의 인터뷰 자료에서 교수-학습에 대한 연구기반 개선 노력이 교수 활동에 긍정적인 효과가 있었음을 확인했다. 이를테면 초등학교 4번의 참가자들은 효과적인 학습의 특성에 대한 교사들의 이해도를 증진시키고자 노력했으며, 이 접근법이 여름철에 태어난 아이들(일반적으로 몇 개월 앞서 태어난 아이들보다 성취도가 낮음)의 쓰기 결과에 긍정적인 영향을 미치는지를 이해하기 위해 노력했다. 참가자들이 확인한 교사들의 변화는 다음과 같다. '교사 변화' 시도로 인해 교육과정 중심의 사고에서 벗어날 수 있었다. 가치에 대한 학습이 이제 교사들의 수업 실천을 견인하고 있다. 교사들이 효과적인 학습 행동들을 찾기 위해 더욱 적극적으로 활동했다. 여러 학교에 걸쳐 학생들이 자신의 학습에 대해서 반성적 사고를 할 수 있게 학습 대화를 사용하도록 하는 노력이 일반화되었다.

또 다른 학교(초등학교 1학년)에서 참가자들은 학습 성과 향상 방법으로 학생의 실수를 활용할 수 있도록 돕는 활동을 교사들과 함께 수행해 왔다. 그 결과, 교사들은 이제 학생의 실수를 효과적으로 방지하고, 학생이 자기 실수로부터 학습할 수 있게 함으로써 자기의 사고 과정을 명백하게 생각해 보도록 돕고 있었다. 마찬가지로 이 참가자들은 이제 학교에서 교사들이 단순한 성취(또는 학습 결손)보다는 학생들이 기울인 노력과 인내를 칭찬하는 활동이 일상화되고 있음을 관찰했다. 그들은 또한 교사들이 학교 전반의 효과성을 극대화하기 위해 경험을 공유하고 실수 유형을 활용하여 나타나는 영향과 혜택을 정기적으로 공유하고 있다고 지적했다.

3개 학교의 참가자들에 따르면 교육 실천의 변화 외에도, 이러한 연구기반의 변화에서 비롯된 학생들의 학습에 미치는 영향력의 구체적인 내용을 알게 되었다. 한 초등학교 응답자는 이렇게 언급했다.

> 프로젝트의 시작에서 우리는 능력이 서로 이질적인 집단의 학생들을 만났고 그들에게 문제 해결 과제를 완성하라고 요구했다. 우리의 관찰 계획표를 활용하여 관찰했을 때, [학생들]은 개방형 질문 또는 탐구형 질문을 전혀 제기하지 않았다.
>
> 여론 형성자: 초등학교 #3

이러한 초기 탐색의 결과, 이 학교의 참가자들은 교사가 학생의 질문 방법을 개발할 수 있도록 돕는 방법을 기획했으며, 이러한 전략이 효과적으로 사용될 수 있도록 교사들과 협업을 했다. 결과는 긍정적이었다.

> 학생들은 질문의 중요성에 대해서 이해했으며, 이제 질문을 통해서 그들의 학습에 대해서 반성적 사고를 하고 평가할 수 있게 되었다.여론 형성자: 초등학교 #3

위에서 언급한 대로, 1번 초등학교 참가자들은 실수가 학습 과정의 필수적인 부분이라는 생각을 소개함으로써 학생들 사이에서 '성장 마인드'를 발전시키려고 노력했다. 그들은 학생들과 함께 서로 다른 형태의 실수를 구별하는 실수 '유형'의 개념을 탐구했다. 그 결과, 어떤 실수가 학습과 성장으로 이어질 가능성이 가장 큰지를 파악할 수 있었다. 마찬가지로 교사들은 또한 학생들이 그들의 일에 대한 적절한 보살핌과 관심을 통해 제거될 수 있거나 제거되어야 하는 실수 유형을 파악할 수 있었다. 학교 내의 모든 교사가 정기적, 지속적으로 교수 활동의 일환으로 실수 유형을 사용하고, 특정 형태의 실수를 학습에서 허용하고 있다는 것을 알게 된 응답자들은 이렇게 언급했다.

> 아이들은 실수가 학습 활동의 일부임을 더 깊이 이해하기 시작하고 실수를 두려워하지 않는 자신감을 보이고 있다. 그들이 더욱 도전적인 과제를 시도하고 있다는 것은 우연이 아니다.여론 형성자: 초등학교 #1

4번 초등학교의 관심은 여름에 태어난 아이들 사이에서 글쓰기를 향상시키는 것이었다. 이 그룹은 학교에서 첫해 동안 의무적인 목표를 달성할 가능성이 상대적으로 낮았다. 참가자들은 이 문제를 2015년도 작문 자료로 설명했다. 즉 여름에 태어난 어린이의 60%만이 1학년도 조기 학습 목표치를 충족했는데, 이는 가을에 태어난 어린이의 경우 83%인 점과 비교된다. 연구기반 활동과 다른 네트워크 구성원들의 지식 창조 활동을 통해서, 참가자들은 '1학년'이 의미하는 것은 '나이가 아닌 교육과정과 관련된 기대치에 대해 어린이를 측정하는 첫 번째 해'라는 것을 이해하게 되었다. 다시 말해 1학년 교사들은 학생들이 그들의 학습에 어떻게 접근하는지가 아니라 특정한 교육과정 영역과 관련된 수행 정도에 관심을 보이고 보상을 하고 있는지에 관심을 갖고 있었다. 앞서 언급한 바와 같이 학생들의 쓰기 능력이 어떻게 향상될 수 있는지에 대한 연구기반 전략의 개발과 함께 이러한 이해를 하게 됨으로써 학교 실무에 많은 변화를 불러올 수 있게 되었다. 이러한 변화는 교사들이 학생들에게 나타나는 학습 과정과 그에 대한 보상을 강조하게 된 것을 나타내고, 교육과정의 진도에 초점을 맞추던 것에서 벗어나는 것을 의미한다. 참가자들은 이러한 전략이 매우 효과적이었다고 주장했고, 궁극적으로는 2016년 쓰기 영역의 초기 학습 목표를 86% 달성했다. 이는 26% 증가한 수치이다.

3.6 결론

위에서 분석한 데이터를 보면, 연구기반 학습네트워크 방법의 핵심 아이디어와 구조화된 접근 방식은 교사들을 교수-학습과 관련된 연구에 참여하도록 하는 데 분명히 성공적이었다. 또한 참가자들이 연구기반의 활동(이 활동의 목표는 학교 내의 교수-학습 활동의 특정 영역을 향상시키는 것임)을 개발할 수 있도록, 이러한 지식을 그들의 실제적 지식과 연결망 내의 다른 교사들의 지식과 연결할 수 있도록 만들었다.

　이보다 더 중요한 것은 모든 참가자가 한두 가지 정도에서 리더가 되도록 하는 것이다. 구체적으로, 이러한 리더들이 효과적으로 변화를 시도할 수 있도록 연구기반 학습네트워크 모델에서 네트워크 활동을 통해서 개발된 연구 관련 실천을 광범위하게 사용하는 역량을 제대로 제공했다는 점이다. 다시 말하면, 공식·비공식적 리더의 활용은 네트워크를 통한 학습 방법이 단위학교 혁신으로 이어짐으로써 대규모 변화에 성공적이었다는 점을 의미한다. 또한 아직 초기 단계에 있지만, 교사와 학습자 모두에게 연구에 기반한 실천의 도입으로 인해 긍정적인 효과를 거두고 있다는 증거들을 확보하고 있다. 이는 우리가 제시하는 네트워크화된 접근 방법이 상당한 효과를 행사하고 있음을 시사한다.

참고문헌

Battilana, J. and Casicaro, T. (2013). The network secret of great change agents, *Harvard Business Review*, July-August, 1-8.

Brown, C. (2015). Research Learning Networks-school leaders connecting research to practice. Presented at the *British Educational Leadership Management & Administration Society annual meeting*, Wokefield Park, Reading, 10-12 July 2015.

Bryk, A., Gomez, L. and Grunow, A. (2011). Getting ideas into action: Building networked improvement communities in education, in Hallinan, M. (Ed.), *Frontiers in sociology of education, Frontiers in sociology and social research* (Dordrecht, NL: Springer).

Cain, T. (2015). Teachers' engagement with published research: Addressing the knowledge problem. *Curriculum Journal*, 26(3), 488-509.

Carley, K. and Krackhardt, D. (1999). Cognitive inconsistencies and non-symmetric friendship, *Social Networks*, 18 (1), 1-27.

Cordingley, P. (2013). The contribution of research to teachers' professional learning and development, available at: www.bera.ac.uk/wp-content/uploads/2013/12/BERA-Paper-5-Continuing-professional-development-and-learning.pdf, accessed on 22 November 2014.

Earl, L. and Katz, S. (2006). *How Networked Learning Communities Work*, Centre for Strategic Education Seminar Series Paper 155.

Earl, L. and Timperley, H. (2008). Understanding how evidence and learning conversations work, in Earl, L. and Timperley, H. (Eds.), *Professional learning conversations: Challenges in using evidence for improvement* (Dordrecht, NL: Springer).

Earl, L. and Timperley H. (2015). *Evaluative thinking for successful educational innovation*, OECD Education Working Papers, No. 122 (Paris: OECD Publishing).

Fielding, M., Bragg, S., Craig, J., Cunningham, I., Eraut, M., Gillinson, S., Horne, M., Robinson, C. and Thorp, J. (2005). Factors influencing the transfer of good practice, available at: http://webarchive.nationalarchives.gov.uk/20130401151715/; www.education.gov.uk/publications/eOrderingDownload/RR615.pdf.pdf, accessed on 21 May 2016.

Flyvbjerg, B. (2001). *Making social science matter* (Cambridge: Cambridge University Press).

Fullan, M. (2001). *The new meaning of educational change* (3rd edn.), (New York and London: Teachers College Press and RoutledgeFalmer).

Gough, D., Tripney, J., Kenny, C., Buk-Berge, E. (2011). Evidence informed policymaking in education in Europe: EIPPEE final project report summary, available at: www.eipee.eu/LinkClick.aspx?fileticket=W6vkqDjbi1%3d&tabid=2510&language=en-GB, accessed on 11 September 2012.

Hall, G. E. and Hord, S. M. (2001). *Implementing change: Patterns, principles and potholes*. Boston: Allyn and Bacon.

Hammersley-Fletcher, L. and Lewin, C. (2015). Evidence-based teaching: Advancing capability and capacity for enquiry in schools. Interim report (Nottingham: National College for School Leadership).

Kaser, L. and Halbert, J. (2009). *Leadership mindsets* (London: Routledge).

Katz, S. and Dack, L. (2013). *Intentional interruption: Breaking down barriers to transform professional practice* (Thousand Oaks, CA: Corwin Press).

Knott, J. and Wildavsky, A. (1980). If dissemination is the solution, what is the problem?, *Knowledge: Creation, Diffusion, Utilization*, 1(4), 537-78.

Kotter, J. (1996). *Leading change* (Boston, MA: Harvard Business School Press).

Mincu, M. (2014). Inquiry paper 6: Teacher quality and school improvement-what is the role of research? In the British Educational Research Association/The Royal Society for the Encouragement of Arts, Manufactures and Commerce (Eds.), *The role of research in teacher education: Reviewing the evidence*, available at: www.bera.ac.uk/wp-content/uploads/2014/02/BERA-RSA-Interim-Report.pdf, accessed on 8 November 2014

Nonaka, I. and Takeuchi, H. (1995). *The knowledge-creating company: How Japanese companies create the dynamics of innovation* (New York: Oxford University Press).

Ogawa, R. and Bossert, S. (1995). Leadership as an organizational quality, *Educational Administration Quarterly*, 31(2), 224-43.

Rogers, E. (2003). *Diffusion of innovations* (5th edn.), (New York: Free Press).

Southworth, G. (2009). Learning centred leadership, in Davies, B. (Ed.), *The essentials of school leadership* (2nd edn.), (London: Sage).

Spillane, J., Healey, K. and Kim, C. (2010). Leading and managing instruction: Formal and informal aspects of elementary school organization, in Daly, A. (Ed.), *Social network theory and educational change* (Cambridge, MA: Harvard Education Press).

Stoll, L. and Fink, D. (1996). *Changing our schools* (Buckingham: Open University Press).

Stoll, L. and Brown, C. (2015). Middle leaders as catalysts for evidence-informed change, in Brown, C. (Ed.), *Leading the use of research and evidence in schools* (London: IOE Press).

Stoll, L., Brown, C., Spence-Thomas, K. and Taylor, C. (2015). Perspectives on teacher leadership for evidence-informed improvement in England, *Leading and Managing: Journal of the Australian Council for Educational Leaders*, 21(2), 7-91.

제4장

브리티시컬럼비아에서의 교육 탐구 커뮤니티 개발

리턴 슈넬르트(Leyton Schnellert), 페이지 피셔(Paige Fischer)
& 캐시 샌퍼드(Kathy Sanford)

4.1 도입

이 장에서는 혁신을 촉진하고 지원하기 위한 교사교육과 교사의 전문적 학습에 대한 탐구적이며 다원적인 방식들을 논의해 보고자 한다. 이 장에서 설명하는 프로젝트를 통해서, 브리티시컬럼비아British Columbia, BC에 있는 세 지역의 전문적 학습네트워크의 형성과 상호작용이 교사들에게 기관, 역할 및 지역에 대한 실천과 구조를 새롭게 상상하고 재설계할 수 있도록 했음을 지적하려 한다. 4.1.1에서는 '교육 탐구 프로젝트 실시 3개 캠퍼스 커뮤니티Three Campus Communities of Pedagogical Inquiry Project'의 구성원, 전반적인 구조와 목표를 간략하게 소개한다. 4.2에서는 전문적 학습네트워크에 대한 이와 같은 접근법을 관련된 교육학 이론과 연구를 통해 설명한다. 4.3에서는 우리가 어떻게 지역 허브가 공통적으로 관심을 보이는 탐구 문제에 도달하게 되었는지를 알아본다. 4.4에서는 각 지역 허브를 소개하는데, 여기서는 지역 학습네트워크의 진행 과정과 영향력을 살펴본다. 4.5에서는 지역 네트워크 전반에 걸친 주제를 탐구한다. 4.6에서는 성공적인 전문적 학습네트워크를 촉진하고 유지하는 방법을 배운 것에 대한 성찰로 결론을 내리고 있다.

4.1.1 유·초·중·고, 교사교육과 교육부 시스템 변화의 조율

'교육 탐구 프로젝트 실시 3개 캠퍼스 커뮤니티'는 브리티시컬럼비아주 교육부, 세 교육청, 그리고 수많은 학교구 사이에서 공식적으로 만들어진 전문적 학습네트워크이다.

모든 참여자들은 교사, 교사교육자, 교사 지망생, 학교와 학교구 지도자들로 구성된 지역 허브 안팎에서 협력적 활동을 수행하고 있다. 이 프로젝트는 브리티시컬럼비아주의 개정 교육과정 실행을 통해서 심층학습deep learning과 체제 변화system change를 이끌어 내는 협력적, 성찰적 실천과 탐구를 추구하여 교육혁신을 도모하기 위한 목적을 지니고 있다. 이 연구는 교육 파트너들이 브리티시컬럼비아 전역에 걸쳐 지속적인 변화를 지원하기 위해 교육부에 지속적인 피드백과 사례들을 제공하는 동시에 함께 탐구하고 서로 어떻게 배우는지를 다루고 있다.

4.2 이론적 토대

4.2.1 교육과 체제 변화에 대한 요구

교사로부터 학생에게 전달되는 전문 지식을 바탕으로 한 20세기 교육 모델은 오늘날 세계에서 더 이상 적절하지 않고 의미가 없다.Darling-Hammond 외, 2008; Leander 외, 2010 새로운 이론, 연구, 노동력에 대한 요구에 대응하여, 브리티시컬럼비아주의 교육과정 변화는 학습, 교수와 앎에 대한 사회구성주의 관점에 기반하고 있다.Dumont 외, 2010 그러나 교사들의 변화 노력을 지원하는 게 다소 위험할 때도 있다. 이를테면 현재의 실천 방식이 현행 제도 내에서 학생들이 잘 성취할 수 있도록 준비시키고 있으며, OECD에서 실시하는 PISA 프로그램과 같은 국제 성취도 평가에서 높은 수준을 유지하고 있는 경우에는 더욱 그렇다.

교육자들이 협력적으로 전문적 학습을 해 나간다면 학생들의 학습은 더욱 깊어지고, 교육과정과 경직된 시간표가 유연해지며, 교사들은 학생들이 더욱 풍부하고 유의미한 학습을 할 수 있도록 한다는 점이 다양한 연구와 실천 경험들에서 언급되고 있다.^{Borko, 2004; Cochran-Smith & Lytle, 2009; Butler 외, 2015}

대학, 학교구, 학교와 정부를 포함한 교육 이해 당사자들은 연구로부터 요구되고 있는 변화를 촉진하기 위해 협업해 나갈 필요가 있다.^{예:} ^{Darling-Hammond 외, 2008; OECD, 2013} 모든 지역에서 혁신을 추구하려는 노력은 계속되고 있다. 이러한 노력이 서로 잘 연결된다면 혁신적인 실천을 수용할 능력이 더 강해질 가능성이 있을 것이다. 교사 지망생, 교사, 교사교육자와 교육부 구성원으로 구성된 전문적 학습네트워크는 관할 영역 전반에 걸쳐 변혁적 변화를 동시에 수행할 수 있도록 해 주는 정책, 실천 및 프로그램을 만들어 갈 수 있다. 전문적 학습네트워크들이 혁신을 탐색하고 실행하고 공유하고 문서화하는 협력적인 탐구활동에 참여하게 된다면, 교육 변화와 시스템 변화가 더욱 광범위하게 확산될 수 있다.

4.2.2 학습체계로서의 복잡성과 교육

21세기 들어 교수방법 학습learning to teach과 학습방법 학습learning to learn은 이전보다 훨씬 복잡해졌다. 문화, 성性, 언어, 능력과 같은 다양한 맥락 요인들로 인해 학교와 교실 상황은 복잡해졌으며, 이들은 교실과 학교에 대한 기존의 가정, 실천 행위들에 심각한 도전을 제기하고 있다. 교육을 복잡성을 갖는 학습체계로 파악한다면 교육 이해 당사자들이 모든 수준의 체제 변화를 지원할 수 있도록 협업하고 협력적으로 학습할 수 있는 새로운 방법을 제공받을 수 있다. 복잡성은 학습을 '시스템'으로 접근함으로 인해 제기된다. 즉 이러한 시스템에서는 여러 요소가 상호 연관되어 있으며, 새로운 학습이 등장하고, 지속적으로 적응 과정을 거치며, 자기 스스로 조직화한다.^{Davis & Sumara, 2012} 복잡성 이론을 통해서 우리는 전문적 학습네트워크를 "모든 구성원의 역할, 실천과 교육적 변화를 지원할 수 있는, 맥락적으로 도출된, 생성적인 연구공동체"로 규정할 수 있다.

전문적 학습네트워크와 같은 복잡계는 출현, 적용 가능성 및 자율적 조직을 촉진하고 있다. 이 프로젝트에서 사용하고 있는 리사케르와 푸루니스Lysaker & Furuness, 2011의 '대화식 관계지향적 교육dialogic relationally-oriented pedagogy'이라는 개념은 교수-학습에 대한 전달지향적transmission-oriented 개념에 도전할 수 있는 복잡성과 변화 가능성을 함께 포용하고 있다. 전문적 학습네트워크의 조직 방식과 구성원들의 교육 탐구 방식은 동시에 구성되는데, 학습자들의 관심, 강도, 호기심, 그리고 다양한 지식의 원천에 의해 결정된다. 대화를 통해서 전문적인 학습네트워크는 우리 자신, 학생들, 그리고 맥락들 사이의 합의된 의미와 관계의 시스템을 만들어 간다. 이를 통해서 의미 있고 교육적인 방식으로 새로운 이해가 생성되며 서로 적응하고 의미의 자기조직화가 일어난다. 전문적 학습네트워크 내의 지식과 실천을 탈중심화하고 독립시켜 감으로써, 교수-학습을 비판적·창조적 사고, 개인과 사회에 대한 인식과 책임성, 비판적 문해능력(이는 21세기 학습자들에게 요구되는 역량들임) 등의 방향으로 재조정할 수 있다. 복잡한 시스템이 출현하기 위해서는 환경의 요구에 적응할 수 있을 정도의 충분한 다양성이 확보되어야 한다. 그러나 이뿐만 아니라 구성원들 사이에서 응집력을 유지하고(공유된 이해) 참여의 스트레스에 적응할 수 있는 공통분모가 있어야 한다. 시스템 구성원들이 상호작용하게 되면 전문적 학습네트워크 내에서 지식, 기술과 이해의 공유가 일어난다.Sanford 외, 2015

4.2.3 관계적 상호작용과 복잡성

관계적 상호작용은 그 자체가 복잡하며 서로 얽혀 있다. 모든 학습에서의 관계성은 자신의 요구보다 타인의 요구를 먼저 고려하게 한다. 이 개념은 앎과 삶에 관한 신자유주의적이고 개인주의적인 위계질서와 대비된다. 이러한 관계적 책무성에 대한 이론적 이해는 토착 주민들의 지혜로부터 강한 영향을 받고 있는데, 즉 다른 사람들과 그들의 생각들이 상호 연계되어 있는 방식으로 관계가 설정되어야 한다고 생각하는 전통에 뿌리를 두고 있다.Sanford 외, 2012; Wilson, 2008 우리는 '촉매적 제휴 모델catalytic affiliation model'Sanford & McGregor, 2013을 사용함으로써, 변화의 촉매제 역할을 하는 협력 공간에서 교육자들과 교육에 대한 다양한 생각들의 결합이 갖는 힘을 인식할 수 있다. 교사교육과 유·초·중·고 (K-12) 학습 프로그램에 관심을 기울이는 장소를 재구조화하면서, 우리는 관계성, 위치(공간, 장소)에 대한 관심으로 초점을 이동했다. 이를 통해서 다양한 교육 관계자들의 목소리가 유의미하게 상호 교류되도록 하여 교육적 사고와 실천들이 혁신될 수 있도록 새로운 공간을 창조해 가고자 한다. 이를테면 이 프로젝트에서 전문적 학습네트워크는 교사교육자, 지역과 학교에 기반을 둔 교사들, 교사 지망생 그리고 교육부 직원들 사이의 관계를 기반으로 형성되었다. 이 글의 후반부에 제시된 상황에 따른 협력적 학습을 통해서 상호 신뢰가 구축되었다. 전문적 학습네트워크를 만들어 내게 된 주된 원동력은 빅 아이디어big idea와 핵심 역량core competencies을 중심으로 재설계된 교육과정이었다. 이 새로운 교과과정이 유·초·중·고(K-12) 교실에서 좀 더 새롭고, 적용 가능하고 자기조직적인 교수-학습의 가능성을 열었던 것처럼, 교육과정 변화로 인해 함께 모이는 기회(공간)가 만들어졌고, 지역 전역에 걸쳐 교육 실천을 구성하고 재구성하는 허브(장소)가 만들어졌다.

4.2.4 학습을 촉진하는 경계성

또한 전문적 학습네트워크는 '경계liminality'를 전문적 학습네트워크의 생성, 작동과 성장 방법의 핵심 요소로 간주된다. 경계적인 공간은 '사이에 놓인' 공간이다. 이러한 공간을 통해서 서로의 관계들이 활성화되고, "기존의 규범들을 도전하고 파괴할 수 있는"Cook-Sather & Alter, 2011: 39 새로운 기회들을 만들어 갈 수 있도록 하는 다양한 의견이 분출되게 하고 새로운 가능성을 탐색할 수 있다.Schnellert 외, 2015 이 프로젝트에 따르면 경계에 위치한 공간은 현재 수많은 현행 교육 실천과 교육부의 야심 찬 목표 사이에서 창조되었다. 여기서 교육부의 야심 찬 목표란 교육을 변화시키기 위해 전반적인 교육과정, 평가와 책무성 체제를 재설계하는 내용으로 구성되어 있다. 이러한 경계 공간을 통해 새롭고 혁신적인 실천이 만들어지고, 연결되고, 발전될 수 있었다. 현장의 불확실성과 교육자들의 열정이 결합되어 다양한 역할을 하는 교육자들은 이제 전문가/초보자 그리고 학자/실천가로 구분되던 전통적인 위계적 역할 구조에서 벗어나서, 동료들과 함께with 그리고 동료로부터from 배우는 공간들을 창조해 냈다.

4.3 연구 문제 도출

이러한 다양한 조직들이 참여하는 학습 파트너십은 모든 참가자를 연결하는 민주적이며 다양한 영역을 포괄하는 학습네트워크로 개념 규정이 되고 실행되었다. 브리티시컬럼비아주의 교육혁신 노력이 시스템 전반에 걸쳐 진정성이 있으며 지속가능한 방식으로 구현된다면, 모든 시스템 파트너들은 정책, 프로그램 및 실천의 변화를 통해 (모든 수준의) 학습자와 교육자들을 가장 잘 지원해 낼 방법을 고려하면서 협력적으로 일하고 학습해 나갈 필요가 있다는 점을 인식했다. 그 결과, 모든 프로젝트 파트너들이 재정과 자원을 제공했으며 프로젝트 운영위원회의 구성원으로서 동등한 주장을 제시했다. 운영위원회는 결정을 내리고, 우선순위를 정하고, 리더십을 제공하며, 진행 중인 프로젝트의 진행 상황과 영향력을 평가하기 위해서 협력적으로 일했다. 이러한 운영 방식은 어떤 한 파트너도 '전문가'로서 또는 재정적, 법률적 권위를 통해 운영 과정을 통제하지 못하도록 하는 환영할 만한 새로운 패러다임으로의 변화를 의미한다. 이러한 변화는 실제적으로 전문적 학습네트워크 프로젝트 활동의 토대가 되는 이론적 인식의 틀을 반영하고 있다.

프로젝트 파트너들은 모든 파트너(교육부 포함)가 교육체제의 진정한 변화를 위한 협력 활동에 촉진자, 기여자 및 학습자로 참여해야 한다는 점이 중요하다고 믿었다. 우리는 지속가능하고 광범위한 혁신을 만들어 내기 위해서는 모든 파트너가 협력하고, 학습하고, 프로그램을 바꾸고, 새로운 실천을 시도하고, 피드백을 제공하며, 브리티시컬럼비아 지역의 학습자들을 지원해야 한다는 것을 깨달았다. '우리는 함께할 때 더 강하고 더 슬기롭다'는 믿음이 우리의 집단적 의사결정과 지역별 구체적인 활동에 반영되었다. 이러한 집단적 의사결정을 통해 다음과 같은 연구 문제를 공유하게 되었고, 개별 운영위원은 탐구과제를 정교화하는 데에서 동등한 주장을 표현할 수 있었다. 즉,

브리티시컬럼비아BC의 새로운 교육과정 개혁을 활성화할 수 있는 가능성과 도전과제들을 탐구하기 위해 교육자들이 자신의 학습 맥락 안팎을 넘나들면서 상호 협력적으로 일한다면 교육자들의 전문적 학습과 학생들의 참여에는 어떤 효과를 불러일으킬 수 있을까?

이 연구 문제는 개별 허브의 업무에서 다루어야 할 핵심 주제였다. 또한 공통 주제에 대한 데이터를 종합적으로 조사하여 프로젝트 참가

자들의 경험을 조사하고자 했던 방법의 핵심이었다. 앞에서 언급한 복잡성과 촉매결합 이론을 검토해 보면서, 전문적 학습네트워크 디자인에서 각각의 대학교, 학교구, 학교와 학급이 갖는 맥락이 매우 중요하고 특징적이라는 점을 확인할 수 있었다.

4.4 모든 수준의 교육혁신을 위해 함께 협력하고 학습하는 시스템의 파트너들

처음부터 지역 내의 학습 허브들은 혁신적인 교사교육 모델들 사이의 협력을 촉진하기 위해서 시작되었다. 학습 파트너로서 지역 허브 참가자들은 혁신적인 교육에 종사하는 교육자들과 협력하여 학교 단위에서 교사 연수를 제공하고 지역과 시스템 수준의 변화를 추구하기 위해 연구와 실천 사이의 '어려운 간극difficult gap'을 해소하려고 노력했다. 모든 파트너십 허브의 참가자들은 지역 교육 시스템에 혁신적 변화를 실현시키기 위해 기획된 일련의 행동과 비판적, 반성적 대화에 참여했다. 각 허브의 대표들은 정기적으로 만났고 새로운 행동과 반성적 사고를 지향하면서 상호 배우고 영감을 얻는 활동에 참여했다.

이어지는 글에서는 지역 수준의 교사교육 프로그램, 학교와 그들의 활동들과 연계된 네트워크(허브)에 대해서 간략히 살펴보겠다. 각 허브를 살피면서 협력적인 탐구를 가능하게 하는 교사교육의 혁신적인 방법이 무엇인가를 집중적으로 알아보고자 한다. 학습네트워크의 과정과 영향력을 알아보기 위해 반구조화된 인터뷰와 사실관계들로부터 자료를 수집하여 분석했다. 그런 다음 여러 네트워크를 포괄하는 주제들을 조망해 보고, 성공적인 네트워크를 지원하고 유지하는 방법에 대해 학습한 것을 검토해 보는 것으로 결론을 내리고자 한다.

4.4.1 밴쿠버아일랜드대학교(VIU) 네트워크 허브

이 허브의 핵심적 특징은 교사교육 과정을 캠퍼스를 벗어나서 학교 내부로 재배치한 것이다. 이러한 교사교육 모델은 2012년에 한 학교의 한 코호트cohort에서 시작하여 지속적으로 발전시켜 왔던 밴쿠버아일랜드대학교와 지역 학교, 교육청 사이의 강한 연대 관계에 기초하고 있다.

예비교사 34명으로 구성된 각 코호트는 멘토링 교사와 함께 각 학교에 3~5명씩 배치되었다. 교수진은 교육 이론과 방법에 관한 명시적인 수업을 제공했다. 아울러 현장 교사들과 협업하여 예비교사들에게 수업 전략 모델들을 가르쳤다. 또한 예비교사들이 새롭게 배운 내용을 실제 수업에 활용할 기회도 제공했다. 주간 세미나를 통해서 예비교사들이 '이론-실천 연계'의 구체적인 사례에 관심을 보이도록 하고, 비판적인 대화와 실천에 대해 성찰하도록 했다. 이 교육과정의 핵심은 학습의 사회-정서적 영역, 형성적 평가, 학제 간 수업 디자인과 학생들의 학습에 관한 의사소통이다. 예를 들어 관찰과 실천을 통해 예비교사는 학습자를 사회-정서적 존재로 인식해야 할 필요성을 학습한다. 또한 그들은 학생들을 위한 효과적인 수업을 설계하는 선구자로서 학생의 공부에 대한 요구를 알아야 한다는 필요를 학습하게 된다. 그들은 멘토 교사가 교실 공동체를 만들고, 학습자에 관해 사례연구를 하고, 문해력과 수리력 평가 활동을 하고, 학생 학습에 관한 의사소통을 하고, 학제 간 수업을 공동 창작하는 방법을 배워 간다. 이 활동의 대부분은 특정한 교실 내에서 이루어지기 때문에 예비교사와 유·초·중·고(K-12) 학생들은 시간이 지남에 따라 유대관계가 강해지고 이로 인한 이점을 얻을 수 있다.

또한 멘토링 지원 회의가 매달 열리는데, 이는 타 학교에서 온 멘토링 교사가 교사진과 함께 상호 질문하고 서로에게서 배울 수 있는 방식으로 운영된다. 지역별로 이동해서 하는 모임drive-in meeting은 학년도에 세 번 열린다. 이 회의는 각기 다른 지역에서 다양한 역할을 담당하는 교사가 함께 모여 학습할 수 있는 토대를 제공한다. 각 회의는 교과 내용에 대한 역량, 교실 내에서의 평가와 학제적 교수-학습에 대한 접근 방법 등 교육혁신과 관련된 주제를 다룬다. 모든 참가자는 이야깃거리, 질문거리, 사례, 통찰력을 가져오고 '우리는 모두 선생님이며, 우리는 모두 학습자다'라는 구호 아래 서로 깊이 있게 이해하기 위해서 연결되어 있다.

모임 참가자들과의 인터뷰와 사실관계들을 종합해 이 자리에서는 매우 다양한 경험들이 공유되었다. 교수진은 캠퍼스를 벗어나서 개별 학교와 교실로 찾아감으로써 전통적인 교수 역할에서의 변화를 경험했다. 그들은 예비교사, 현장 기반 실천가와의 강한 유대감을 발전시키면서 현장에서 교육과정 변화로 인해 얻은 '생생한' 기회와 도전을 경험해 보는 혜택을 누리게 되었다고 느꼈다. 또한 자신들의 수업 실천에 대해서 새로운 통찰을 얻을 수 있었다.

멘토링 교사들은 예비교사들과 교사진이 항상 같이 있음으로써 자신들의 활동이 해체되고 다른 시각에서 검토, 비판되는 경험을 통해 풍부한 전문적인 학습을 경험했다. 그들은 또한 예비교사들이 자신의 교실 내에서 책임을 공유하는 협력적 조력자 역할을 함으로써 가르침에 대해서 새로운 경험을 할 수 있었다.

예비교사들은 이론이 실천을 어떻게 이끌어 가는지를 알 수 있었다. 그들은 자신들이 관찰한 수업에 대해서 토론하고 성찰함으로써 이론적 원리에 대한 구체적인 예를 확인할 수 있었다. 또한 공유학습 또는 학습자에 대한 피드백 제공과 같은 구체적인 실천이 미치는 효과를 직접 확인할 수 있었다. 공동활동 팀에서의 자기 역할에 대해서 성찰하면서 그들은 협력적인 가르침의 결과인 학습의 난제와 깊이에 대해 서술했다.

인터뷰 참가자들이 보고한 가장 중요한 효과 중 하나는 서로 학습하는 관계라는 느낌, 효과적인 협업에 대한 새로운 이해, 역할 간 공동 노력으로 촉발된 새로워진 열정과 에너지에 대한 느낌 등이었다.

4.4.2 브리티시컬럼비아대학교 오카나간(UBCO) 네트워크 허브

브리티시컬럼비아대학교 오카나간 캠퍼스UBCO의 작업은 수년 동안 진행되어 온 다음과 같은 활동의 결과물이다. 즉 (1) 중학교에서의 통합적 방법. 3개 학교구에 걸친 4개 중학교 교사들의 현장 협력 학습에 제공되었던 교사교육 과정, (2) 문해력 연구자와 실천가들 사이의 협력을 통한 초등교사 문해력 신장 과정 재설계. 이는 문해교육, 교수법과 교육과정에 대한 양성 과정 및 현직교사들의 이해도를 높이기 위한 목적으로 실시.Schnellert & Kozak, 2016 이 과정은 매년 가을 학기(9~12월)에 제공된다. 그런 다음 1월~6월 대학UBCO의 전문적 학습네트워크가 매월 모여 5개의 지역 학교구(도시 3개, 농촌 2개)의 교사 지망생, 교사교육자, 교사, 지도자들에게 새롭게 디자인된 브리티시컬럼비아주의 교육과정을 탐구하며 가을 학기에 다룰 일들을 함께 만들어 가도록 한다.

매월 모임이 있을 때마다 참가자들은 새로운 교육과정에 대한 탐구를 촉진하고, 교수-학습, 교육, 학교에 대한 기존의 편견을 제거할 수 있도록 해 주는 다양한 관점과 사례들을 적극적으로 수용하고자 노력한다.

새로운 교육과정을 제대로 정착시킬 수 있는 창의적인 방식을 탐구하기 위해서 각 모임은 하나의 주제 또는 관심거리를 갖고 있다. 예를 들어, 한 모임에서는 전문적 학습네트워크 참가자들이 탐구수업을 위해 학생과 교사의 풍부한 지식을 활용할 수 있도록 하는 교수-학습 방법에 대해서 논의했다. 다른 모임에서는 학제 간 수업 계획과 수업 활동에 관심을 집중했다. 또 다른 모임에서는 역량기반 학습competency-based learning 도입과 평가를 다루었다. 다양한 사례와 관점을 공유할 수 있는 긍정적이고 상호 지지하는 전문적 학습네트워크를 만들기 위해서는 먼저 그간의 노력에 대해서 긍정적 피드백을 주고 다른 사람들이 그러한 노력의 취지와 다음 단계를 제대로 이해할 수 있도록 질문을 제기한다. 이를 위해 네트워크 구성원들은 낸시 앳웰Nancie Atwell, 2015의 '칭찬-질문-명료화praise, question and polish' 방식을 활용한다. 여기에 보고된 주제들은 참가자들과의 인터뷰를 통해서 추출한 것이다. 예비교사 22명, 보조교사 3명, 교사 12명이 참여했다.

UBCO 허브의 데이터들에 따르면, 협력적인 탐구활동은 변혁적이며 활력이 넘치는 학습을 가능하게 하는 강점이 있다. 한 예로 교사교육자, 현직교사, 예비교사들은 서로 협력적으로 탐구활동을 진행함으로써 상호 지지하는 분위기의 전문적 학습네트워크를 만들었는데, 여기서는 학제 간 탐구와 교실 내 탐구활동을 통해서 교육과정, 교수-학습에 대한 교육자들의 기존 이해를 변화시켜 갈 수 있었다. 자료 분석 결과를 보면, 현직교사나 예비교사 모두 학교와 교사교육에 대한 규범적인 기대감으로 인해 어려움을 겪고 있었다. 그러나 전문적 학습네트워크 내에서 이러한 긴장감에 관심을 가지면서 교사들은 고답적인 대학, 학교, 교실 수준의 실천 방식에 문제의식을 제기할 수 있게 되었다. 대부분의 교사가 공통적으로 제시하는 교육 실천 방식은 대략 다음과 같다. 즉, 교실 내에서의 통합적인 사회-정서적 학습 구현, 비판적 사고 개발, 창의성, 개인과 사회의 책임의식, 그리고 탐구기반 학습을 통해서 학생들이 스스로 학습의 방향 결정에 참여하도록 하는 것 등이다. 이러한 중요한 주제는 인터뷰 자료와 문서 자료 분석을 통해 도출되었다. 이들은 전문적 학습네트워크가 협력적 탐구의 공간을 만들고 지원하고 있고, 예비교사와 현직교사를 연결하며, 학생 중심의 교육과정 혁신에 관심을 기울이도록 함으로써 교사들에게 주도성a sense of agency을 갖게 했다는 점을 시사한다.

4.4.3 빅토리아대학교 네트워크 허브

빅토리아에서 개발된 네트워크 허브는 2012년부터 현장 교사들과 빅토리아대학교 교수진이 캠퍼스와 학교기반 경험 학습의 연계를 통해 의미 있는 시너지효과를 만들어 냈던 '빅토리아대학교의 변혁'이라는 교사교육 프로그램TRUVic으로부터 성장해 왔다. 이 파트너십에는 교육부뿐만 아니라 여러 지역의 다양한 경력의 교사들이 참여했다. 정기적인 모임이 지속되었으며 여기에서 어떻게 하면 새로운 교육과정 실행을 통해서 교육혁신을 지속시킬 것인가에 대해 토론했다. 빅토리아 허브 회의의 의도는 빅토리아대학교의 교사교육 프로그램 개발을 업그레이드하며 아울러 '교육적 공간'McRobbie, 2009을 창출하는 것이었다. 이 공간은 서로 이질적인 문화가 만나고 서로 충돌하고 씨름하는 곳이며 종종 힘의 차이가 표현되는 곳이기도 했다. 이러한 공간에서 교사들은 다른 사람들을 이 대화에 끌어들이는 방법과 새로운 교육과정을 실행함으로써 교육적 실천과 생각들을 변화시킬 방법에 대해 토론했다. 또한 이 모임을 통해서 서로의 생각과 실천 방법을 교환하고 다른 학교와 학급을 방문하고 핵심적인 교사들을 이 대화 모임에 초청하기도 했다. 초기에 참여했던 구성원 한 명이 제안한 바와 같이 이 모임을 이끌었던 핵심적인 질문은 "각자가 할 수 없었던 일이지만 서로가 지원하면서 우리가 함께 할 수 있게 된 것은 무엇일까?"였다.

빅토리아대학교가 허브에 참여한 교육부 직원뿐만 아니라 예비교사/현직교사, 교수진과의 인터뷰를 통해서 네 가지 주요 주제를 도출했다.

- 참가자들 스스로의 전문적 학습에 도움을 받음
- 새로운 교육과정 도입으로 인한 가능성과 도전과제에 대한 이해
- 21세기 교수-학습을 지속적으로 수행하기 위해 교사들이 의지할 수 있는 공식적, 비공식적인 지원 네트워크 만들기
- 내생적인 학습원리와 지식 획득 방법에 대한 학습의 중요성

이 프로젝트 참가자들은 자신의 전문성 향상에 허브 모임이 도움을 주었던 다양한 방식에 대해서 의견을 밝히고 있다. 이를테면 이 모임을 통해서 자신을 지지하는 공동체를 만들 수 있었고, 대등한 관계에서 다른 교육자들로부터 배울 수 있었으며, 동료들과 교육부 직원들과 함께 반복되는 교육과정 개발 과정의 경험을 공유할 수 있었다.

다소의 어려움에도 불구하고, 새로운 교육과정 실행은 수많은 신규 또는 경력 교사들에게 혁신적이며 학생 중심의 교육 실천을 할 수 있도록 지지와 격려를 제공해 주었다. 교사들에게 재설계된 교육과정을 실행하는 또는 실행할 수 있는 다양한 방법들을 서로 나눌 공간을 제공함으로써 '열정적이며 친화적 공간'Gee & Hayes, 2011: 66에서 재설계된 교육과정으로부터 제공되는 다양한 가능성에 대한 이해의 폭을 넓힐 수 있게 했다. 친화적 공간의 구성원들은 자신의 교육 실천을 변화시키려고 할 때 마주치는 도전과 장벽들에 대해서 서로 지원을 할 수 있었다.

프로젝트에 참여함으로써 지지하는 네트워크가 만들어지는 것은 참가자 입장에서는 매우 중요한 가치를 지닌 것으로 판단된다. 이러한 지원 네트워크는 모임 시간을 넘어서고, 모임에 대한 기대 성과를 넘어서며 대학 캠퍼스와 학교에서의 논의에 중요한 영향력을 행사했다. 또한 이러한 모임의 결과로 독특한 멘토 모델이 생겨났다. 이것은 일반적인 수직적 구조를 무시하고 초보 교사를 포함한 모든 참가자가 새로운 방

식으로 리더십을 발휘할 수 있도록 기회를 제시해 주었다.

마지막으로 빅토리아 허브는 참가자들에게 내생적인 학습원리에 관한 아이디어를 공유하고 탐구할 수 있는 공간을 제공했다. 프로젝트 참가자들은 내생적인 학습원리가 교실 내에서 어떻게 통합되는지, 그리고 적용 과정에서 어떠한 저항에 부딪히는지를 보고했다. 수직적 구조를 제거하고 협력 학습을 강조했던 3-캠퍼스 프로젝트의 독특한 구조를 통해서 브리티시컬럼비아주 교육 시스템[1]에서 강조한 다음과 같은 세 가지의 내생적 학습원리를 구현할 수 있었다.

1. 학습은 총체적, 반성적, 경험적이며, 관계적이다(연결성, 상호관계, 위치감각에 초점을 맞추고 있다).
2. 학습에는 인내와 시간이 필요하다.
3. 학습은 자신의 정체성에 대한 탐색을 요구한다.

한 사람의 실천을 변화시키려면 자신의 약점을 기꺼이 드러낼 수 있어야 한다. 따라서 다년간의 경력이 있는 우수한 교사들에게는 변화가 참으로 힘든 일이다. 이 프로젝트를 통해 제공받은 공간 덕분에 모든 사람이 심리적 안정감을 느끼면서 상호 지지적인 방식으로 참여할 수 있었다. 참가자들에 따르면 이 공간은 그들의 학교에서 경험하는 통상적인 구조와는 차이가 있는 독창적인 공간이며, 그들은 전문적/연구/공동체 공간 내에서 내생적 학습원리가 활성화될 수 있도록 하는 전문적 학습네트워크의 한 모델을 제공해 주었다고 보고했다.

---

1. www.bced.gov.bc.ca/abed/principles_of_learning.pdf 참고.

4.5 3개 캠퍼스의 교육학적 탐구 커뮤니티가 제시하는 공통적인 주제

여러 허브에서 세 가지의 주요 주제들이 공통적으로 제기되고 있다. 첫째, 교육과정 개정은 교육 실천을 변화시킬 뿐만 아니라 유의미하고 지속적인 관계성으로 교육 실천의 경계를 확장시켰다. 다음으로, 프로젝트로 인해 만들어진 전문적 학습네트워크의 정기 모임을 통해서 비공식적인 협력 활동이 가능해졌으며, 또한 참가자들의 진정한 학습을 가능하게 하는 공간이 만들어져 강력한 지역 네트워크가 형성되는 결과를 만들어 냈다. 또한 교육 부문, 지리적 위치, 이론적·철학적 입장이 다른 참가자들이 서로의 경계를 넘나들면서 더 깊고 풍부한 이해가 가능해졌다. 이로 인해 자신감 있는 많은 전문가가 그들의 제도 내에서 교육과정 변화를 실행하고 시스템 변화를 추진해 갈 수 있었다.

4.5.1 촉매제로서의 교육과정

전문적 학습네트워크 허브에 참가한 사람들과의 인터뷰를 통해서, 새로운 교육과정이 전문적 학습과 교육 변화를 위한 촉매제 역할을 했다는 점을 확인할 수 있었다. 새로운 브리티시컬럼비아주 교육과정[2]이라는 외부 요인이 행정가, 교육부 직원, 교사 지망생, 교사교육자, 경력이 많은 교사들을 포함하는 허브 참가자 모두에게 의미 있는 영향력을 행사했다. 교육부 직원들이 허브 회의에 참석했기 때문에 새로운 교육과정의 방향에 대한 깊이 있는 통찰이 가능했다. 한 참가자는 다음과 같이 이야기했다. "우리는 교육부의 방향과 비전에 대해서 들을 수 있었습니다. 또 초안을 확인하고 의견을 말할 수 있었어요. 그리고 나서

---

2. https://curriculum.gov.bc.ca/

다음 단계는 사람들이 그것을 어떻게 받아들이는지, 그것을 어떻게 해석하는지, 그들에게 주어진 특정한 상황에 이를 어떻게 적용하는지, 어떻게 다른 방식으로 해석하는지에 관련된 것입니다."

주정부가 역량기반 교육과정competency-based curriculum으로 전환함으로써 혁신적이고 탐구 중심적인 교사들에게는 큰 힘이 되었고, 새로운 기회가 제공되었다. 반면에 다른 교사들은 교육계획, 수업, 평가 및 결과 보고를 왜, 어떻게 바꾸어야 하는지에 대해서 새롭게 이해해야 하는 불편함을 느낄 수밖에 없었다. 허브 모임에서의 대화를 통해서 볼 때, 모든 사람이 자신들이 원하는 만큼의 변화가 빠르게 일어나지 않음을 알게 되었다. 그들은 "나는 그것이 성공하기를 원한다. 하지만 이를 위해서는 참을 필요도 있으며, 성공의 방법과 성공으로 가는 길이 지역별로 차이가 난다는 점도 알아야 한다"라고 인식하고 있었다. 변화는 지역뿐만 아니라 교사에 따라서도 다르게 나타날 수 있다. 초임 교사가 언급한 바와 같이 새로운 이해를 받아들이고자 하는 교사들은 교육과정 개정에 찬성했다. 이를테면, "새로이 디자인된 교육과정은 다양한 학생에 대해서 유연하게 대응하는 능력을 강조한다. 내가 말하는 것은 새로운 교실에 들어갈 때 내가 누구인지 학생들에게 알릴 시간을 제시해야 한다는 점이다. 왜냐하면 이것이 새로운 교육과정을 통해 효과적인 수업을 진행하는 데 중요한 부분이라고 생각하기 때문이다. 그리고 학생들이 내게 와서 무엇을 요구하든 항상 개방적인 마음을 갖도록 하기 때문"이다. 그러나 새로운 교육과정은 교사가 변화를 좀 더 천천히 적용하도록 했는데, 이는 그들에게 변화가 왜 일어나야 하고 어떻게 변화를 받아들여야 하는지 고려할 수 있는 시간을 주기 위함이었다. 허브에서의 의사소통을 통해서 교사들은 변화에 대한 다양한 접근을 이해하게 되었으며, 새로운 교육과정을 실행하는 다양한 방식도 알게 되었다.

허브는 다양한 방법을 구사하는 교사들이 모여서 자신들이 새로운 교육과정을 어떻게 구현했는지 경험을 공유하고 서로 지원하는 유일한 공간의 역할을 했다. 새로운 교육과정브리티시컬럼비아주 교육부, 2013-2014의 변화 크기를 고려해 볼 때, 새로운 변화를 시도하는 게 쉽지 않다는 점을 인식하면서 세 캠퍼스 허브 미팅에 참여한 참가자들은 서로 격려하고 상대방을 긍정적으로 바라보았다. 이 허브에 참여한 구성원들은 학생들이 학습 활동에 좀 더 참여할 수 있도록 노력했다. 이를 위해 학습에 대한 보편적 디자인universal design, 탐구기반 교수법, 열정기반 학습, 서비스 러닝service learning, 지식 획득을 위한 여러 가지 방법의 통합, 지역사회 협력/멘토링 및 공간 인식 교육 등을 활용하여 학생들이 질문을 제기하도록 하고, 교육과정을 재구성하도록 하며, 협력적이며 공동 구성하는 교수-학습이 가능해지도록 했다. 새로운 교육과정은 이미 자신의 수업 실천을 혁신해 왔던 많은 교사에게 흥분과 열정을 불러일으켰다. 그리고 신규 교사들은 "교육과정을 통해 무엇을 할 수 있는지 이해할 수 있었다. 왜냐하면 수업만 하다 보면 전체적인 흐름을 모를 수도 있기 때문이다. 허브 미팅에 참여하게 되면 참가자들이 서로 자신의 일에 관해 이야기하면서 드러내는 열정을 느낄 수 있다."

역량기반 교육과정 구현에서 특별히 어려운 문제는 오늘날과 같은 복잡한 세계에서 교사들이 기존의 '학습' 개념을 바꾸는 일이다. 또한 평가에 학생을 참여시키고 학습의 과정을 평가에서 중요시해야 하며, 탐구기반 접근과 학생의 흥미도 등을 고려해야 한다는 점이다. 전문적 학습네트워크 허브의 구성원이 언급한 바와 같이 "교육에 대한 이러한 새로운 관점은 학생 참여 문제와 직접적으로 관련되어 있다. 유연성 있도록 행동하고 완전히 새로운 교육 기회들에 개방적인 태도를 보이면 학생들의 수업 참여가 더 활발해질 것이다. 왜냐하면 학생들의 수업 내용에의 참여에 대한 개방성을 더욱 확대해 주기 때문"이다.

그는 이어서 "학교의 구조 또는 우리가 생각해 온 학교의 구조는 이러한 새로운 교육과정과 맞지 않을 수 있다. 그래서 나는 3-캠퍼스 프로젝트를 좋아한다. 우리는 학교에서 일어나는 상이한 구조의 예들과 이미 존재하는 학교구조를 잘 활용하고 있는 사람들을 볼 수 있다"라고 말했다.

전문적 학습네트워크 3개 캠퍼스 허브 모임의 참가자들은 다양한 상황에서 자신들이 어떻게 교육과정에 대한 개입을 변화시켰는지, 학생들의 참여를 어떻게 바꾸게 되었는지, 그 사례들을 공유할 수 있었다. "나는 최근에 수업의 마지막 3주 정도를 학생 스스로 선택한 탐구 프로젝트를 진행한 학급에 함께 있었다. 이 수업에서는 연설, 인터뷰, 애니메이션, 쓰기를 원하는 책, 다른 것들을 어떻게 쓰는지를 알려 주는 매뉴얼 등을 작업했다. 이 얼마나 환상적인 일인가?" 허브 모임을 진행하는 동안 참가자들은 서로에게 격려와 지지를 보내고, 평가 또는 교육과정 통합에 관한 새로운 아이디어들을 공유했다. 서로 다른 지역에서 온 교사들은 이 모임을 하는 동안 격려와 새로운 제안을 받을 수 있었으며, 서로 협업할 수 있는 새로운 프로젝트를 찾을 수 있었다.

한 교사교육자가 그녀가 관찰한 바를 공유했다. "다른 사람들이 고군분투하고, 무엇인가를 시도하고 실험한다는 이야기를 들으면 위안이 된다. 그리고 이 모임은 좋은 포럼이다. 왜냐하면 모든 사람이 어떤 영역에서 전문가이기도 하고, 또한 모든 사람이 학습자이기 때문이다. 그래서 다른 사람이 무엇을 어떻게 하는지를 듣기 위해서 모이는 것 같지가 않고 배우기 위해서 모이는 것 같다. 이것이 바로 교육부적 관점에서 논의되고 있는 것들이다. 하지만 다른 장소에서는 또 다르게 보일 수 있을 것이다." 전문적 학습네트워크에 관여하는 교육자들의 다양성과 모임에서 탐구되는 교육학적 접근들로 인해 참가자들은 역량기반 교수-학습에 다양한 방법이 있음을 깨달을 수 있다. 학생들을 좀 더 개별화되고 자기주도적인 학습에 참여시키려는 교사들의 노력에는 다양한 방법이 있다는 것을 이 대화를 통해서 깨닫게 되었다.

지역단위의 교육과정 재설계는 허브 회원들의 지리적 공간과 교육학적 거리감을 뛰어넘어 서로 모일 수 있도록 하는 촉매제 역할을 했다. 또한 자신의 수업 활동에 관한 대화와 탐색 과정을 통해서 교육과정에 대한 생각이나 이해가 다른 교사들이 함께하는 경험을 하게 된다.

참가자들은 학생들이 빅 아이디어, 핵심적인 학문적 개념, 교육과정 역량과 21세기 역량을 개발할 수 있도록 독려하는 방법에 대해서 서로 배울 수 있었다고 보고했다. 3-캠퍼스 허브의 상호작용은 전문가에게는 자신을 학습자로 위치 짓는 기회로 만들어 주었고, 초보자에게는 자신의 전문성을 공유하도록 했으며, 모든 구성원에게 새로운 교육과정을 실행했던 사례를 탐구하고 창조하고 공유할 기회를 제공했다.

4.5.2 비공식적 협력을 통한 강한 네트워크 형성

브리티시컬럼비아주 교육계획BC Ed Plan의 결과인 '교육과정 변화 흐름'-교육과정 재구성, 평가와 보고서 가이드라인의 개편-은 다양한 지위의 교사들이 대안적 공유 학습 공간에 적극적으로 참여할 수 있는 계기를 만들어 주었다. 이러한 학습 공간은 비록 불확실성 앞에서 취약하지만, 우리가 호기심과 의지력을 선천적으로 지닌 '학습자'라는 생각을 만들어 왔음을 확인할 수 있었다. 이러한 대안적 공간과 변화에 대한 개방성으로 인해 나타나는 핵심적인 결과는 바로 교사들이 상호 연결되기를 바라게 되었다는 점이다. 이러한 연결 욕구로 인해 프로젝트에 참여하는 모든 지역에 걸쳐 다중 및 상호 연결된 네트워크를 만들어 갈 수 있었다.

서로 모여서 집단적으로 행동하고 집단적으로 이론화해 나갈 수 있는 비공식적인 협업의 공간이 만들어지고, 이로 인해 새로운 연결고리가 만들어지고 새로운 관계들이 형성될 수 있었다. 다양한 종류의 교육자들은 서로의 관계를 발전시킬 공간의 중요성을 인식할 수 있었다. 경력이 많은 한 교사는 소속감과 비판적·협력적 탐색 사이의 연결이 지니는 의미에 대해 이런 이야기를 들려주었다.

> 나에겐 항상 소속감이란 게 매우 중요해요. 도전을 받는 것도 좋아하지요. 나는 질문에 대한 도전을 사랑합니다. 다시 말해, 그것은 아이디어와 실천에 대한 시험이라고 생각해요. 그리고 그것은 무엇에 근거를 두고 있는가? 그 근거는 얼마나 깊이가 있나? 그냥 우리가 빠져들어 있는 것인가, 아니면 지역사회 학교에 관여하는 사람들을 위한 생태학적 역할을 하는 무언가를 함께 만들어 간다는 생각에 근거한 것인가? 왜냐하면 우리가 하고 있는 것과 다르거나 또는 반대되는 개인적인 환경, 생각과 마음가짐의 관점에서 사람들에게 새롭게 질문을 제기하도록 하기 때문입니다.

교사 지망생을 포함해서 모임 참가자들이 모두 대화에 참여했으며, 각자 서로에게 뭔가 줄 수 있다고 생각하게 되었다. 참가가 중 다수는 공동체 의식을 언급했는데, 그들이 모임을 통해서 만들어 온 관계로 인해 어떻게 자신이 속한 학교와 교육구를 뛰어넘어서 서로 간에 지속적인 대화를 할 수 있었는지도 이야기했다. 허브의 한 교사교육자는 "나는 다른 사람들과 관계를 맺을 수 있었고, 그들을 보면 친숙함과 관계가 발전되어 내가 지역 전문가들의 커뮤니티를 넘어 확장되었다"고 했다. 다양한 영역에서 온 교육자들은 자신의 커뮤니티에서 공유해 왔던 것에 기초해서 새로운 아이디어, 접근법, 구조들을 생각하고 발전시키도록 할 수 있었고, 모임 기간이나 모임과 모임 사이에 진정한 지원을 제공하거나 제공받을 수 있었다는 점은 명백했다.

한 참가자는 "이 활동이 나의 학습을 뒷받침하는 가장 강력한 방법은 바로 협력적인 경험이라고 생각한다"고 말했다. 교사들을 각자의 교실에서 일하는 개별 지식인이며 반드시 함께 일할 필요는 없다고 규정하는 직무의 특성에 비추어 볼 때, 이러한 진정한 협업은 매우 유의미한 도전이다. 이 프로젝트에서 시도되었던 협업은 교실 내, 교실 간, 지역과 기관 간에서 다층적으로 진행되었다.

> 비록 그 방들이 사람들로 가득 찼지만, 저는 심리적으로나 정신적으로 평온한 상태예요. 마치 함께 일하는 사람들이 더 많은 것처럼 느껴지고, 외톨이가 아니라는 생각이 듭니다. 저는 과거에 늘 외톨이라고 느꼈거든요. 항상 모든 일에서.

허브 참가자들은 자신들이 교육적 변혁을 함께 추구하는 동료라고 표현했는데, 이는 교사들에게 교육과정 실행을 지속하게 하는 자신감을 불어넣어 주었다. 모든 사이트는 다양한 역할을 하고 출신 지역도 다른 교사들 사이의 연결을 확대하고 심화시키는 여러 가지 사례들을 만들어 냈다. 이러한 연결은 지역 간의 새로운 협력으로 이어졌다. 허브 내부와 허브 간에 이루어지는 관찰은 교육자들이 서로 질문하고 지역 허브에서의 지속적인 작업과 대면 회의를 통해 발전하는 통찰력을 공유하면서 형성되는 강력한 공동체 의식이다. 어떤 참가자가 주장했듯이, "협력은 항상 현재 나의 실천의 일부"가 될 것이다.

4.5.3 경계 넘나들기
이러한 활동을 통해서 전통적인 의미의 구조와 경계를 초월한 풍부한 토론과 상호 이해 확대가 가능했다. 회원들은 전문적 학습에 대한 전문적 학습네트워크의 대화식 접근 방식에 참여했고, 또한 그 가치를 인식하게 되었다. 경력이 많은 어떤 중등 교사는 대학, 정부와 교육청 소속 인사들을 받아들이는 전문적 학습네트워크의 협력적 탐구 방법의 강점을 이렇게 언급했다.

> 그것은 당신 자신을 벗어나 서로를 연결 짓는 다리를 만들어 줍니다. 서로 다른 지역 출신의 교육부 직원, 행정가, 교사 지망생, 학자들과 대화를 할 수 있지요. 이것은 매우 긍정적일 뿐만 아니라 새로운 도전이 되기도 합니다. 그리고 교육적 실천과 우리가 하려고 하는 일에서도 매우 중요하다고 생각합니다.

전문적 학습네트워크는 전문성 개발에 대한 개인주의적이고 선형적인 접근에 문제를 제기했다. 여러 영역에서 다양한 역할을 하는 교육자들은 현재와 미래 학습자들의 요구에 부응하는 21세기 교육에 대한 목소리뿐만 아니라 초보자 관점을 포괄하는 다양한 관점을 공유해야 할 필요성을 느끼고 있었다. 초등 교사 지원자 한 사람은 전문적 학습네트워크를 어떻게 받아들였는지 이렇게 이야기했다.

> 대학에 소속된 연구원을 비롯한 다양한 사람들과 만날 수 있었어요. 또 학교에서 자신의 교육철학을 실천하는 중견 교사들도 만났습니다. 그리고 나보다 한 발 또는 두 발 앞서 있는 초임 교사들도 만났는데, 이들을 통해 나와 비슷한 점도 알 수 있었고 더 심도 있는 경험에 대해서도 듣게 되었습니다. 여기서 동료들을 사귀고 많은 사람을 만나면서 그들의 관점을 알게 되고, 그들의 아이디어를 듣는 즐거움을 누리면서 생각이 풍부해졌어요. 하여간 이를 통해서 공동체를 새롭게 발견할 수 있었습니다.

경력이 많은 한 중등 교사는 전문적 학습네트워크 월례 모임에 참석하기 위해 시골 학교에서 2시간을 운전해 왔다. 그녀는 다양한 배경과 역할을 하는 전문적 학습네트워크 참가자들이 어떻게 교육자들과 상호작용하고 전문성을 강화하는지 설명했다. 지식과 변화의 과정에 대한 독점적 지위가 완화되었다.

다른 수준의 사람들이 있다고 생각해 보세요. … 교육과정과 수업의 변화를 교수들이 이론적으로 뒷받침하고 있다는 점도 멋집니다. 가끔은 당신이 제대로 된 길을 가고 있다는 것을 인식하는 것, 그리고 이를 뒷받침하는 연구들이 있음을 아는 것도 좋습니다. 또 교육부를 비롯한 두 번째, 세 번째 파트너들도 참여하고 있으며, 모든 사람이 같은 일을 하려고 노력한다는 점도 멋집니다.

많은 교사가 전문적 학습네트워크 허브 모임을 통해 학교에서 느꼈던 고립감을 줄이게 되었다고 이야기한다. 또한 그들은 전문적 학습네트워크 경험이 자신의 수업을 변화시키고 새롭게 할 수 있는 에너지를 발견할 수 있도록 도왔다고 평가하고 있다. 한 초등학교 교사는 다음과 같이 말했다.

학교에서, 사람들은 모든 것을 알 필요가 있다고 느낍니다. 그리고 이를 위해서는 수많은 시행착오를 겪어야 하고 서로 협력해야 한다고 생각하게 되지요. … 그래서 저는 그렇게 비슷한 생각으로 탐구하려는 사람들 속에 있으면 정말 좋겠다고 생각했습니다.

또 다른 교사는 이렇게 속마음을 털어놓았다.

　모두가 똑같은 문제에 직면해 있다는 것을 듣고서 안심했습니다. 새로운 교육과정을 탐색하는 것에 대해 조금 불안해하고 있었거든요. 다른 분들에게서 무엇을 경험했는지, 무엇을 새롭게 시도했는지를 들을 수 있어서 마음이 놓였습니다. 우리 교실에서 비슷한 것을 시도해 볼 수 있는 방법을 알게 되어 기뻤습니다.

전문적 학습네트워크가 각 지역 허브 내의 학교 간 경계를 허물었으며, 또한 3년에 걸친 허브 간 만남은 지역 내의 교육자들을 서로 연결하는 데 도움을 주었다. 한 교사는 다음과 같이 언급했다.

　우리의 학습공동체가 훨씬 더 크다는 걸 깨달았습니다. 교실과 학교에 갇혀서 너무 많은 것을 잊어버리고 있었어요. 지역의 경계를 넘어 서로 다른 관점과 학습의 유형에 대해 듣고 나니까 정말로 새롭게 눈뜨게 된 느낌이고, 매우 흥미 있었습니다.

한 교사교육자는 다음과 같이 상세히 설명했다.

　나는 맥락 이해가 얼마나 중요한지 깨닫게 되었습니다. … 다른 곳과 환경이 같지 않다는 정도가 아니라 자신의 맥락에 대해서 정말로 잘 이해하고 필요한 자원을 준비하고 처해 있는 상황의 강점을 만들어 가는 것이 중요합니다. 자신의 상황을 실제로 이해하고 상황에 대한 자원과 힘을 키워야 합니다.

세 캠퍼스 모두 비슷한 목표와 비전을 제시하고 있지만, 각각의 상황 내에서 가용할 수 있는 자원과 힘의 작동 방식 등에 따라 분명 차이가 있지요. 다른 교육구 소속의 강사들이나 인사들과 이야기하는 것은 좋았습니다. 각기 다른 지역의 다른 시각을 통해서 새로운 교육과정이 어떻게 해석되고 구현되는지 들을 수 있었거든요.

또한 전통적인 교과교육자들이 수학, 미술, 전자, 사회, 과학, 영어 등과 같은 다양한 '교과목'을 연결하는 아이디어를 공유해서 서로의 학문 간 경계를 뛰어넘을 수 있었다. 이러한 전문적 학습네트워크 내의 협력적 탐구활동을 통해서 다양한 교육자들이 새로운 시너지와 새로운 학제적 접근법을 만들 수 있었다. 예를 들어, 어느 초임 교사는 수학과 사회적 정의를 연결 짓는 도전을 위해 전문적 학습네트워크 내의 경험 많은 중등학교 교사와 학제 간 협력을 한 경험을 이야기했다.

특별한 도전은 우리가 함께 모였던 자리가 끝나고 시작되었습니다. 그녀는 내게 말했어요. "우리는 올해 수학 프로그램과 씨름하고 있어요. 저는 정말로 수학에 대해서 새로운 도전을 시작하고 싶습니다. 이 일은 우리가 지향하는 것, 즉 학제적 탐구 접근법과 맞아떨어집니다. 그리고 제일 먼저 생각했던 사람이 당신이었어요." 이 모든 것은 관계성에 바탕을 둔 것이었고, 그러한 관계는 우리가 함께 학습자가 된 데서 비롯되었습니다. 나는 이 때문에 전문적 학습네트워크 내의 교사들을 지원하는 지역과 관계를 쌓았고, 또 다른 지역의 중등 수학/과학 교사들과 관계를 맺었는데, 마치 우리가 있는 집단 때문에 내가 아는 사람들이 무척 많은 것처럼, … 그래서 그 아이디어, 즉 그들은 마치 미래에 존재하는 것처럼 보였고, 전염병이나 자연재해, 또는 대량학살이나 전쟁과 같은 사회정의와 관련된 문제들을 제기했습니다. 우리는 프로젝트를 만들 때, 언제나 '이 프로젝트의 핵심 아이디어는 무엇인가? 7학년부터 9학년까지 적용할 수 있는 역량, 즉 새로운 교육과정에서 다루는 교육과정 관련 역량이란 무엇인가?'라는 질문을 제기했습니다.

학습의 상호성으로 인해 모든 참가자가 교육과정 변화를 실행할 방법들을 새롭게 상상할 수 있는 자신감과 열정을 얻게 되었다. 이것은 모두를 위한 교육 조건 혁신을 지속할 수 있는 에너지를 재점화하는 것이었다.

경험을 공유하도록 하는 비위계적(수평적) 접근 방식으로 인해 초보 교사와 교사 지원자들이 함께 참여하고 기여할 수 있었으며, 앞장서서 교육혁신의 밑그림을 그릴 수 있었다. 이를 통해 중견 교육자들은 혁신적 실천을 지속하고 더 과감하게 위험을 감수할 수 있게 되었다. 어느 지역의 지도자급 교사는 다음과 같이 표현했다.

전문적 학습네트워크 초보 교사와 함께 일하는 것은 정말로 기쁜 일입니다. 왜냐하면 그들은 준비가 되어 있고 열정적이며 수많은 질문을 품고 있기 때문입니다. 그들은 교사 지망생들과 함께 우리가 지금 하는 일을 왜 하고 있는가에 대해서 더 깊이 이해하도록 도와주며, 우리의 실천을 실제로 면밀하게 검토해 보도록 함으로써 우리의 활동에 대한 연대의식을 강화시키고 더 깊은 이해를 제공하는 데 도움을 주고 있습니다.

초보 교사들은 교육공학, 거꾸로 수업 방법, 보편적 학습설계 등을 활용할 때 편안함을 느끼게 되었다. 또한 그들은 학습, 평가, 교수법에서 학습자 중심의 개별화 접근법을 실행하고 협업할 때 전통적 실천 방법을 군이 기피할 필요가 없었다. 그들은 토착민의 학습원리에서 더 직접적인 영향을 받고 있었고 학생들의 다양한 관심과 요구에 매우 잘 대응하고 있었다. 경력 교사들은 혁신적인 실천과 접근법을 채택해 보임으로써 초보 교사들에게 많은 영향을 주었다. 어느 초보 교사는 다음과 같이 말했다.

> 솔직히 권력의 역학관계가 완전히 없어지고 모두가 평평한 운동장에 있는 것 같았습니다. 그렇기 때문에 저는 즐겁게 교사 지망생이 다시 되어 보기도 하고, 멘토가 되기도 하고, 피드백을 주기도 합니다. 제가 더 우월하다고 생각하지 않기 때문에, 그냥 '맞아, 내가 전에 겪어 본 일이지!' 하고 생각할 뿐입니다.

이러한 초보 교사들은 새로운 교육과정 실행을 선도할 수 있는 역량과 의지를 충분히 지니고 있다고 확신할 수 있다.

학교 안팎에 형성되어 있던 공식적, 비공식적 위계질서가 파괴되면서 멘토링을 이해하는 다른 방식(수평적 멘토링)이 등장하게 되었다. 수평적 멘토링은 모든 사람이 의견을 표현하고 존중받는 것이 가능하도록 강한 긍정과 신뢰의 관계에 토대를 두고 있다. 지리, 학문 영역, 기관 및 경험 관련 사례들을 포함하는 다양한 경계 넘나들기의 사례들은 전문적 학습네트워크 구성원들에게 전문적 학습과 새로운 교육과정을 위한 혁신적 탐구를 강화하는 역할을 했다.

4.6 시사점

　전문적 학습네트워크는 교사들이 전문 지식과 기술을 향상, 심화시킬 수 있는 중요한 기회를 제공하고 있다. 특히 전문적 학습네트워크를 통해 제공되는 비공식적인 학습 기회, 전문적 커뮤니티에 대한 소속감, 전문적 학습네트워크 구성원들 사이에서 제공되는 상호 지원이 중요한 특징이 되고 있다. 브리티시컬럼비아주 세 개의 교육 탐구 네트워크 커뮤니티는 학교, 학교구, 교사교육 프로그램, 연구자 및 교육부 사이에 지식 생성과 공유의 기회를 제공했다. 비공식적인 학습 기회 창출의 의미는 허브 회의와 허브와 허브 사이의 만남 과정에서 분명해졌다. 공식적인 모임에서는 의제가 중심이 되었지만, 정작 가장 강력한 학습 경험은 모임 전, 모임 진행 중 그리고 모임 후에 일어나는 비공적인 상호 교류 과정에서 일어났다. 교사들은 회의에 도착하여 서로 인사하고 이야기를 나누고 동료들과 체크인하고 함께 소속감을 느끼기를 기대했다. 기존의 회의 의제는 새로운 아이디어가 제시되면 곧바로 수정되었다. 처음에는 참가자들이 개인 자격으로 왔다. 하지만 매우 빠른 속도로 학습, 학생 학습 지원, 상호 지원, 대화 참여, 새로운 아이디어 생성 활동 등에 대한 강한 헌신을 공유하게 되는 네트워크 공동체의 구성원으로 변해 갔다. 지역에 존재하는 전문적 학습네트워크들은 지역 간 교류를 통해서 더욱 활성화될 수 있었다. 이를테면 지역의 전문적 학습네트워크들이 다른 지역의 전문적 학습네트워크들과 교류하면서 신뢰감, 소속감과 지원감 등을 공유해 감으로써 역량을 더욱 강화할 수 있었다.

　브리티시컬럼비아주에서 재설계한 21세기 역량기반 교육과정에 부합되는 혁신적인 교육 실천과 새로운 학교구조의 사례들을 지역별, 학교별로 공유했다. 이 과정에서 다양한 혁신적인 사례들을 정리하고 교수-학습에 대한 다양하고 창의적인 접근 방법들을 만들어 내기도 했다. 이러한 전문적 학습네트워크를 통해 교사들은 전문적인 역량을 개발할 수 있었고 협력적인 탐구 과정을 통해 자신들의 수업 실천을 변화시켜 갈 수 있었다. 초보 교사 한 사람은 "경력이 20~30년인 교사들과 대화를 나누면서 20~30년 후에 나도 내가 하는 일에 대해 긍정적인 방식으로 질문을 할 것 같다는 느낌이 들었다"고 말했다.

끝으로 전문적 학습네트워크의 층화적nested 특징으로 인해 다양한 이해 당사자들 사이의 파트너십이 촉진될 수 있었고, 유·초·중등학교, 교사교육 및 정부 사이에서의 상호 학습도 활성화될 수 있었다.

브리티시컬럼비아주 3개 캠퍼스 연구네트워크의 데이터를 분석한 결과, 전문적 학습과 폭넓은 교육 변화에 대한 교사들의 관심과 참여를 자극하는 체계적인 변화를 위해서는 다음과 같은 요인의 필요성을 제안할 수 있다. (1) 교육혁신을 해야 하는 이유를 탐색할 기회, (2) 다양한 탐구 방법, 여러 학교와 지역의 참여, 다양한 구성 집단 간의 협력 등을 통해서 새로운 이해가 나타날 수 있는 조건의 창출, (3) 교사교육 프로그램에서 교육과정, 수업 실천, 구조 및 교수법을 새롭게 하고 변화시키도록 하는 유사한 노력들.

또한 전문적 학습네트워크에 대한 연구 결과에 따르면, 교육 영역에서 체계적인 변화가 필요하다는 시사점을 얻을 수 있다. 이는 OECD[2013]에서 제시한 체계적 변화의 원리와 전반적으로 일치한다. 이러한 발견에서 다음과 같은 빅 아이디어가 도출될 수 있다.

- 전문적 학습네트워크를 사려 깊게 잘 활용한다면 학생 참여, 학생들의 학습 활동과 교사 자율성의 질 제고를 위해 특별히 설계된 교육과정이 학교 내, 그리고 학교 간 변화의 촉매제로 작용할 수 있다. 전문적 학습네트워크 리더들은 지속적·협력적인 전문적 학

습을 통해 새로운 교수-학습 모델 탐색이 가능할 수 있는 조건들을 만들어야 한다.

- 교실, 학교, 학교구, 교직원 및 정부에 걸쳐 협력적 학습네트워크를 구축하고 강화해 감으로써, 교사들은 스스로를 학습자로 바라보게 되고 변화 과정에 참여하려는 의지를 갖게 된다.
- 경계 넘나들기boundary crossing는 시스템 변화에서 핵심적 요소이다. 이는 프로그램, 정책 및 교육적 실천을 변화시키는 변혁 과정에 참여하는 모든 교육자에게 해당한다. 이로 인해 위계적인 구조가 수평적으로 바뀌게 되고 권력 구조가 민주화되며, 새로운 것을 시도할 용기가 생겨나며, 그리고 역할과 전문 분야와 상관없이 자신을 교사이면서 동시에 학습자로 파악하려는 의지도 생겨난다.
- 변화에 대해서 기록하고 공개적으로 관련 이야기들을 공유함으로써 시스템 변화가 가능하다. 이를테면, 공식적으로 공유하는 변화 실천 관련 비디오 자료는 다른 교사들에게 교육적 실천을 변화시키는 용기 있는 조치를 할 수 있도록 지원하고 격려하는 매개가 된다.

위에서 제시한 시사점에 기초한 이해와 협력적 행동은 시스템 기반 교육혁신을 위한 현장 지원을 향상시켜 전문적 학습네트워크 내의 참가자들이 학생들의 학습 성과를 더 잘 지원하게 할 수 있다.

Atwell, N. (2015). *In the middle: A lifetime of learning about writing, reading and adolescents*. Portsmouth, NH: Heinemann.

Borko, H. (2004). Professional development and teacher learning: Mapping the terrain. *Educational Researcher*, 33(8), 3-15.

British Columbia Ministry of Education (2013-2014). *Transforming curriculum and instruction*. Retrevied May 2016 from: https://curriculum.gov.bc.ca/.

Butler, D. L., L. Schnellert and K. MacNeil (2015). Collaborative inquiry and distributed agency in educational change: A case study of a multi-level community of inquiry. *Journal of Educational Change*, 16(1), 1-26.

Cochran-Smith, M. and S. Lytle (2009). *Inquiry as stance*. New York: Teachers College Press.

Cook-Sather, A. and Z. Alter (2011). What is and what can be: How a liminal position can change learning and teaching in higher education. *Anthropology and Education Quarterly*, 42, 37-53.

Darling-Hammond, L., P. Brigid Barron, D. Pearson, A. Schoenfeld, E. Stage, T. Zimmerman, G. Cervetti and J. Tilson (2008). *Powerful learning: What we know about teaching for understanding*. San Francisco, CA: Jossey-Bass.

Davis, B., and D. Sumara (2012). Fitting teacher education in/to/for an increasingly complex world. *Complicity: An International Journal of Complexity and Education*, 9(1), 30-40.

Dumont, H., D. Istance and F. Benavides (Eds.). (2010). *The nature of learning: Using research to inspire practice*. Paris: OECD Publishing.

First Nations Education Steering Committee (2008). *Teacher resource guide: English 12 First Peoples*. West Vancouver, British Columbia. Retrieved January 10, 2017 from www.fnesc.ca/efp/Attachments/efp12/EFP%2012%20TRG%20April%2016%202008%20ALL.pdf.

Gee, J. and E. Hayes (2011). *Language and learning in the digital age*. London: Routledge.

Leander, K., N. Phillips and K. Taylor (2010). The changing social spaces of learning: Mapping new mobilities. *Review of Research in Education*, 34, 329-394.

Lysaker, J. and S. Furuness (2011). Space for transformational relational, dialogic pedagogy. *Journal of Transformative Education*, 9(3), 183-197.

McRobbie, A. (2009). *The aftermath of feminism: Gender, culture and social change*. London: Sage Publications.

OECD (2013). *Innovative learning environments, Educational research and innovation*, OECD Publishing. Retrieved January 10, 2017 from http://dx.doi.org/10.1787/9789264203488-en.

Sanford, K. and C. McGregor (2013). *Quality teaching and learning report: Seeding and supporting innovations in learning*. Research report commissioned by the British Columbia Ministry of Education.

Sanford, K., L. Williams, T. Hopper and C. McGregor (2012). Decolonizing teacher education: Indigenous principles informing teacher education. *In Education*, 18(2), 40-79. Retrieved May 29, 2016 from www.ineducation.ca/.

Sanford, K., T. Hopper and L. Starr (2015). Transforming teacher education thinking: Complexity and relational ways of knowing. *Complicity: An International Journal of Complexity and Education*, 12(2), 26-48.

Sanford, K., L. Starr and K. Mimick (2015). New approaches to cross-context teacher education. In Thomas, L., and Hirschcorn, M. (Eds.), *Change and progress in Canadian teacher education: Research on recent innovations in teacher preparation in Canada*. Retrieved May 29, 2016 from https://drive.google.com/file/d/0B3yy1OPnpomCdVFhal9KaU1KRUk/view.

Schnellert, L. and D. Kozak (2016, May). *Literacies in action: In situ teacher education*. Presented at the annual meeting of the Canadian Society for Studies in Education. Calgary, AB.

Schnellert, L., D. Kozak and S. Moore (2015). Professional development that positions teachers as inquirers and possibilizers. *LEARNing Landscapes*, 9(1), 217-236.

Wilson, S. (2008) *Research is ceremony: Indigenous research methods*. Black Point, NS, Canada: Fernwood Publishing.

제5장

데이터에서 학습까지

데이터팀 전문적 학습네트워크

킴 실드캄프(Kim Schildkamp), 야나 네헤스(Jaana Nehez) & 울프 블로싱(Ulf Blossing)

5.1 도입

이 장은 전문적 학습네트워크의 하나인 데이터팀data team에 초점을 두고 있다. 데이터팀은 데이터를 공동으로 사용하여 학교의 특정 교육 문제를 해결하려는 교사와 학교 지도자들의 팀이다. 학교혁신(예: 특정 교육 문제 해결), 데이터 사용의 전문성 개발에 중점을 둔다. 먼저 데이터 사용 또는 데이터 기반 의사결정[5.2]의 개념을 설명한다. 다음으로 특정 데이터팀의 개입[5.3]에 대해 설명한다. 이 장에서는 스웨덴의 특정 데이터팀에 중점을 두고 이 데이터팀 코치의 시각을 통해서 데이터팀 개입[5.3]의 모든 단계를 수행한 방법을 설명한다. 다음으로 데이터팀의 업무를 가능하게 하거나 방해할 수 있는 요소들에 초점을 맞출 것이다.[5.4] 또한 데이터팀의 성과를 논의한다.[5.5] 그리고 논의 및 결론[5.6]으로 마무리하면서, 데이터팀과 전문적 학습네트워크에 대한 주요 내용을 정리한다.

5.2 교육에서의 데이터 기반 의사결정

학교에서 어떻게 영어 성취도 수준을 향상시킬 수 있는가? 학생들의 수학 능력을 어떻게 향상시킬 수 있는가? 학생들의 사회적·정서적 웰빙을 어떻게 증진시킬 수 있는가? 요즘 학교는 계속되는 질문과 과제에 직면해 있다. 이러한 과제를 해결하고 모든 학생의 교육을 향상시키려면 학교혁신 과정에서 데이터를 사용하는 것이 중요하다. 데이터의 예로는 학생 성취도 결과, 학생 배경 정보, 설문 조사, 교실 관찰 자료들이 포함된다. 실드캄프와 카위퍼Schildkamp & Kuiper, 2010: 482는 데이터 기반 의사결정(또는 간단한 데이터 활용)을 "학교 내 기존 데이터 소스를 체계적으로 분석하고 분석 결과를 적용하여 수업, 교육과정 및 학교의 수행 능력을 혁신하고(즉, 제대로 된 혁신 행동) 이러한 혁신을 평가하는 것"으로 규정했다.

특정 조건에서 교사와 학교 지도자의 의사결정 과정의 일부로 데이터를 사용하여 학생 성취도 향상에 기여할 수 있다는 증거들이 제시되고 있다.Carlson 외, 2014; Poortman & Schildkamp, 2016; Van Geel 외 ,2016 그러나 대부분의 학교에서 학교혁신 조치에 데이터를 사용하는 것은 일반적인 관행이 아니며, 학교혁신 프로세스에서 데이터를 사용하려면 데이터를 수집, 분석, 해석, 결론을 내리고 개선 조치를 개발, 구현해야 한다(예: 여러 연구에 따르면 학교 지도자와 교사는 종종 데이터 사용에 필요한 지식과 기술이 부족한 것으로 나타났다).Earl & Katz, 2006; Marsh, Pane, & Hamilton, 2006; Schildkamp & Poortman, 2015 이러한 요구에 부응하기 위해 데이터를 사용하는 학교를 지원하는 여러 가지 전문 프로그램이 개발되었다.예: Boudett 외, 2005; Lai 외, 2014; Schildkamp & Poortman, 2015

시중에 나와 있는 데이터 사용 전문 프로그램이 많이 있지만, 이러한 프로그램은 대부분 오랜 기간 과학적으로 연구되지 않았다. 이 장에서는 네덜란드, 스웨덴, 영국, 벨기에에서 구현되었으며 오랜 기간 연구된 특정 데이터 사용 전문 프로그램에 초점을 두고 있다. 연구 결과에 따르면 이 특정 프로그램으로 인해 전문성 개발이 일어났고Ebbeler 외, 2016/2017 학생의 성취도 향상 측면에서 학교혁신이 이루어졌다.Poortman & Schildkamp, 2016; Schildkamp 외, 2016a

5.3 데이터팀의 활동

데이터팀은 제1장에서 정의한 대로, 교수-학습을 향상시키기 위해 일상적인 업무를 같이 하는 구성원 밖의 사람들과 함께 협력 학습에 참여하는 집단으로 규정한 바 있는 전문적 학습네트워크의 한 종류로 분류할 수 있다. 데이터팀에서는 같은 학교에 근무하지만 다른 그룹이나 부서(예: 수학 교사, 학교 지도자, 다른 팀의 교직원)에 속한 교사와 학교 지도자들이 소속 학교의 목표를 달성하기 위해 자신들의 경험과 비판적 생각들을 공유하는 협력적 학습에 집중한다.Marsh 외, 2015; Nelson 외, 2008 참조 또한 데이터팀은 다른 학교의 데이터팀과 상호작용하고 연락하며 더 넓은 전문적 학습네트워크와 연계성을 갖는다. 데이터팀과 같은 전문적 학습네트워크에서 일함으로써 개인과 집단의 역량 구축이 가능하며Stoll 외, 2006, 수업 실천과 학생들의 성취도 향상도 가능할 수 있다.Vescio 외, 2008

데이터팀은 학교 개선의 궁극적 목표(즉, 학교 당면 문제를 데이터를 사용하여 해결)와 함께, 데이터 사용에서 교사와 학교 지도자의 전문성 개발에 중점을 두고 활동한다. 예를 들어 이는 학생들의 수학 성취도 향상과 연관되어 있을 수 있다.Poortman & Schildkamp, 2016; Schildkamp 외, 2016a; Schildkamp & Poortman, 2015 데이터팀은 교사(4~6명)와 학교 리더(1~2명)로 구성되며, 이들은 데이터를 사용하여 학교의 특정 교육 문제(예: 낮은 영어 성취도)를 해결하기 위해 협력한다. 이 팀은 광범위한 매뉴얼, 워크시트와 외부 코치의 지원을 받는다. 데이터팀은 반복적이며 주기적인 일정한 절차에 근거해 활동한다. 데이터팀 구성원들은 다음 8단계에 따라 일을 처리해 간다.[그림 5.1] 참조

1. 문제 정의: 구체적이고 측정 가능한 목표의 형태로 현재 상황과 기

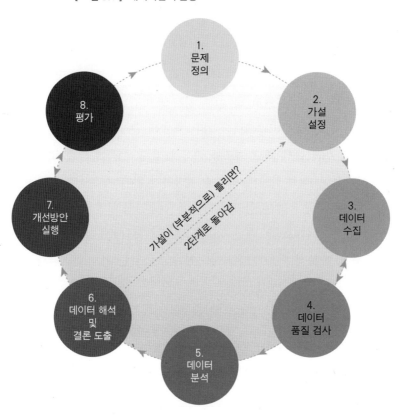

[그림 5.1] 데이터팀의 활동 Schildkamp & Ehren, 2013: 56

대하는 상황을 정의 내린다.

2. 가설 설정: 문제를 일으킬 수 있는 원인들을 설정한다.

3. 데이터 수집: 문제를 일으킬 수 있는 원인을 조사하는 데 필요한 데이터를 수집한다.

4. 데이터 품질 검사: 수집된 데이터는 얼마나 유효하고 신뢰할 수 있는가?

5. 데이터 분석: 데이터를 분석하여 가설을 규명한다.

6. 데이터 해석 및 결론 도출: 팀은 가설을 수용할 수 있는지 또는 가설을 기각해야 하는지, 아니면 새로운 가설을 설정하는 2단계로

되돌아가야 하는지 결정한다.

7. 자료에 근거한 개선 방안 개발과 실행: 가설이 수용되면 팀은 구체적 활동 계획을 수립하고 이 계획을 이행한다.

8. 평가: 팀은 데이터팀 프로세스를 평가하고 1단계에서 설정한 목표에 도달했는지 평가한다.

5.3.1 스웨덴의 데이터팀 프로세스

위에서 언급했듯이, 데이터팀의 활동은 다른 국가들에서 시작되었다. 여기서는 스웨덴의 지방자치단체에 속한 여러 학교 데이터팀들로 구성된 전문적 학습네트워크 중 하나의 데이터팀에 중점을 두고 설명한다 (즉, 이 지역의 더 큰 데이터팀 네트워크의 일부이기도 함). 스웨덴 프로젝트는 지역 학교에 모인 각기 다른 학교와 지방자치단체의 13개 데이터팀 모두가 참여하는 킥오프kick-off 미팅을 열었다. 이 회의에서 참가자들은 데이터팀 활동 사례를 소개하고 8단계를 설명했으며, 연구 결과를 공유했다. 또한 모든 팀은 활동의 첫 번째 단계를 시작했으며, 학교로 돌아가서 이 작업을 계속 진행했다. 이 장에서 설명하는 데이터팀은 초등학교 저학년 담당 교사, 특수교육 교사, 학교 교장 등 7명으로 구성되었다.

데이터팀 활동의 1단계에서 문제를 확인하고 목표를 설정했다. 이는 문제 정의 단계이다. 팀은 자신들의 노력을 집중할 교육 문제와 목표가 무엇인지를 결정한다. 브레인스토밍을 통해서, 예컨대 학생들이 상호 존중하지 않는 문제, 3학년 학생들의 낮은 수학 성취도, 교사 간의 집단 학습 부족과 같은 몇 가지 문제가 논의되었다. 연구팀은 학생들의 수학 성취도 수준이 낮은 이유를 알지 못했으며, 또한 이 문제를 어떻게 처리해야 할지 몰라서 활동의 시작 단계에서 이 문제를 다루기로 했다. 이 단계에서 특수교육 담당 교사를 이 팀에 참여하도록 요청했다. 이들은 정말로 심각한 문제가 있다는 점을 모두 함께 확인할 수 있었다. 3학년 학생 중 26%만이 수학 시험을 통과했는데, 이는 지역 내 학교 중 가장 낮은 결과였다. 최근 3년간의 결과를 조사한 끝에 전체 기간 내내 학업 성취도 수준이 지속적으로 낮게 나왔음을 확인했다. 이를 바탕으로 팀은 향후 3년간의 목표를 설정했다. 첫해의 목표는 학생의 75% 이상이 시험을 통과하는 것이었다.

2단계에서 팀은 문제의 원인에 대한 가설을 설정했다. 다시 한번, 팀은 브레인스토밍을 시작했고 다양한 가설 리스트를 작성했다. 이 리스트를 기초로 이 팀에서는 가설을 단순화시키는 노력을 했다. 한 가지 가정은 시험 결과를 판단하는 평가 준거가 지나치게 엄격하다는 것이었다. 그러나 다른 학교들도 동일한 준거를 적용했기 때문에 이러한 가정은 잘못되었다. 또 다른 가설은 언어 문제였다. 이 학교에는 모국어가 스웨덴어가 아닌 학생이 많았다. 이 팀에서는 학생들이 시험에서 제시하는 지시 사항을 제대로 이해하지 못한다고 생각했다. 그들은 다음과 같이 가설을 설정했다. 즉, 수학 시험에 실패한 학생 대부분이 독해력에 문제가 있다.

3단계에서는 데이터를 수집한다. 팀은 2단계에서 설정한 가설을 검증하기 위해 데이터를 수집한다. 이 단계에서는 여러 유형의 데이터(예: 평가 데이터, 검사 보고서 및 검사 결과)를 정량적 및 정성적 데이터로 수집한다. 가설을 검증하기 위해 팀은 전년도 수학 시험의 자료를 사용했다. 보관해 놓은 시험 자료를 면밀하게 조사했다.

그런 다음 수집된 데이터를 분석한다. 데이터팀에서는 자료의 질적 수준 검토라는 4단계를 시작한다. 수집된 자료는 신뢰할 수 있고 타당한가? 이 팀은 전년도 수학 시험 자료부터 분석하려고 했다. 해당 시험을 기반으로 가설이 올바른 것으로 보이면 팀은 신뢰성을 확보하기 위해 2년 이상의 시험 결과를 확인해야만 한다. 이러한 필요에 따라 이

팀에서는 지난 3년 동안의 수학 시험 자료를 수집했다. 시험 자료는 주어진 과제와 학생들의 계산 및 추론에 대한 통찰력을 제공해 주었다. 데이터도 타당성이 있었다. 즉, 팀이 조사하려는 목표와 긴밀한 관련성이 있는 것으로 드러났다.

5단계에서는 수집된 자료를 분석한다. 이는 단순 자료 분석(예: 기초 통계 분석)에서 더 정교한 분석(예: t-검증 및 카이 제곱 검증)에 이르기까지 다양하다. 팀의 교사 중 한 명이 전년도부터 실시된 모든 수학 시험 자료를 검토하고, 숫자로만 구성된 과제와 비교하여 학생들이 어떻게 문장으로 표현된 과제를 다루었는지, 실제로 스웨덴어를 제2언어로 사용하는 학생들이 얼마나 실패했는지를 관찰기록지에 메모했다.

6단계는 데이터 해석 단계이다. 팀은 데이터를 해석하고 결론을 내리게 된다. 가설이 거짓으로 판명되면 새로운 가설을 제시할 필요가 있다 (2단계로 되돌아감). 가설이 맞으면 팀은 수집된 자료를 바탕으로 결론을 도출한다. 메모와 관찰 자료가 팀에 속한 다른 교사들에게 제시되었을 때 그 가설은 기각될 수밖에 없었다. 즉 낮은 수학 성취도가 독해력 부족에서 기인하지는 않았다. 스웨덴어를 모국어로 사용하는 학생은 스웨덴어를 제2 또는 제3 언어로 사용하는 학생과 성취도 결과에서 차이를 보이지 않았다. 팀원들은 제시된 결과에 놀랐다. 그들은 학생들의 시험 결과를 동일 지역의 비교 가능한 학교의 결과와 비교해야 한다고 생각했다. 그러나 이 지역의 몇몇 학교들은 좋은 결과를 받았는데, 이로써 학생집단의 사회적 지위 역시 문제의 원인이 아니라는 결론을 내릴 수 있었다.

이 시점에 팀원들은 매우 혼란스러워했다. 그들은 3학년의 국가수준 성취도평가 결과가 왜 그렇게 낮은지 전혀 알지 못했다. 그들은 이 문제를 탐구하기 위한 연구 문제를 만들었다(2단계). "학생들이 풀지 못한 수학 문제는 무엇이며 우리는 이러한 과제를 어떻게 가르쳤는가?" 팀은 지난 3년 동안의 성취도 자료를 활용해 보기로 했다(3단계). 다음에는 자료의 질적 수준이 충분하다고 확인했다(4단계). 이와 함께 그들은 시험을 면밀하게 조사했다(5단계). 그들이 발견한 것들을 서로 비교 가능하게 하려면 어디에 초점을 둘 것인가에 대해서 합의해야 한다. 이를테면 시험문제를 풀지 못한 학생 또는 학생들이 풀지 못한 과제에 집중할 것인지, 그리고 분석 결과를 어떻게 정리할 것인지에 대해서 합의를 해야만 한다.

이러한 작업을 통해서 데이터팀원들은 학생들이 직면했던 어려움을 확인할 수 있었으며, 이러한 유형들을 자신들의 수업 방법과 관련지을 수 있었다. 교사들이 단순하다고 생각했던 덧셈과 뺄셈에서 학생들은 계산에 어려움을 드러냈다. 분석 결과, 학생의 46%는 17+54+76과 같이 두 개 이상의 숫자 덧셈 계산을 하지 못했다. 뺄셈은 더욱더 어려워했는데, 특히 여러 숫자를 대상으로 했을 때는 매우 어려움을 느꼈다. 68-38과 같은 계산을 못 하는 학생이 68%였으며, 188-79와 같은 뺄셈을 못 하는 학생이 65%, 200-73과 같은 계산을 못 하는 학생이 83%에 달했다. 데이터팀은 다음과 같은 결론을 내렸다(단계 6). 3학년의 낮은 성취도 결과는 특히 두 개 이상의 항을 더하고 빼는 계산 방식을 제대로 가르치지 않은 수업 전략 때문에 발생했다.

다음에는 수집된 데이터를 기반으로 구체적 실천 계획을 수립한다. 데이터팀 활동의 7단계는 개선 방안 개발과 실행이다. 팀은 교사들의 수업력 제고를 위해 무엇을 해야 하는지 계획했다. 이 팀은 교사들이 학생들을 어떻게 도울 수 있는지 알아보기 위해 학생들의 계산 방식을 분석했다. 학생들을 어떻게 도와줄 수 있는지, 무엇이 그들을 시험과 관련하여 혼란스럽게 하는지 이해하기 위해서 교구재와 교과서도 검토했다. 수학 교사들에게 그들의 생각을 물었다. 교사들이 이미 성공적으로 진행한 일, 교사들이 해야 할 일과 하지 말아야 할 일, 시작하고 중단해야 할 일을 기반으로 개선 계획을 수립했으며 이를 실행했다.

우리가 이 책을 서술하는 시점에도 교사들은 수업 전략을 개선하기 위해 노력하고 있었다. 이전과 비교할 때, 그들은 구체적인 자료를 더 많이 활용하고 소그룹의 학생들과 수학에 대해서 논의를 전개했다. 또한 교사들이 다양한 계산 방법들을 보여 줄 때 학생들이 매우 혼란스러워하는 모습을 보았기 때문에, 오로지 한 가지 방법에 집중하고자 했다. 8단계는 개선 조치에 대한 평가이다. 개선 조치는 효과적인가? 목표가 달성되었는가? 문제가 해결되었는가? 개선 조치를 평가하려면 새 데이터를 수집해야 한다. 이러한 절차는 목표가 충족될 때까지 지속된다. 하나의 목표를 달성하면 팀은 새로운 문제를 시작하여 '1단계'를 시작할 수 있다. 지금까지 새로운 세 학급에서 수학 국가성취도평가를 치렀고 그 결과를 분석했다. 첫해의 목표는 학생의 75% 이상의 시험 통과였다. 분석 결과 83%가 테스트를 통과했다. 팀은 첫해 목표를 달성했다. 두 번째 해의 목표는 85% 이상이므로 여전히 개선의 여지가 있다고 판단된다.

5.4 데이터팀의 업무에 영향을 미치는 주요 요소

데이터팀의 활동을 촉진하거나 방해하는 요인들이 무엇인지를 탐구하는 두 개의 연구가 네덜란드^{Schildkamp & Poortman, 2015}와 스웨덴 ^{Schildkamp 외, 2016b}에서 수행되었다. 네덜란드와 스웨덴의 데이터팀 활동에 영향을 미치는 요인들이 유사하게 나타났다. 이 연구들에서는 데이터의 특성, 학교조직의 특성, 사용자 및 팀의 특성, 그리고 상황 특성들의 영향력을 조사했다. 5.4에서는 이러한 요인들에 대해서 논의하고, 아울러 어떻게 이러한 요인들이 스웨덴 데이터팀에 영향을 행사하는지 살펴본다.

5.4.1 데이터팀의 활동에 영향을 미치는 데이터의 특성

데이터 활용 가능성, 높은 수준의 관련 자료에 대한 접근성과 같은 데이터의 다양한 특성이 데이터팀의 활동에 영향을 미친다. 각각의 특성들은 상황에 따라서 한편으로는 작업을 가능하게 할 수도 있고, 방해할 수도 있다. 예를 들어 데이터팀은 데이터에 접근할 수 있어야 하지만, 그렇다고 너무 많은 데이터를 수집하게 된다면 팀원들은 "데이터의 늪에 익사"하게 되고 데이터 과부하에 걸릴 수도 있다.Schildkamp & Poortman 2015; Schildkamp 외, 2016b

스웨덴 데이터팀의 연구에 영향을 준 데이터 특성 중 하나는 수학 국가수준성취도평가에 대한 접근이었다. 기본적인 데이터가 되는 이러한 시험 자료가 없었다면 학생들이 어떤 종류의 과제에 도전했는지, 학생들이 계산할 때 이러한 도전이 어떻게 전개되었는지 범주화하기 힘들었다. 처음에는 100개가 넘는 시험 자료 분석이 매우 힘든 작업처럼 보였지만, 팀 구성원이 무엇을 찾고 어떻게 해야 하는지 명확했기 때문에 상대적으로 용이했다.

5.4.2 데이터팀의 업무에 영향을 미치는 데이터 사용자 및 팀의 특성

데이터 사용자와 팀의 다양한 특성들이 데이터팀의 작업에 영향을 줄 수 있다. 작업을 가능하게 하는 중요한 요인은 다음과 같다. 즉, 데이터 사용 방법에 대한 지식과 기술(예: 데이터 문해능력), 교육학적인 내용에 대한 지식, 데이터 사용에 대한 긍정적인 태도(예: 교육을 개선하기 위해 데이터를 사용하는 것이 중요하다는 생각), 공유하고 있는 문제와 목표를 위해서 함께 일하기, 팀 내부·팀 외부 동료와의 공동 작업, 팀 구성(어느 정도의 이질성 문제)과 팀에 참여하겠다는 태도 등이다(예: 모

임에 참석하기). Schildkamp & Poortman, 2015; Schildkamp 외 : 2016b

데이터 분석 도구의 공동 개발은 스웨덴 팀의 작업을 가능하게 했던 사용자 및 팀의 특성이다. 처음에 그들은 답을 찾기 위해 시험을 하나 하나 파헤쳐 봐야 할지도 모른다는 생각에 의기소침했다. 하지만 자료들을 분석하는 방법을 고민할 시점이 되어서는 이 시험 자료들이 어마어마한 정보의 보고라는 점을 인식할 수 있었다. 팀원들은 분석 도구의 도움으로 일정한 유형을 확인하게 됨으로써 더욱 열성을 기울일 수 있었다.

5.4.3 데이터팀의 업무에 영향을 미치는 학교조직 특성

학교조직 특성은 데이터팀의 업무를 가능하게도 하고, 방해할 수도 있다. 예를 들어 학교장은 시간뿐만 아니라 팀원들을 격려하고 동기를 부여하고, 데이터팀의 목표와 중요성을 명확히 하고, 리더십을 발휘함으로써 구성원들을 촉진할 수 있다. 또한 데이터팀이 학교 직원의 일상생활에 어떻게 부합할 수 있는지에 대한 명확한 비전도 중요한 요소이다.Schildkamp & Poortman, 2015; Schildkamp 외, 2016b 스웨덴 데이터팀의 업무에 영향을 준 학교조직 특성으로는 학교장의 데이터팀 참여, 적절히 배분된 리더십, 그리고 새롭게 개선된 업무 방식을 들 수 있다. 우선, 교장은 교사들의 요구를 들어주고, 그들에게 활용 가능한 시간을 확보해 주었으며, 외부로부터 오는 어려운 요구 사항들을 피할 수 있도록 도움으로써 팀을 가능케 했다. 일부 과제는 데이터팀의 회의 전에 준비할 수 있었지만, 때로는 그 회의 중에 작업이 이루어져야 했다. 그들은 일에 대해서 현실적인 기대감을 가져야만 했다. 팀에 더 많은 시간이 필요했을 때, 교장은 그들에게 시간을 확보해 주려고 애썼다. 이런 방식으로 교장은 팀이 계속 일할 수 있는 조건을 만들어 갔다. 또한 배분된 리더십이 팀의 업무를 가능하게 했다. 교장은 기관장이 되는 것과 팀의 구성원이 되는 것 사이의 균형을 잘 유지했다. 그녀는 교사들이 회의를 이끌어 가도록 하고, 그들이 그렇게 하기를 기대했다. 이로 인해 교사들이 데이터팀의 업무에서 주도성을 갖게 했으며, 전체 과정에 책임감을 느끼도록 했다.

데이터팀의 업무를 방해하는 특성도 있었다. 1년 후, 데이터팀이 학교의 다른 교사들과 새로운 개선 프로젝트에 참여함으로써 데이터팀을 운영할 시간을 갖기 어려워졌다. 결국 교장의 교육계획 수립이 데이터팀의 업무에 항상 긍정적인 영향을 미친 것만은 아니었다.

5.4.4 데이터팀의 업무에 영향을 미치는 상황 특성

데이터팀의 작업에는 상황 특성도 영향을 미친다. 네덜란드에서는 데이터팀이 대학 소속 전문가의 지원을 받는데, 이러한 연구-실천 사이의 파트너십이 데이터팀의 작업을 가능하게 만들고 있다.Schildkamp & Poortman, 2015 스웨덴에서는 지방자치단체 또는 지역 교육청이 데이터팀을 지원했다. 지방자치단체는 필요한 데이터를 제공해서 데이터팀이 집중해야 하는 문제를 해결하도록 도와주었다. 또한 지방자치단체와 지역 교육청은 데이터 전문가 제공, 전문가 참여 업무 회의 조직, 데이터팀을 위한 데이터 분석 강좌 제공, 서로 알고 있는 지식을 공유하는 회의 조직화 등 다양한 방면에서 데이터팀을 지원했다.Schildkamp 외, 2016b 그런 의미에서 개별 데이터팀은 학교 내에서 전문적 학습네트워크의 기능을 수행했을 뿐만 아니라 모든 데이터팀, 전문가 및 지역 교육청의 관리자들로 구성된 더 큰 전문적 학습네트워크의 일부라고 할 수 있었다. 또한 네덜란드와 스웨덴에서는 감독관이 데이터팀의 업무에 영향을 주는 것으로 밝혀졌다. 해결해야 할 긴급한 문제들이 존재한다는 점을 누구나 인식할 수 있기 때문에 감독관들이 주는 압력은 데이터팀에게 일을 가능하게 하는 요인이 될 수 있다. 그러나 감독관과 같은 조직의 압력이 너무 강하거나 너무 약하면 오히려 역효과를 낳을 수 있다.Schildkamp & Poortman, 2015; Schildkamp 외, 2016b

지역 교육청에서 구성한 데이터 전문가 및 데이터팀 회의 지원과 같은 상황적 특성들로 인해 스웨덴 데이터팀의 활동이 가능했다. 전문가는 팀이 집중해야 할 문제가 무엇인지에 대해서 도움을 주었을 뿐만 아니라 진행하고 있는 과정을 멈출 수 있도록 돕기도 했다. 이러한 도움이 없었으면 문제의 원인을 철저하게 탐색하지 않고 바로 학생들의 독서이해력 증진을 위한 노력을 시작했을 것이며, 그렇게 했다면 학생들의 시험 성적 향상에 별다른 효과를 보여 주지 못했을 것이다.

첫 번째 해가 지난 후 이미 다른 새로운 과제에 참여하고 있을 때, 데이터팀 회의를 통해서 서로 경험을 공유함으로써 자신들의 업무에 대해서 짚어 볼 기회가 마련되었다. 자신들의 경험을 다른 팀에 전해야만 했기 때문이다. 그들은 이 회의를 준비하면서 업무 추진 과정을 다시 생각해 보았으며, 자신들이 지속적으로 관심을 보이지 않으면 학생들의 성적이 떨어진다는 점도 알게 되었다. 그들은 다른 문제 해결을 위해서 데이터팀의 모델을 어떻게 사용할 수 있는지를 생각하기 시작했다. 전문가는 이 데이터팀의 활동 사례를 활용해 다른 팀을 격려하는 논리로 사용했으며, 학교 전체에 데이터팀의 활동 결과를 확산시킬 수 있도록 했다.

5.5 데이터팀 활동의 결과

첫 번째 실험적 연구 이후, 데이터팀의 활동은 10개의 네덜란드 중등학교에 처음으로 적용되었다. 데이터팀 활동의 효과를 연구하기 위해 사전-사후 검사, 실험-통제 집단 비교 연구를 결합한 방식을 적용했다.[Ebbeler 외, 2016, 2017; Poortman & Schildkamp, 2016] 전문성 개발에 관한 문헌들에 기초해서[Desimone, 2009; Guskey, 2000; Kirkpatrick, 1996], 다음 네 가지 효과의 수준을 구분했는데, 이는 스웨덴 팀 효과를 설명하는 데에도 적용되었다.

1. 교사들은 데이터팀의 개입에 어느 정도 만족하는가?
2. 교사의 지식, 기술, 태도가 어느 정도까지 긍정적으로 바뀌었는가?
3. 교사는 데이터팀의 개입을 받아들이기 위해 향상된 지식과 기술을 어느 정도까지 실제로 활용하는가?
4. 데이터팀 문제와 관련된 학생들의 (학습) 결과가 어느 정도 향상되었는가?

이러한 효과들의 수준을 나타내는 프레임은 데이터팀의 효과 연구에 매우 유용하다. 즉 데이터팀이 다른 학교급의 수준(즉, 다른 학년, 다른 교육계열)을 연구할 때, 다른 유형의 문제를 연구할 때(즉, 유급과 같은 학교 수준 문제점부터 수학 성취도와 같은 교과목 수준의 구체적 문제점에 이르기까지), 서로 결과들을 비교하기 어려울 때 이러한 효과의 수준을 적용하는 것은 매우 유용하다. 또한 전문적 학습네트워크들이 교수-학습의 이질적 영역을 개선하기 위해 활동할 때 이와 비슷한 프레임워크를 사용하게 되면 전반적으로 전문적 학습네트워크의 효과를 보였는지를 검토하는 데에도 많은 도움을 얻을 수 있다.

5.5.1 데이터팀 활동의 결과: 만족도 수준에서의 효과

네덜란드 연구에서 일부의 데이터팀 소속 교사들은 너무 많은 시간을 소모했다고 했지만, 전반적으로 데이터팀에 대한 지원과 자료에 높은 만족도(1-수준)를 보였다.[Ebbeler 외, 2017] 스웨덴 데이터팀 구성원들 역시 팀 참가에 대해서 매우 높은 만족도를 보였다. 평가 설문지 결과에 따르면, 팀원들은 전문가의 지원, 팀의 구성, 그리고 진행에 매우 만족했다. "우리는 무엇이 문제인지를 잘 이해하고 있다." 그들은 일을 시작하기 전에 얻었던 정보에 대해서도 매우 만족했다. 일부 구성원은 매뉴얼에 만족했지만 다른 구성원은 이 매뉴얼을 그대로 이행하기 힘들었다고도 했다. 매뉴얼을 제대로 이해하려면 전문가의 도움이 필요했다. "우리는 전문가로부터의 추가적인 도움이 필요하다."

데이터팀 구성원들이 교장의 지원에 대해서 질문을 받았을 때, 그들 중 절반은 만족했고 나머지 절반은 더 많은 지원이 필요하다고 답했다. 그들은 모두 데이터팀의 진행 과정에 더 많은 시간을 내어 참여하기를 희망했다. 다만 데이터팀 업무를 교내에 확산시키는 부분에 대해서는 만족하지 않았다. 모든 교사가 데이터팀 작업에 익숙하지 않았고, 데이터팀 작업 방식이 학교 내에 일반화되지도 않았다. 데이터팀 소속 교사들은 그 일을 직접 수행하는 입장이었기 때문에, 그들은 팀 활동을 하는 동안에는 연구 결과를 확산시켜야 한다는 필요성을 느끼지 못했다. 하지만 1년 후에, 수학 성취도 향상과 관련된 데이터팀과 그들의 활동이 다른 교사들의 생각을 바꿀 수 있다는 점을 깨닫게 되었다. 만약 그러한 일들이 일어나게 된다면 그들은 데이터 분석에 더 많은 시간을 할애할 수 있을 것이며, 다른 팀들에게서 더 많이 배울 수 있을 것이다. 이들은 활동 과정에서 너무 협소한 문제에만 집중했는데, 그래서 학교 내에서 수학에 관한 모든 학년을 두루 포함하는 공통의 흐름과 일관성 있는 교육과정 개발을 위해 유치원 교사들과 4~6학년 교사들과의 논의를 시작하고자 했다.

5.5.2 데이터팀의 활동 결과: 지식, 기술, 태도에 미친 효과

네덜란드 연구에서 교사들은 데이터 사용에 긍정적인 태도를 보였다. 교사들의 학습 결과 수준(2-수준)에서 데이터팀 구성원은 사전 검사와 비교해 볼 때 사후 검사에서 데이터 문해능력data literacy이 유의미하게 높게 나타났다. 또한 데이터 활용에 대한 질문지에 따르면, 데이터팀이 활동한 학교들의 성장 점수가 그렇지 않은 통제 집단의 결과에 비해서 데이터 사용 지식과 기술 면에서 더 높았다. 인터뷰 결과에 따르면 이러한 태도, 지식, 기술에 대한 긍정적인 결과가 더욱 부각되고 있다.Ebbeler 외, 2017

스웨덴 프로젝트에서는 연말에 데이터팀원들에게 학습한 내용을 요약해 달라는 요청이 있었다. 그들은 데이터에 관한 개선 작업의 기초를 다지는 일이 중요하다고 강조했다. 그들은 "쉽게 잘못된 가설에 기초해서 행동을 취하는 것"을 경험한 적이 있다. 작업 초기에, 그들은 데이터팀의 업무 진행 과정에 약간 회의적이었다. 왜냐하면 그것은 매우 광범위한 과정이었기 때문이다. 그러한 회의론은 곧 업무가 과중한 시점임에도 불구하고 적극적으로 참여하는 행동으로 바뀌었다. 그들은 데이터 분석과 데이터 기반 학교 업무 개선에 시간이 걸린다는 것을 배웠다. 팀원들은 자신에 대해 많은 것을 배웠다면서 이렇게 말했다. "우리 대부분은 동료들이나 코치들이 제동을 걸지 않으면 임시방편을 선택하는 경우가 많다."

5.5.3 데이터팀의 활동 결과: 지식과 기술 활용 수준에 미치는 영향

네덜란드 데이터팀 학교에 대한 사후 검사 결과에 따르면 교사들의 지식과 기술 활용 수준(3-수준)이 상대적으로 높았지만, 그 차이가 통계적으로 유의미하지는 않았다. 이는 아마도 데이터팀을 대상으로 한 조사가 아니라 학교 수준의 조사였기 때문일 수 있다. 이러한 결과는 인터뷰를 통해서도 확인되었다. 조사 대상자 중 일부는 실제 장면에서 데이터를 활용하지 않았다고 언급했다.Ebbeler 외, 2016

스웨덴 데이터팀에서의 지식과 기술의 적용에 대한 평가 설문을 보면, 팀의 모든 교사는 데이터팀의 활동과 팀원들 사이의 협력 작업이 성찰을 더 깊어지게 했으며, 이러한 작업을 계속할 수 있기를 희망했다. 이를 위해서는 특정 조건들이 갖추어져야 한다. 이를테면 그들은 4학년 교사들이 3학년 교사들의 수업을 이해하고, 그래서 자신의 수학 수업을 만들기 위해(즉, 일관성 있는 수학 교육과정을 개발하기 위해) 학교 내의 다른 수학 교사들을 참여시키고 싶어 한다. 데이터팀 내의 회의에서 참가자들은 다른 문제, 예를 들어 학교에 전학 오는 학생들의 입학과 관련해 예상되는 문제점 해결을 위해 데이터팀 모델을 어떻게 사용할 수 있는가에 대해서 아이디어를 발표하기도 했다.

5.5.4 데이터팀의 활동 결과: 학습 결과에 미치는 효과

네덜란드 팀 대다수가 문제의 원인을 찾아내고 학생 성취도 향상 대책을 시행했다(4-수준). 예를 들어 영어 시험 결과로 나타난 낮은 성취도의 문제를 연구하는 팀은 평가 데이터와 학생들과의 인터뷰를 바탕으로 수업을 변화시켰고, 그 결과 영어 성적이 유의미하게 올라가는 결과를 얻게 되었다.Poortman & Schildkamp, 2016; Schildkamp 외, 2016a

스웨덴의 지방자치단체에서 활동한 데이터팀 작업으로부터 얻은 주목할 만한 일반적인 효과 중 하나는, 평가보고서상에서 데이터팀이 활동한 학교의 연간 교육의 질이 개선되었다는 점이다. 보고서는 이전보다 체계화됐고, 작년부터 개선된 내용에 대한 분석과 설명도 담겼다. 이것이 학교에 지속적으로 영향력을 행사한다면 미래는 밝을 것이다. 또한 학습 성과에서 데이터팀이 소정의 목표를 달성했다고 볼 수 있다. 이를테면 2015년 전체 3학년생 가운데 26%만이 수학 시험에 합격했는데 이는 전체 시도에서 가장 낮은 성적이었다. 그리고 2016년의 목표는 적어도 75%의 학생이 이 시험을 통과하는 것이었다. 실제로 2016년에는 3학년 학생의 83%가 수학 시험에 합격해, 학생의 성취도가 상당히 향상되었다.

5.6 논의 및 결론

5.6.1 데이터팀의 기능

데이터팀은 8단계를 체계적으로 수행했으며, 데이터를 활용하여 낮은 수학 성취도 문제를 해결할 수 있었다. 이 전문적 학습네트워크는 일련의 활동 과정의 초기 단계에 데이터를 사용하는 것이 중요하다는 점을 확인했다. 처음에 데이터팀은 학생 규모가 비슷한 다른 학교도 이와 유사한 성취도 문제가 있으리라 생각했지만, 사실은 그렇지 않았다. 더군다나 그 팀은 이러한 문제들이 주로 스웨덴 출신이 아닌 다른 지역 출신 학생들이 글자를 제대로 읽지 못하는 문제 때문에 발생했다고 확신했다. 이 역시 사실이 아니었다. 만약 그 팀이 자신들의 직감과 가정만을 믿고 데이터를 활용하지 않았다면, 결국 주어진 문제를 제대로 해결하지 못했을 것이다. 다시 말하면 학생들의 독해력 향상을 위해 더 많은 시간과 노력을 투자했을 것이며, 그렇게 했다면 문제를 근본적으로 해결하지 못했을 것이다.

하지만 이러한 직감과 가정들도 무시하지 않고 진지하게 검토하고 신중히 취급하는 것 역시 중요하다.Timperley 외, 2014 데이터팀에서는 이러한 가정들을 검토하여 측정 가능한 가설 형태로 전환했다.Schildkamp & Poortman, 2015 이것은 효과적인 학교혁신 과정의 출발점이 된다. 이러한 과정에서 참가자들의 태도가 변화한다. 즉, 처음에 "문제의 원인은 학생들이…"라는 시각이었던 데에서 "교사인 우리가 학생들의 학습을 증진시키기 위해 무엇을 할 수 있는가?"라는 생각으로 변화한다.Schildkamp &

Poortman, 2015; Timperley 외, 2014 결국 그들의 관심의 초점이 학생에게서 학교와 교사 혁신으로 이동한다. 왜냐하면 이것이 바로 학생들의 학습과 학업성취도 향상의 핵심이기 때문이다.Hattie, 2011

또한 데이터를 활용한 학교혁신 과정은 개인적 수준의 노력이 아니라는 점이 중요하다. 데이터 사용이 의미 부여 과정sense-making process인 것과 마찬가지로 전문적 학습네트워크에서는 집단적 협업이 절대적으로 중요하다. 의미 부여는 기존의 인식 틀을 활용하여 수집된 데이터의 의미를 해석할 수 있도록 하며Weick 1995, 데이터에 기반한 의사결정에 영향을 준다. 데이터팀 구성원들은 집단적으로 상호작용하면서 기존의 생각과 실천을 근거로 데이터를 해석해 간다.Coburn, 2001 이 장에서 제시한 사례에서 데이터팀은 협업을 통해 자료를 모으고 분석하고 해석하고 있음을 확인했다. 이를테면 그들은 수집한 엄청난 양의 데이터를 살펴보기 위한 분석 도구를 개발했는데, 이것은 그들의 센스메이킹 과정을 뒷받침해 주었다.

게다가, 이 팀은 지역 교육청의 지원을 받은 13개의 데이터팀으로 구성된 더 광의의 전문적 학습네트워크에 참여했다. 이러한 전문적 학습네트워크는 이 장에서 설명하는 데이터팀에게는 매우 중요한 의미를 지니고 있다. 이 네트워크는 데이터팀에 코치를 보내 주고, 업무를 어떻게 시작하는지 지원했으며, 서로가 알고 있는 바를 공유하는 모임도 만들었다. 이 모임은 데이터팀의 발전과 지속가능성에 매우 결정적인 역할을 하는 것으로 밝혀졌다. 모임을 하기 전에, 그 팀은 학교의 새로운 프로젝트 때문에 다들 바쁘게 지내고 있었다. 모임을 준비하면서 그들은 학교혁신 과정에서 데이터 활용이 얼마나 중요한지를 새삼 깨닫게 되었다. 그들은 데이터팀 모델을 다른 문제 해결을 위해서 어떻게 사용할까에 대해서도 고민하기 시작했다.

5.6.2 영향을 미치는 요인들의 효과

다양한 요인들이 데이터팀의 기능에 영향을 미쳤다. 이 팀은 이 장에서 다루었던 국가수준성취도평가의 수학 자료를 포함한 유용한 데이터를 활용했다. 이 자료는 이전 연도의 데이터 저장 방식과 마찬가지로 보관되어 있었다. 그들은 데이터 분석을 위한 도구를 함께 개발했고, 그들의 당면 교육 문제 해결을 위해 이러한 데이터를 사용했다.

또한 리더십이 팀의 활동을 원활하게 만들었다. 학교장이 그 팀에 참여했는데, 교장은 모든 참가자가 함께 관심을 기울이고 집단적으로 의사결정을 내릴 수 있도록 했다. 이 과정에서 분산적 리더십Distributed leadership이 적용되었다. 하지만 이 교장은 팀원들에게 또 다른 새로운 학교혁신 프로젝트를 하게 함으로써 데이터팀 고유의 활동에 다소 지장을 불러왔고, 이로 인해 데이터팀 활동이 중단될 뻔하기도 했다. 그래도 데이터팀의 활동 범위가 개별 학교 범위를 넘어서 있었기 때문에 지속성을 유지할 수 있었다. 데이터팀은 지역 교육청에서 주관하는 모임에 참석하기도 했고 코치의 지원도 받을 수 있었다. 그 결과 자신들의 활동 상황을 성찰할 수 있게 되었다. 그들은 자신들이 얼마나 멀리 왔는지, 그리고 데이터팀 활동을 지속하는 게 얼마나 중요한지를 깨달았다. 이후에 그들이 여전히 시간을 다투고 있을 때, 코치는 데이터팀 콘퍼런스를 준비하고 참여함으로써 얻게 된 교훈을 활용해 지속적으로 데이터팀을 격려할 수 있었다. 스톨Stoll, 2010은 특별히 이것을 학교 간 네트워크로 일함으로써 얻을 수 있는 장점 중 하나라고 평가한다. 한 학교의 전문적 학습네트워크는 지역적인 변화를 가져올 수 있는데, 이는 학교 간 네트워크에서 얻은 아이디어와 지원들로 인해 더욱 촉진될 수 있다는 것이다.

데이터팀 구성원들은 모두 데이터팀에 참여함으로써 교육 개선에서 데이터를 사용하는 게 얼마나 중요한지를 알게 되었다고 한다. 데이터팀에서 데이터를 수집하고 분석하는 방법을 배웠고, 데이터를 바탕으로 개선책을 개발했으며, 이로 인해 궁극적으로 학생들의 성취도 향상이라는 결과를 얻었다. 이것은 학교혁신을 위해 데이터를 사용하는 것의 목표가 된다. 데이터 사용 자체가 목표가 아니라 이 데이터를 학생들의 학습과 성취도 향상의 도구로 사용하는 것이 진정한 목표이다.

5.6.3 전문적 학습네트워크의 일반적인 교훈

데이터팀에 대해 연구하면서 얻은 교훈 중 상당 부분은 전문적 학습네트워크에도 적용할 수 있다. 제1장Brown & Poortman, 2017에는 효과적인 전문적 학습네트워크의 조건들이 간략히 언급되어 있다. 첫 번째 조건은 목표 공유 또는 목표의식에 대한 관심이었으며, 이는 데이터팀에서도 중요한 요소이다. 우리는 이것에 덧붙여서, 교사들이 자신들이 처한 상황에서 경험하는 실천 중에 마주치는 긴급한 문제들에 대한 관심이 중요하다고 생각한다. 라이와 실드캄프Lai & Schildkamp, 2016가 언급한 대로, 이것은 학생들의 학습 지원에 교사들이 깊이 관심을 기울이도록 하는 데 도움이 된다.

브라운과 푸트먼이 언급한 두 번째 조건은 협업의 중요성인데, 이것은 이 장에서도 명확해졌다. 이 협업은 전문적 학습네트워크 내에서의 협업뿐만 아니라 학교와 전문적 학습네트워크 간의 협업에도 관련된다. 학교와 학교 사이의 협업(이 장에서는 데이터팀 간의 협업으로 표현)은 지식 공유라는 측면에서 도움이 될 뿐 아니라 팀의 발전과 지속가능성 면에서도 중요한 역할을 한다. 협업은 여러 전문적 학습네트워크에 그들의 활동 의미를 상기시킬 수 있으며 그들의 업무를 유지, 확대해 가는 방법에 대해서도 더 깊이 성찰할 수 있도록 한다. 매일 접하는 동료 집단이 아닌 외부의 사람들과 협력하려면 긍정적인 태도, 협업 기술, 헌신이 필요하다. 또한 협업을 위해서는 전문적 학습네트워크 내에서뿐만 아니라 전문적 학습네트워크 간에도 일종의 지식 공유가 일어나야 한다. 벵거Wenger, 1998가 언급한 대로 지식 공유란 지식의 교환을 의미하는데, 이를 통해 모든 팀 구성원들이 상호 참여하게 되고 학습을 강화해 갈 수 있다.

세 번째로, 브라운과 푸트먼은 데이터팀 활동의 핵심이라고 할 수 있는 성찰적이며 전문적인 탐구의 중요성을 언급하고 있다. 성찰적이고 전문적인 탐구 과정에서 전문적 학습네트워크는 교수-학습 향상을 위해 데이터와 기타 증거 자료를 활용함으로써 도움을 받을 수 있다. 교수-학습 개선에 참여하려는 전문적 학습네트워크는 이전의 경험과 직감에만 의존할 수 없다. 교수-학습을 향상시키려면 다양한 유형의 고품질 데이터를 활용해야 한다. 브라운 등(출간 예정)의 논의와 마찬가지로 우리 역시 전문적 학습네트워크가 개별 학교 자료, 개인적 판단 및 과학적 연구의 결과들을 함께 고려하여 결정을 내리는 것이 중요하다고 생각한다. 이것은 지역적 신념, 가치 및 선호도(즉, 개인 판단)에 의해 결정되고, 지역적 맥락(즉, 지역 학교 데이터)에 근거하고 입증된 효과적인 실천 사례(연구 결과)를 고려하고 있기 때문에 교수-학습을 향상시킬 수준 높은 결정이 될 가능성이 크다.

브라운과 푸트먼이 제시한 네 번째 조건은 리더십인데, 이는 이 장에서 설명하는 데이터팀에게도 중요한 조건이다. 학교의 교수-학습 향상과 관련된 어떤 (조직적) 변화를 위해서는 리더십이 필요하다. 학교장은 전문적 학습네트워크의 활동이 우선순위가 되도록 할 수 있다. 다른 중요한 사안들이 생겨도 이 일에 지속적으로 관심을 갖게 만들 수도 있다. 학교장은 전문적 학습네트워크의 활동을 촉진할 수 있으며 이들의 활동이 지속화되도록 하는 데도 역할을 한다. 또한 분산적 리더십은 여기서 중요한 역할을 하는데, 학교장, 팀 리더와 교사들이 전문적 학습네트워크에서 이것이 중요하다는 점을 부각시킬 수 있다. 스필레인·할 버슨·다이아몬드^{Spillane, Halverson, & Diamond, 2001}가 언급한 바와 같이, 분산적 리더십은 조직 내에서 일어나는 학교혁신에 관심을 집중하도록 하는 일련의 리더십 행동들을 의미한다.

브라운과 푸트먼이 분명히 언급하지는 않았지만 여기서 추가하고 싶은 새로운 조건은 전문적 학습네트워크의 활동을 위한 구조와 프로토콜protocol의 가용성 여부이다. 교수-학습 향상은 복잡한 과정이다. 따라서 학교혁신이 연속적인 과정이기 때문에 전문적 학습네트워크에서는 구조화된 순환적cyclical 접근 방법들로부터 시사점을 얻으려는 경향이 있다. 구조와 프로토콜은 교사의 지식과 기술을 발전시킬 수 있도록 하는 토대를 마련해 주어야 한다. 예컨대 이 장에서 설명한 바와 같이, 데이터팀이 활용했던 매뉴얼이나 워크시트 등을 포함한 정해진 절차의 형태(이를테면 데이터 분석을 위해) 또는 단계적인 과정의 형태를 제시해 주어야 한다.^{Lai & Schildkamp, 2016}

또한 이 장에서 설명하는 데이터팀은 조직 외부로부터 코치의 지원이 있었다. 이것은 모든 유형의 전문적 학습네트워크에 도움이 될 수 있다. 라이와 실드캄프^{Lai & Schildkamp, 2016}가 말한 것처럼 팀은 다양한 학습 파트너들과의 상호의존적 관계를 통해 혜택을 얻을 수 있다. 이러한 상호의존적 파트너(예: 연구자, 지방자치단체, 다른 학교)는 교사들의 교수-학습 혁신 활동을 지원(데이터, 기타 증거 자료의 사용에서)할 수 있다. 이러한 유형의 파트너십이 주는 혜택에 관해 점점 더 많은 증거가 제시되고 있다. 지역 대학의 지원을 받아 읽기 능력 향상을 위해 데이터를 사용하는 것과 관련된 전문적 학습네트워크에 대한 연구는 전문적 학습네트워크가 학교에서 지속적으로 그리고 오랜 기간 교수-학습을 개선할 수 있음을 보여 주었다.^{예: Lai 외, 2014; 제9장 참조} 라이와 맥노턴^{Lai & McNaughton, 2013}은 외부 전문가에 지나치게 의존하지 않는 것이 중요하므로 이러한 파트너십에 관한 상호의존성의 중요성을 강조했다. 더욱

이, 특히 교사들이 학교와 교실에서 일어나는 문제들을 인식하고 해결하는 지식이 부족한 경우, 외부 전문가에 대한 의존도가 지나치게 낮은 점을 어떻게 극복하는가도 중요하다.

5.6.4 데이터팀과 전문적 학습네트워크 활동의 지속가능성

데이터팀 활동의 지속가능성에 중요한 문제가 발생했다. 즉 수학 성취도 향상을 비롯한 다양한 분야에 초점을 맞춘 데이터팀 활동의 지속가능성, 아마도 미래에는 다른 영역에서의 지속가능성 그리고 데이터팀이 전체 학교혁신에 기여하도록 하는 지속가능성에 문제가 있다. 이 팀은 학교에서 고립될 위험이 있으며, 데이터팀 과정이 전체 학교로 확대되지 않을 수도 있다. 해리스와 존스Harris & Jones, 2010에서 찾아볼 수 있듯이, 조직구조와 교과목 간의 강한 경계로 인해 데이터팀의 확대와 새로운 전체 학교 학습네트워크의 형성이 방해받을 수 있다. 이러한 업무 방식은 학교에서는 새로운 것이었고, 지속적인 타협(학교장과 시간 활용에 대해서)과 지원 활동이 요구되었다. 이 글을 쓰는 순간에도 이 팀은 동시에 두 가지의 혁신 과정을 관리해야만 하는 중요한 단계를 맞이하고 있다.

지속가능성을 증가시키기 위해서라도 학교와 학교 사이의 네트워크에 참여하는 것이 미래에는 매우 유의미하게 작동할 것이다. 다른 데이터팀과의 지식 공유를 통해서 학교 전체로 데이터팀의 활동을 확산하는 것이 얼마나 중요한지 깨닫게 되는 계기를 얻을 수 있었다. 해리스와 존스Harris & Jones, 2010가 언급한 바와 같이 전문적 학습네트워크의 활동은 소수의 교사에게만 제한되는 특별한 활동이 되어서는 안 된다. 데이터팀의 활동이 학교 내의 다른 변화 발전과 통합되고 협력하는 방식으로 연결되도록, 학교 내에서 세심하게 업무를 배치할 필요가 있다. 일반적으로 데이터팀이나 전문적 학습네트워크의 활동은 일상의 학교 발전과 통합되어야 한다. 이렇게 하려면 이러한 활동 방식을 학교 내의 기존 방식에 스며들도록 만들어야 한다.^{제11장 참조} 예를 들어 기존 교사팀 (예: 학년별 교사팀, 교과목별 교사팀 등)은 데이터팀 또는 전문적 학습 네트워크의 활동 방식을 받아들일 수 있으며, 이러한 활동 방식을 이미 경험한 팀 구성원들의 지원을 받을 수 있다. 이를 통해서 학교 전체에 걸쳐 교수-학습의 향상이 일어나고 지속가능한 학교혁신을 성취해 갈 수 있다.

Brown, C., & Poortman, C. L. (2017). Introduction. In C. Brown & C. L. Poortman (Eds.), *Networks for learning: Effective collaboration for teacher, school and system improvement*. London: Taylor & Francis.

Brown, C., Schildkamp, K., & Hubers, M.D. (in press). Combining the best of two worlds: Integrating data-based decision making with research informed teaching for evidence-informed school improvement. *Educational Research*.

Boudett, K. P., City, E. A., & Murnane, R. J. (2005). *Data wise: A step-by-step guide to using assessment results to improve teaching and learning*. Cambridge, MA: Harvard Education Press.

Carlson, D., Borman, G. D., & Robinson, M. (2011). A multistate district-level cluster randomized trial of the impact of data-driven reform on reading and mathematics achievement. *Educational Evaluation and Policy Analysis*, 33(3), 378-398.

Coburn, C. E. (2001). Collective sensemaking about reading: How teachers mediate reading policy in their professional communities. *Educational Evaluation and Policy Analysis*, 23(2), 145-170.

Desimone (2009). Improving impact studies of teacher's professional development: Toward better conceptualizations and measures. *Educational Researcher*, 38(3), 181-199.

Earl, L., and Katz, S. (2006). *Leading in a data rich world*. Thousand Oaks, CA: Corwin Press.

Ebbeler, J., Poortman, C. L., Schildkamp, K., & Pieters, J. M. (2016). Effects of a data use intervention on educators' use of knowledge and skills. *Studies in Educational Evaluation*, 48, 19-31.

Ebbeler, J., Poortman, C. L., Schildkamp, K., & Pieters, J. M. (2017). The effects of a data use intervention on educators' satisfaction and data literacy. *Educational Assessment, Evaluation and Accountability*, 29(1), 83-105.

van Geel, M., Keuning, T., Visscher, A. J., & Fox, J. P. (2016). Assessing the effects of a school-wide data-based decision-making intervention on student achievement growth in primary schools. *American Educational Research Journal*, 53(2), 360-394.

Guskey, T. R. (2000). *Evaluating professional development*. Thousand Oaks, CA: Corwin Press.

Harris, A., & Jones, M. (2010). Professional learning communities and system improvement. *Improving Schools*, 13(2), 172-181.

Hattie, J. (2011). *Visible learning: A synthesis of over 800 meta analyses relating to achievement*. London: Routledge.

Kirkpatrick, D. (1996). Great ideas revisited. Techniques for evaluating training programs. Revisiting Kirkpatrick's four-level model. *Training & Development*, 50(1), 54-59.

Lai, M. K., & Schildkamp, K. (2016). In-service Teacher Professional Learning: Use of assessment in data-based decision-making. In G. T. L. Brown & L. R. Harris (Eds.), *Handbook of human and social conditions in assessment* (pp. 77-94). New York: Routledge.

Lai, M. K., & McNaughton, S. (2013). Analysis and discussion of classroom and achievement data to raise student achievement. In S. Schildkamp, M. K. Lai, & L. Earl (Eds.), *Data-based decision making in education: Challenges and opportunities* (pp. 23-48). Netherlands: Springer.

Lai, M. K., Wilson, A., McNaughton, S., & Hsiao, S. (2014). Improving achievement in secondary schools: Impact of a literacy project on reading comprehension and secondary school qualifications. *Reading Research Quarterly*, 49 (3), 305-334.

Marsh, J. A., Pane, J. F., & Hamilton, L. S. (2006). *Making sense of data-driven decision making in education. Evidence from Recent RAND Research*. Santa Monica, CA: RAND Corporation.

Marsh, J. A., Bertrand, M., & Huguet, A. (2015). Using data to alter instructional practice: The mediating role of coaches and professional learning communities. *Teachers College Record*, 117(4). www.tcrecord.org/Content.asp?Conten-tID=17849.

Nelson, T. H., Slavit, D., Perkins, M., & Hathorn, T. (2008). A culture of collaborative inquiry: Learning to develop and support professional learning communities. *Teachers College Record*, 110(6), 1269-1303.

Poortman, C. L., & Schildkamp, K. (2016). Solving student achievement focused problems with a data use intervention for teachers. *Teaching and Teacher Education*, 60, 425-433.

Schildkamp, K., & Kuiper, W. (2010). Data informed curriculum reform: Which data, what purposes, and promoting and hindering factors. *Teaching and Teacher Education*, 26, 482-496.

Schildkamp, K., & Ehren, M. (2013). The Netherlands: From "intuition"- to "data"-driven decision making in Dutch secondary schools? In K. Schildkamp, M. K. Lai, & L. Earl (Eds.), *Data-based decision making in education: Challenges and opportunities* (pp. 49-68). Dordrecht: Springer.

Schildkamp, K., & Poortman, C. L. (2015). Factors influencing the functioning of data teams. *Teachers College Record*, 117(4), 040310.

Schildkamp, K., Poortman, C. L., & Handelzalts, A. (2016). Data teams for school improvement. *School Effectiveness and School Improvement*, 27(2), 228-254.

Schildkamp, K., Smit, M., & Blossing, U. (2016, April). *Professional development in the use of data: From data to knowledge in data teams.* Paper presented at the AERA (American Educational Research Association) conference, Washington, USA.

Spillane, J. P., Halverson, R., & Diamond, J. B. (2001). Investigating school leadership practice: A distributed perspective. *Educational Researcher*, 30(3), 23-28.

Stoll, L. (2010). Professional learning community. *International Encyclopedia of Education*, 151-157.

Stoll, L., Bolam, R., McMahon, A., Wallace, M., & Thomas, S. (2006). Professional learning communities: A review of the literature. *Journal of Educational Change*, 7, 221-258.

Timperley, H., & Parr, J. (2009). Chain of influence from policy to practice in the New Zealand literacy strategy. *Research Papers in Education: Policy and Practice*, 24(2), 135-154.

Timperley, H., Kaser, L., & Halbert, J. (2014). *A framework for transforming learning in schools: Innovation and the spiral of inquiry: Seminar Series 234.* Melbourne, Victoria, Australia: Centre for Strategic Education.

Vescio, V., Ross, D., & Adams, A. (2008). A review of research on the impact of professional learning communities on teaching practice and student learning. *Teaching and Teacher Education*, 24(1), 80-91.

Weick, K. E. (1995). *Sensemaking in organizations* (Vol. 3). London: Sage.

Wenger, E. (1998). *Communities of practice: Learning, meaning and identity.* Cambridge, England: Cambridge University Press.

제6장

오스트리아의
학습디자인 네트워크

학교 간 네트워크에서 가상의 전문적 학습이 갖는 역동성

리비아 로슬러(Livia Roessler)
& 타냐 웨스트폴-그라이터(Tanja Westfall-Greiter)

6.1 도입

이 장에서 필자들은 오스트리아에서 최근 수십 년간 가장 의미 있는 학교개혁('New Middle School'이라는 개혁. 6.2에서 설명) 기간에 전국적인 규모의 전문적 학습네트워크가 어떻게 생겨났는지를 이야기한다.[6.2] 형평성과 수월성을 높이기 위한 목적으로 2008년 중학교 단계에서 교육개혁이 시도되었는데, 이 과정에서 학습디자이너Lerndesigner가 학교에서 새로운 역할을 하기 시작했다.[6.3] 애초에 학습디자이너는 학교 내부에서 활동하는 변화촉진자 또는 변화담당자였으며, 중학교 학교개혁을 조정하는 역할을 했다. 그러다가 이들의 역할이 빠르게 형성되면서 학교 이해관계자들의 지지를 획득했으며, 연방국가의 핵심적인 학교개혁 성공 요인으로 자리매김하게 되었다. 이후 이들이 수행하는 역할은 교사들이 갖추어야 하는 필수적인 리더십 역량이 되었으며, 누구든 교사가 되기 위해서는 이와 관련된 대학 프로그램을 이수한 후 자격증을 취득하도록 제도화되었다.[6.4] 필자들은 이러한 교사 역할에 필요한 자격 프로그램을 공동으로 제공하고 있는 대규모의 개방적인 온오프라인 공간뿐만 아니라 상호작용 과정, 협업 및 타협 과정 등을 설명하고 있다.[6.4] 실제로 초기의 학습디자이너 집단은 에듀무들eduMoodle 플랫폼에 있는 제한된 공간에서만 네트워크로 연결되어 있었다.[6.5, 6.6] 이 장에서는 독특한 상황에서 네트워크가 형성된 기원을 탐구하고 있다. 또한 하향식top-down 전략을 통해 조직 발전을 위한 수평적 네트워크 형성을 어떻게 지원하는지, 그리고 이러한 노력이 자체의 생명력이 살아 있는 네트워크를 어떻게 만들어 내는지 탐구해 보기 위해 폴라니[Polanyi, 1951]의 '협력적 질서corporate order'와 '역동적 질서dynamic order'라는 개념과 베르그와 죌릭[Berg & Zoellick, 2017]이 최근에 제안한 교사 리더십 영역에 대한 프레임을 사용하고 있다.[6.7, 6.8]

6.2 학습디자이너 네트워크의 맥락과 배경

학습디자이너 네트워크에 대한 이야기는 2008년 오스트리아 의회가 5학년에서 8학년(10~14세) 단계에 '새로운 중학교New Middle School, NMS'라는 시범 개혁 사업을 결정할 때부터 시작되었다. 이 시범 사업은 67개 학교에서 시작되었는데, 그 이후 빠르게 정착되어 2012년에는 의무적인 학교개혁 정책으로 전환되는 계기를 마련해 주었다. 이 개혁은 오랫동안 국가수준·국제수준의 데이터들로부터 확인된 바와 같이 오스트리아 공립학교 시스템에서 교육적 이동성과 형평성이 부족하다는 비판에 대한 대응이었다.[Bruneforth 외, 2016; OECD, 2014; Bruneforth 외, 2012] 오스트리아 공립학교 시스템에 내재된 불평등의 근본 원인은 매우 분명하다. 즉, 대학 진학을 위한 학교 입학에서의 강한 구조적 장벽, 그리고 학부모 선택권에 대한 강한 요구 및 학교문화에 뿌리 깊은 경쟁 선발 '심층구조'이다.[Tye, 2000] 그러한 심층구조 중 하나에는 초등학교에서의 평가 관행이 포함되는데, 이는 실제 학생들의 성취보다 사회적 규범에 경도된 평가가 일어난다는 문제이다.[Böheim-Galehr & Engleitner, 2014] 다시 말해, 교사는 자주 부모의 압력을 받으며 학생들의 실제 능력보다 그 학생이 추구하고자 하는 적절한 진로가 무엇이 되어야 하는가라는 생각을 기반으로 평가하는 경향이 강하다.

'새로운 중학교' 모델은 의무교육 단계인 중학교에서 능력별 반 편성을 금지했으며, 8학년(14세) 단계에서 역량기반 교육과정과 성취기준을 적용하도록 했다. 비록 교육과정과 성취기준이 모든 중학교에 공통적으로 적용되고 있기는 하지만, 오스트리아에는 두 가지 유형의 중학교가 존재한다. 하나는 지방자치단체에서 운영하는 4년 과정의 의무 중학교(5~8학년, 이전의 하웁트슐레Hauptschule)가 있고, 다른 하나는 연방 정부에서 운영하는 8년 과정(5~12학년, 이전의 김나지움Gymnasium)의 경쟁적 선발을 적용하는 중등학교이다. 또한 '새로운 중학교' 시범 사업 관련 법안에 따르면, 한 학급당(최대 25명) 팀티칭을 위해 수업 시간을 6시간 늘리도록 했으며 학생 주도로 학부모-교사 회의를 하도록 했다.Westfall-Greiter, 2012; Derfler 외, 2012 비록 2012년에 통과된 '새로운 중학교' 개혁 법안이 모든 학생을 위한 단일 유형의 중학교 체제로의 전면 개편은 하지 못했지만, 교사와 학생 모두에게 시스템의 유연성 향상에 기여했다. 인문계열 중등학교academic track가 선택지로 되면서 두 학교 유형 사이의 경계가 많이 허물어졌다. 최근에는 김나지움 11개 중에서 수도 빈에 있는 한 학교를 제외한 나머지 10개 학교는 '새로운 중학교' 법안에 근거해 중학교를 운영하고 있다.

 오스트리아에서는 학교 자율성이 상대적으로 제한되어 있지만Schratz & Westfall-Greiter, 2010, '새로운 중학교' 시범 개혁은 학교의 획일성보다는 다양성 추구를 지향했다.Westfall-Greiter, 2012 이는 그 당시 교육부 장관이었던 클라우디아 슈미트Claudia Schmied의 리더십에 부분적으로 기인한다. 그녀의 리더십은 클라우스 오토 샤머Claus Otto Scharmer의 '시스템 4.0' 생각과 결을 같이했다. 달리 표현하자면 행위자들이 상부로부터 지시를 받기만 하는 중앙집권화된 체제로부터 미래를 함께 만들어 가는 생태계로의 전환을 위해 노력했다.Scharmer & Kaufer, 2013 참조 샤머와의 대화에서 슈미트는 장관으로 보냈던 시간을 다음과 같이 회고했다.

현재 떠오르는 4.0 세계를 위한 교육 시스템을 재창조하려면 시험 점수를 향상시키거나 교과목을 새로 추가하는 것 이상의 노력이 요구된다. … 이를 위해서는 모든 실제 교육의 핵심은 그 자체가 변혁이라는 점을 이해해야만 한다. 만약 우리가 성공할 수 있다면 모든 학교 관계자들은 성공적인 학교를 창조하는 데 함께 집중할 것이다. 교사들은 자신이 학생들에게 최고의 창의력을 만들어 내는 오케스트라의 지휘자인 주빈 메타Zubin Mehtas라고 생각할 것이다. 학생들은 이러한 체제를 함께 만드는 경험을 하게 된다. 4.0 체제의 기초는 바로 공통 의지이다. 즉, 관계적 영역을 중심으로 두어야 한다는 점을 의미한다. 이것이 가장 중요하다. 개인과 공동의 복지에 기여하기 위해 우리 미래의 학교가 수행할 수 있을 것이다.Scharmer & Kaufer, 2013: 210

슈미트의 회고는 '새로운 중학교' 시범 사업의 기본 철학이 왜 다양성인지를 잘 보여 준다. 학교는 더 이상 정해진 하나의 모델을 받아서 수동적으로 실천하기보다는 자체 학교별로 적합한 개념들을 만들어 내고 스스로 혁신하도록 기대된다. 따라서 학교들을 묶는 네트워크를 만드는 것이 핵심적인 전략이 될 수밖에 없었다. 무이스 등Muijs 외, 2010이 언급한 바와 같이, 학교 간 협력적 네트워크는 학교혁신 프로그램을 이끌어 가는데, 이는 개별 학교의 상황에 부합되지 않는 프로그램을 외부에서 도입하는 대신에 자신의 학교가 정말로 필요한 혁신 프로그램을 함께 구성해 가도록 해 주는 강점을 지니고 있다.Muijs 외, 2010, Datnow, Hubbard & Mehan, 2003: 15 재인용 여기에서 미리 정해진 정답은 없다. 학교가 자신들이 해결해야 하는 질문과 도전과제에 대해서 스스로 답변과 해결책을 찾을 수 있도록 하는 새로운 공간이 열리게 된 것이다.

새로운 법안에는 학교에 대한 믿음이 반영되어 있는데, 이로 인해 시범 운영 기간에 구성원들은 새로운 도전정신을 키울 수 있었다. 또한 연방 체제인 오스트리아에서 학교들이 중앙정부로부터 획일적으로 통제받는 방식에서 벗어나서 자신들의 학교가 처한 상황에 맞추어 사고하고 행동할 수 있게 되었다. 비록 전반적인 규정이나 교육과정 그리고 성취기준들은 중앙집권화되어 있으며 연방 수준에서 제공되는 예산이 있어야 학교 발전이 가능하지만, 학교행정, 장학 그리고 발전을 위한 노력은 지방정부 수준에서 관리되고 있다. 이러한 하향식, 또는 가끔은 반反연방주의적 구조가 교사의 고용에도 반영되어 있다. 이전의 하웁트슐레와 같은 의무교육 단계의 교사들을 지방정부Bundesland에서 채용한다. 반면에 의무교육 수준이 아닌 학교(김나지움)에서는 연방정부가 채용하는데, 이로 인해 매우 분절적인 직업구조가 되었다. 학교 발전을 지원하는 외부 기관으로는 지역 마을협의회, 지역 교육청뿐만 아니라 교육 관련 고등교육기관(교사교육을 위한 대학들)이 포함된다. 이들은 연방에서 운영하는 학교들을 지원하며, 학교 교직원의 전문성 향상을 위한 예산을 지원한다. 이렇게 다양한 이해관계가 있는 복잡한 시스템으로는 새로운 변화를 만들고 지속시켜 가기가 쉽지 않다.

6.3 새로운 역할을 통한 시스템 혁신

'새로운 중학교' 시범 사업의 목표는 계열 구분tracking을 폐지하고 학교의 교수-학습 혁신을 장려함으로써 평등성과 수월성을 지원하는 것이었다. 이를 위해 교육부는 2008년 '새로운 중학교 컨설팅단NMS-Entwicklungsbegleitung, NMS-EB'을 만들어 이 시범 사업을 전국 단위로 확산할 수 있도록 지원했다. 이 컨설팅단은 시스템 혁신에 방점을 두었으며, 모든 시스템 수준에 걸쳐 네트워크와 커뮤니티 활동을 만들도록 했다.Schley 외, 2009 모든 시범학교는 매 학년도에 지역 개발 활동뿐만 아니라 컨설팅단이 설계한 2년 과정의 국가 프로그램을 도입했다. 이 프로그램에 참여한 집단은 '기수Generations'로 불리고 있다.[그림 6.1] 참고

[그림 6.1] 기수(Generation)별 '새로운 중학교' 개혁의 이행

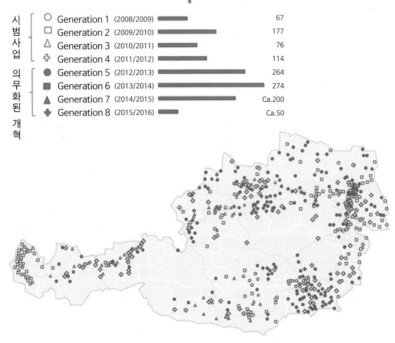

'새로운 중학교 컨설팅단'은 시스템 혁신을 위해 샤머의 'U-이론' 분석 틀을 활용했는데, 여기서는 이해관계자들과 함께 미래의 '현재성 presencing'에 관심을 기울였다.Scharmer, 2009 그 결과 핵심적인 이해관계자들(장학사, 교사교육기관, 개혁 담당자 등)이 모여 새로운 미래를 예감하기 위해서, 또한 이를 구체화하기 위해서 자신들의 관찰 경험과 생각들을 교환하기 시작했다. 어떤 새로운 해법이 있는가? 어떤 새로운 지원 시스템이 있는가? 무엇이 사라지고 있는가? 그러나 U-이론 분석 틀

만을 참고하지는 않았다. 컨설팅단에서는 교육부가 추진하는 다양성과 혁신 전략과 일맥상통하는 발전과제를 위한 증거기반의 정당화 논리를 만들었다. 즉, 효과적인 학교개혁은 학교에 특화되어야 하며[Hopkins 외, 2014; Stoll 외, 2006; Day 외, 2000], 변화를 책임지는 사람들은 실천가들로 구성된 네트워크와 공동체를 지원해야만 한다.[Fullan, 2017; Stoll, 2015; Wenger, 1998] 따라서 국가 사업의 핵심적인 관심이 '새로운 중학교 컨설팅단'에 의해 시작된 학습디자이너[Lerndesigner]가 새로운 역할을 하도록 하기 위해서 교장과 학교별로 지명된 교사들에 쏠릴 수밖에 없었다. 두 가지 유형의 정책이 만들어졌다. 하나는 전국 단위의 교장 네트워크이며 다른 하나는 학습디자이너들을 위한 학습아틀리에 공간 만들기다.

학습디자이너는 연방정부가 지원하는 국가 및 지역 학습아틀리에에 2년간 주 2~3일 정도 참석하도록 개별 학교가 지명한 교사이다. 이 프로그램을 수료하면 참가자들은 자격증을 받는다. 학습아틀리에는 네트워크에서 학습 활동을 지원하기 위한 대규모의 다양한 개방적 그룹과 소그룹 중심 세션을 통해 일정 틀에 얽매여 지속되고 있는 실천 관행을 새롭게 바꾸기 위해 여러 생각들을 교류하도록 하고 있다.[Stoll, 2015] 가르침은 지식을 창출하는 활동이며 교사는 지식과 경험을 활용하고 그 자리에서 새로운 지식을 창출함으로써 대응해야 하는 새로운 상황에 지속적으로 직면해 있다.[Westfall-Greiter, 2013a] 학습아틀리에에 접근 방식은 지식의 활성화를 지향했다.[Stoll, 2008]

학습디자이너들은 소속 학교 변화의 핵심 축으로서의 활동을 수행해야 하며, 교장과 함께 학습 활동을 촉진해 갈 수 있도록 공유 리더십을 발휘해야 한다.[Westfall-Greiter, 2013b; Schley & Schratz 2011; MacBeath & Dempster, 2008; Westfall-Greiter & Hofbauer, 2015에서 재인용된 Schratz, 2009] 학습을 위한 리더십을 발휘하도록 하기 위해서 '새로운 중학교 컨설팅단'에서는 교장들을 대상으로 교육 프로그램을 실시했다. 국가 수준의 네트워크 모임을 통해서 교장들은 매 학기 리더십 관련 문제를 논의하고, 전략을 새롭게 변화시키고, 새로이 임명된 학습디자이너들과 공유 리더십을 어떻게 만들어 가는지를 논의했다. 비록 이 모임 참여가 의무사항은 아니었지만 모든 시범 운영 학교의 교장들은 '새로운 중학교 컨설팅단'이 주최하는 네트워크 모임에 참여했다.

참여 학교는 학습디자이너들을 자문단에서 만든 대규모의 학습아틀리에에 참여하도록 해야 하며, 여기서 학습디자이너들은 함께 대화하고 성찰하고 의견을 교환해야 한다. 학습디자이너의 역할이 아직 정확히 규정되지는 않았으며, 새로운 역할이 모든 이해 당사자들에게 수용되고 있다고 보기는 힘들지만, 이러한 참여가 있어야만 지역 교육청의 지원을 받을 수 있었다. 이는 상명하달식으로 진행되었던 지금까지의 방식이 아닌 새로운 접근이었으며, 학교의 주체들에게 일정한 운신의 폭을 제공했다는 점에서 볼 때 학습디자이너의 역할은 학교 시스템 개혁을 위한 핵심적인 지렛대가 되었다. 이러한 개방성으로 인해 모든 학습디자이너가 자신이 처한 구체적 맥락에 부합하는 역할을 받아들이고 수행하는 과정을 통해서 자신의 역할을 만들어 갈 수 있게 되었다.Westfall-Greiter & Hofbauer, 2015 물론 이러한 과정은 어렵기도 했고, 가끔은 고통을 동반했다. 평범한 교사에서 팀 리더이자 학습디자이너로의 역할 전환은 매우 어렵고 도전적인 일이다. "학교에서 언제, 어떻게 교사의 역할을 수행합니까? 학습디자이너로서 언제 어떻게 활동합니까? 팀 리더 또는 촉진자로서? 코디네이터로서는 어떻게 활동해야 합니까?" 이러한 질문들은 학습디자이너의 역할이 무엇인지를 알아 갈 수 있게 하는 학습아틀리에 활동에서 중점적으로 제기되었다.

학습디자이너들은 학교 내에서 다양한 역할을 해야 할 뿐만 아니라 지역사회 다양한 네트워크의 구성원이기도 했다.[그림 6.2] 참고 일부 지역에서는 학습디자이너들을 위한 지역 수준의 모임을 마련했다. 또 일부는 다른 프로젝트들과 관련된 네트워크에 참여하기도 했다. 그들은 또한 공통적으로 소속 학교 발전팀의 구성원이며 교과연구모임의 리더이기도 했다.

[그림 6.2] 학습디자이너의 역할과 관계망

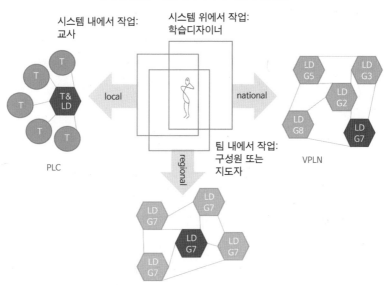

이러한 다중적인 역할과 다양한 네트워크에의 참여는 학습디자이너들에게 매우 복잡한 상황을 만들어 주었다. 2009년에 학습디자이너의 역할에 대한 안내서가 교장들에게 배포되었는데, 이 역할은 완전히 새로운 것이었으며 학교체제 내에서 시스템적으로 활동이 보장되지 못한 상황이었다. 그뿐만 아니라 이 활동에 대한 보상은 지방 당국과 학교 교장의 의지에 따라 달랐으며 주당 수업 시간은 0에서 2시간까지 다양했다. 그 결과, 학습디자이너들은 혁신, 지속적인 전문성 개발, 학교 발전에 대한 책임 부분에서 우선적으로 질문에 답해야 하는 유력한 용의자usual suspects[1]가 되어야만 했다. 누구를 학습디자이너로 지명하는가는 교장과의 관계로 결정되기도 하지만, 무작위로 지명되기도 했다.

제가 어떻게 학습디자이너가 되었냐고요? 글쎄, 교장 선생님이 한 사람을 지명하라는 내용의 이메일을 받고는 혼잣말을 했다고 합니다. '지금부터 교장실에 가장 먼저 들어오는 사람을 지명할 것이다!' 그때 그의 사무실에 첫 번째로 들어간 사람이 저였고, 지금 제가 여기에 있습니다! 학습디자이너 2기

요컨대 교사들은 학습디자이너의 역할을 제대로 알지 못하는 상황이었고, 개인적인 동기도 차이가 나며 학교 내에서의 정당성도 그렇고, 학교장으로부터 받는 지원도 천차만별이었다.

'새로운 중학교NMS'의 활동은 2016-2017학년도 말에 8기 수료를 끝으로 마무리되었다. 놀라운 점은 중간에 참가자의 변동이 상대적으로 매우 적었다는 점이다(10% 미만). 변동사항 중 절반 이상은 은퇴, 교장으로의 승진 때문이었다.Westfall-Greiter & Hofbauer, 2015 사실, 학교 교장이 되기 위한 사전 자격이 필요 없는 체제에서 유럽 학점 인정 시스템 European Credit Transfer System에서 15학점에 해당하는 공식화된 블렌디드 학습 프로그램인 학습디자이너 프로그램은 학교장이 되고자 하는 사람들에게는 매우 의미가 있었다.

6.4 교사 리더십의 출현

학습디자이너 네트워크의 활동과 기원을 이해하려면 오스트리아 시스템에서 교사 리더십의 출현 상황을 이해할 필요가 있다. 샤머가 언

---

1. 'usual suspects'란 범죄가 발생했을 때 가장 먼저 소환 대상에 오르는 용의자를 일컫는 경찰에서 사용하는 용어-역자.

급한 '시스템 1.0(중앙 집중식, 수직 시스템)'의 관점을 토대로, 리베르만 Liebermann, 2000: 226은 교사들은 주로 상명하달식 구조에 배치되어 중앙 집권화된 정책을 그대로 받는 위치에 놓여 있었다고 보았다. 또한 이들은 "미리 정해진 프로그램을 수동적으로 받기만 하고 수업 실천에 이러한 새로운 프로그램들을 적용해 가기 위해 필요한 추가적인 시간도 인센티브도 받지 못하는 존재"로 취급받았다.

학교 단위의 전문적 학습 커뮤니티조차도 지역 교육청의 교육정책과 학교와 교사들이 처한 현실 사이에 샌드위치처럼 끼여 있다고 생각했다.Dooner 외, 2008: 564 또한 거시적 또는 시스템 수준의 지시, 자원과 미시적 수준인 교사들의 수업 장면 사이에 낀 위치에 있다고 생각했다.McLaughlin & Talbert, 2006: 4

"반면에 네트워크는 참가자의 목표의식과 변화하는 요구를 반영하는 다양한 활동들에 구성원들을 참여하도록 하고 있다."Liebemann, 2000: 226 컨설팅단에서는 시작 단계부터 네트워크 방식으로 학습디자이너들에게 다가갔으며, 이후 학습디자이너들이 미리 정해진 프로그램을 요청했을 때도 그렇게 하지 않았다. 이미 개혁의 두 번째 집단인 2기의 일부 학습디자이너는 네트워크에서의 첫 만남에 불만을 표했다. "무엇을 해야 하는지 알려 주시면 잘할 것입니다!"라는 불만이 학습아틀리에로부터 공통적으로 쏟아졌다. 학습디자이너로 지명받은 교사들은 처음 행사에는 교사 신분으로 참여했으며, 외부 전문가로부터 전문성 개발을 전수받을 것이라 기대했는데 이는 충족되지 않았다. 몇몇은 "모두 좋습니다. 우리가 스스로 개발하는 활동을 해야 한다는 점도 충분히 이해합니다. 하지만 학교에 돌아가면 동료들에게 무엇을 말해야 합니까? 그들은 제가 뭔가 해결책이나 지시사항을 전달해 주기를 기다리고 있습니다!" 학습아틀리에가 끝나 가는 단계에서는 이러한 기대를 집중적으로 관리했고, 이 단계에서 학습디자이너들이 학교로 돌아가서 무엇을 할 것인가에 대해서 전략적으로, 체계적으로 사고하는 것을 배웠다.

이 작업은 매우 유의미했다. 먼저 학습디자이너들은 네트워킹을 배우고 네트워크 속에 참여해야만 했다. 2010년 설문 조사에서 지적했듯이 많은 사람이 학교로 돌아온 후 수행해야 하는 역할과 새로운 역할 만들기에서 어려움을 겪고 있었다. 초기 컨설팅단의 구성원이었으며 현재는 개혁 관련 규정을 담당하고 있는 교육부 학교학습센터의 공동소장인 크리스토프 호프바우어Christoph Hofbauer와 타냐 웨스트폴-그라이터Tanya Westfall-Greiter는 2기와 3기 학습디자이너들에게 학교에서 무엇을 했는지에 대해서 1분 정도 에세이를 쓰도록 요청했다. [그림 6.3]은 그들의 답변을 유목화한 것이다.

[그림 6.3] 학습디자이너들이 시작한 활동들

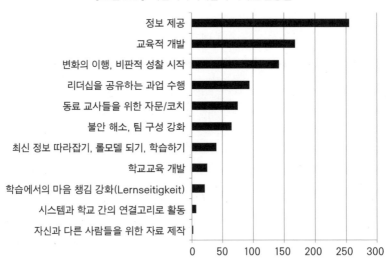

웨스트폴-그라이터와 호프바우어[2010]는 학습디자이너를 교사의 리더로 평가한 첫 번째 책에서 설문 조사 응답 중 몇 가지를 제시했다.

몇몇 학습디자이너는 스스로를 새로운 아이디어를 소개하고 혁신을 장려하며 사고방식을 새로이 시도하는 동료라고 생각했다. "학습디자이너는 새로운 학습문화와 평가문화의 씨앗을 뿌릴 수 있는 토양을 준비합니다."2기 학습디자이너

또 다른 몇몇은 그들의 학교 상황에서 어떤 역할을 만들어 가야 할지 고군분투했다. "학습디자이너는 제가 속한 학교에서는 그 역할이 매우 어렵습니다. … 제 역할이 좋은 예라고 생각하는데, … 천천히, 더 이상은 이 명칭이 조롱거리가 되지는 않고 있습니다. 느리지만 동료들은 제가 어떤 업무를 색다르게 하고 있다고 생각하기 시작했습니다. 그리고 '그것을 어떻게 하는데요?' 이런 질문까지 제기하기에 이르렀습니다."2기 학습디자이너

많은 사람이 확인한 세 번째 영역은 관계를 구축하고 팀을 구축하는 것이었다. "동료가 문제를 겪으면, 들어 보세요. 해결책을 찾으세요. 포기하거나 지치지 말고 계속하세요. (더 나은 방향으로 변화된 것이 있습니까? 그렇지 않았다면 이유는 무엇입니까? 그걸 어떻게 할 수 있을까요?)"3기 학습디자이너

학습디자이너가 자신을 비대칭 관계("나는 지식이 없는 사람에게 지식을 전달하는 지식인이다")의 전문 컨설턴트나 전문적 개발자라고 생각하지 않는다. 이는 자료를 전달하는 것으로 보고한 학습디자이너 수가 적다는 점에서 드러난다. 웨스트폴-그라이터와 호프바우어2010는 이것을 학습디자이너들이 제대로 교사들의 리더가 되고 있다는 신호로 받아들였다. 2기 학습디자이너 한 명은 자신의 역할 경계를 다음과 같이 제시했다.

1. '윗선'의 명령을 따르거나 '아랫사람들'이 할 일을 하고 있는지 확인하는 집행부는 안 된다.
2. 다른 사람들이 할 일을 하고 있는지를 모니터링하는 건방진 태도는 안 된다.
3. 불만이 있는 교사는 전면에 나타나지 않는다.
4. 자료를 생산하는 일벌레가 되지 않는다.
5. 광고는 하지 않는다!

첫 번째 설문을 바탕으로 했을 때, 교사 리더십의 가능성과 힘은 학교문화에 필연적으로 나타나는 민주적인 과정에 있다는 것이 명확해졌다. 이러한 새로운 전문적 역할의 국가적 네트워크는 교사 리더십에 대한 인식 확립에 중요한 것으로 오스트리아 리더십 아카데미에서 권장하는 공유 리더십shared leadership이라는 개념Schley & Schratz, 2011에 따라 구축되었다. 웨스트폴-그라이터와 호프바우어2010는 공유의 전제 조건, 즉 함께 공유할 수 있는 같은 눈높이에 있는 상대방에 주목한다. "학습조직은 공유 리더십이 필요하다. 복잡한 난제를 해결하는 공동의 노력은 모두의 자원을 필요로 한다. 그리고 각각은 수행해야 할 직무와 상황에 적합한 리더십 과업을 맡는다. [⋯] 리더십의 원동력은 사람이나 과정이 아니라 관계다"라고 슈라츠Schratz, 2009: 5는 썼다. 공유 리더십은 교장과 교사들 간의 관계에 핵심이 되는 개념이며Barth, 2001: 449, 강력한 전문적 관계를 요구한다.Barth, 2006 리더십을 공유하기 위해 리더들은 관계를 인식해야 하고 공유가 가능한 방법으로 만들어야 한다. "학교 발전 전략으로서의 공유 리더십은 단순 참가자들을 적극 참가자로 변화시키며, 처음부터 학교의 재구조화가 아닌 학교의 재문화화를 시도하도록 하고 있다."Westfall-Greiter & Hofbauer, 2010: 10 바르트를 인용하면서 이들은 공유 리더십이 민주주의에 뿌리를 두고 있으며, 이는 또한 민주주의를 지향한다고 주장한다. 문제는 전통적인 학교문화에 있다.

> 민주적으로 운영되는 학교는 거의 없다. 학교의 가버넌스는
> 뉴잉글랜드 타운 미팅보다는 독재에 더 가깝다(대체로 자애로
> 운 거버넌스라고 해도 그렇다). … 교사들이 중요한 학교의 책
> 임을 맡을 때, 그들은 학교를 독재에서 민주주의로 변화시키
> 는 중요한 한 발을 내딛는 것이다.Barth, 2001: 444

'새로운 중학교' 개혁에서 학습디자이너들이 민주주의를 선도하고 활
성화하는 역할을 하지만, 그 일만을 하는 것은 아니었다. 비록 그들이
학교에서 주로 조정 역할을 담당하기는 하지만, 학교에는 이미 다른 역
할과 기능들이 있었다. 학교학습센터Center for Learning Schools에서는
교사 리더십을 반영한 교장과 학습디자이너를 위한 툴키트toolkit를 개
발했다.Schratz, Krenn & Aigner, 2015 참조 이 툴키트에는 교사 리더가 될 수
있는 '잠자는 거인'[2]Katzenmeyer & Moller, 2009을 확인할 수 있는 교직원의
역할과 기능을 분석하는 방법이 포함되어 있다. 2012년 교육부의 개혁
법안에 따른 '새로운 중학교' 개발의 지속성을 유지하기 위해 학교학습
센터를 설립했을 때, 웨스트폴-그라이터와 호프바우어는 사실상 리더
교사의 역할을 하고 있는 교사들을 파악하기 위해 다음의 기준을 마련
했다. 교사가 다음과 같을 때 알 수 있다.

- 교사의 직무 이외의 해야 할 일을 찾는다.
- 교실에서의 책무 외의 과업을 맡는다.

---

2. 잠자는 거인(sleeping giant): 강력한 잠재성을 지니고 있으나 아직 드러나지 않은
   것을 의미-역자.

- 학교의 성공을 위한 책임을 맡는다.
- 비판적이며 동료들을 위해 적극적으로 앞장선다(적극적으로 기여하는 것에서부터 직접적으로 중재하는 것에 이르기까지).

학습디자이너들은 어쩌면 오스트리아에서 가장 잘 드러나 있는 리더 교사인데, 그 이유는 2년제 프로그램 때문이기도 하지만, '학습디자인Lerndesign'이라는 이름이 수업디자인instructional design을 참고하고 있기 때문이다. 이 새로운 단어는 개혁 초기에 언론의 주목을 받았고, 네트워크 회의들에서 등장한 '새로운 중학교' 사업의 일부가 되어 빠르게 모든 시스템 단계로 퍼져 나갔으며, 2012년 '새로운 중학교' 법안에 명문화되었다. 학습디자이너의 역할은 또한 2014년 개정된 새로운 노동법에서도 공식적으로 인정되었다.

위에서 설명한 문화적 변화는 교장들뿐만 아니라 교사들에게도 영향을 미쳤다. 학습디자이너는 일부 거부되기도 했다. 하지만 이들은 교직 사회의 수직적 서열문화를 타파하고 동료 교사들의 리더가 되기 시작했다. 교사 리더십이 낯선 오스트리아 학교의 경직된 위계 구조에서 '스스로를 드러내는 것'은 불편한 일이었다. 앞에 나서서 자기주장을 하는 것부터 시작하여 새로이 마련한 프로그램에 동료들의 참여를 독려하고 또 다른 한편에서는 동료들의 저항을 불러일으키는 모든 영역에서 그러했다. 이러한 현상을 로티Lortie, 1975는 학교 교사들에 관한 사회학적 연구에서 '균등 자율성 유형autonomy-parity pattern'으로 파악했다. 교사들은 자율성과 구조적인 평등성(불평등한 성과에 대한 평등한 급여)을 누리고 있다. 그렇기 때문에 학교문화의 기존 질서에 대한 위협으로 인식될 수 있었다. 다음에 이어지는 짧은 글은 가상의 전문적 학습네트워크VPLN 세션에서 발췌한 것Westfall-Greiter, 2013c으로, 이러한 새로운 질서가 등장하기 시작할 때 일어나는 긴장을 표현하고 있다.

안나는 화가 났다. '교사 리더십'이라는 용어가 학교에서 잘 쓰는 말이 아닌데도 전문적 학습네트워크에 있는 다른 모든 사람이 리더 교사의 역할이 가장 중심이 된다고 하고 있었기 때문이다. 그녀의 학교에서는 전혀 그렇지 않다. 교장은 필요가 있으면 책임을 위임한다. 학교발전팀에는 계속적으로 변동이 생기기도 한다. 그런데 그녀는 어떻게 학습디자이너가 되었는가? 단지 학습디자이너에 등록하라는 공문이 왔을 때 교장실에 있었을 뿐이다. 그래서 이 일을 하게 되었다. 그녀는 과연 리더 교사가 회의 소집이라도 할 수 있는 권한이 있는지를 알고 싶다. 그리고 리더 교사 역할을 통해 다른 사람들은 어떤 혜택을 얻게 되며, 이러한 상황에서 누가 과연 그 역할을 맡겠다고 할지가 궁금했다. 사실상 그녀는 대체로 리더 교사에 대해 별로 생각하지 않는다. 학교에서의 자기 자신에 대해서 생각하고 있다. 안나는 점점 인내심의 한계를 느끼고 있다. 도대체 학교에 리더 교사를 도입하는데 어떤 프로세스가 필요하냐는 질문에 답을 하고 싶다.TLS1 V3 20140512, cf. Westfall-Greiter, 2013c

6.5 가상의 전문적 학습네트워크 등장

'새로운 중학교' 시범 사업과 함께 시작된 네트워크 회의들에는 학습 조직으로서의 학교를 지향하는 일관된 생각들이 전제되어 있었다.Stoll & Kools, 2017; Kools & Stoll, 2016; Schratz & West-Greiter, 2010 시범 사업 초기부터 컨설팅단은 이러닝지원단과 긴밀하게 작업했다. 이러닝지원단은 교사와 학생의 이러닝eLearning과 디지털 역량을 증진하기 위해 설립된 외부 지원 조직이다. 이러닝지원단과의 유의미한 협력을 통해 에듀무들

eduMoodle 플랫폼을 빠르게 추진하고 개발하는 것이 가능했다. 이 플랫폼은 커뮤니티 구축을 위한 온라인 라이브러리와 아카이브 그리고 가상적 공간 역할을 했다. 학습디자이너들은 2009년 이 플랫폼에 등록한 첫 번째 그룹으로, 이 플랫폼에서 가장 활발하게 활동하고 있으며 연간 조회수 백만을 넘고 있다.Westfall-Greiter & Hofbauer, 2016

시범 사업 기간에 각 기수는 각자 내부 포럼을 운영하고 있었다. 이 포럼은 회원들 간에 그리고 컨설팅단과 소통하고 이론적 배경 자료와 같은 학습 관련 자료들을 업로드하거나 다운로드하기 위한 가상 공간이었다. 포럼에서의 내용과 주제는 대면 학습아틀리에를 통해 발생한 문제들에 관한 것이어서 아날로그 경험과 디지털 세계의 연결을 가능하게 했다. 1기의 많은 학습디자이너들은 가상 커뮤니케이션의 어려움에 적응해야 했다. 일부는 포럼에 참여하는 것이 처음이었고 디지털 역량이 부족했다. 그렇기 때문에 참여하는 것이나 학습 진도를 나가는 데 어려움이나 장애가 많았다. 그러나 학습아틀리에의 대화, 비공식 설문과 플랫폼 사용자 접속 데이터를 통해서 볼 때 모든 학습디자이너가 매우 활동적이라는 점을 밝히고 있다. 일부는 조용하고 눈에 띄지 않았지만 메일 박스의 모든 내용을 성실하게 읽었고, 포럼에 글을 올리지는 않았지만 포럼에는 계속 접속하는 '눈팅'을 하고 있었다.

2012년 학교학습센터는 중앙시스템 개발에 관련된 질문들을 기본으로 하여 일부 변경한 내용을 다음과 같이 발표했다.Westfall-Greiter, 2013b: 2

- 시스템 파트너들에게 이전할 때 국가 자격 프로그램들과 네트워킹 행사들의 질적 수준을 어떻게 유지하고 개선할 수 있는가?
- '새로운 중학교'의 학교 네트워크를 어떻게 강화시킬 수 있는가?
- 변화 주도자들이 최신 정보를 유지하고 국가적 수준에서 현장의

커뮤니티와 연결할 수 있는 방법은 무엇인가?

- 변화 주도자들이 학교에서 행하는 영향력을 어떻게 평가할 수 있는가?
- 질적 발전을 위한 전략으로서의 공유 리더십은 어떻게 육성될 수 있는가?
- 학습디자이너의 역할이 시스템 내에서 안정적으로 유지될 수 있는 방법은 무엇인가?

2008년부터 2012년까지 컨설팅단 활동 기간의 진행 과정을 통해 학습아틀리에는 15학점의 공식 교육과정을 갖춘 학습디자이너를 위한 우수한 프로그램을 제공했으며, 하나의 공식적 인증 과정으로 정착하게 되었다. 시범학교들의 교육과정에 대한 요구를 반영하여 교육과정이 개발되었는데, 다음 여섯 가지 영역에 관한 것이다.

- 학습에 대한 마음 챙김mindfulness of learning[Schratz, 2009]
- 차이와 다양성
- 역량 지향성
- '거꾸로 설계하는backwards design' 교육과정 개발[Wiggins & McTighe, 2005/2007; Tomlinson & McTighe, 2006]
- 차별화된 수업[Tomlinson, 2003; Tomlinson & Imbeau, 2010]
- 평가

교장들만을 대상을 하는 네트워크 회의는 진행하지 않고 대신에 교장과 학습디자이너들이 함께 전국 학습아틀리에를 만들었다. 이 '역동적 개발의 파트너'는 학습디자이너들이 효과적인 변화 주도자가 되는 데 큰 역할을 한 것으로 알려져 있다. 네트워크 회의에 함께 참여하도록 하는 전략은 2011-2012 학년도에 처음으로 시범 실시되어 학교장들과 학습디자이너들 간의 공유 리더십을 강화하는 데 효과적인 것으로 증명되었고, 참가자들의 긍정적 피드백으로 확인되었다. 또한 '새로운 중학교' 프로그램이 완료된 1기·2기 학교들과 네트워크를 유지하는 전략에 관해서 2012년 두 번의 심포지엄이 실시되었다. 학습디자이너들과 교장들은 2일 일정의 심포지엄에 초대되어 외부 전문가들의 발표를 듣고, '새로운 중학교'의 목표 및 개발 주제 관련 워크숍에 참여했으며 다른 사람들과 네트워킹을 할 수 있었다. 참가자들의 피드백은 압도적으로 긍정적인 것으로 나타났다. 기수generation 간 네트워킹을 위한 이 심포지엄은 연례행사가 되어 행사마다 250명이 참석했고, 되도록 많은 사람에게 참석 기회를 제공하기 위해 1년에 2~4회 개최되었다.

대면 행사 외에도 모든 학습디자이너는 온라인 플랫폼상에서 '모든 학습디자이너를 위한 온라인 학습아틀리에OLLD'라고 하는 모든 기수를 위한 '메타코스'에 함께 모였다.[그림 6.4] 참고 이 시기에 플랫폼은 커뮤니케이션 인프라와 소셜 아키텍처의 중요 부분이 되었고 학교학습센터로 하여금 네트워크 학습을 위한 공간을 제공할 수 있게 했다. 현재는 가상적인 학교 간 전문적 학습네트워크, 자율학습 코스, 웨비나, 포럼 등이 포함되어 있다.

여기서 학교학습센터와 '새로운 중학교' 커뮤니티에서 사용되는 용어를 정리하는 것이 중요하다. 학습디자이너 네트워크는 리더 교사들의 학교 간 네트워크로서 지자체와 학교의 경계를 넘어 전문적 학습에 관여한다. 구성원들은 전문적 용어와 공동의 난제를 공유하고, 지식을 창출하고 활성화하기 위해 협력함으로써 추구하는 목표를 공유한다. 다시 말해, 우리는 학습디자이너 커뮤니티를 전문적 학습네트워크로 설명한다. 전문적 학습공동체라는 용어는 교사들이 자신들의 전문적 학습을 구조화하고 집중하기 위해 참여하는 특정한 활동들을 의미한다. 구조

[그림 6.4] 학습디자이너 네트워크의 생성 - 수평적·수직적 네트워크

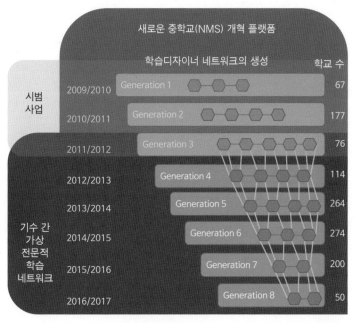

화되고 집중화된 전문적 학습공동체 활동이 오스트리아 학교문화에는 많이 알려져 있지 않기 때문에, 전문적 학습공동체 역시 학교교육 개선을 위한 새로운 전략으로 인식되고 있으며, 학교 내의 리더십에 의해 자주 시도되고 있다. 학습디자이너들은 학습아틀리에 내의 학교 간 전문적 학습네트워크 활동에 참여하면서 전문적 학습을 구조화하고 집중할수 있는 방법을 배웠다. 전문적 학습공동체 구조와 형식이 제공되기 때문에, 학습디자이너들은 자신들의 학교에서 학교 내 전문적 학습공동체를 먼저 개설해 볼 수 있었고, 같은 생각을 지닌 동료 교사들을 초대하여 공동의 과제에 대해 구조화된 방법으로 함께 작업할 수 있었다.

2013년 학교학습센터에서는 가상의 전문적 학습네트워크를 시범 운영하기 시작했다. 가상의 전문적 학습네트워크는 플랫폼의 가상 회의

공간에서 이루어진다. 학습디자이너들은 여러 학교의 문제들과 난제들에 관해 작업한다. 이때 학습아틀리에에서 학습한 방식과 동일한 형식을 이용한다. 가상의 전문적 학습네트워크 회의에서 나왔던 아래의 내용은 학습디자이너들이 전국적인 네트워크 구성원들과 논의하는 전문적 대화의 내용을 담고 있다.

린다, 레일라, 루시는 마르차노Marzano의 스케일scales 모형과 웨브Webb의 지식의 깊이Depth of Knowledge 모형에 관해 실시간 토론을 하고 있다. 이 모형들에 관해 아직 공부를 하지 않은 로라는 집중해서 듣고 있다. 루시가 말한다. "제가 과제 선정 과정에서 몇 번 빠졌었어요. 그다음에는 실수만 하게 됐죠." 그러자 레일라가 덧붙인다. "과제를 내가 새로 만들어 낸다는 게 정말 힘들었어요. 정말 어려운 일이에요." "맞아요, 우리가 스케일에 대해 사고하는 게 익숙하지가 않아요. 그에 대해서 질문을 해 본 적이 없어요." 하고 루시가 답한다. 약간의 침묵 후 레일라가 말한다. "지금 우리가 모든 사례에서 무엇이 빠졌는지를 찾아내는 중인데, 이것은 이전에는 할 생각을 해 본 적이 없는 일이죠. 우리는 한 번도 학생들에게 생각을 하도록 요청한 적이 없어요. 그걸 깨달았어요." "맞아요. 그리고 듣기 능력과 읽기 능력을 다룰 때 전략적으로만 접근했지, 한 번도 그것에 대해서 생각을 안 해 봤어요." 루시가 말한다. "사실이죠." 루시가 잠깐 침묵 후에 덧붙인다. "맞아요. 그게 사실이에요." 레일라가 공감한다. 그리고 침묵이 흐른다. 각자 자신의 생각을 정리하고 있는 것 같다. 퍼실리테이터인 로라는 자신의 역할로 그 침묵을 살짝 깬다. "네, 그렇습니다. 다른 의견 또 있으세요?"LB1 HV4 20140602, cf. Westfall-Grelter, 2013c

6.6 가상의 전문적 학습네트워크VPLN에서 협업하기

'모든 학습디자이너를 위한 온라인 학습아틀리에Online Learning Atelier for all Lerndesigners, OLLD'는 학습디자이너들에게는 소통하고 공동작업을 하기 위한 주요 가상공간이고, 학교학습센터에게는 네트워크와 연결할 수 있는 주요 가상공간이다. 온라인 학습아틀리에 존재하는 세 가지 주요 포럼방은 다음과 같다. '뉴스와 업데이트News & Updates'는 학교학습센터가 네트워크와 소통하기 위한 포럼방이고, '학습Learning'은 '새로운 중학교' 개발에서의 현재 이슈와 관련된 전문적 학습을 위한 자극을 유도하는 포럼방이다. 그리고 '개발Developing'은 학습디자이너들이 다른 사람들과 가상으로 공동작업을 하기 위한 포럼방이다. '개발' 포럼방이 가장 활동이 많은 전문적 학습네트워크라는 것은 놀라운 일이 아니다.[그림 6.5] 참고 대부분의 게시글은 학습디자이너들이 쓴 것이고, 실무 개발과 관련한 전문적 내용으로 구성되어 있다.

[그림 6.5] OLLD 게시글과 답글 현황

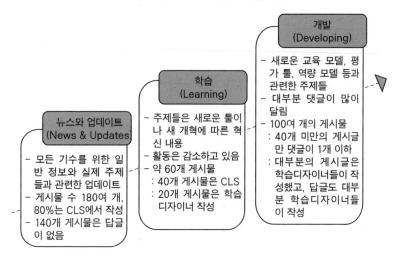

학교학습센터의 구성원인 헬가 디엔도르퍼Helga Diendorfer, 2016는 2015-2016년 온라인 학습아틀리에에서의 담론을 철저히 분석했다. 가상 네트워크에서의 주요 담론을 다룬 그 결과물은 학교학습센터에서 출간되었다. 그 내용은 [표 6.1]에 요약되어 있다.

[표 6.1] OLLD에서의 주요 담론 주제들

대주제	소주제
전문성	• 협력과 동료의식 • 전문적인 자기 인식 • 성찰과 담론 능력 • 개인적 숙련도
'새로운 중학교' 관련 주제	• 학습디자인(거꾸로 디자인) • 기준지향 평가 • 차별화 • 학습에 대한 마음 챙김 • 역량기반 학습 • 다양성

헤드필드Hadfield, 2005는 "네트워크에는 촉진facilitation이 필요하다"고 지적한다. 지금까지 이 장의 제2저자인 웨스트폴-그라이터는 플랫폼의 모든 학습디자이너 포럼들에서 수석 퍼실리테이터 역할을 해 왔고, 온라인 학습아틀리에에서도 같은 역할을 하고 있다. 또한 학교학습센터 스태프들의 업무 지원을 받고, 몇몇 학습디자이너도 공동 퍼실리테이터 역할을 했다. 퍼실리테이터이자 학습센터 공동 운영자로서 학습디자이너들이 시작한 게시물에 답변을 다는 것뿐만 아니라 새로운 주제를 시작하거나 학교학습센터의 최신 소식을 제공한다. 현재 국제학술대회와 문헌들에서 얻은 지식 공유에 중점을 두고 있다. 학습디자이너들은 외부로부터의 지식과 정보가 자신의 지적 지평을 넓히며 학습과 사고를 위한 중요한 자원이 된다는 점에서 그 가치를 중시하고 있다.

6.7 시스템 변환에서 가상의 전문적 학습네트워크의 잠재성

대면face-to-face의 네트워킹에서 시작된 학습디자이너 네트워크 이야기는 가상의 전문적 학습네트워크VPLN로 옮겨 감에 따라 많은 시사점을 던져 주었다. 또한 '전문적 학습professional learning', '전문적 학습공동체professional learning community', '전문적 학습네트워크professional learning network'와 같은 용어의 의미 구분도 모호해졌다. 전문적 학습에 대해 우리가 이해하는 바는 전문가들에 의해 그리고 전문가들을 위해 진행되는 모든 학습 활동을 말하며, 그들의 현장에서 발생하는 문제나 질문들을 다룬다는 것이다. 학습을 전문가들의 손에 맡기려는 경향이 늘어나는 것은 '거꾸로flipped' 또는 '개인화된 personalized' 전문성 개발로 일컬어지기도 했다.Hardin & Koppenhaver, 2016; Bretzmann, 2015 그 이유는 현장에 대해 일정한 처방을 하는 외부 프로그램들에서 전문가들이 서로의 눈높이에서 배울 수 있게 하는 영역으로 활동들이 대체되고 있기 때문이다. 전문가들이 외부 지식 활동에 참여하거나 외부 전문가를 초청하여 지식을 창출하고, 해법을 찾으며 전문가로 성장하는 데 도움을 받는 것은 전문가 자신들의 선택이다. 이러한 지식의 이동Stoll, 2015은 학습디자이너들이 참여하는 모든 가상적인 커뮤니케이션에서 역동적으로 나타나고 있다.

처음에 학교학습센터에서는 학교 리더십 활성화를 통해서 학교를 발전시키려는 의도로 전문적 학습공동체를 추진했다. 전문적 학습공동체에 관한 초기 문헌에서 뒤포와 이커DuFour & Eaker, 1998는 다음의 기준들을 제시했다.

- 공유된 사명, 비전, 가치
- 집단적 탐구

- 협업적 팀
- 활동 지향과 실험정신
- 지속적 혁신
- 결과 지향성

호드Hord, 2004는 실천가들에 의해 그리고 실천가들을 위해 진행되는 전문적 학습의 개념을 전개하면서 다음의 지표들을 언급했다.

- 상호 지원적이며 공유된 리더십
- 가치와 비전의 공유
- 집단적 학습과 학습의 적용
- 상호 지원적 분위기
- 공유된 실천

앞에서 설명한 바와 같이, 학습디자이너들은 학교와 교사들의 요구를 기반으로 자신들의 학교에서 전문적 학습공동체 활동을 만들어 간다. '새로운 중학교' 플랫폼에서 그들은 언제든지 전문적 학습공동체 방을 요청하여 현장에서 비슷한 문제로 고심하는 다른 사람들과 소통할 수 있었다.

국가수준의 네트워크가 갖는 힘과 변화를 위한 리더 양성은 '새로운 중학교' 개혁이 성공할 수 있는 핵심 요소이다. 그러나 이 주장은 데이터의 뒷받침이 있어야만 가능한 일이다. 컨설팅단은 모든 시스템 단계의 네트워킹에 집중했는데, 시범 사업 2년 차에 개혁 프로젝트가 유의미한 진척을 이루었고, 3년 차에는 개혁정신이 지속될 수 있었다. 이는 학교개혁이 계획보다 더 일찍, 즉 '새로운 중학교' 개혁 시범 사업의 평가가 계획된 것보다 1년 먼저 이행된 이유 중 하나인 것으로 보인다.

학습디자이너 네트워크는 다음과 같은 경우에 성공적이 될 수 있다.

- 학습디자이너들을 위한 온라인 플랫폼은 커뮤니케이션을 쉽게 할 수 있게 해 주고 전국적으로 아이디어와 혁신을 교환할 수 있게 해 준다.
- 높은 수준의 정기적인 네트워킹 행사는 정체성과 전문성, 자신감을 구축하게 해 준다.
- 개인적 지원과 전문가에게 쉽게 접근할 수 있는 환경은 신뢰를 구축한다.

지원 활동은 학습디자이너 역할의 개발과 이행을 위한 중요한 성공적 요소일 뿐만 아니라 강한 학교 네트워크 조성을 위해서도 중요한 성공 요소이다. 이 지원 활동에는 다음의 내용이 포함된다.

- 국가수준의 네트워크 회의들과 우수한 프로그램을 가능하게 하는 교육부의 재정적 지원
- 다른 프로젝트 및 기관들과의 개발 전략을 가능하게 하는 교육부 핵심 관계자들의 협력과 기여
- 시스템 개발에 집중하고 '미래의 현재화' 전략 및 외부로부터의 독립적인 자문Scharmer, 2009
- 컨설턴트의 개인적 헌신과 관계 역량

이 외에도 매일 현장에서의 구조 통합과 내부·외부 지식에 접근할 수 있는 통합적 정보와 자원의 출처로서의 플랫폼 등이 지원 요소에 포함될 수 있다.

가장 중요한 것은 '새로운 중학교' 플랫폼이 컨설팅단으로부터 시작된 전문 지식 강화, 역량 강화 전략에 대응해서 전문적 네트워크를 만들어 가고 자체 발전을 이어 갈 수 있도록 했다는 점이다. 이제 더 이상 외부에서의 전문적 역량 개발이 아니라 내부로부터 시작되는 전문적 역량 개발이 가능해졌다. 또한 가상공간이 혁신적인 분위기로 변화되었음을 보게 되었다. 혁신을 위해서는 일반적으로 국가 기관들이 진행하는 것이 보통인데, 이러한 외부적인 개입과 위로부터의 요구는 학교 수준의 혁신 문화를 만드는 데는 충분하지 않다. 미국 교육부의 혁신과 개선을 위한 부서에서는 혁신을 구체적으로 정의하지 않고 웹 사이트에 다음과 같은 설명을 제시하고 있다.

> 교육의 세계에서, 혁신은 다양한 형식으로 제시되고 있다. 교육 시스템이 조직화되거나 관리되는 방식의 혁신이 있다. 이를테면 차터스쿨[3]이나 학교 책무성 제도를 들 수 있다. 혁신은 또한 교수 방법이나 전달체계에도 있는데, 그 예로는 교실 내 새로운 기술공학의 활용 등을 들 수 있다. 혁신은 교사들의 채용, 양성 교육, 보상 방식에도 있다. 그 밖에 많은 것들의 혁신이 있다.[미 교육부, 2004: 온라인 참조]

호주 빅토리아주의 교육아동개발부는 훨씬 더 구체적이다. 웹 사이트에서 그들은 대단히 열정적으로 다음과 같이 천명한다. "혁신적이라는 것은 우리가 현재 잘하고 있는 것을 넘어서 멀리 보고, 미래의 위대한 아이디어들을 파악하고 실행에 옮기는 것에 관한 것이다."[교육아동개발부, 2012]

---

3. 차터스쿨(charter school): 공적 자금을 받아 교사·부모·지역 단체 등이 설립한 학교-역자.

그들은 "우리는 교육을 개선하는 것보다 더 큰 야망이 있다"라고 주장함으로써 혁신의 필요성을 강조한다. "혁신은 새롭거나 다른 방식으로 하는 것이다. 그것은 기존 실천에 대한 지속적인 개선에서부터 목표를 이루는 방법의 변화 또는 그 목표가 어떤 것인가에 대해 다시 생각하는 것에 이르기까지 다양할 수 있다." 교육아동개발부의 혁신 모형은 혁신 부처의 '3중 다이아몬드 모형'을 기반으로 했고, 다음의 세 가지 단계로 구성된다.[그림 6.6] 참고

[그림 6.6] 혁신 부처의 3중 다이아몬드 모형

- 활성화Stimulate: 시스템 단계의 성찰. 현재 일어나고 있는 것과 지금까지 시도해 본 것들을 살펴본다. 새로운 방식들을 탐구하고, 새로운 아이디어들을 추가한다.
- 인큐베이트Incubate: 지역 단계의 활동. 아이디어들을 테스트해 보고 실행 가능한 아이디어를 발전시킨다. 변화 리더십을 지원하고 실천하는 커뮤니티를 조성한다.
- 가속화Accelerate: 시스템 학습. 학습한 것을 공유하고 작동하는 아이디어들을 확장한다.

이와 같이 혁신을 과정으로 설명하게 될 때는 미시적 수준과 거시적 수준 사이, 이를테면 교실, 학교 및 학교 제도 수준에 일정 유형의 긴장 관계가 조성된다. 이러한 긴장은 전체를 하나로 바라보는 시각이 아니라 힘의 관계가 수직적으로 형성되었기 때문에 발생하게 된다. 혁신을 더 큰 생태계에 속한 하나의 분위기, 풍토로 개념화한다면, 시스템 발전을 위한 노력은 하향식의 중앙집권화된 구조에서 벗어나서 공동 창조를 지향하는 방향으로 옮겨 갈 수 있다. 해넌 등[Hannon 외, 2011: 18]은 '교육을 위한 혁신 생태계 개발'이라는 제목의 백서에서 혁신친화적 환경의 필요성을 설명한다. 그리고 "변화에 대한 압력과 변화의 기회에 대하여 조직 학습을 통해 적절히 대응해 갈 수 있다면, 혁신 생태계를 풍부하게 하는 조건들을 만드는 것이 우리의 지향점이다"라고 주장한다.

더 나아가, 해넌[Hannon, 2013]은 효과성 평가를 위해서는 새로운 준거가 필요하다고 주장했으며, 대전환을 지향할 경우에는 교육에서의 부분적 개선의 논리는 적절하지 않다고 강조했다. 해넌은 학습 리더십 학술대회[Conference on Learning Leadership]에서의 기조연설을 통해 대전환, 즉 한 패러다임에서 다른 패러다임으로의 변화 지표로 '불확실성fuzziness'을 상정했다. 이와 비슷하게 샤머의 U-이론에 의하면, 알지 못하는 것 not-knowing으로 시작, 미래의 현재성presencing, 그리고 새로운 것을 위한 여지 남겨 두기, 새로 등장하는 것에 대한 관리 등의 과정을 전제한다. 이러한 관점들은 혁신적 분위기에서 제기되는 중요한 질문을 한다. 누가 관리자인가? 새롭게 등장하는 것을 옹호하고 전환을 함께 전개해 가는 데에서 그들이 맡아야 하는 책임은 무엇인가?

혁신을 분위기, 시스템, 생태계에 비유하는 것은 혁신의 스펙트럼이 점진적 변화에서 대전환까지 다양하게 분포한다는 점을 암묵적으로 표현하고 있다. 이러한 다양한 수준으로 혁신을 바라보는 것은 혁신의 상황성situatedness으로 인해 불가피한 것처럼 보인다. 행위란 사회적 관계들과 생각들을 구현하는 것이다.^{Winch, 2008} 낡은 것에서 이동해서 새로운 것을 향해 가는 행위로서의 혁신^{Waldenfels, 2005}이란 항상 행위자가 자신의 역사, 전통, 규칙, 생각을 갖고 실천하는 행위를 의미한다. 새로운 것이 등장하고 과도기적 순간(불확실성)이 생겨나는데, 이때는 오래된 것은 더 이상 작동하지 않고 새로운 것은 아직 제대로 구축되지 않은 상황이다. 이 순간은 취약하고, 불안정하며, 불확실하고 방향성도 상실한 상황이다.

하그리브스^{Hargreaves, 2003}가 말한 바와 같이 전문적 실천에서 혁신을 추구할 때는 그 실천의 상황의존성이 문제시된다. 제임스 스필레인^{James Spillane, 2013}의 리더십의 실천에 관한 연구에 기초해서 우리는 다음의 내용을 확인할 수 있다. (1) 각 상황은 독특하며 다시 반복되지 않는다. (2) 어떤 활동이 혁신적인지 아닌지를 규정짓는 것은 주어진 상황이다. (3) 혁신은 도구의 변화, 관행의 변화, 구조와 사람의 변화를 통해서 구현된다. 이 점에 비추어 볼 때, 교사의 수업 행위는 교실에서 마주치는 상황에 대해서 새로운 해법을 만들어 내야 하기 때문에 그 자체로 혁신의 과정이라고 볼 수 있다. 학교학습센터에서는 새롭게 변화하는 상황에 대응해 제대로 지원하기 위해서 도구, 관행, 사람의 변화 등에 일대일로 대응하지 않는 색다른 방식으로 혁신에 접근하고자 했다.

결과적으로, 학교학습센터는 현장에서 실천하는 사람들의 입장에서 혁신을 '지속적으로 새로운 것을 지향하는 행위'로 규정했다. 그들은 해결하기 어려운 문제들에 대응하여 과거에는 잘 알지 못하던 새로운 도구, 관행, 구조와 사람들의 변화를 통해서 이 문제에 접근한다. 이러한 변화는 무엇이 가능한지, 무엇이 불가능한지에 대해서 지속적인 영향을 미친다. 그렇게 함으로써 관련되는 모든 경험과 실천을 변화시킨다. 미시적 수준(소우주)에서 실천가들이 주도하는 교육적 혁신의 특성은 다음과 같다.

- 접근 가능한 공적이며 전문적인 지식에서 불확실한
- 혁신의 맥락에서 아직 시도되지 않은
- 옹호 가능한 전문적이며 공적인 가치를 가지고 연결된
- 이미 세상에 존재하는 것과 관련하여 알고 있는
- 의식적인
- 빠르고, 거칠며, 위험 요소가 있는
- 의도성과 영향력과 관련하여 평가되는
- 공적인

6.4 결론

공적이며 전문적이며 접근 가능한 지식 영역에서는 시스템 전체의 혁신은 있을 수 있다. 그러나 거시적 수준(대우주)에서는 새로운 것이다. 여기에는 다른 과학 영역이나 사회 영역에서 비롯된 지식뿐만 아니라 학교효과 연구로부터 얻은 지식들이 포함된다. 수직적 차원으로 사고하는 것을 피하기 위해서 우리는 전체를 고려하여 소우주와 대우주라는 개념을 선택했다. 소우주에서 대우주로 이동하기 위해서, 타당성 relevance, 실현 가능성viability, 확장성scalability의 기준들을 고려해야 한다. 이러한 혁신('시스템 변화를 위한 씨앗')이 대우주에 미치는 영향의 정도는 이들이 거시적 수준의 리더십과 어느 정도 연결되는지, 공동의 변화Scharmer, 2009가 일어나고 유지되는지에 따라 결정된다.

이러한 혁신 분위기에 대한 관심은 학습디자이너 네트워크를 지원하고 가능하게 하는 토대가 될 수 있다. 교사 지도자들의 전문화와 역량

강화가 개별 학교에 어떻게 영향을 미치는지는 불분명하지만, 부분적인 증거 자료에 의하면 학습디자이너 네트워크가 학교조직에 긍정적 영향을 미칠 때는 타당성, 지원, 목적, 방법Berg & Zoellick, 2017이 학교 차원으로 전달되어 그들이 효과적인 교사 지도자들이 될 수 있을 때이다.

정책과 시스템 개발의 관점에서 볼 때 대규모의 영향력을 측정하기 힘들다는 것이 한편으로는 무기력하게 느껴질 수도 있으며 받아들이기 힘들 수도 있다. 만약 시스템이나 기관에서의 실천이 전통이 남긴 규칙에 영향을 받고 있으며 학교에서의 실천들이 학교라는 독특한 맥락에서 일어난다는 점을 전제한다면, 하나의 답이나 해결책으로 일반화하거나 처방하는 것은 불가능하다. 오히려, 실천과 행위를 가능하게 하는 것은 규칙의 체계이다. 실천은 동일하게 반복될 수는 없다. 더 나아가 어느 시스템이나 규칙에는 규제되지 않은 영역이 있기 마련이다. 독일의 현상학자인 베른하르트 발덴펠스Bernhard Waldenfels, 2005가 주장하는 바와 같이, "규제되는 것 안에는 규제되지 않는 것이 있어서 변화를 가져오고 새로운 규제를 허용한다". 베유겔러와 존 오헤어Veugelers & John O'Hair, 2005는 "네트워킹에서 '동결된' 성장의 유형들에 대한 인식"을 통해 네트워크가 유연할 수 있다고 주장한다. 이는 학습디자이너 네트워크와 같은 시스템 수준의 움직임에서 특히 중요한 것이다. 가상의 전문적 학습네트워크VPLN는 경직된 네트워크가 되지 말고 메타학습deutero-learning 프로세스Kools & Stoll, 2016를 촉진하는 다중의 유연한 네트워크가 되어야 한다. 단순히 오류에 반응(단일순환학습)하거나 가정과 절차를 수정(이중순환학습)하는 것과 달리, 메타학습은 학습에 관해 학습하는 조직의 능력에 초점을 맞춘다. 학습디자이너 네트워크는 학습디자이너들이 전문적 현장 커뮤니티로서의 새로운 규칙들과 규범가치로 이어지는 전문적 학습에 관여할 수 있게 하는 비규제 공간을 사용하는 유연한 네트워크의 예시인 것 같다. 이러한 유연성을 통한 지속가능성은 오스트리아 전체 시스템적 변화 경험에서의 중요한 요소로서 전문가들에 의해 활기를 얻고 지속되어 각 현장의 특수한 난제들에 대응하는 지식을 창출하고 활용하도록 하고 있다.

참고문헌

Barth, R. S. (2001). Teacher leader. *Phi Delta Kappan*, 82(6), 443-449.

Barth, R. S. (2006). Improving relationships within the schoolhouse. *Educational Leadership*, 63(6), 8.

Berg, J. H., & Zoellick, W. (2017). "Toward a More Empirically Useful Conception of Teacher Leadership." Paper presented at the Annual Meeting of the American Educational Research Association, San Antonio, April 28, 2017.

Böheim-Galehr, G., & Engleitner, J. (Eds.). (2014). *Schule der 10-bis 14-Jährigen in Vorarlberg. Entwicklungen, Bildungshaltungen und Bildungserwartungen. Projektbericht Band 1* (FokusBildungSchule Bd. 6). Innsbruck: StudienVerlag.

Bretzmann, J. (2015). *Personalized PD: Flipping your professional development*. New Berlin, WI: The Bretzmann Group.

Bruneforth, M., Weber, C., & Bacher, J. (2012). Chancengleichheit und garantiertes Bildungsminimum in Österreich. In Herzog-Punzenberger, B. (Ed.). Nationaler Bildungsbericht 2012 Band 2 (pp. 189-227). Wien: BIFIE.

Bruneforth, M., Lassnigg, L., Vogtenhuber, S., Schreiner, C., & Breit, S. (Eds) (2016). *Nationaler Bildungsbericht Österreich 2015, Band 1.: Das Schulsystem ini Spiegel von Daten und Indikatoren*. Graz: Leykam.

Datnow, A., Hubbard, L. and Mehan, H. (2003). *Extending educational reform: From one school to many*. London, UK/NewYork, NY: Roudedge/Falmer.

Day C., Harris A., Hadfield M., Tolley H., & Beresford J. (2000). *Leading schools in times of charge*. Open University Press, Buckingham.

DEECD (2012). The Department's Innovation Model. Unpublished paper, www.education.vic.gov.au/ school/teachers/support/Pages/ihwhy.aspx.

Derfler, B., Kiemayer, R., & Leitner, G. (2012). *Kinder-Eltern-Lehrergespräche: Wege zu einer stärkenorientierten und wertschätzenden Kommunikation in Grundschule und Sekundarstufe 1*. Ennsthaler.

Diendorfer, Helga (2016). NMS Einsichten IV. Innsbruck: Center for Learning

Schools. Retrieved from www.nmsvernetzung.at/pluginfile.php/13236/mod_forum/post/26155/NMS_EinsichtenIV_102016_LY3.pdf.

Dooner, A. M., Mandzuk, D., & Clifton, R.A. (2008). Stages of collaboration and the realities of professional learning communities. *Teaching and Teacher Education*, 24(3), 564-574.

EPNoSL. (2015). Teacher Leadership Toolkit. http://toolkit.schoolleadership.eu/teacher_leadership_intro.php

Fullan, M., Hill, P., & Rincón-Gallardo, S. (2017). Deep Learning: Shaking the Foundation. Ontario, Canada: Fullan, M., Quinn, J., & McEachen, J. Retrieved from http://npdl.global/wp-content/uploads/2017/03/npdl-case_study_3.pdf.

Hadfield, M. (2005). From networking to school networks to 'networked learning': The challenge for the Networked Learning Communities programme. *Network learning for educational change*, 172-191.

Hannon, V. (2013). Leadership for System Transformation. Keynote by Learning Leadership Conference of OECD-ILE, Barcelona, Spain, 5 December 2013. Retrieved from www.youtube.com/watch?v=bQoAq6bewSc.

Hannon, V., Patton, A., & Temperley, J. (2011). Developing an innovation ecosystem for education. San Jose, CA: Cisco & Innovation Unit.

Hardin, B. L., & Koppenhaver, D. A. (2016). Flipped professional development:An innovation in response to teacher insights, *Journal of Adolescent & Adult Literacy*, 60(1), 45-54.

Hargreaves, D. H. (2003) Education epidemic: Transforming secondary schools through innovation networks. London: DEMOS. Retrieved from demos.co.uk/files/educationepidemic.pdf.

Hopkins, D., Stringfield, S., Harris, A., Stoll, L., & Mackay A. (2014) School and system improvement: A narrative state-of-the-art review, *School Effectiveness and School Improvement*, 25(2), 257-281.

Hord, S. M. (Ed.). (2004). *Learning together, leading together: Changing schools through professional learning communities*. New York: Teachers College Press..

OECD. (2014). OECD Skills Strategy Diagnostic Report: Austria. Paris: OECD, skills.oecd. org/supplyskills/documents/oecdskillsstrategydiagnosticrepor taustria.html

Katzenmeyer, M., & Moller, G. (2009). *Awakening the sleeping giant:*

Helping teachers develop as leaders. Thousand Oaks, CA: Corwin Press.

Kools, M., & Stoll, L. (2016). What makes a school a learning organisation?. *OECD Education Working Papers*, (137), 0_l.

Liebermann, A. (2000). Networks as learning communities. Shaping the future of teacher development. *Journal for Teacher Education*, 51(3), 221-227.

Lortie, D. C. (1975): *School teacher: A sociological perspective*. 2. Auflage, Chicago: University of Chicago Press.

McLaughlin, M. W., & Talbert, J. E. (2006). Building school-based teacher learning communities: Professional strategies to improve student achievement (Vol. 45). Teachers College Press.

MacBeath, J., & Cheng, Y. C. (Eds.). (2008). *Leadership for learning. International perspectives*. Rotterdam: Sense Publishers.

MacBeath, J., & Dempster, N. (Eds.). (2008). *Connecting leadership and learning: Principles for practice*. Routledge.

Muijs, D., West, M., & Ainscow, M. (2010). Why network? Theoretical perspectives on networking. *School Effectiveness and School Improvement*, 21(1), 5-26.

Polanyi, M. (1951). *The logic of liberty: Reflections and rejounders*. London: Routledge.

Scharmer, C. O. (2009). *Theory U: Leading from the future as it emerges*. Oakland: Berett-Koehler Publishers.

Scharmer, C. O., & Kaufer, K. (2013). *Leading from the emerging future: From ego-system to eco-system economies*. Oakland: Berrett-Koehler Publishers.

Schley, W., & Schratz, M. (2011). Developing leaders, building networks, changing schools through system leadership. In T. Townsend & J. MacBeath (Eds.), *International handbook of leadership for learning* (pp. 267-295). Netherlands: Springer.

Schley, W., Schratz, M., Hofbauer, C., & Westfall-Greiter, T. (2009). Das Konzept der NMS-Entwicklungsbegleitung als Transformationsprozess. *Erziehung und Unterricht*, 159(7-8), 686-696.

Schratz, M. (2009). 'Lernseits' von Unterricht: Alte Muster, neue Lebenswelten-was für Schulen? *Lernende Schule*, 12(46, 47), 16-21.

Schratz, M., Krenn, S., & Aigner, H. (2015). Case study from Austria-Teacher Leadership at the New Middle School (NMS)-System-wide reform for enhancing equity and learning in Austria's lower secondary schools. Schoot Leadership Policy Practices for Equity and Learning: EPNoSL Case Studies, 17-29. Retrieved from www.schoolleadership.eu/portal/deliverable/school-leadership-policy-practices-equity-and-learning-epnosl-case-studies

Schratz, M., & Westfall-Greiter, T. (2010). School-based curriculum development in Austria. In E. Haufai Law & N. Nieveen (Eds.), *Schools as curriculum agencies. Asian and European perspectives on school-based curriculum development*. Rotterdam: Sense Publishers, 167-177.

Schratz, M., & Westfall-Greiter, T. (2015). Learning as experience: A continental European perspective on the nature of learning. In H. Dumont, D. Istance, & F Benavides (Eds.), (2010). *The nature of learning. Using research to inspire practice* (pp. 14-33).

Spillane, J. P. (2013). The practice of leading and managing teaching in educational organisations. OECD Center for Educational Research and Innovation (Ed.), *Leadership for 21st Century Learning* (pp. 59-82). Paris: OECD.

Stoll, L. (2008). Leadership and policy learning communities: Promoting knowledge animation. In B. Chakroun & P. Sahlberg (Eds.), Policy learning in action: *ETF Yearbook 2008*. Torino, Italy: European Training Foundation.

Stoll, L. (2015). Using, evidence, learning and the role of professional learning communities. In C. Brown (Ed.), *Leading the use of research and evidence in schools* (pp. 53-64). London, IOE Press.

Stoll, L., Bolam, R., McMahon, A., Wallace, M., & Thomas, S. (2006). Professional learning communities: A review of the literature. *Journal of Educational Change*, 7(4), 221-258.

Stoll, L., Brown, C., Spence-Thomas, K., & Taylor, C. (2015). Perspectives on teacher leadership for evidence-informed improvement in England, *Leading and Managing*, 21(2), 76-91.

Stoll, L., & Kools, M. (2017). The school as a learning organisation: A review revisiting and extending a timely concept. *Journal of Professional Capital and Community*, 2, 2-17. Available at https://doi.org/10.1108/JPCC-09-2016-0022

Tomlinson, C. A. (2003). *Fulfilling the promise of the differentiated classroom*. Virginia: Association for Supervision and Curriculum

Development.

Tomlinson, C. A., & McTighe, J. (2006). *Integrating differentiated instruction & understanding by design: Connecting content and kids*. Virginia: Association for Supervision and Curriculum Development.

Tomlinson, C. A., & Imbeau, M. (2010). *Leading and managing a differentiated classroom*. Virginia: Association for Supervision and Curriculum Development.

Tye, B. B. (2000). *Hard truths: Uncovering the deep structure of schooling*. New York: Teachers College Press

U.S. Department of Education. (2004). What is Innovation? Retrieved from www2.ed.gov/about/offices/list/on/about/definition. html.

Veugelers, W., & O'Hair, M. J. (2005). *Network learning for educational change*. McGraw-Hill Education (UK).

Waldenfels, B. (2005). In den Netzen der Lebenswelt. 3. Auflage. Frankfurt: Suhrkamp.

Wenger, E. (1998). *Communities of practice: Learning, meaning, and identity*. Cambridge: Cambridge University Press.

Westfall-Greiter, T. (2012). Orientierungshilfe Leistungsbeurteilung. Teil 2: KEL Gespräche. http://www.nmsvernetzung.at/mod/glossary/view.php?fid =2473&mode=entry&hook=1732

Westfall-Greiter, T. (2013a). Contemplating one's way beyond teaching: "Lernseits" as personal imperative. In E. Christoff & J. E Schwartz (2013). *Lernseits des Geschehens: Über das Verhältnis von Lernen, Lehren und Leiten*. Innsbruck: Studienverlag, 103-118.

Westfall-Greiter, T. (2013b). System Monitoring Note 1 Austria: The Lerndesigner-Network. OECD's Innovative Learning Environments, Strand 3. URL: www.oecd.org/edu/ceri/AUT. MonitoringNote1 .pdf

Westfall-Greiter, T. (2013c). Fostering a network of change agents: Lerndesigner as teacher leaders in Austria's lower secondary reform. In OECD (Ed.), *Leadership for 21st Century Learning* (pp. 137-145). Paris: OECD.

Westfall-Greiter, T., & Hofbauer, C. (2010). Shared Leadership setzt Teacher Leaders voraus: Lerndesigner/innen im Feld der Neuen Mittelschule. *Journal für Schulentwicklung*, Vol. 4.

Westfall-Greiter, T., & Hofbauer, C. (2015). Fostering teacher leaders for sustainable school reform: System-wide strategies in Austria's lower secondary school reform. *Ricercazione*, 125.

Westfall-Greiter, T., & Hofbauer, C. (2016). *School walkthrough ein werkzeug für kriterienorientierte schulentwicklung*. (B. f. (ZLS), Hrsg.) Wien, Österreich: AMEDIA GmbH.

Wiggins, G., & McTighe, J. (2005). *Understanding by design*. 2nd edn. Virginia: Association for Supervision and Curriculum Development.

Wiggins, G., & McTighe, J. (2007). *Schooling by design: Mission, action, and achievement*. Alexandria, VA: Association for Supervision and Curriculum Development.

Winch, P. (2008). *The idea of a social science and its relation to philosophy*. New York: Routledge.

온라인 참고 자료

United States Department of Educations Office of Innovation and Improvement: https://innovation.ed.gov

Department of Education and Early Childhood Development in Victoria: www.education.vic.gov.au/childhood

NMS-Platform: www.nmsvernetzung.at

제7장

지역 교육 시스템 전체를 위한 전문적 학습네트워크

독일의 교육지평

피에르 툴로위츠키(Pierre Tulowitzki),

아니카 듀베넥(Anika Duveneck) & 미하엘 크뤼거(Michael Krüger)

학교는 학교 자체의 역할이 있고, 당연히 그 역할을 더욱 발전시켜 가야 한다. 그러나 학교가 사회에서 교육 기능의 특권을 주장하기는 점점 더 어려워질 것이다. 공공행정, 산업, 통신, 교통 등 모든 부문이 교육을 증진하는 역할에 관여해야 한다. 지역 및 국가적 공동체들은 그 자체로 탁월한 교육기관들이다.Faure 외, 1972: 162

7.1 도입

사회가 점차 다양하고 복잡해짐에 따라 고립된 기관으로서의 학교
만이 교육의 유일한 중심점 역할을 하는 것은 충분치 않다는 점을 드
러내는 강력한 사례들이 나타나고 있다. 따라서 사회의 복잡성이 증가
할수록 학교는 더 많은 기관과 협력해 나가야 한다.Gallagher & Parker, 2007
교육에 관한 관점이 확장되면서 제도교육 밖에서도 의도적이건 비형식
적이건 교육은 발생할 수 있다는 인식이 오래전부터 있어 왔다.Werquin,
2010 또한 학교와 그 행위자들agents이 더 큰 네트워크를 구성하는 부
분들로서 형식적으로나 비형식적으로 서로 연결되어 있다고 보는 의견
이 대두되고 있다.Carmichael 외, 2006 결과적으로, 학교를 둘러싼 공간으로
서의 학교 환경Million 외, 2015과 학교 주변 지역사회Sanders, 2005의 교육적
가능성이 주목받고 있다. 그 협력의 결과로 나타난 것이 파트너십Bauch,
2001, 네트워크화된 학습공동체Fox 외, 2007; Jopling & Spender, 2006, 교육지평
Huber, 2014; Million 외, 2015 등이라 할 수 있다. 각 개념은 서로 다를 수 있
으나 이러한 사례들에서 네트워크 시스템의 궁극적 목적은 학생들을
위한 학습조건의 개선이다. 학교 중심적 교육에서 네트워킹을 하려는
노력은 지난 몇 년간 대단히 활발하게 이루어져서 이를 통해 '협력을
기반으로 한 학교혁신의 제4차 국면'이 이루어지는 게 아닐까 하는 의
견들이 생겨나기 시작했다.Muijs, 2010: 1

이 장에서는 독일에서 상당히 대중화된 개념인 교육지평educational

landscapes에 관해 설명하고, 이를 전문적 학습네트워크에 대한 현재의 이해와 연결하고자 한다. 이를 위해 독일에서의 교육지평의 역사를 간단히 살펴보고[7.2] 교육지평과 전문적 학습네트워크를 비교하고자 한다.[7.3] 이어서 교육지평에 관한 독일의 주요 프로그램 세 가지를 제시하면서 교육지평의 작동과 효과에 관해 살펴보고자 한다.[7.4, 7.5] 마지막으로, 독일의 교육지평에서 나타난 사례연구를 제시하고[7.6], 논의 및 결론으로 마무리 짓고자 한다.[7.7]

7.2 '교육지평'이라는 용어

다른 OECD 국가들과 비교하여 독일의 교육 시스템은 형식교육과 비형식교육이 명확히 분리되어 있다는 특징이 있다. 한 축에서 공립학교는 전통적으로 반일제 교육과정을 제공한다. 오전 시간대에 학생들은 교실에서 수업을 하고, 점심식사와 이후의 숙제 등이 학교 밖에서 이루어지는 경우가 많은데, 이는 가정의 책임으로 간주되고 있다. 다른 한 축에서는 비영리 조직과 활동들이 많은 것으로 유명하다. 청소년들은 오후 또는 저녁 시간대에 스포츠, 문화, 예술 및 사회활동에 참여한다. 이러한 (전통적 의미에서의) '레저 활동'은 학교와 관련 없는 조직이나 기관에서 진행된다. 따라서 비형식 학습informal learning이 학교 건물 밖의 장소들에서, 학교 공동체 밖의 사회적 맥락에서 이루어진다. 이러한 배경과는 달리 '교육지평'이라는 용어는 독일어로 두 가지 의미가 있다. 첫째, 이는 불특정 '결합적 용어'로 제도권교육, 사교육, 사회교육을 하는 다양한 기관들을 통칭한다. 이 의미에서 교육지평의 개별 행위자들은 독립적으로 공존하면서 상대적으로 '비네트워크화non-networked'되어 있다.

두 번째로 '공동체 교육지평' 또는 '지역 교육지평'은 좀 더 구체적인 의미가 있다. 예를 들어, 이 용어는 2000년대 초부터 독일 연방 정책 프로그램인 〈제12차 아동과 청소년 보고서〉에서 사용되었다.[BMFSFJ, 2005] 독일 정부가 발표한 이 프로그램은 지역 공동체의 형식·비형식 학습 제공자들 간의 협력을 증진하기 위해 설계되었다. 따라서 '지역 교육지평local educational landscape'이라는 용어는 개별 교육 행위자와 기관의 작동 네트워크를 설명하기 위해 사용되었다. 또한 '지역local'이라는 형용사는 이 개념에서 지자체가 결정적 역할을 하고 있음을 나타낸다.

7.3 교육지평과 전문적 교육 네트워크

지역 또는 지자체의 교육지평에 관해 이야기할 때 우리는 이 용어의 좁은 의미를 사용한다. 블렉먼과 두르델[Bleckmann & Durdel, 2009]에 따르면 지역 교육지평은 장기적 네트워크를 의미한다. 지역 교육지평은 교육현장의 개선과 조정을 목적으로 하며 지역 공동체의 지원을 받고 전문적으로 관리된다. 또한 교육과 관련한 문제들을 중심으로 활동하면서 학습자 그리고 학습자의 관점과 요구를 최우선에 두고 있다. 지역 교육지평은 학습의 제도권 공간과 환경뿐만 아니라 지역에 있는 비제도권 공간과 환경도 포함한다.[Bleckmann & Durdel, 2009: 12] 교육지평은 또한 네트워크의 세 가지 측면으로 정의될 수 있다. 첫째, 교육지평은 (비형식 교육, 비제도권 교육을 모두 포함하는 넓은 의미의) 지역 교육 행위자들 간의 네트워크로 구성된다. 두 번째는 지역 교육과 지역 행정 간의 네트워크로 이루어지고, 세 번째는 지역과 전국적 네트워크로 이루어진다.[Duveneck, 2016]

이러한 네트워크들은 전문적 학습공동체professional learning

communities[Stoll & Louis, 2007: 5]가 확장된 것과 비슷하다. 또는 학습공동체들의 네트워크가 확장된 개념과 더 유사하다. 그 이유는 관여하고 있는 사람들이 전문적 학습의 증진에 참여하고 있고, 협업과 성장을 증진하는 학습자 중심적 실천을 하고 있으며, 학교를 넘어서 집합적으로 협력하면서 지역사회와 다른 서비스들을 연결하기 때문이다.[Jackson & Temperley, 2007 참조] '전문적 학습네트워크'라는 용어가 교사들이 다양한 행위자, 기관들과 협력한다는 것에 더 많이 중점을 두는 반면에 '지역 교육지평'이라는 용어는 학교, 비제도권 학습조직 그리고 정치적 행위자들 간의 포괄적인 협력이라는 개념을 포함한다. 이 개념은 전문적 학습네트워크의 일반적 개념보다 광범위하지만, 이 책에서 사용되고 있고 서론에서 설명했던 광범위한 정의와도 맥을 같이한다. 전문적 학습네트워크에서와 마찬가지로 그룹들은 일상적 커뮤니티 밖에 있는 다른 사람들과의 협업적 학습에 참여한다. 교육지평의 목적은 교수-학습의 개선이지만, 이 개념에서 학교나 교사보다 학습자를 더 중심에 둔다. 결과적으로 교육지평에서는 교사와 학교 지도자뿐만 아니라 아동·청년 관련 업무를 하는 사회복지사, 교육 컨설턴트, 촉진자, 자원봉사자 그리고 교육·청년 문제와 관련 있는 지역 정치인들까지 포함하고 있다. 교육을 네트워킹하는 개념에 공동체나 지자체를 포함한다는 것은 공동체나 지자체가 가질 수 있는 경제적 이해관계가 영향을 미칠 수 있음을 의미한다. 지역의 미래 성공 가능성을 확보하고자 많은 지자체가 교육 인프라를 잠재적인 '지역의 소프트 요인soft factor'으로 평가하고 있는데, 이는 경제적 경쟁에서 대단히 핵심적인 요소이다. 이러한 이유로, '지역의 교육지평' 개념은 지자체 및 공동체의 경쟁력과 지역단위에서의 행정개혁과도 연관되고 있다.

듀베넥Duveneck, 2016은 지역 교육지평이 포괄하고 있는 다양한 전개 모습을 분류하고 현장에서의 실천을 연구하기 위해서 분석 틀을 개발했다. 이를 위해 그는 먼저 수직적 협력의 유형들과 수평적 네트워킹의 형식들을 분류했다. 듀베넥의 체계에서 수직적 협력은 제도권 교육에서 진학할 때의 과도기적 간격을 이어 주는 네트워크들을 의미한다. 다시 말해 수직적 협력은 유치원, 초등학교, 중등학교, 대학교나 직업훈련 기관 사이에 있을 수 있는 간격을 개선시킨다. 따라서 이러한 유형의 네트워킹은 생애의 종단적 수준의 제도권 학습의 효율성 제고에 중점을 두고 있다. 반면, 수평적 협력은 제도권 및 비제도권 학습 사이에 더 나은 연결고리를 제공하기 위한 노력이다. 여기서 협력 파트너들은 청소년이 개인별 생활방식에 잘 적응할 수 있도록 지원한다. 아동의 생활세계lifeworld는 모든 제도권·비제도권 학습의 시작점이자 지속적인 배경 요인이 된다. 따라서 수평적 협력은 모든 영역에서 아동의 발달 기회를 만드는 것에 초점이 맞춰져 있고, 학교기반 학습과 학교 밖 학습 환경을 통합하는 것을 목표로 한다.Duveneck, 2016: 19

수직적·수평적 '네트워킹의 축'을 분류하는 역할뿐만 아니라 '지역 교육지평'이라는 용어는 다양한 차원의 통합을 함의하고 있다. 미시적 단계(개인들 간의 상호작용)와 중간적 단계(조직의 상호작용)에서 협력의 유형은 개인들의 실천 및 내용 관련 활동들로 구성된다. 반면 거시적 단계(조직들과 정치적 기관들 사이의 상호작용)에서 지역 교육지평은 아동의 삶에 간접적으로 영향을 미치는 구조적이고 전략적 행위들로 구

[표 7.1] 독일 지역 교육지평의 개념과 실천의 범주화Duveneck, 2016:19

네트워크의 축 상호작용의 수준	생애 과정을 따라 주로 수직적인 교육	일과(日課) 내에서 주로 수평적인 교육
지역 교육 행위자들 간의 실천 및 내용 관련 네트워킹		
지역의 교육 행위자들과 공공의 정치 영역 간의 구조적이고 전략 관련 네트워킹		

성된다. 듀베넥이 전문적 자극과 조직적 자극을 구분한 것을 참조하여 독일의 지역 교육지평을 개념과 실천으로 범주화하면 [표 7-1]과 같다.

7.4 지역 교육지평에 관한 독일의 담론

다른 국가들과 비교할 때, 독일에서의 지역 교육지평에 관한 논의는 이 용어를 둘러싸고 이루어지는 아래와 같은 세 가지 이상의 다소 서로 독립적이며 정치적, 학술적인 논의가 통합되어 있다.

- 사회복지 맥락에서 논의되는 '청소년의 생활세계에 대한 지향성 orientation on the lifeworld of young people'
- 지역 및 경제적 맥락에서 논의되는 '학습 영역learning regions'
- 학교 발전과 관련된 논의에서 주제가 되는 '확장된 학교extensive schools'

이른바 'PISA 쇼크'는 이 세 가지 담론을 하나로 모으는 계기가 되었고 지역 교육지평이라는 개념이 특별한 의미를 갖게 되었다. 2001년 OECD의 제1회 '국제학업성취도평가PISA'에서 독일 교육 시스템이 상대적으로 낮은 평가를 받았는데, 이러한 예기치 못한 결과에 독일의 언론과 정치계가 격렬한 반응을 보인 것을 'PISA 쇼크'라고 한다. OECD 평가에 따르면, 평균적으로 독일의 학교 졸업자들은 적합한 수준의 교육을 받지 못한 것으로 나타났다. 더욱이 교육 선발 체계는 학생들의 교육 이력에 아주 이른 시기부터 영향을 미쳤다. 특히 도시 지역에서 이러한 체계는 사회공간적 해체와 사회적 배제의 결과를 낳았다.Baumheier & Warsewa, 2009: 19 학생들의 교육 가능성이 상당 부분 가정환경과 아동의 경제적 상황에 따라 달라지고 있는 현실은 대단히 불공평했다.Baumert 외, 2001; Baumert & Stanat, 2002 지식기반 사회에서 유의미한 생산력인 교육의 중요도가 커지고 있는 상황 속에서 독일 학교 시스템의 기능적 결함이 증명된 것이 정치인들과 교육 관계자들에게 특히 충격으로 다가왔다.Baumheier & Warsewa, 2009: 19 이 중요한 문제를 해결하기 위해서 상당히 유의미한 사회적 노력이 필요하다는 사회적 합의가 광범위하게 이루어졌다.

'PISA 쇼크'와 맥을 같이하여, 연방정부는 〈제12차 아동과 청소년 보고서〉2005를 통해 지역 교육지평의 확립을 촉진했다. 그리고 가정환경과 상관없이 청소년의 교육 가능성을 보장하는 주요 전략적 과제로서 교육지평을 더 확대하는 방안을 검토했다. 이 보고서에서 '지역 교육지평'은 "학교, 청소년 복지 서비스, 문화기관, 민간 비영리 조직, 관련 커뮤니티, 보건기관, 지역 사업자 등의 서비스가 뒷받침하는 인프라"로 정의되었다.Bundesministerium für Familie, Senioren, Frauen und Jugend, 2005: 42 이 보고서는 교육지평을 '교육 개념의 확장'Bundesministerium für Familie, Senioren, Frauen und Jugend, 2005: 339을 실현할 수 있는 적합한 수단으로 보고 있다. 즉, 교육지평은 모든 유형의 전문적 교육활동에서 공통적인 기반이 될 수 있다. 학교와 '학교 전, 학교 중, 학교 후 교육education before, during and after school'Bundesministerium für Familie, Senioren, Frauen und Jugend, 2005: 32 모두에서 아동의 변화하는 생활세계를 모든 교육활동의 시작점으로 고려할 것을 권장했다. 이러한 방법으로 제도권 교육의 기능적 결함을 해결하는 방안을 모색했다. 이에 더해 지자체의 이해관계도 고려되어야 했다. 데이케어센터, 가정센터, 아동·청소년 활동시설, 학교, 성인교육센터, 다양한 문화단체들을 관장하는 지자체는 '교육에서의 공공 인프라의 초석' 역할을 해야 했다.Deutscher Städtetag, 2007

요약하면, 'PISA 쇼크'는 독일의 교육 논의에서 엄청난 충격으로 다가왔고, 그로 인해 지역 교육지평이 중요해졌다. 그러나 교육의 공동적이고 확장된 개념을 천명했다고 해서 초기 담론들 사이의 모든 차이를 없애지는 못했다. 이후에 개설된 많은 재정 지원 프로그램들이 여전히 예전의 세 가지 논의 중 하나에 기반을 둔 것으로 나타났다. '교육의 확장된 개념'의 다양한 근거와 양상을 더 잘 이해하기 위해서 세 가지 담론을 간단히 설명해 보겠다.

7.4.1 공간 및 생활세계 지향을 통한 사회복지형 청소년 활동의 전문화

청소년 활동youth work 관련 담론은 역사적으로 19세기 말의 청소년 운동과 관련된다. 생애의 한 단계인 청소년을 '발견'한 것과 맞물려서, 성인 및 직업을 지향하는 생애 설계와 반대되는 세계로서의 청소년 문화에 대한 이해가 봇물 터지듯 나왔다. 당시 인기를 얻은 전문적인 청소년 활동의 목적은 청소년들이 자신의 공간에서 자신을 표현하면서 살 수 있게 하는 것이었다. 1960년대와 1970년대에는 국가복지의 확대와 더불어 청소년 활동이 더욱 전문적으로 되고, (성인 활동에 대한) 대응관계적 특성은 사라졌다. 지자체들은 청소년 활동을 사회적으로 유지해야 하는 인프라의 일부로 인정하게 되었다. 그와 동시에 청소년 활동에 더 실용적인 임무가 부여되었다. 사회적 학습의 장으로서의 청소년 활동은 학교의 졸업장 지향적 요건과 대비되는 존재감을 지니게 된 것이다.Böhnisch & Münchmeier, 1987: 19ff 청소년 활동의 이러한 구조적 변화로 인해 일부 개념의 변화와 함께 청소년 활동가들의 전문성 이해에서도 어려움이 발생했다. '제도교육이나 사회복지냐', '봉사냐 롤모델이냐', '전문가만이 할 수 있는가 아니면 모든 일반인이 할 수 있는가'와 같은 여러 대안에 따라 그 이해는 달라졌다. 하지만 1970년대 이후, 청소년 활동이 청소년에게 지대한 영향을 미치고 있다는 전문적 견해가 제기되어 왔다. 아동과 청소년의 직접적 생활세계Schütz & Luckmann, 1979; Berger & Luckmann, 2013; Bourdieu & Accardo, 1997, 다시 말해 아동과 청소년을 직접적으로 둘러싼 환경과 인식이 모든 전문적 중재의 출발점으로 간주되었다. 이른바 생활세계 지향성Thiersch, 1986의 관점에서, 청소년 활동가들은 청소년을 직접적으로 둘러싼 환경을 전체로 인식하고 제도권 교육 시스템의 선발효과에서 배제된 청소년의 활동을 지도했다. 학교 밖 청소년의 복지적 활동에 관한 논쟁에서 생활세계 지향성에 대한 논의와 공간적·사회적 환경의 선발효과에 대한 비판적 성찰은 이미 몇십 년 동안 논의의 중심에 있었다.Böhnisch & Münchmeier, 1990; Deinet 외, 2002 '지역 교육지평'이라는 용어가 2005년 이후 급증하게 된 것은 훨씬 더 광범위한 논의의 일부가 되었다는 것으로 이해될 수 있다. 이 논의의 초점은 개인 역량 강화와 교육기관들 간의 간격을 메우는 것인데, 교육기관은 학생들의 학습 활동을 부분적으로만 다루고 있기 때문이다.Vogel & Oel, 1966

7.4.2 학습 영역

지자체들은 방과후 청소년 활동에 관한 전문화 논쟁과는 별개로, '새로운 공공행정'의 과정을 통해 교육을 경쟁적인 요인으로 재인식하고 있었다. 이들은 교육이 활발한 지역으로 인식되면 지역의 매력도가 높아지고 인구통계적 변화에 더 잘 대응하게 된다는 점을 알게 되었다. 또한 '배제가 아닌 연결' 정책Deutscher Städtetag, 2007: 2을 통해서 지자체 내의 사회적 지원으로 인해 발생하는 재정 부담을 줄여 줄 것이라는 바람도 있었다.Bleckmann & Durdel, 2009: 11

학습 영역learning regions의 개념이 의도하는 것은 한 국가 내의 교육 제공자-학교, 상담센터, 직업진로 서비스, 중소기업, 민간 교육기관, 공공도서관에서 대학에 이르는 공공 교육기관, 대기업의 훈련부서, 교구재 공급회사 등- 모두가 삶의 질 향상을 위해 협력해야 하고, 학습 영역의 매력도와 경쟁력 향상을 위해 협업해야 한다는 것이다. 네트워킹을 해야 한다는 아이디어를 지지하는 사람들은 경제적으로 더욱 적합한 방안을 추구했다.George 외, 2009: 15 그 의도는 공동 프로젝트나 교육 행사를 통해 또는 데이터베이스의 공유, 웹 사이트를 통해 학습 기회를 증진·확대하는 것이다. 또 다른 목표는 더 많은 사람이 교육에 참여하도록 하고 평생학습을 권장하는 것이었다. '새로운 학습환경'Pekince 외, 2009: 103과 '투명한 교육지평'Strobel 외, 2009: 84ff은 새로운 학습 인센티브 제공을 위해서였다. '진로 관리'Pilz 외, 2009: 129의 의미에서 이러한 새로운 구조의 목적은 청소년들이 고등교육이나 직업교육으로 진학할 때 발생할 수 있는 간극을 메워 주는 것이었다.

대체로, 많은 지자체가 이미 PISA 쇼크 전부터 교육 주체들의 네트워킹 증진에 적극적인 역할을 하고 있었다. '교육 개념의 확장extended concept of education'은 이러한 노력을 반영했다. 네트워크적 시각으로 교육, 상업, 오락을 의도적으로 결합하는 것 역시 비판적으로 고려되었다. 예를 들어, 폴스티히는 교육에 관해 완전히 이질적인 프로젝트들을 조합하는 것은 명백히 경제적 이해관계를 고려한 것이라고 지적했다.Faulstich, 2003: 120f

7.4.3 확장된 학교

학교도, 외부 파트너들과의 네트워킹을 통해 제도교육의 질을 개선할 수 있다는 생각은 PISA 쇼크 전에도 이미 알려져 있었다. 1995년 초 '열린 학교open school'와 '지역사회교육community education'이라는 용어가 노르트라인베스트팔렌 교육위원회에서 발표한 전문가 보고서 〈교육의 미래-미래의 학교Future of Education-School of the Future〉Bildungskommission Nordrhein-Westfalen, 1995에서 강조되고 자주 인용되었는데, 이는 1980년대의 개념을 부활시킨 것이다.Solzbacher, 2007: S.33 이 보고서에서도 지역사회교육의 개념이 언급되었는데, 수평적 네트워크와 수직적 네트워크의 조화가 필요하다는 설명이 나왔다. 그럼에도 개혁을 위한 후속 노력은 학교를 주 대상으로 했다. 무엇보다 학교의 내부구조와 자기이해가 개혁의 필수요건으로 간주되었다. 학교는 '학습조직'을 지향하면서 발전해야 하고Senge, 1990, 2000, 숙제나 레저 활동 같은 학교 밖 활동들을 통합할 수 있는 '학습의 공간houses of learning'으로 이해되어야 한다는 내용이다.Wilke, 2000: 6

또한 제도권 교육 시스템의 통제 구조도 시대에 뒤떨어진 것으로 간주되었다. 학교는 스스로의 책임을 강화해야 하고, 지역사회의 조직, 인사와 재정에 대한 의사결정 능력을 더 키워 나가야 한다. 그리고 학교는 교육과정 설계에 대한 더 많은 자율권을 가져야 한다. 그렇게 함으로써 학교는 자체 프로그램을 개발하고 학교 일상생활에서의 유연성을 더 확보하기 위한 교육과정 디자인 역량을 강화해 가야 한다.

이상의 내용을 요약하자면, 구체적인 학교개혁 노력을 위한 틀 안에서, 학교를 중심으로 네트워킹해야 한다는 생각들이 생겨났다.

7.5 교육지평과 관련한 독일의 주요 프로그램들

7.4에서 설명한 바와 같이, 독일에서는 정부나 대규모 자선재단이 중심이 되어 학교 내외부를 연결하려는 노력을 기울였다. 교육 네트워크 개념의 경험적 특성과 이 프로그램들의 범위를 고려하여, 대체로 이 프로그램들은 그 효과를 평가하기 위한 연구와 같이 진행되었다. 이 프로그램들과 그에 대한 평가는 네트워크의 개념이나 독일의 교육지평이 현실에서 어떻게 실행되는지, 그 영향은 무엇인지, 그리고 이러한 노력에

동반되는 어려움과 문제점을 살펴보게 해 주었다. 이 장에서는 독일의 교육지평을 조성하기 위해 설계된 세 가지 주요 계획을 연대순으로 제시하고, 프로그램의 목적, 개발 및 평가에 관해서도 다루고 있다.

7.5.1 생활세계 학교Lebenswelt Schüle

필자들이 생활세계 학교Lifeworld School로 번역한 레벤스벨트 슐레는 2008년부터 2012년까지 운영되었다. 이 프로그램은 야콥스재단 Jacobs Foundation과 독일아동청소년재단DKJS의 재정 지원으로 독일의 4개 지역사회를 지원하면서, 4년 동안 지역 교육지평을 구축하려는 노력에 관한 것이다. 그 목적은 이 프로그램의 지원을 받는 4개 지역을 넘어서 교육현장을 바꾸고 지역 교육지평 확립에 필요한 지식을 생산하는 것이었다. 이 프로그램에서는 다음과 같은 네 가지 특징적 원칙을 정의했다.

- 학교는 이 프로그램의 중심에 있다.
- 학습자(아동)의 관점을 중시한다.
- 교육지평은 상향식bottom up으로 이루어져야 한다.
- 관할권이 아닌 책임을 중시한다.

Deutsche Kinder-und Jugendstiftung & Jacobs Foundation, 2008a: 2-3

이 프로그램의 핵심은 학교의 전문가들이 학교 밖의 전문가들(다른 학교의 전문가이거나 교육과 관련 있는 다른 기관의 전문가들)과 협력하여 아동의 학습 기회 개선에 중점을 두는 네트워크를 확립하는 것이었다.Schubert & Puskeppeleit, 2012 결과적으로, 지역사회가 프로그램을 실행할 방법을 어떻게 선택하는가와 어떤 것에 중점을 두는가에 따라 달라졌다. 이 프로그램은 학교에 직접적으로 재정 지원을 하지 않고 4개 지역사회에 지원했다. 하지만 이 4개 지역 내에서 학교들이 중심점이 되었다. 4개 지역사회에는 네트워킹과 교류를 위해 조직되는 행사, 퍼실리테이터, 지원금 등을 통해 지원되었고, 전체 프로그램에 대한 과학적 평가를 실시하는 것에도 지원되었다.Deutsche Kinder-und Jugendstiftung & Alban, 2010: 4-5

학교의 교직원들은 아동의 학습 기회를 개선하기 위해 다른 학교의 교직원이나 교육과 관련된 기관의 직원들과 협력했다. 기존의 수업 관행을 바꾸고, 학습은 학교 안에서뿐만 아니라 학교 밖에서도 발생한다는 관점으로 인식을 확장했다.

이 프로그램의 평가는 두 가지 핵심적인 관심 사항에 대해서 이루어졌다.Deutsche Kinder-und Jugendstiftung & Jacobs Foundation, 2008b: 10 첫 번째는 자기평가 방법으로 각 지역사회에 속한 사람들이 자신의 변화를 살펴보고 처음에 설정했던 목표를 이루는 경로에 서 있는가를 성찰하는 것이다. 두 번째는 외부 평가인데, 이는 쾰른 응용과학대학교 연구자들이 주도했다. 이 프로그램이 진행되는 동안 연구자들은 반복적으로 자료 분석을 실시했고 프로그램에 참여한 주요 이해관계자들과의 반구조화된semi-structured 인터뷰가 진행되었다. 연구자들은 지역적 관점(지역사회는 어떻게 발달하고 있는가?)과 좀 더 전체적인 시각(프로그램은 전체적으로 어떻게 전개되고 있는가?)을 활용했다.

이 평가Schubert 외, 2010는 프로그램이 학교의 관행을 변화시키는 데 성공적이었다는 점을 보여 주었다. 학교들은 다른 학교의 파트너들과 다른 교육기관의 파트너들과 더 공고하게 협력했다. 그러나 관여하고 있는 모든 당사자 간의 공통된 이해를 확립하는 것은 어려웠다. 수평적 네트워킹이 특히 어려운 것으로 나타났는데, 그 이유는 학교 밖 기관들은 학교와는 다르게 작동되는 경우가 많고, 다른 문화를 동반하기 때문이다. 퍼실리테이터들은 공통의 이해를 향해 협력하는 데에서 대단히 중요한 역할을 하는 것으로 파악되었다. 또한 각 네트워크의 협력을 유지, 확립하려는 노력을 주도하는 프로젝트 리더의 필요성도 중요하게 인식되었다. 그러나 프로그램의 기간이 교육현장의 지속적인 변화를 수행하기에는 충분하지 않은 것으로 평가되었다. 그러한 관점에서 파악된 위험 요소는 프로젝트의 함정에 빠지는 것이었다. 즉, 프로젝트가 성공적으로 전개되다가 자금이 동이 나면 동력을 잃는 것이다. 또한 많은 사람이 자기평가self-evaluation를 상당히 부담스러워하는 것으로 나타났다. 특히 정해진 세부적 자기평가 시스템이 없었기 때문에 그러했다.Schubert & Puskeppeleit, 2012: 99 마지막으로, 학교에서 학교 밖 파트너들을 부차적인 파트너로 취급할 수도 있다는 우려가 제기되었다.

7.5.2 노르트라인베스트팔렌의 지역적 교육 네트워크

노르트라인베스트팔렌의 지역적 교육 네트워크Regionale Bildungsnetzwerke NRW는 노르트라인베스트팔렌NRW주의 교육부 주최로 2008년에 시작되었는데, 그 시초는 1990년대와 2000년대 초의 프로그램들로 거슬러 올라갈 수 있다. 이 프로그램은 개방형이고 목표는 지역의 교육 서비스를 통해 모든 아동과 청소년을 대상으로 개별적이고 최적화된 지원을 하는 것이다. 또한 상담과 지원 시스템을 제공함으로써 지역의 모든 학교와 교육과정을 혁신하며, 지역의 모든 교육 행위자들 간의 협력을 체계적으로 시작하고 강화하는 것이다.Rolff, 2013/2014

이러한 목표 달성을 위해서 노르트라인베스트팔렌주 교육부는 여러 지역과 협력을 위한 협약을 체결했다. 시범 사업 단계에서 4개 지역, 첫 번째 평가 단계에서는 16개 지역, 그리고 현재는 42개 지역과 협약을 체결했다.Stern, 2017 협력을 위한 협약은 아래의 세 가지 목표에 초점을 두고 있다.

1. 아동과 청소년에게 최적화되고 개별화된 지원을 보장하고, 가용 자원을 최대한 활용하며, 수평적 네트워크와 수직적 네트워크를 시작하거나 강화한다.
2. 지역(공동체) 차원에서 상담과 지원 시스템을 구축함으로써 학교 혁신과 교실 현장의 혁신을 강화한다.
3. 모든 행위자와 교육기관 간의 지역(공동체) 차원에서의 협력과 네트워킹 구조를 체계적으로 확산하고, 강화하여 모든 교육 영역 간의 기획과 상호 조정 능력을 향상시킨다.[Rolff, 2014: 11]

각 지역에는 조정위원회와 교육 콘퍼런스, 그리고 지역 교육 사무소 Regionales Bildungsbüro가 설치되었다. 이 사무소들은 다양한 교류 활동을 조정하는 역할을 했다. 각 지역에서는 그 지역의 필요에 기초해서 다양한 분야의 활동에 관심을 기울였다.[Rolff, 2013/2014]

프로그램은 개방형으로 계획되었지만, 프로그램의 첫 번째 평가가 2013년 7월에 실시되었고, 후속 평가는 2014년에 실시되었다.[Rolff, 2013/2014] 프로그램을 평가하기 위해서 워크그룹 평가에서는 여덟 가지 성공 기준을 정했다. 평가는 4단계 과정으로 되어 있었다. 첫 번째 단계로, 지역의 교육 네트워크 내의 주요 파트너들을 대상으로 한 온라인 설문 조사가 이루어졌다. 두 번째 단계로 각 조정위원회에서 성공 기준에 관해 체계적인 개별 성찰이 이루어졌다. 세 번째 단계는 첫 번째와 두 번째 단계의 결과에 관한 토론으로, 조정위원회에서 평가회의를 통해 실시했다. 마지막으로, 자기보고서self-report를 작성했다. 이후 이 보고서들을 분석하여 전체 평가에 통합했다.[Rolff, 2013/2014]

전반적으로 이 프로그램은 네트워크 파트너들로부터 호의적인 평가를 받았다. 2/3에 해당하는 응답자들의 동기 수준이 높았으며, 84%가 다른 사람들과의 교류가 유익하다고 느꼈다. 그리고 응답자의 3/4이 이 프로그램은 비용-효과 측면에서 긍정적이라고 답했다.^{Rolff, 2013/2014} 이 프로그램에 대한 비판은 많은 네트워크가 학교 중심적으로 진행된다는 점이었다. 그러나 네트워크가 더 확대되면서 이러한 문제점들이 점차 해결되고 있다는 점을 두 번째 평가에서 지적해 주었다.^{Rolff, 2014, 42: 50}

지역에 따라 응답에 차이가 있었고, 개선의 여지가 아직 있는 것으로 밝혀졌지만, 롤프^{Rolff, 2013/2014}는 지역 네트워크 구조가 앞에서 연구된 지역사회에 적합한 조직이고 미래에도 긍정적으로 고려될 것이라는 결론을 지었다.

7.5.3 지역적으로 배우기Lernen vor Ort

필자들이 지역적으로 배우기learning locally로 번역한 레르넨 포 오르트 프로그램은 독일연방정부의 교육연구부 주최로 2009년부터 2014년까지 실시되었다. 이 프로그램은 약 1억 유로의 자금을 지원받았다.^{Busemeyer & Vossiek, 2015: 10} 이 프로그램은 지역사회를 대상으로 하여 교육 영역의 다양한 이해관계자들 간의 협업을 증진하고 유지할 수 있는 네트워크를 만들도록 지원하는 경연을 펼치고, 교육을 모니터링·관리하는 시스템을 만드는 것이다. 이 프로그램을 통해 40개 지역사회가 첫 번째 단계(2009~2012년)에서 지원을 받았고, 35개 지역사회가 두 번째 단계(2012~2014년)에서 지원을 받았다.^{Lindner 외, 2015: 69}

이 프로그램은 아래의 네 가지 주요 개념 또는 핵심 분야로 구성되어 있다.

- 지역의 교육 관리
- 지역 교육 모니터링
- 교육 컨설팅
- 진로 과정 관리^{Busemeyer & Vossiek, 2015: 10}

이 프로그램은 문서 분석, 프로그램 이해 당사자들과의 탐색적 인터뷰, 여러 차례의 온라인 설문, 그리고 선정된 14개 지역사회에 대한 사례연구 등의 방법을 통해 평가되었다.Lindner 외, 2016: 54-55

이와 함께 수행한 연구에서는 프로그램의 성과에 영향을 미치는 여러 요인을 제시했다. 이를테면 "명확한 커뮤니케이션 전략, 이해관계자들의 추진 단위에의 광범위한 참여, 구체적인 목표와 프로젝트의 추진 등이었다. 다른 요인으로는 사회경제적 배경, 재정·행정적 역량, 교육 모니터링과 관리에 대한 과거 경험, 협력 문화의 존재 여부, 지자체 차원의 정치구조 및 기관들 간의 차이" 등이 있었다.Busemeyer & Vossiek, 2015: 8

[표 7.2]은 위에서(7.5.1부터 7.5.3까지) 설명한 세 가지 사례연구를 듀베넥Duveneck, 2016의 개념과 실제 기준에 따라 분류한 내용이다.

[표 7.2] 사례연구를 중심으로 한 독일 지역 교육지평의 개념과 실천의 범주화

네트워크의 축 상호작용의 수준	생애 과정을 따라 주로 수직적인 교육	일과(日課) 내에서 주로 수평적인 교육
지역 교육 행위자들 간의 실천 및 내용 관련 네트워킹	노르트라인베스트팔렌주의 지역적 교육 네트워크(Regionale Bildungsnetzwerke NRW)	생활세계 학교 (Lebenswelt Schüle)
지역의 교육 행위자들과 공공의 정치 영역 간의 구조적이고 전략 관련 네트워킹	지역적으로 배우기 (Lernen vor Ort)	

7.6. 사례연구 '캠퍼스 뤼틀리Campus Rütli'

상향식bottom-up 접근법을 옹호하는 사례들에서도, 교육지평을 확립하기 위한 주요 프로그램들은 특정 이미지를 동반하며 그들이 후원하는 프로젝트에 영향을 주게 된다. 더군다나 지금까지 제시되었던 프로

그램들은 개별적 네트워크들과는 상당히 다른 관점에서 제시되었다. 더 심도 있고 자세한 이해를 위해, 교육지평의 실행 사례를 좀 더 광범위한 관점에서 경험적 사례를 통해 분석했다.Duveneck, 2016 여기서 제시한 사례는 독일 베를린 노이쾰른Neukölln 지구의 캠퍼스 뤼틀리이다. 지금까지 제시했던 사례들과는 대조적으로, 캠퍼스 뤼틀리는 이전 프로그램을 기반으로 구축된 게 아니라 지역의 산적한 사회 문제를 해결하기 위해서 시작되었다. 또한 교육지평 추진의 중요한 과제인 사회 불평등과 배제의 문제가 여기서 특히 집중적으로 다루어졌다. 노이쾰른은 베를린에서 사회적으로 열악한 다문화 지역이다. 2006년 중등학교 교사들이 이 지역의 사회적 차별과 재정 지원의 부족으로 인한 학교 내의 심각한 문제들을 고발하는 공개서한을 쓴 이후, 이 지역은 전국적으로 학교 시스템의 실패, 학교폭력, 통합의 실패를 상징하게 되었다. 단기적인 몇 가지 조치에 이어서, 2008년에 베를린 시장은 뤼틀리 지역의 다른 기관들과 함께 학교를 지역 교육 프로젝트로 만들려는 계획을 제시했다. 뤼틀리는 이 장 앞부분에서 정의한 교육지평의 모든 특성이 드러나 있었고, 프로젝트의 목표는 '교육을 통한 통합'이었다.

7.6.1 개념: 통합적 접근

캠퍼스 뤼틀리의 개념은 뤼틀리 지역의 분리된 교육 주체들을 하나의 종합적인 '캠퍼스'로 통합함으로써 청소년을 위한 더 나은 교육을 제공하고자 하는 것이다. 이 목적을 위해, 지역의 교육 주체들 간의 네트워크와 교육현장과 지자체 간의 네트워크를 수직축과 수평축에 따라 만들기 위한 거버넌스 구조가 마련되었다.

위에서 언급했던 문제점들에 대한 반응으로, 연방 주에서는 뤼틀리 학교와 인근의 초등·중등 학교를 하나의 통합학교로 전환했다. 이 계획의 목표는 유치원부터 직업훈련까지의 전체 학교급이 하나의 공간 내에서 탐구할 수 있는 '통합된 학습의 장'이다.^{Local District of Neukölln, 연도 미상}
따라서 제도교육의 이력과 수직적 네트워킹을 강하게 지향하고 있었다.
이 외에 또 다른 핵심 개념은 "새로운 사회적 공간 […] 즉, 종합적이고
통합적인 사회화 그리고 교육 제공을 위한 공간을 만드는 것"이다.^{Local District of Neukölln, 연도 미상} 학교와 공교육을 넘어서는 넓은 의미에서의 교
육에 대한 이해는 청소년센터와 같은 비공교육 학습^{non-formal learning}
뿐만 아니라 레크리에이션 시설과 같은 비형식 교육^{informal education,}
아동·청소년건강증진센터와 같은 비교육 주체들^{non-educational actors}
의 환경이 되는 수평적 네트워크를 기반으로 한다.

행정적 차원에서, 주정부는 기존의 사회적 문제를 극복하기 위해 수
직적 축의 교육 관리를 위한 새로운 행정구조를 확립했다. 먼저, 시장은
뤼틀리 지구의 대표자들과 연방 학교행정기구, 교육 서비스 제공자, 재
단 등으로 구성된 조정위원회를 공식적인 의사결정기구로 설치했다. 그
다음에 다양한 기관들의 통합된 운영을 위해 '캠퍼스 행정기구'가 설치
되었다. 캠퍼스 행정기구는 청소년센터를 관리하고 서비스 제공자와 계
약을 체결할 권리를 가졌고, 아동·청소년건강증진 서비스와 같은 다른
영역에서는 학교 당국이 비형식적 협력만 체결할 수 있었다. 또한 지구
에서 채용한 2명의 프로젝트 리더가 지역 거버넌스 구조의 설치를 담
당했다. 교육에 참여하는 조직을 위한 수평적 네트워킹 역시 이 계획에
서 중요한 역할을 하고 있다. 그 이유는 다양한 교육자, 교사, 상담사들
로 구성된 조정 활동의 설계 목적이 이 프로세스를 형성하는 데 동참
하도록 초대된 학부모, 아동, 청소년을 위해 가장 높은 수준의 지원을
하기 위한 것이기 때문이다. 결과적으로, 지역의 교육 네트워크가 현장
과 요구사항을 기반으로 하는 교육 조직을 보장하는 위원회가 된다는
내용이다.

7.6.2 실행: 수직적 네트워크에 대한 집중

프로젝트의 실행은 15명의 전문가 인터뷰를 기반으로 재구성되었는데, 어린이집, 청소년센터, 아동과 청소년을 위한 공공건강증진센터, 시립음악학교, 커뮤니티 칼리지community college, 프로젝트 및 행정 지도자, 지역의 교육 네트워크, 그리고 학부모 단체 등의 관련자들을 인터뷰했다. 인터뷰는 핵심 개념을 중심으로 체계적으로 요약하여 제시했다.Meuser & Nagel, 1991

실천에 대한 시각은 수직적 네트워킹에 관한 편향을 나타내고 있다. 이 프로젝트는 학교에 많이 집중하고 있었다. 조정위원회는 통합학교comprehensive school를 설치하기 위한 새로운 건물에만 집중했다. 모든 관련 기관들을 대표할 것으로 예상되었던 캠퍼스 행정기구도 학교 부서의 일부였고, 교육 프로젝트의 리더는 전직 교장이었다. 또한 교육적 네트워크도 제도교육의 이력에만 초점을 맞추었는데, 한 예로 교장은 이 구조와 네트워크가 자신들에게 도움이 된다고 평가하면서 "여러 좋은 기회를 만들어 내고 있다"라고 했다. 보육기관의 장도 지원을 받고 있다고 느꼈는데, 특히 학교와의 협력에 대해 그러했다. 베를린의 학교들에서는 어떻든 어린이집 설치가 의무로 되어 있기 때문이다. 보육기관의 장은 이 프로젝트가 '영유아 보육에 관한 현재의 개혁이 반영된 환경'이라고 생각했다. 그러나 청소년센터의 장들은 프로젝트 맥락에서 자신들이 '학교에 부차적'이 되었다고 여기게 되었다. 여기서 지방정부의 영향력이 특히 두드러진다. 현실적으로 청소년센터는 오랫동안 학교와 협력해 왔지만, 그 협력은 제도적 의무사항이 아니라 자율적으로 이루어졌다. 캠퍼스 행정기구가 설치되고 난 후에 청소년센터는 청소년부서에서 학교부서로 이관되었는데, 이것이 그들의 직무에 심각한 영향을 미쳤다. 공식적인 계약을 통해 학교 당국이 청소년 활동의 내용을 일방적으로 정의했다. 예를 들어, 학교의 과학기술 교육을 뒷받침하거나 학교의 문화교육을 따라야 하는 것 등이다. 청소년센터장들은 프로젝트 내에서 수평적 네트워킹이 더 복잡해지고 지원을 받지 못했기 때문에 협력관계를 끝냈다. 제도교육 밖 교육은 인정받지 못하고 도구화되는 것으로 느껴졌다.

조직적 관점에서 지역의 교육 관리 구조는 지역의 주체들과 자원들을 뤼틀리 지구 프로젝트로 통합하도록 했지만, 이들에게 의사결정을 할 수 있는 권한은 부여하지 않았다. 학교 밖의 여러 현장 전문가가 많은 시간을 들여서 거의 모든 인터뷰에서 심각한 업무 과중을 언급했지만, 시정부 역시 그들의 자체적인 조직화 시도를 거부했다. 따라서 네트워킹은 하향식top-down을 유지했다(다시 말해 학교를 중심으로 다른 행위자들에게 향하는 방식이었다). 공동의 프로젝트에 자율적으로 참여하고, 기여했음에도 불구하고 전략적 의사결정에는 참여하지 못했다. 청소년과 그 부모들은 지역 교육의 조직에 통합되지 못했다.

7.6.3 설명: 경쟁력에 의한 수직적 네트워킹

지역 공동체나 지자체가 교육지평 개념을 선택적으로 실행하는 데 미치는 영향이 어떠한지 이해하기 위해서 듀베넥은 재구성적 접근법을 개발했다. 그 이론적 배경은 데이비드 하비David Harvey, 1989가 말하는 '기업가적 도시Entrepreneurial City' 개념이다. 이 문헌에서는 지자체가 도시 간 경쟁에 따라 움직이는데, 이러한 경쟁이 그들의 정책을 구성하거나 제한하는 데 큰 영향을 미친다고 밝히고 있다. 복지국가가 위기를 겪으면서 공공재원과 재분배가 감소했으며, 또한 각 도시와 지역들이 시장의 기업들처럼 경제적 성과를 높이거나 효율적으로 운영됨으로써 수입을 창출해야만 했다. 그렇지 않으면, 사회경제적 수준의 하락 추세에 빠지기 때문이다.

제도교육과 수직적 네트워크에 집중되는 이유는 보육 및 제도교육의 역할을 중산층 가정들을 유인하기 위한 경쟁 요인으로 보기 때문이라 할 수 있다. 지식기반 사회 맥락에서, 제도교육의 성공은 미래 삶의 기회를 위해서 점점 더 중요해지고 있고, 따라서 중산층 부모들이 거주지역을 선택할 때도 이 문제가 중요해지고 있다고 도시사회학 분야의 여러 연구가 밝히고 있다.예를 들어 Bunar, 2010; Maloutas, 2007; Raveaud & Zanten, 2007 사회적으로 열악한 거주민의 비율이 높은 데다가 2006년의 파문으로 입은 이미지 손상으로 인해 노이쾰른 학교들은 더 이상 매력적으로 보이지 않았다. 그러나 "대안" 가족이나 그러한 생활방식을 가진 가정들은 그러한 학교에 대해 호의적이었다. 결과적으로, 이들이 일반적인 중산층 학부모를 끌어들이고 이를 통해 사회적 상향 이동 과정을 만들어 내기 때문에Hamnett, 1991; Lee 외, 2010, '대안적' 중산층 가정은 사회적으로 열악한 지구들에서 선호하는 집단이다.

이러한 재구성적 분석을 통해서, 확장된 학교 개념이 대안적 교육을 희망하는 학부모의 선호도에 부응한다는 점이 알려졌다.Cucchiara & Horvat, 2009; Merkle & Henry-Huthmacher, 2010 다른 부모들이 다문화적이고 사회계층이 혼합된 이웃을 피하고 싶어 하는 반면, 거기에 이미 살고 있고 또한 교육의 공정Merkle & Henry-Huthmacher, 2010: 201을 위해 노력하는 대안적 중산층 부모들은 이러한 유형의 학교에 대해 개방적이다.Cucchiara & Horvat, 2009; 975; Reay 외, 2011: 1042 이 연구 사례는 그들의 선호도에 부응하고 있음을 보여 준다. 우선, 2006년 [교사들의 공개서한 파문으로] 이 학교가 미디어의 주목을 받았기 때문에 다양성 및 다문화 학교로 알려졌다. 또한 이 프로젝트의 사회통합적 주장과 다양한 교육기관과의 통합은 대안적이고 진보적인 학교에 관심 있는 대상 그룹의 관심에 잘 부합된다. 그렇지만 대안적 중산층 부모들이 정치적 신념을 위해 자녀를 희생하고 싶어 하지는 않는다. 따라서 학교는 중산층의 기대치에 일정 수준 부응해야 한다.Cucchiara & Horvat, 2009: 986 대학 진학이 가능한 고등학교 과정을 선호하는 것도 분석에서 나타난다. 또한 참여적 구조는 중산층 부모들의 선호도를 유지시킨다. 마지막으로, 이 프로젝트는 대안적 중산층 부모들이 중산층의 기대치를 지향하면서도 다문화 학교를 선호하는 역설적 상황을 성공적으로 조합시킨다. 이런 의미에서 수직적 교육 네트워킹은 경쟁 관계에 있는 학교 밖 교육의 잠재적 가능성을 활용하고 있다. 중산층 부모들이 학교 밖 교육의 공공적 제도를 지지하면서도 집중적으로 사용하지 않기 때문에, 수평적 네트워킹은 대부분 개념적 수준으로만 남아 있다. 현실적으로 수평적 네트워킹에 집중하기 어려운 이유는 그 혜택을 가장 많이 받게 될 사회적으로 궁핍한 청소년들이 지역 경쟁력에서 자산이 아닌 위협으로 더 많이 인식되기 때문이다.

또한 지역 교육 운영은 도시 간interurban 경쟁 상황으로 초점이 모아질 수 있다. 이러한 관점에서 긴축재정 상태에서는 지자체들의 공공재원 역시 감축하게 된다는 것을 고려해야 한다. 결과적으로, 사회적으로 열악한 지자체들은 지원을 받지 못하면서 추가적인 재원을 마련할 역량도 갖추지 못한 상태가 된다. 이에 대한 대안으로 비용중립적 정책모형HäuBermann 외, 2008: 202이 강하게 요구된다. 이 참여형 네트워크 구조는 같은 맥락에서 작동한다. 즉, 지역의 행위자들과 지역 교육 프로젝트의 추가 자원들을 통합하여 재원이 부족한 공적 교육 시스템을 보충할 수 있게 한다. 이런 의미에서 참여형 네트워크 구조는 긴축재정 상황에서도 활동을 할 수 있게 한다. 한편, 의사결정에의 참여가 지자체로부터 거부되었던 이유도 긴축 상황으로 설명된다. 펙Peck, 2012의 설명과 같이, 긴축 상황이 되면 경쟁적 우위를 위해 정치적 범위가 기업가적으로 제한된다. 재정적 한계에 봉착하면 이 긴급한 문제가 아닌 다른 전제를 따르는 정치적 대안들은 감당하기 어렵고 따라서 실현 가능성이 없어 보이기 때문이다. 지역 주체들은 상황에 맞는 교육 조직을 만들기 위해 노력해 왔다. 이러한 움직임은 경쟁이 아닌 실제적인 지역의 요구를 지향하고 있었다. 그 지향성이 긴축 상황에서는 실현의 여지가 없어진다. 이러한 맥락에서 그들이 공식적인 의사결정에 참여한다는 것도 의미가 없다. 따라서 이 측면에서 볼 때 수직적 교육 네트워킹이나 학교 중심적 네트워킹에 집중하는 이유는 도시 간 경쟁 상황 때문이라는 증거가 된다.

이 분석에서는 본 연구 사례에서 (수직적 네트워킹을) 선택적으로 실행하는 과정이 지역의 기업가적 정치에 의해 이루어진다는 강한 증거를 보여 준다. 지자체들 사이의 경쟁이라는 관점에서 볼 때, 네트워킹은 제도교육의 경쟁력을 위한 새로운 잠재 가능성을 발휘할 수 있도록 해 주는 효과적인 도구이다. 즉, 수업 현장을 개선하고 학습의 질과 명성을 증대시키는 것에 최우선적 중점을 두는 것이다. 수평적 네트워킹의 경우 관련 주체들의 동기부여가 아무리 높아도 참여 교육기관 입장에서는 감당하기 어려운 것으로 보인다. 따라서 지역 규모에서 교육 네트워크가 의사결정의 권한을 가지고 참여하는 문제는 그 제약을 넘어서야 한다는 난제에 봉착하게 된다.

7.7 전문적 학습네트워크와 교육지평: 논의 및 결론

앞에서 설명한 바와 같이, 전문적 학습네트워크와 교육지평의 개념 간에는 겹치는 부분이 상당히 많다. 교육지평의 개념은 핵심적으로 네트워크의 개념이지만 전문적 학습네트워크의 개념보다 그 범위가 더 광범위하다. 학교현장을 혁신하는 것이 두 개념 모두의 핵심이지만, 교육지평은 그 외에도 몇 가지 더 핵심적인 개념을 포함한다. 공공행정의 재구조화, 거버넌스 기구의 설치, 교육 프로그램 개발에 지자체를 포함하는 것 등이 전문적 학습네트워크에는 없는 내용이다. 그러나 교육지평은 전체 지역 교육 시스템에 전문적 학습네트워크를 적용하는 개념으로 간주될 수 있다. 또한 임시적이고 단편적 해법에서 벗어나 학습자의 요구와 관련된 일관성 있는 접근법을 개발하고자 하는 의도에서 출발했다고 할 수 있다.

이 장에서는 또한 교육지평의 개념은 전문적 학습네트워크 개념과의 유사점이 이론보다 현실에서 더 많다는 것을 밝히고 있다. 대규모의 프로젝트이든 지역의 필요기반 교육지평이든, 학교 중심성에 관한 논의는 항상 존재한다. 사례연구에서 나타난 바와 같이, 도시 간 경쟁의 논리가 실행과 선택을 결정한다. 그 결과 학교 교직원들의 네트워킹과 현장 혁신은 (그것이 한 학교 내의 혁신이든 여러 협력 학교들로부터의 혁신이든) 타당해 보이는 반면, 학교와 학교 밖 주체들이 참여하는 네트워킹과 현장의 혁신은 더 어려운 것으로 보인다. 여기서 제기되는 문제는 수평적 네트워킹의 가능성을 펼칠 이러한 역학적 관계를 어떻게 찾아갈 수 있는가이다. 가능한 방법 중 하나는 전문적 학습네트워크 개념을 채택하고 점차 더 많은 주체를 포괄할 수 있도록 확장하여, 지역 교육 운영을 같이 바꿔 가는 것이다. 전문적 학습네트워크를 고찰할 때, 교육지평으로 그 개념을 확장하게 된다면 교육현장의 총제적 변화와 관련자들에게 더 깊은 학습을 제공할 수 있을 것이다.

Bauch, P. A. (2001). School-community partnerships in rural schools: Leadership, renewal, and a sense of place. *Peabody Journal of Education*, 76(2), 204-221.

Baumert, J., & Stanat, P. (2002). PISA 2000. Erste Ergebnisse und die Identifikation von Handlungsfeldern. *Schulmanagement*, 33, 30-32.

Baumert, J., Klieme, E., Neubrand, M., Prenzel, M., Schiefele, U., Schneider, W., ··· Weiß, M. (Eds.). (2001). *PISA 2000: Basiskompetenzen von Schülerinnen und Schülern im internationalen Vergleich*. Opladen: Leske+Budrich.

Baumheier, U., & Warsewa, G. (2009). Vernetzte Bildungslandschaften: Internationale Erfahrungen und Stand der deutschen Entwicklung. In *Lokale Bildungslandschaften. Perspektiven für Ganztagsschulen und Kommunen* (pp. 19-36). Wiesbaden: Springer.

Berger, P. L., & Luckmann, T. (2013). Die gesellschaftliche Konstruktion der Wirklichkeit (25. Aufl, Vol. 6623). Frankfurt am Main: Fischer-Taschenbuch-Verl. Retrieved from http://gso.gbv.de/DB=2.1/PPNSET?PPN=779348087

Bildungskommission Nordrhein-Westfalen. (1995). *Zukunft der Schule. Schule der Zukunft*. Neuwied: Luchterhand.

Bleckmann, P., & Durdel, A. (2009). Einführung: Lokale Bildungslandschaften – die zweifache Öffnung. In P. Bleckmann & A. Durdel (Eds.), *Lokale Bildungslandschaften* (pp. 11-16). Wiesbaden: VS Verlag für Sozialwissenschaften. Retrieved from http://link.springer.com/chapter/10.1007/978-3-531-91857-0_1

Böhnisch, L., & Münchmeier, R. (1987). *Wozu Jugendarbeit?: Orientierungen für Ausbildung, Fortbildung und Praxis*. Weinheim: Juventa-Verlag.

Böhnisch, L., & Münchmeier, R. (1990). *Pädagogik des Jugendraums: zur Begründung und Praxis einer sozialräumlichen Jugendpädagogik*. Weinheim: Juventa-Verl.

Bourdieu, P., & Accardo, A. (1997). *Das Elend der Welt: Zeugnisse und Diagnosen alltäglichen Leidens an der Gesellschaft*. Konstanz: UVK.

Bunar, N. (2010). Choosing for quality or inequality: Current perspectives on the implementation of school choice policy in Sweden. *Journal of Education Policy*, 25(1), 1-18.

Bundesministerium für Familie, Senioren, Frauen und Jugend (Ed.). (2005). Zwölfter Kindert-und Jugendbericht-Bericht über die Lebenssituation junger Menschen und die Leistungen der Kinder und Jugendhilfe in Deutschland. Berlin. Retrieved from www.bmfsfj.de/doku/Publikationen/kjb/data/download/kjb_060228_ak3.pdf

Busemeyer, M. R., & Vossiek, J. (2015). Reforming Education Governance Through Local Capacity-Building: A Case Study of the "Learning Locally" Programme in Germany (OECD Education Working Papers No. 113). OECD Publishing. Retrieved from http://dx.doi.org/10.1787/ 5js6bhl2mxjg-en

Carmichael, P., Fox, A., McCormick, R., Procter, R., & Honour, L. (2006). Teachers' networks in and out of school. *Research Papers in Education*, 21(2), 217-234.

Cucchiara, M. B., & Horvat, E. M. (2009). Perils and promises: Middle-class parental involvement in urban schools. *American Educational Research Journal*, 46(4), 974-1004.

Deinet, U., Krisch, R., & Berse, C. (2002). Der sozialräumliche Blick der Jugendarbeit: Methoden und Bausteine zur Konzeptentwicklung und Qualifizierung. Opladen: Leske Budrich.

Deutsche Kinder-und Jugendstiftung, & Alban, C. (2010). LWS_Broschuere_2010.pdf. Berlin: Deutsche Kinder-und Jugendstiftung. Retrieved from www.lokale-bildungslandschaften.de/fileadmin/bildungslandschaften/Materialien/Publikationen/LWS_Broschuere_2010.pdf

Deutsche Kinder-und Jugendstiftung, & Jacobs Foundation. (2008a). Lebenswelt Schule-Ein gemeinsames Programm der Deutschen Kinder-und Jugendstiftung und der Jacobs Foundation. Berlin. Retrieved from www.lokale-bildungslandschaften.de/fileadmin/bildungslandschaften/Materialien/Publikationen/LWS_Broschuere.pdf

Deutsche Kinder-und Jugendstiftung, & Jacobs Foundation. (2008b). Lebenswelt Schule-Konzept. Berlin. Retrieved from www.lokale-bildungslandschaften.de/fileadmin/bildungslandschaften/Materialien/ Publikationen/LWS_Konzeptbroschuere.pdf

Deutscher Städtetag. (2007). Aachener Erklärung des Deutschen Städtetages anlässlich des Kongresses "Bildung in der Stadt" am 22./23. November 2007. Declaration, Jena. Retrieved from www.jena.de/fm/1727/aachener_ erklaerung.pdf

Duveneck, A. (2016). *Bildungslandschaften verstehen: zum Einfluss von Wettbewerbsbedingungen auf die Praxis* (1st edn). Weinheim: Beltz Juventa.

Faulstich, P. (2003). "Bildungsmanagement" im vernetzten Support. In W. Gieseke (Ed.), Institutionelle Innensichten der Weiterbildung (pp. 111-128). Bielefeld: Bertelsmann. Retrieved from \\psf\Home\ Desktop\%EF%80%A8\(Gm18) Literatur\Kruegers Literaturverwaltung (C5)\Krügers Literaturverwaltung c5\Citavi Attachments\Gieseke (2003) Institutionelle Innenansichten.pdf

Faure, E., Herrera, F., Kaddoura, A.-R., Lopes, H., Petrovsky, A. V., Rahnema, M., & Ward, F. C. (Eds.). (1972). *Learning to Be: The World of Education Today and Tomorrow.* Paris: Unesco.

Fox, A., Haddock, J., & Smith, T. (2007). A network biography: Reflecting on a journey from birth to maturity of a networked learning community1. *Curriculum Journal*, 18(3), 287-306.

Gallagher, N., & Parker, S. (2007). Introduction. In N. Gallagher & S. Parker (Eds.), *The Collaborative State: How Working Together Can Transform Public Services* (pp. 13-23). London: Demos.

George, W., Bonow, M., & Weber, H. O. (2009). Regionales Wissens- und Bildungsmanagement als Element der Regionalentwickung. In W. George & M. Bonow (Eds.), *Regionales Bildungs-und Wissensmanagement* (pp. 13-34). Lengerich: Pabst Science Publishers.

Hamnett, C. (1991). The blind men and the elephant: The explanation of gentrification. *Transactions of the Institute of British Geographers*, 16(2), 173-189.

Harvey, D. (1989). From managerialism to entrepreneurialism: The transformation in urban governance in late capitalism. *Geografiska Annaler. Series B, Human Geography*, 71(1), 3-17.

Häußermann, H., Läpple, D., & Siebel, W. (2008). *Stadtpolitik*. Frankfurt am Main: Suhrkamp Verlag.

Huber, S. G. (Ed.). (2014). Kooperative Bildungslandschaften-Netzwerke(n) im und mit System. Köln: WoltersKluwer.

Jackson, D., & Temperley, J. (2007). From professional learning community to networked learning community. In L. Stoll & K. S. Louis (Eds.), *Professional Learning Communities: Divergence, Depth and Dilemmas* (pp. 45-62). New York: Open University Press.

Jopling, M., & Spender, B. (2006). Leadership in School Networks: Findings from the Networked Learning Communities programme. *Management in Education*, 20(3), 20-23.

Lee, L., Slater, T., & Wyly, E. (Eds.). (2010). *The Gentrification Reader*. London; New York: Routledge.

Lindner, M., Niedlich, S., Klausing, J., Lüthi, K., & Brüsemeister, T. (2015). On creating education management arenas in Learning Locally. *Journal for Educational Research Online/Journal Für Bildungsforschung Online*, 7(1), 68-93.

Lindner, M., Niedlich, S., Klausing, J., Lüthi, K., & Brüsemeister, T. (2016). Zum Aufbau von Arenen des Bildungsmanagements in Lernen vor Ort. In *Kommunales Bildungsmanagement als sozialer Prozess* (pp. 47-73). Wiesbaden: Springer Fachmedien Wiesbaden.

Local District of Neukölln. (n.d.). The Campus Rütli pilot project-situating "One Square Kilometer of Education" in the educational landscape of the Reuter neighbourhood in the north of Berlin's Neukölln disctrict. Retrieved from http://campusruetli.de/cr2-uploads/2014.10/CR2info.pdf

Maloutas, T. (2007). Middle class education strategies and residential segregation in Athens. *Journal of Education Policy*, 22(1), 49-68.

Merkle, T., & Henry-Huthmacher, C. (2010). *Eltern unter Druck: Selbstverständnisse, Befindlichkeiten und Bedürfnisse von Eltern in verschiedenen Lebenswelten*. (M. Borchard & C. Wippermann, Eds.). Stuttgart: Lucius & Lucius.

Meuser, M., & Nagel, U. (1991). ExpertInneninterviews-vielfach erprobt, wenig bedacht. In D. Garz & K. Kraimer (Eds.), *Qualitativ-empirische Sozialforschung: Konzepte, Methoden, Analysen* (pp. 441-471). Opladen: Westdeutscher Verlag.

Million, A., Heinrich, A. J., & Coelen, T. (2015). Educational landscapes and urban development: Contextual and spatial interfaces and linkages. *Planning Practice & Research*, 30(5), 587-601.

Muijs, D. (2010). A fourth phase of school improvement? Introduction to the special issue on networking and collaboration for school improvement. *School Effectiveness and School Improvement*, 21(1), 1-3.

Peck, J. (2012). Austerity urbanism. *City*, 16(6), 626-655.

Pekince, N., Schönfeld, P., Stobel, C., Schneider, B., & Holick, M. (2009). Neue Lernwelten und Lernzentren-Bildungsmöglichkeiten eröffnen. In C. Emminghaus & R. Tippelt (Eds.), *Lebenslanges Lernen in regionalen Netzwerken verwirklichen. Abschließende Ergebnisse zum Programm "Lernende Regionen-Förderung von Netzwerken"* (pp. 103-128). Bielefeld: Bertelsmann.

Pilz, S., Schönfeld, P., Lindner, M., & Niedlich, S. (2009). Übergangs manage ment-Lebenslanges Lernen durch interorganisationale Kooperatioin fördern. In C. Emminghaus & R. Tippelt (Eds.), *Lebenslanges Lernen in regionalen Netzwerken verwirklichen.Abschließende Ergebnisse zum Programm "Lernende Regionen-Förderung von Netzwerken"* (pp. 129-148). Bielefeld: Bertelsmann.

Raveaud, M., & Zanten, A. van. (2007). Choosing the local school: Middle class parents' values and social and ethnic mix in London and Paris. *Journal of Education Policy*, 22(1), 107-124.

Reay, D., Crozier, G., & James, D. (2011). *White Middle-Class Identities and Urban Schooling*. Hampshire: Palgrave Macmillan.

Rolff, H. G. (2013). Auswertung der Evaluation und Empfehlungen zur Weiterentwicklung der Regionalen Bildungsnetzwerke in NRW. Wissenschaftliche Expertise I.

Rolff, H. G. (2014). Auswertung der Evaluation und Empfehlungen zur Weiterentwicklung der Regionalen Bildungsnetzwerke in NRW. Wissenschaftliche Expertise II. Retrieved from www.mfkjks.nrw/sites/default/files/asset/document/auswertung_regionale_bildungsnetzwerke.pdf

Sanders, M. G. (2005). *Building School-Community Partnerships: Collaboration for Student Success*. Corwin Press.

Schubert, H., & Puskeppeleit, M. (2012). Qualitätsentwicklung in Bildungslandschaften. In P. Bleckmann & V. Schmidt (Eds.), *Bildungslandschaften* (pp. 98-114). VS Verlag für Sozialwissenschaften.

Schubert, H., Rädler, M., Schiller, K., & Schmager, S. (2010). *Externe Evaluation des Programms 'Lebenswelt Schule'. Evaluationsphase II: 2010 bis 2011*.

Köln: Fakultät für Angewandte Sozialwissenschaften Fachhochschule Köln.

Schütz, A., & Luckmann, T. (1979). Strukturen der Lebenswelt (Vol.). Frankfurt a. Main: Suhrkamp. Retrieved from http://gso.gbv.de/DB=2.1/PPNSET?PPN=223272981

Senge, P. M. (1990). *The Fifth Discipline*. New York: Doubleday Business.

Senge, P. M. (2000). *Schools that Learn* (1st Currency pbk). New York: Double day.

Solzbacher, C. (2007). *Bildungsnetzwerke und regionale Bildungslandschaften: Ziele und Konzepte, Aufgaben und Prozess*. München: Luchterhand.

Stern, C. (2017, March 15). Übersichtskarte der Regionalen Bildungsnetzwerke in NRW. Retrieved from www.regionale.bildungsnetzwerke.nrw.de/Regionale-Bildungsnetzwerke/%C3%9Cbersicht/

Stoll, L., & Louis, K. S. (2007). Professional learning communities: Elaborating new approaches. In *Professional Learning Communities: Divergence, Depth and Dilemmas* (pp. 1-13). New York: Open University Press.

Strobel, C., Pekince, N., Dubiel, G., Lindner, M., & Pilz, S. (2009). Bildungsberatung-regionale Transparenz verbessern. In C. Emminghaus & R. Tippelt (Eds.), *Lebenslanges Lernen in regionalen Netzwerken verwirklichen.Abschließende Ergebnisse zum Programm "Lernende Regionen-Förderung von Netzwerken"* (pp. 79-102). Bielefeld: Bertelsmann.

Thiersch, H. (1986). *Die Erfahrung der Wirklichkeit: Perspektiven einer alltagsorientierten Sozialpädagogik*. Weinheim: Juventa-Verl.

Vogel, M. R., & Oel, P. (1966). Gemeinde und Gemeinschaftshandeln: zur Analyse der Begriffe Community Organization und Community Development (H. Muthesius, Ed.). Stuttgart: Kohlhammer.

Werquin, P. (2010). *Recognising Non-Formal and Informal Learning*. (Organisation for Economic Co-operation and Development, Ed.). Paris: Organisation for Economic Co-operation and Development. Retrieved from www.oecd-ilibrary.org/content/book/9789264063853-en

Wilke, P. (2000). Schule ist Zukunft! Fünf Jahre Denkschrift "Zukunft der Bildung-Schule der Zukunft"-Eine Veranstaltung der Friedrich-Ebert-Stiftung am 6. December 1999 in Düsseldorf (p. 76). Bonn: Friedrich-Ebert-Stiftung.

제8장

중등교육 단계의
수업연구 전문적 학습네트워크

시브리히 더프리스(Siebrich de Vries)
& 릴라나 프렌저(Rilana Prenger)

8.1 도입

이 장에서는 전문적 학습네트워크의 유형 중 하나인 수업연구 전문적 학습네트워크를 중점적으로 살펴본다. 수업연구Lesson Study는 일본에서 처음 시작된 교사 학습을 위한 독특한 접근법으로 최근 네덜란드에 도입되었다. 수업연구에서 교사들은 학생들의 학습을 개선하기 위한 협업을 통해 연구수업을 계획하고, 현장에서 수업을 참관하며, 데이터를 수집하고 이 데이터를 함께 분석한다.Fernandez & Chokshi, 2002 수업연구의 특징은 적극적인 협력과 연구이다. 수업연구는 실행을 기반으로 하며 학생지향적이고 교사주도적이다. 이러한 특성들은 여러 문헌연구예: Darling-Hammond 외, 2009; Kooy & Van Veen, 2012에서 강조하는 효과적인 전문성 개발의 특성과 상당히 유사하다. 따라서 수업연구는 이론적으로 탄탄한 전문성 개발 접근법이다. 수업연구의 결과가 주로 소규모 질적 연구를 기반으로 하고 있지만, 교사들의 수업 현장을 개선할 수 있는 강력한 수단으로도 부상하고 있다.Huang & Shimizu, 2016; Xu & Pedder, 2014

새로운 전문성 개발 계획이 이론적으로 그리고 실증적으로 아무리 긍정적일지라도, 수업연구를 네덜란드의 맥락에 어떻게 적용하고 있는지에 관해서는 설명이 필요하다.Verhoef 외, 2014 네덜란드의 전문성 개발은 전통적으로 하향식top-down으로 이루어지고 있다. 일회성 응급조치 형식의 워크숍이나 콘퍼런스, 세미나를 통해, 그리고 많지는 않지만 장기적인 교사주도적 실행기반의 협업과 연구를 통해 도입되고 있었다.Onderwijscoöperatie, 2016 더욱이 네덜란드 교사들에게는 학생 기반의 지향성이 익숙하지 않다.De Vries 외, 2013 다른 서유럽 국가들과 마찬가지로 학교의 업무 강도가 높기 때문이다.Dutch Schools Inspectorate, 2016 이 장의 목적은 네덜란드 맥락에서 네트워크로 이루어진 수업연구의 가능성을 탐색하는 것이다.Cajkler 외, 2014 참조 여기서 논의할 수업연구 전문적 학습네트워크는 네덜란드어 과목에 관한 학교 간 전문적 학습네트워크이며, 주요 논제는 다음과 같다. 교사 학습을 위한 새로운 접근법으로서의 수업연구 학습네트워크의 효과는 무엇인가? 그리고 어떤 요인들이 이 효과에 영향을 미치는가?

수업연구의 이러한 측면들에 관한 관심은 네덜란드 학교와 교육 시스템에 수업연구가 도입되는 과정을 설명하고 시스템을 개선하는 데 도움이 될 것이다. 또한 이 장에서는 같은 목표를 위해 협업하는 교사들이 여러 학교로 이루어진 팀에서 진행한 과정과 결과에 대한 심층적 분석을 제시한다.

이 장의 구성은 교사학습teacher learning의 개념에 대해 전반적으로 논의하고8.2, 수업연구를 집중적으로 다룬다.8.2.1 그런 다음에 성공적 실행과 관련 있는 요인들에 대해 논의하고8.2.2, 네덜란드에서의 구체적인 수업연구 전문적 학습네트워크를 다룰 것이다. 먼저 그 맥락8.3과 구체적인 수업연구 전문적 학습네트워크를 살펴보고8.3.1, 지난 2년간의 경과를 기술할 것이다.8.3.2 다음으로 수업연구 전문적 학습네트워크의 보고된 효과8.4와 함께, 도움이 되거나 방해가 되는 요인들에 대해 논의한다.8.5 마지막으로 여기서 살펴본 내용에 관한 논의로 글을 마무리 짓고자 한다.

8.2 교사 학습

1960년대와 1970년대에는 교사 학습이 그 자체로 논제가 되지는 못했다.Scheerens, 2010; Villegas-Reimers, 2003 1980년대에 들어와서 경제적, 사회적, 교육적 발전과 변화로 인해 교사들도 직무를 계속함에 따라 학습을 해야 한다는 인식이 확산되었다.Beijaard 외, 2007; Hargreaves, 2000 앞에서 언급했던 (그리고 아직도 인기가 있는) 워크숍, 콘퍼런스, 세미나 형식의 전문성 개발은 이때부터 시작되었다. 교사들에게 제공되는 과정은 교실 현장의 실제 문제들과는 관련이 없거나 연결성이 없고 파편적인 경우가 많았다.Lieberman & Pointer Mace, 2010

요즘 교사들은 학습지향적이고 적응력이 강한 전문가로 인식되고 있다. 교사들은 점점 더 다양해지는 학습자를 가르칠 수 있는 능력을 갖춰야 하고, 학생의 학습을 위한 지식이 많아야 하며, 복잡한 학술적 콘텐츠에도 능해야 하고, 교수 기법에도 수월성을 갖출 것이 요구되고 있다.Vermunt & Verloop, 1999; Wei 외, 2009 이렇게 복잡한 교사 직무에 필요한 지식, 기술, 태도가 직무 초기 단계의 교사교육 프로그램에서 완전하게 개발될 수는 없기 때문에Feiman-Nemser, 2001; Hammerness 외, 2005, 이제 교원들은 직무를 계속하는 동안에 학습해야 필요성이 높아졌다.Day & Sachs, 2004

현재 교사 학습에 관한 연구들은 다양한 관점을 활용하고 있다. 인지심리학적 접근법예: Borko & Putnam, 1996; Cochran-Smith & Lytle, 1999, 성인/현장 학습 접근법예: Lave & Wenger, 1991; Schön, 1983 등이 이에 해당한다. 최근에는 인지심리학적 접근법과 성인/현장 학습 접근법이 모두 개인화된 학습에서 좀 더 상황적인 관점의 학습으로 이동하고 있다. 이러한 접근법에서는 공통적으로 학습의 개념을 능동적, 자기주도적, 구성주의적, 성찰적으로 보고 있으며, 학습이 개인 활동과 협업 활동 모두에 내

포되어 새로운 지식과 기존 지식을 연결하는 것으로 보고 있다.

이 글에서는 교사 학습을 직무연속적이고 자기주도적이며 능동적인 프로세스로 본다. 이 프로세스를 통해 교사들은 다양한 제도권과 비제도권의 학습 활동들에 참여하고 있다. 이 프로세스는 직무 내외적 영역을 모두 포함하고, 교사들의 지식과 인식 그리고 수업 행동을 개선하는 직무 관련 목표와 맥을 같이한다. 이 정의는 위에서 기술한 개념과 일관되며 교사 학습 분야의 다른 연구자들예: Bakkenes 외, 2010; Feiman-Nemser, 2001의 생각과도 일치한다.

효과적 교사 학습에 관한 최근 연구들은 학습 활동의 특성을 교사의 질적 수준 향상과 학생의 학습 결과와 연결하여 파악하고 있다. 다시 말해서 능동적, 협업적, 연구기반, 현장기반, 학생지향적, 교사주도적 특성들을 꼽고 있다.예: Desimone, 2009; Kooy & Van Veen, 2012 이 같은 특성들은 수업연구와 상당히 부합하며, 이러한 연구는 우리가 말하는 교사 학습 개념과 완벽하게 일치하고 있다.

8.2.1 수업연구

수업연구는 일본에서 처음 시작된 전문성 개발 접근법으로, 1999년 이후 전 세계로 전파되었다.Stigler & Hiebert, 1999 일본 내외적으로, 수업연구가 교사들의 전문성 개발에 기여했고 수업의 실제를 개선했으며 학생들의 학습을 향상시켰고 전문적 학습 커뮤니티를 구축하고 유지시켰다는 증거들이 존재한다.예: Huang & Shimizu, 2016; Xu & Pedder, 2014

최근에는 수업연구의 이론적 프레임워크를 구축하고 수업연구가 작동하는 원인과 방법을 설명하기 위한 여러 가지 시도가 이루어졌다.예: Dudley, 2013; Runesson, 2015 루이스 등Lewis 외, 2009은 일본 외의 국가에서 수업의 개선instructional improvement을 위해 어떤 수업연구가 효과적으로 사용될 수 있는지 그 메커니즘을 탐구하기 위해 앞에서 언급한 인지학습cognitive learning과 상황학습situated learning 이론을 기반으로 한 이론 모형을 구축하고 테스트했다.[그림 8.1] 참고

[그림 8.1] 수업연구가 어떻게 수업을 개선했는가에 대한 이론적 모형

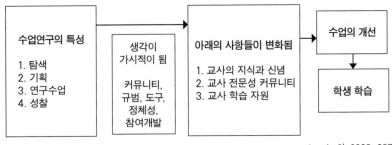

Lewis 외, 2009: 287

우선 이 모형은 수업연구가 인지이론에 따라 다양한 유형의 지식을 더욱 가시적으로 만들어, 교사들이 새롭고 다양한 아이디어들을 발견하며 교사들의 지식을 개선시키는 것으로 가정한다. 둘째, 이 모형은 상황학습이론이 제시하는 바와 같이 수업연구가 교사들로 하여금 전문적 공동체를 강화하고 수업혁신을 위해 필요한 규범과 수단을 구축할 수 있게 한다고 가정한다.Lewis 외, 2009: 286

이 모형은 수업연구의 네 가지 특성, 즉 탐색Investigation, 기획 Planning, 연구수업Research lesson, 성찰Reflection을 포함한다.

- 첫 번째 특성인 탐색은 학생들의 현재 특징을 고려하고 학생 학습과 개발을 위한 장기적인 목표를 고려하는 것을 말한다. 또한 주요 개념, 기존 교과과정, 기준, 학습의 궤적, 리서치와 같은 콘텐츠 영역을 연구하는 것을 말한다.
- 두 번째 특성인 기획은 연구수업을 선별하거나 개발하고, 학생의 문제 해결을 예측하고, 수업계획을 작성하는 것(학생 학습 및 개발

의 목표, 예측되는 학습자 사고student thinking, 데이터 수집 지점, 수업 설계를 위한 이론적 배경, 장기적 목표와의 연결성 포함)을 의미한다.

- 세 번째 특성은 연구수업으로, 팀 구성원 중 한 명이 연구수업을 진행하고 다른 팀 구성원들은 연구수업을 참관하면서 실시간 데이터를 수집한다.
- 네 번째 특성은 성찰로, 팀 구성원들이 연구수업으로부터의 데이터를 공유하고 토론한다. 팀 구성원들은 수업을 재설계하기 위한 시사점, 더 광범위한 교수-학습을 위한 시사점, 그리고 학생들과 교과를 이해하기 위한 시사점을 도출한다. 마지막으로 학습을 공고히 하기 위해, 이 과정을 통해 학습한 것들을 문서로 요약한다.

더 나아가, 이 모형은 수업연구가 수업을 개선하는 다음의 세 가지 경로를 포함하고 있다.

- 교사들의 지식과 신념의 변화(예를 들어 교과에 대한 지식, 교수법, 학습자 사고와 이를 파악하는 방법, 학생 발달을 위한 장기적 목표, 그리고 일상적 수업에 어떻게 연결되는지 등)
- 전문적 커뮤니티의 변화(예를 들어 수업을 개선하기 위한 동기부여와 역량. 여기에는 지속적인 개선과 연구를 강조하는 규범과 고품질의 수업을 제공하기 위한 상호 책임감도 포함됨)
- 교수-학습 자료의 변화(예를 들어 학습자 사고를 노출시키는 과업, 학생들의 학습과 지도에서의 주요 요소들을 파악할 수 있는 데이터 수집 프로토콜 등)

루이스 등Lewis 외, 2009이 자신의 이론적 모형을 기반으로 실시한 연구에서는 수업연구가 위의 세 가지 경로에 각각 영향을 미쳤다는 증거를 도출했고, 미국에서도 수업연구가 강력한 효과성을 갖는다는 증거가 제시되었다.

8.2.2 성공적 이행과 관련된 요인들

수업 현장(여기서는 수업연구)에서의 전문성 개발 활동의 성공적 이행을 위해서는 다양한 개인별 요인과 개인 간 요인 그리고 상황적 요인들을 고려해야 한다.Kooy & Van Veen, 2012; Thurlings & Den Brok, 2014 동기화는 핵심적인 개인별 요인이다.예: Ryan & Deci, 2000 교사들은 수업연구 전문적 학습네트워크에 참여함으로써 얻게 되는 유용성을 인식해야 한다.

수업연구의 협업적 프로세스에서 개인 간 요인이 행하는 역할과 관련하여, 살라스 등Salas 외, 2005이 개발한 프레임워크에서는 효과적인 팀워크를 위한 다섯 가지 구성 요소를 제시했다.

- 팀 리더십
- 수행에 대한 상호 모니터링
- 서로에 대한 자발적인 지원
- 적용 가능성
- 팀 지향성

또한 공유정신 모형shared mental model, 폐쇄루프closed-loop 커뮤니케이션, 상호 간의 신뢰가 중요한 작동 기제임을 확인했다. 상호 간의 신뢰는 이 중 가장 중요한 개인 간 요인에 해당한다.Thurlings & Den Brok, 2014 이 요소들과 작동 기제들은 수업 개선에 필요한 규범과 도구를 교사가 구축할 수 있게 하고, 교사들의 전문적 공동체를 강화시켜 준다.Lewis 외, 2009

맥락 요인과 관련해서는 중재 관련intervention-related 요인과 학교 관련school-related 요인으로 나누어 볼 수 있다.Thurlings & Den Brok, 2014 툴링스와 덴 브록은 중재 관련 요인을 일곱 가지로 구분했다. 퍼실리테이터facilitator의 역할, 전문성의 '여지room'를 제공받는 것, 가이드라인을 받는 것, 그룹의 크기, 그룹의 구성이 이에 해당한다. 이러한 요인들은 전문적 학습네트워크 맥락에서의 수업연구 수행에 대단히 잘 적용될 수 있다. 마지막으로, 학교 관련 요인은 시간·일정에 관해 학교로부터 받을 수 있는 실제적 지원과 관련되고, 학교 관리자들로부터 받을 수 있는 사회적 지원과 관련된다. 이러한 요인들은 협업 프로세스에 도움이 될 것으로 보인다.Thurlings & Den Brok, 2014

8.3 수업연구 전문적 학습네트워크의 맥락

수업연구 전문적 학습네트워크는 3년간(2014-2017) 네덜란드 교육부가 주최한 (학교 간) 전문적 학습네트워크를 위한 프로젝트였다.Tweede Kamer, 2013 전체 23개 전문적 학습네트워크에 참여하고 있는 교사들을 대상으로 효과와 영향을 미치는 요인들에 관한 연구가 진행되었다. 이 종합적인 프로젝트에서는 지역 학습네트워크의 내용이나 구조에 대해서는 가이드라인이 특별히 제시되지는 않았지만, 다음의 내용은 반드시 지켜져야 한다고 명시되었다. 전문적 학습네트워크는 대학 수준의 교원양성기관이나 더 높은 수준의 전문적 교육기관을 졸업한 교사들로 구성되어야 하고, 구성원들은 특정의 접근법이나 성과물을 결과로 내야 하며, 1년 이상 정기적인(월 1회) 회의를 개최해야 하고, 해당 과목에 관한 연구 분야, 교육과정 설계 또는 교수법 관련 전문가 1명 이상으로부터 지도를 받아야 한다. 이 프로젝트의 전문적 학습네트워크들은 각 학습네트워크 지역에 있는 일반 대학과 응용과학대학의 교사교육자 1~2명의 가이드를 받았다. 전문적 학습네트워크의 내용과 목표는 이 퍼실리테이터들이 (참여 교사들과 협의하여) 정했다. 그 지역의 퍼실리테이터와 교수들은 독자적으로 각자 담당한 전문적 학습네트워크의 구체적인 프로세스와 성과를 연구했다. 질적 사례연구를 위해 5개의 전문적 학습네트워크가 선정되었고, 각 프로세스에 대한 심층연구와 전문적 학습네트워크에 영향을 미치는 요인들과 성과가 연구되었다. 아래의 수업연구 전문적 학습네트워크는 그 사례연구 중 하나이다.

8.3.1 수업연구 전문적 학습네트워크

네덜란드어 과목의 수업연구 전문적 학습네트워크를 위해, 지역의 대학에서는 전문성 개발 접근법으로 수업연구를 선택했다. 전문적 학습네트워크의 첫 번째 목적은 교사들의 교수 행위instructional behavior-특히 학생들을 적극적으로 참여하게 하고 개별화하는 것과 같은 더 복합적인 교수 행위를 개선하는 것이었다. 네덜란드 중등교육 단계의 많은 교사가 이러한 문제를 어려워하는 것으로 나타났다.Dutch Schools Inspectorate, 2016 두 번째로, 전문적 학습네트워크는 교과와 관련된 구체적인 문제, 즉 읽기 능력과 효과적인 교구재 개발을 다루었다. 세 번째로, 전문적 학습네트워크의 또 다른 중요한 목표는 전문적 학습네트워크 참여 교사들이 앞으로 수업연구 퍼실리테이터가 되어 개별 학교에 수업연구를 도입하고 학습문화를 향상시키는 것이었다. 따라서 다음과 같은 요건을 갖춘 교사들을 찾는 것이 중요했다. (1) 동기부여가 되어 있을 것, (2) 수업을 잘하고 동료 교사들이 교육 발전에 참여하도록 지원할 수 있는 교사일 것, (3) 학생지향적이면서 발전지향적일 것, (4) 학생들을 적극적으로 만들고 학생들의 개별적 역량을 개발할 의지가 있을 것, (5) 미래의 수업연구 퍼실리테이터로서 교육적 개발, 변화, 혁신에서 다른 교사들에게 동기부여를 할 수 있는 사람일 것.

본 전문적 학습네트워크는 2개의 지역 대학들에 부속된 교사교육기관에서 네덜란드어 과목의 방법론을 강의하는 2명의 교사교육자로부터 코치를 받았고, 네덜란드 북부에 있는 8개의 중등학교에 근무하는 14명의 교사로 구성되었다. 이 수업연구의 구성은 학교 간 수업연구의 특성을 띠고 있다.Xu & Pedder, 2014 남자 교사 1명과 여자 교사 13명으로 이루어졌다는 면에서 이 전문적 학습네트워크의 구성은 상당히 동질적이었다. 그러나 다른 측면에서는 상당히 이질적 구성이었다. 6명의 교사는 일반 대학의 전공자이고 8명은 사범대학 졸업자였다. 교사들의 평균 연령은 41세(연령분포 26~58세)였고, 평균 교직 경력은 12년(경력분포 4~28년)이었다. 교사들은 전문적 학습네트워크 참여를 위해 100시간의 근무시간을 배정받았고, 이에 대해 학교에는 소정의 보상이 이루어졌다. 전문적 학습네트워크는 매주 금요일 오후로 일정이 정해졌고, 참여 학교의 운영진에게도 금요일 오후에 연구수업 일정을 잡도록 요청했다. 2명의 교사교육자와 총괄 프로젝트 관리자(이 장의 제1저자)는 전문적 학습네트워크의 방향성을 정하는 임무를 가진 전문적 학습네트워크 프로젝트 그룹을 구성했다. 2개 교사교육기관의 담당자들과 2개 학교의 지도자들로 자문위원회를 구성했다.

8.3.2 2년 동안 진행했던 수업연구 활동들

2014년 2월, 전문적 학습네트워크의 시작과 함께 참여 학교들에게 수업연구를 간략히 소개하는 킥오프 미팅이 개최되었다. 2014년 봄에는 참여 교사들을 위한 오리엔테이션 회의가 2회 실시되었다. 2번의 회의 모두 전문적 학습네트워크의 구체적인 교육 내용 관련 주제들을 다뤘다. 2014년 9월부터는 3~6명의 교사로 구성된 3개의 수업연구팀에서 매 학년도(2014-2015학년도, 2015-2016학년도)마다 2기의 수업연구를 실시했다. 우리는 스테파넥 등Stepanek 외, 2007이 일본의 수업연구를 미국식으로 응용한 내용을 선택했다. 여기서도 네 가지 단계(탐구, 기획, 연구수업, 성찰)Lewis 외, 2009를 포함했다. 수업연구에 관한 설명은 교사교육자들을 통해 단계적으로 이루어졌고, 교사교육자들은 프로젝트 관리자로부터 수업연구에 관한 설명을 들었다.

각 기수에서 수업연구 전문적 학습네트워크 참가자들은 3~4명으로 이루어진 소그룹으로 나뉘었고, 이후 이 소그룹은 수업연구팀Lesson Study team으로 지칭되었다. 2기 후에는 소그룹들이 다양한 학생 수준에 맞게 개발된 결과물들의 적용 가능성을 높이도록 하기 위해서 더 이질적인 집단들로 조직되었다. 수업연구팀은 각 전문적 학습네트워크 맥락의 탐구 및 기획회의에 2회(첫 번째 학년도) 또는 3회(두 번째 학년도) 참석했다. 교과 영역의 새로운 주제들이 교사들에게 제시되었으며, 이후 교사들은 연구수업을 준비하고 수업계획을 작성했다. 수업계획에는 학생의 학습과 진전을 위한 목표, 기대되는 학습자 사고 그리고 데이터 수집 시점들이 포함되었다. 연구수업은 교사가 각자 자신의 수업을 하고 있는 학교에서 개최되었다. 팀 구성원 중 한 명은 연구수업을 진행했고, 다른 팀 구성원들과 방법론 강사들 또는 총괄 프로젝트 관리자가 실시간 연구수업을 참관하며 데이터를 수집했다. 교사들은 각 기수마다 2번씩 서로의 학교를 방문하여 원래의 연구수업과 응용을 한 연구수업을 참관했고, 수업 후 토론(성찰)에 참여했다. 각 기수는 전체 전문적 학습네트워크에 대해 평가하고 성찰하는 회의로 마무리되었다. 이 회의에서 수업연구팀들은 연구수업에서 얻은 데이터를 공유하고 토론했고, 더 광범위한 교수-학습, 학생 및 교과의 이해, 그리고 수업의 재설계 등을 위한 시사점을 도출했다. 일 년에 몇 차례씩 참여 학교 지도자들을 위한 회의가 개최되어 수업연구 활동과 진행 사항이 보고되었다. 매년 활동을 결산하는 학술대회가 참여 학교 운영진과 교직원을 대상으로 개최되었고, 이 행사에서 수업연구팀들은 자신들의 수업연구와 이를 통해 얻게 된 교훈을 발표했다.

첫 번째 학년도 1기가 끝난 후, 수업연구팀들은 각자 자신이 속한 학교에서 수업연구 퍼실리테이터의 역할을 준비하기 위해, 스테파넥 등 Stepanek 외, 2007의 연구를 바탕으로 한 수업연구 방법에 관한 핸드북을 받았다. 또한 방법론을 강의한 교사교육자들은 수업연구 퍼실리테이터와 교과 전문가로서 두 가지 역할을 했다. 퍼실리테이터 역할의 활동 사례들에서는 목표를 명료화하고 수업연구의 접근법을 설명하고, 2차 학년도에는 (네덜란드어) 교과 전문가의 역할에 더욱 집중했으며, 수업연구팀들은 역할 전환을 통해 더 자율적으로 활동을 수행했다.

프로젝트 기간 2년 동안 전문적 학습네트워크 프로젝트 그룹은 수업연구가 전문적 학습네트워크에서 어떻게 진행되는지를 모니터링하고 여러 차례 수정을 가했다. 2기 시작부터는 영국식 수업연구 방법에서는 세 가지의 학생 사례를 선택했는데, 이는 학생들의 학습에 더 중점을 두는 방법이었다.Dudley, 2011 3기 시작부터는 연구자로서의 교사, 그리고 학습자 사고를 더욱 가시적으로 만드는 것에 집중했다. 이 경우 다양한 교구재들도 제공되었다. 또한 팀 구성을 변경하거나 팀의 크기를 줄이는 결정도 이루어졌다. 마지막으로, 적극적인 협업을 증진하기 위해서 수업연구팀들은 토론과 그룹 규범 개발로 새로운 기수를 준비했다.

8.4 수업연구 전문적 학습네트워크의 성과

학습 경험으로서의 수업연구가 얼마나 가치로운가8.4.1, 수업연구 전문적 학습네트워크 참여의 효과8.4.2는 무엇인가를 참여 교사들과 교사교육자들에게 질문해 보았다.

8.4.1 학습 경험으로서의 수업연구 평가

대체로 교사들은 수업연구를 통해 배운 것이 많다고 생각했다. 교사들은 연구수업과 성찰, 기획에서 특히 학습한 것이 많다고 평가했다. 그러나 탐색 부분은 별로 도움이 되지 않은 것으로 간주했다.

교사들은 학습지도의 핵심적 측면인 수업개발developing lessons을 좋아했다. 그리고 수업연구의 목표지향적 특성을 마음에 들어 했다. 한 교사는 2년 차가 끝난 후 다음과 같은 의견을 남겼다. "여러 명의 동료 교사들과 동일한 수업을 준비하는 것이 무척 즐거웠습니다. 우리가 정말로 원하는 것이 무엇인지, 목표가 무엇인지를 먼저 토론하고, 그 목표를 가지고 협업한다는 것이 정말 좋았습니다." 또한 교사교육자들에 따르면, 참가자들은 하나의 수업을 협업적으로 준비하는 것을 매우 유용하게 생각하고 있었다. 이는 교사들에게 주인의식을 심어 주는 결과로 나타났다. "평가는 교사들이 무엇을 했는가가 아니라 학생들이 무엇을 배웠는가에 대해 이루어집니다."

하지만 교사들은 수업연구를 위해 사용한 매뉴얼에 비판적인 입장을 드러냈는데, 특히 탐구 부분에 대해 그러했다. 이것이 "지나치게 구조화되어 있고 추가 업무를 발생시키고 있다"라고 여겼다. 또한 일부 참가자는 교사교육자에게 계속 수정을 받는 게 짜증스럽다고 느꼈고, 이 접근법은 학교에 다시 입학한 것 같은 느낌이 든다고 했다. 그런데 이렇게 평가한 교사들도 학습 경험에 대한 이 접근법의 필요성을 인정했다. "한 수업에 계속 반복적으로 수정을 가하다 보면 자동적으로 미시적 관점에서 거시적 관점으로 이동하게 됩니다. 학생들에게 어떤 영향을 미치는지를 보게 되는 거죠. 그리고 전문적 학습네트워크에서 배우는 모든 것들은 실제 수업 현장에 적용할 수 있습니다."

8.4.2 수업연구 참여의 효과

수업연구 전문적 학습네트워크는 교사들이 인식하는 지식과 신념에 변화(첫 번째 경로)[그림 8.1] 참고를 가져왔다. 교사들은 학생들에 대해 학습했고, 학습자 사고에 대해 학습했으며, 가르침에 대한 인식을 끌어올리게 되었고, 교수법 전반과 수업에 참여하는 학생들과의 접촉 빈도도 높일 수 있었다. 교사들은 어떤 형식의 수업 방법이 자신이 설정한 목표에 적합한지를 스스로 결정을 하고 또 학생들을 관찰할 수 있게 되었다. 교사들은 자신들의 교수 방법이 훨씬 더 이론기반적으로 되었고, 덜 주관적이 되었다고 느꼈다. 교사들은 자신들의 전문적 태도에서도 변화를 경험했다. 그리고 다른 학교를 방문함으로써 교육에 대한 시각을 전반적으로 더 넓힐 수 있었다. 개인적 요인들도 수업연구 참여 후에 변화되었다. 교사들은 학생들의 학습에 집중함으로써 수업에 더 자신감을 느끼게 되었다. "다른 교사들과 함께 수업을 개발하는 시간을 가짐으로써 제 자신감이 강화되었죠." "학생들을 관찰함으로써 수업이 효과가 있다는 자신감이 생겼어요. 보통 수업을 할 때 어떤 일이 일어나고 있는지를 항상 알지는 못하거든요."

두 번째 경로인 전문적 공동체[그림 8.1] 참고와 관련하여 교사들은 다음과 같이 설명했다. "저는 협업에 대해서 더 많이 배웠습니다. 혼자 할 때보다 시간이 더 걸리더라도 텍스트를 같이 찾고 같이 결정하는 것은 가치가 있습니다." 교사들은 새로운 접점과 경험 교류를 높이 평가했다. 에너지와 새로운 아이디어를 자신의 수업 현장에 되살릴 수 있었기 때문이다. "학교 밖의 동료들을 만난다는 것이 너무나 즐거웠습니다. 저는 이것이 이 프로젝트의 주제들만큼이나 중요하다고 생각해요."

교수-학습 자료 역시 변화를 위한 중요한 자료인 것으로 보였다. "우리는 교재를 더 잘 살펴보고 스스로에게 질문을 합니다. 이 교재가 우리가 성취하고자 하는 바와 잘 맞을까 하고." "동일한 교재를 다양한 수준에서 아주 잘 활용할 수 있었습니다. 그리고 그 차이를 살펴볼 수 있어 정말 좋습니다." 물리적 산출물로는 개발된 일련의 수업들, 수업교재, 교사들을 위한 매뉴얼 등이 있다. 이 외에도 수업 실천에 관한 연구 및 연구 도구의 세련화, 수업의 개선, 학생 성적의 향상 등과 같은 성과가 있었다.

교사들은 수업연구가 학생들이 수업을 더 명확하게 이해할 수 있게 한다고 느꼈다. "교류를 많이 하잖아요. 프로젝트 팀에게 이것은 가치가 부가되는 거죠. 우리는 이제 같은 방식으로 학생들에게도 더 명확하게 이해할 수 있게 해 줍니다. 교사로서 우리의 역할은 덜 두드러지고 학생들이 더 두드러지게 됩니다." 일부 교사에게, 수업연구 전문적 학습네트워크는 수업 관행을 변화시켜 주었다. "이제 제 수업은 훨씬 더 능동적입니다. 제가 상호작용을 늘렸거든요." "저는 수업 준비에 더 많이 집중하고 있습니다. 이제는 파워포인트 프레젠테이션을 할 때 그 목표, 우리가 하고자 하는 것, 이 수업의 정확한 의도 등과 잘 맞게 준비했는지를 확인합니다."

8.5 영향을 미치는 요인들

전문적 학습네트워크 참가자들과 교사교육자들을 대상으로 수업연구의 타당성[8.5.1], 수업연구 전문적 학습네트워크에 대한 동기부여[8.5.2], 수업연구팀 내에서의 협업[8.5.3], 전문적 학습네트워크와 관련된 요인들[8.5.4], 학교와 관련된 요인들[8.5.5]에 대해 조사했다.

8.5.1 수업연구의 타당성
교사들은 수업연구가 전반적으로 타당한 접근법이라고 생각했는데,

특히 연구수업과 성찰에 대해 더욱 그렇게 느꼈다. 탐색과 기획은 교사들 입장에서 타당성이 다소 낮은 것으로 나타났다.

(2회 차 학년 후) 한 교사교육자는 비판적 의견을 제시했다. 일부 교사는 '다른 것들'에 개방적이지 않은 것으로 보였고, 연구기반의 태도를 보이지 않았다. "문제는 이미 연구기반 방법으로 지도를 하고 있지 않은 이 교사들을 우리가 충분히 양성하거나 도울 수 있는가이다." 더욱이 여러 교사가 장기적으로 자신들의 학교에서 수업연구를 진행하는 것에 대해 타당성 문제를 제기했다. 한 명 이상의 교사가 그 가능성에 확신이 없었다. "시간이 너무 많이 걸린다고 해야겠죠. […] 대단히 집중적이고 시간이 많이 소요되는 교육 개발 방식입니다. 다른 교사들이 보상을 받지 않으면서 그러한 과정(연구수업)을 거칠 것인지가 의문입니다." 또 다른 교사는 학교 내의 수업연구에서 얻은 지식과 기술을 적용하려 했지만, 시간이 부족해서 어려움을 겪었다고 했다. 학생들에게 미치는 영향을 관찰하는 것의 타당성과 관련해서 그 교사교육자가 놀란 것은 수업연구팀들이 학생들을 대상으로 수업의 효과를 측정하지 않았다는 것이다. […] 그것은 실제로 거의 모든 수업연구팀을 향한 질문이었죠. 무언가 학습했고, 무언가 설명했는데, 학생들은 이제 이것을 할 수 있는가? 학생들은 이제 이해한 것인가? 이러한 유형의 조절 단계가 부족했습니다. 그것이 좀 놀라웠어요."

8.5.2 수업연구 전문적 학습네트워크의 동기부여

전문적 학습네트워크에 참여하게 된 동기는 교사마다 달랐다. 일부는 교과에 관심이 있었고, 스스로를 전문적으로 발전시키는 것을 좋아했다. 어떤 교사는 학교 위원회에서 참여하라는 요청이 있었기 때문에 왔다. 어떤 교사는 참여 당시에는 대단히 좋아했지만, 투입해야 할 노력이 많다는 얘기를 듣고 실망하기도 했다. "수업을 여러 개 준비해야 한다는 말을 들었을 때 그리고 그 수업이 자료화되어 다른 교사들에게 배부되고, 자료를 받을 교사들이 몇 명이라는 얘기들 들었을 때 굉장히 겁이 났어요. 내가 지금 준비하는 시간보다 훨씬 많은 시간이 필요하리라고 생각했죠. […] 그런데 생각했던 것보다는 나쁘지 않았습니다."

교사교육자 중 한 사람은 3기 후에 동기부여가 높아진 것을 관찰했는데, 소그룹 구성을 변경한 것이 부분적으로 영향을 미친 것으로 파악했다. 참가자들이 참여하게 된 동기는 학생들의 학습에 중점을 두고 있었고, 여러 학교 교사들 간의 협업인 전문적 학습네트워크라는 사실 때문이었다. 하지만 참가자 중에는 연구기반 태도가 부족한 교사도 있었다. 이러한 이유로 그 교사교육자는 전문적 학습네트워크가 처음부터 참가자에 대한 기준을 세웠다면 더 효과적이지 않았을까 하는 의견을 제시했다.

8.5.3 협업

협업은 4기 모두에서 전체적으로 긍정적인 평가를 받았는데, 교사들은 수업연구팀 내에서 서로 다른 방식으로 협업을 경험했다. 한 교사는 팀이 새로운 아이디어를 만들어 냄으로써 팀 내에서의 비전이 변화되는 것을 좋게 평가했다. 어떤 교사는 자기가 속한 수업연구팀의 협업 진행 과정이 마음에 들지 않았다. 이 교사의 생각은 전문적 학습네트워크 참여 동기(교사가 주도적으로 참여한 것인지 아니면 학교가 요청해서 참여한 것인지)가 협업에도 영향을 미치고, 교육의 비전과 개인적 특성에도 영향을 미친다는 것이었다. 이로 인해 효과적이지 않은 토의를 하는 경우가 생겼다. 그러나 대부분의 교사들은 전문적 학습네트워크에서 열심히 노력했고, 팀 내의 다른 구성원들도 마찬가지였다고 밝혔다. 교사들은 정기적으로 회의 밖에서 직접 만나기도 하고 SNS를 통해서도 만났다. 한 교사는 좋은 협업이란 시간이 필요한 과정이라고 말했다.

또 한 교사에 따르면, 연구수업의 핵심적 측면(교사들이 각자 학교에서 연구수업을 하는 것)이 자동적으로 구성원들이 열심히 일하도록 만들었다. "내가 안 하고 있으면 이 과정에서 나는 바보가 되는 거죠." 수업연구의 구조는 참가자들의 신뢰 문제를 극복할 수 있게 도왔다. 한 교사교육자의 설명에 따르면, "수업연구에서는 일종의 주인의식을 갖게 된다. […] 교사 개인의 자질이 아닌 연구수업에 대해서 평가가 이루어진다. 그 수업은 교사들이 협동적으로 함께 준비한 것이다. 이것이 교사들에게 안전감을 주고, 교사들이 자유롭고 편하게 느끼는 것 같다." 많은 교사가 그 분위기가 즐겁고 좋다고 평가했으며, 상호 신뢰와 존중을 경험했다.

8.5.4 전문적 학습네트워크와 관련된 요인들

(2개 학년도가 끝나고) 많은 교사가 교사교육자들과 즐거운 협업을 경험했고, 교사교육자들의 코칭에 만족했다. "교사교육자들이 현장에 있지만 드러나지는 않습니다. 그들은 조정하고, 질문을 하고, 우리를 생각하게 만듭니다. 그게 중요한 거 아닌가요?" 교사들은 교사교육자들이 목표지향적이고 유연하며 열정적이라고 느꼈고, 이를 긍정적으로 평가했다. 교사교육자들은 개방적이었고 이 과정의 부정적 측면을 논의하는 것에 주저하지 않았다. 한 교사는 다음과 같은 의견을 냈다. "교사교육자는 대단히 능력 있고 어떤 중요한 질문을 해야 할지를 알고 있다. 그것이 연구수업의 질을 개선시켰다." 그러나 교사들은 첫 번째 두 기수 동안에 교사교육자들로부터 교육 내용과 관련된 의견은 많이 듣지 못했다.

3기 후, 교사교육자들이 설정했던 프레임워크는 첫 번째 두 기수에 비해서 긍정적인 평가를 적게 받았다. 3기에서는 수업연구의 또 다른 목표, 즉 참가자가 자신이 속한 학교에서 수업연구 퍼실리테이터가 되도록 훈련받아야만 했기 때문이다. 서론에서 기술한 바와 같이, 교사교육자들은 이번 기수에서는 수업연구의 절차에 관한 구체적인 안내는 상대적으로 적게 했다. 일부 교사는 이 조치에 대해 전문적 학습네트워크의 비전이 엄격히 지켜지지 않는다는 점 때문에 이의를 제기하기도 했다.

8.5.5 학교 관련 요인들

전반적으로 교사들은 학교에서 제공하는 시간에 만족스러워했다. 교사에게는 1개 학년도당 대개 100시간이 주어졌다. 그러나 대부분은 1개월에 평균 10~15시간을 투입했고, 다른 학교로 연구수업을 보러 가는 시간을 추가로 사용했다. 교사들은 이 점에 우려를 표했는데, 특히 장기적인 관점에서 실행이 어렵다고 걱정했다. 이것은 이미 연구수업의 타당성과 관련해서 설명했었다. 일부 교사는 전문적 학습네트워크 때문에 학교의 중요한 회의에 불참해야 하는 경우도 많아서 동료들에게 미안함과 불편함을 느꼈다. 교사들이 전문적 학습네트워크 참여를 위해 학생들의 수업을 취소하는 경우도 생겼다.

교사들은 학교 관리자들의 지원에는 별로 긍정적이지 않았다. 이 문제에서 교사들의 의견이 갈렸는데, 어떤 교사들은 학교 관리자들이 거의 관심이 없었다고 하고, 다른 교사들은 학교 관리자들이 스스로 비슷한 전문적 학습네트워크에 참여하고 연구수업을 참관하기도 했다면서 적극성을 높이 평가했다. 한 교사는 수업연구 접근법을 학교 관리자들이 직접 주관해야 한다고 했다. 그렇게 되면 동료 교사들도 운영진에서 내어주는 시간에 대해 알게 될 것이고 스스로 관심을 갖고 참여하게 될 것이라고 했다. 교사들은 동료 교사로부터의 사회적인 지원을 대부분 비공식적 방법으로 받거나 전혀 받지 못하는 것으로 인식했다. 한 교사는 전문적 학습네트워크 때문에 중요한 회의에 불참하는 것에 대해 다른 동료 교사들이 기분 나쁘게 생각하기 때문에 주저하게 된다고 도 했다.

8.6 논의 및 결론

이 장의 주요 질문은 교사 학습을 위한 새로운 접근법으로서 수업연 구의 효과는 무엇이고, 네덜란드의 수업연구 전문적 학습네트워크의 맥 락에서 어떤 요인들이 효과를 미치는가였다. 위의 내용을 요약해 보면, 교사들은 대부분 첫 번째 경로 영역[그림 8.1] 참고; Lewis 외, 2009에서 지식 과 통념을 학습하는 경험을 했다. 즉 학생, 학생들의 사고방식, 수업 방 법 등을 학습했고, 그 결과 교수법 전반에 대한 인식이 증진되기도 했 다. 그리고 교사들은 전문적 학습공동체와 교수-학습 자료와 같은 다 른 경로들에 대해서도 다양한 학습을 경험했다. 전반적으로, 다른 교사 들과의 협업이 매우 중요한 의미를 지닌다는 점을 인식했다. 교재의 개 발과 연구 및 활용을 통해서 교사들은 새로운 안목을 갖게 되었다. 많 은 교사가 자신의 수업 실천 과정에서 효과를 확인할 수 있었다. 그들 은 수업연구에서 배운 것을 자신의 수업에 적용했다.

수업연구 과정과 루이스 등Lewis 외, 2009이 제시한 네 가지 특성을 살 펴볼 때, 참여 교사들은 수업연구가 전반적으로 학습 경험으로 가치가 있고 타당하다고 인식했다. 연구수업과 성찰 부분에 대해서 특히 그러 했고, 기획과 탐구 부분에서는 그 인식의 정도가 낮았다. 이는 2개 학 년도와 4개 기수 동안 상당히 일관된 모습이었다. 첫 번째 특성인 탐구 와 관련해서는 네덜란드의 교육적 맥락에서 교사들이 해 본 경험이 별 로 없었으며, 교사들은 교과서로 수업하는 것에 익숙했다. 더 나아가, 교사들은 전반적으로 학습 및 개발의 목표를 (장기적인 목표는 차치하고라도) 설정하는 데 어려움을 겪고 있었다. 그리고 교과 내용 영역의 모든 측면(주요 개념, 교육과정, 성취기준, 학습 과정, 연구조사 등)을 연구하는 데에서도 어려움을 겪었다.

교사들은 기획에 어려움을 느꼈다. 연구수업의 주제에 관해서 동의하는 데에도 상당히 많은 시간이 걸리곤 했다. 별로 인기가 없었던 또 다른 활동은 수업계획을 문서로 작성하는 것이었는데, 학생 학습과 개발의 목표, 예상되는 학습자 사고, 데이터 수집 시점, 수업 설계의 이론적 배경 등을 기록해야만 했다. 학생들의 학습과 사고를 가시적으로 만드는 것도 때때로 문제가 되었다. 그럼에도 개발된 연구수업은 대부분 매우 독창적이었다. 물론 시간이 상당히 많이 걸리는 작업이었다. 수업연구는 연구기반의 태도가 필요한데, 그러한 태도가 부족한 교사에게는 쉬운 일이 아니었다.

앞서 논의된 연구에서 수업연구가 모든 교사에게 적합한지는 명확하지 않다. 왜냐하면 연구에 참여한 교사들은 동기부여가 일정 부분 되어 있고, 수업을 잘하며, 학생지향적이면서 발전지향적이었기 때문이다. 또한 학생들을 능동적으로 되게 하고 개별 성장을 촉진하는 역량을 개발할 의지가 있었으며, 통합적 기준을 근거로 교육 개발과 변화, 혁신을 위해 동료 교사들에게 동기부여를 할 수 있었기 때문이다. 연구적 태도와 거리가 먼 교사에게 수업연구는 어떻게 작동할까? 교사교육자 중 한 명은 이러한 교사를 도울 수 있을지에 이미 의문을 제기했다. 또한 스스로 연구기반 태도를 개발하고 있는 교사들이 향후 수업연구 퍼실리테이터 역할을 하면서 동료 교사들을 지원할 수 있을 것인가?

일반적으로, 수업연구 전문적 학습네트워크팀의 협업과 관련해서 대부분의 교사는 만족을 표했다. 수업연구는 교사들이 전문적 학습공동체를 강화할 수 있게 했고, 수업 개선에 필요한 규범과 도구를 구축할 수 있게 해 주었다.Lave Wenger, 1991; Lewis 외, 2009: 286 그러나 팀들 간의 격차는 컸다. 나이, 능력, 성격, 그리고 주도력과 같은 팀 내 개인 간 차이들 때문이었다. 팀의 구성과 크기의 변동으로 인해, 2차 학년도에는 팀 간의 차이가 줄어들었다. 팀들은 더 동질적이고, 협업을 촉진하도록 구성되었다. 협업을 항상 논제로 두는 것이 중요할 것으로 보인다.

본 수업연구 프로젝트를 위해 교사들은 위에서 언급한 개인적 특성들에 기초해서 선정되었다. 따라서 학교문화 내의 수업연구의 적용 가능성에 대한 의문이 제기된다. 이 프로젝트보다 개인 간 요인들이 훨씬 더 다양할 수밖에 없는 개별 교사들의 소속 학교에서 수업연구를 제대로 적용할 수 있을지 의문이다. 수업연구의 강한 협업적 특성Fernandez & Chokshi, 2002은 팀 구성원들 사이의 협력을 요구한다. 특정 학교 맥락에서 수업연구를 적용하기 위해서는, 수업연구팀 구성에 더 많은 관심을 기울여야 한다.

전문적 학습네트워크 관련 요인들PLN-related factorsThurlings & Den Brok, 2014, 즉 전체 및 개별 수업연구팀으로의 전문적 학습네트워크 구성과 그 크기, 퍼실리테이터로서의 교사교육자의 자질, 제공되는 전문성의 '공간'과 가이드라인은 적절한 것으로 보였다. 교사들은 전반적으로 PLN 맥락에서 퍼실리테이터인 교사교육자들과 수업연구팀들에 대단히 긍정적 반응을 보였다. 왜냐하면 교사들과 함께하면서 도움을 많이 주었기 때문이다. 수업연구 퍼실리테이터 역할을 하는 전문적 학습네트워크 교사가 한 명밖에 없는 학교에서 수업연구를 진행하는 것은 매우 어려운 일이다. 예를 들어, 학교 맥락에서 일상적인 방해 요인들(시간, 동기부여 등)을 마주하면서 수업연구 접근법의 모든 특성을 고수한다는 것은 어려운 일이다. 아마도 초기 단계에서는 교사교육자의 코칭이 여전히 필요할 것이다.

학교 지도자, 동료 교사와 관련해서 수업연구에 참여하는 교사들의 반응은 별로 긍정적이지 않았다. 특히, 학교에서 유일하게 수업연구에 참여하고 있는 교사의 경우가 더욱 그러했다. 현재의 프로젝트 설계 내용에는 학교 관리자들과의 정기적인 회의, 동료 교사들을 초대할 수 있는 평가회의 등이 포함되어 있다. 문제는 이것만으로 참가자들의 지원받고 있다는 인식을 높이는 데 충분하지 않다는 점이다. 이러한 지원은 이 프로젝트의 3차 연도에 수업연구가 학교에서 지속될 수 있도록 하기 위한 중요한 요인이다.^{Stoll 외, 2006}

학교에서 제공하는 시간이 적절하다고 해도 얼마만큼의 시간을 제공하느냐는 여전히 문제로 남는다. 교사들은 수업연구가 자신들의 수업 개선을 위해 시간을 많이 소모하는 접근법이라고 말했다. 교사들은 학교가 제공하는 시간보다 더 많은 시간을 쓰곤 했다. 학교의 뒷받침을 받아도 교사들은 전문적 학습네트워크 참여 때문에 자기 학교의 주요 회의에 불참하거나 수업을 취소해야 하는 경우도 있었다. 교사들은 자신의 학교 내에서 수업연구를 실행하는 것과 관련하여 특히 우려를 표명했다. 이 과제를 제대로 수행하려면 학교 관리자의 역할이 중요하다. 수업연구가 학교 맥락에서 작동하기 위해서는, 시간 외에도 일정한 제도적 구조와 실제-예를 들어 학교혁신 계획, 학교연구조정위원회, 연구수업을 위한 일정 등이 필요하다.^{Takahashi & McDougal, 2016} 수업연구의 학교 전체적 도입을 증진하기 위해서는 학교 지도자들이 공개적으로 수업연구 활동을 인정하고 노력을 기울이고 조직화해 가야 한다.

1년 차와 2년 차의 프로젝트 경험에 기초해서, 그리고 소속 학교에 수업연구 도입을 촉진하기 위해, 프로젝트 그룹은 3년 차 실행을 위한 실천 방안을 마련했다. 첫 번째는 특별 수업이 아닌 '정규' 수업을 개발함으로써 수업연구에 시간이 덜 소요되도록 하고 실행 가능성을 높이는 것이다. 두 번째는 모든 기수에서 탐구와 기획 부분의 문서 작성 등 교사들이 연구수행 활동에 많은 관심을 기울이는 것이다. 세 번째로, 5기의 수업연구는 전문적 학습네트워크 맥락에서 준비하며, 수업연구에 동료 교사들이 참관하도록 한다. 그와 동시에 학교 내 수업연구팀이 6기를 위해 구성될 것이다. 6기에는 수업연구가 학교 내 수업연구팀에 의해 실시되고, 전문적 학습네트워크 참가자들이 수업연구 퍼실리테이터로 역할을 할 것이다. 전문적 학습네트워크는 협의 플랫폼을 제공하고, 교사교육자들이 수업연구 퍼실리테이터로 각 학교의 개별 전문적 학습네트워크 교사들을 코칭할 것이다. 이와 함께 학교와 협의를 통해 개발된 과정이 전문적 학습네트워크 교사들과 학교 지도자들을 위해 조직될 것이다. 이 과정은 학생과 교사, 조직적 학습, 리더십의 형식, 학교문화 개발과 혁신에 관한 것이고, 그 목적은 그들에게 공통의 이론적 기반을 갖도록 하고 학교에서의 전문성 개발 접근법으로서의 수업연구에 관해 서로 논의하기 위한 것이다. 3차 학년도 중간과 이후에는 수업연구를 학교에 도입하는 이 방법이 작동하는지 그리고 어떻게 작동하는지가 드러날 것이다.

지금까지 나타난 프로젝트 결과로 볼 때, 성찰적인 전문적 탐구의 형식을 갖추고 있는 수업연구는 그룹 학습과 개인별 학습 그리고 심화된 협업을 함께 결합시켜 주고 있다. 네덜란드 상황에서 교사 학습 모형으로서의 가능성을 보여 주었다. 또한 개인 요인들(동기부여, 주인의식, 연구기반 태도), 개인 간 요인(협업의 질), 맥락적 요인들(퍼실리테이션, 리더십, 시간)이 중요하다는 점이 확인되었다. 그러나 몇 가지 한계점도 드러나 있었다. 본 연구는 14명을 대상으로 진행되었다. 표본 대표성의 문제점으로 인해 다른 수업연구 시도들에 대해서 일반화하기에는 다소 무리가 있다. 그 이유는 본 프로젝트의 참가자들이 전문적 학습네트워크에 적극적인 교사들이었기 때문이다. 또 다른 한계는 프로젝트에서 선정된 수업연구 접근법이다. 우리가 채택한 이론은 스테파넥 등[Stepanek 외, 2007]의 미국식 수업연구를 더들리[Dudley, 2011]가 응용한 것이다. 그러나 교수teaching는 문화적 활동[Stigler & Hiebert, 1999; 2016]이고, 수업연구의 다양한 개념화와, 수업연구와 관련되는 다양한 활동들은 이미 개발된 것들이었다.예를 들어 Huang & Shimizu, 2016; Xu & Pedder, 2014 참조 수업연구가 우리만의 교육 시스템에서 적용될 필요가 있고, 계속 긍정적 결과를 얻기 위해서는 네덜란드 맥락의 수업연구에 대한 독자적인 개념화 작업을 해야만 한다.

● 본 연구는 네덜란드 교육부가 후원하고 지원한 '전문적 학습네트워크 개발을 위한 시범 사업 프로젝트'의 일환이다.

참고문헌

Bakkenes, I., Vermunt, J. D., & Wubbels, T. (2010). Teacher learning in the context of educational innovation: Learning activities and learning outcomes of experienced teachers. *Learning and Instruction*, 20(6), 533-548.

Beijaard, D., Korthagen, F., & Verloop, N. (2007). Understanding how teachers learn as a prerequisite for promoting teacher learning. *Teachers and Teaching: Theory and Practice*, 13, 105-108.

Borko, H., & Putnam, R. T. (1996). Learning to teach. In D. C. Berliner & R. C. Calfee (Eds.), *Handbook of educational psychology* (pp. 673-708). New York: Macmillan.

Cajkler, W., Wood, P., Norton, J., & Pedder, D. (2014). Lesson study as a vehicle for collaborative teacher learning in a secondary school. *Professional Development in Education*, 40(4), 511-529.

Cochran-Smith, M., & Lytle, S. L. (1999). Relationships of knowledge and practice: Teacher learning in communities. In A. Iran-Nejad & P. D. Pearson (Eds.), *Review of research in education* (Vol. 24, pp. 249-305). Washington, DC: American Educational Research Association.

Darling-Hammond, L., Wei, R. C., Andree, A., Richardson, N., & Orphanos, S. (2009). *Professional learning in the learning profession*. Washington, DC: National Staff Development Council.

Desimone, L. M. (2009). Improving impact studies of teachers' professional development: Toward better conceptualizations and measures. *Educational Researcher*, 38(3), 181-199.

De Vries, S., Jansen, E. P., & van de Grift, W. J. (2013). Profiling teachers' continuing professional development and the relation with their beliefs about learning and teaching. *Teaching and Teacher Education*, 33, 78-89.

Day, C., & Sachs, J. (2004). Professionalism, performativity and empowerment: Discourses in the politics, policies and purposes of continuing professional development. In C. Day & J. Sachs (Eds.),

International *handbook on the continuing professional development of teachers* (pp. 3-10). Maidenhead: Open University Press.

Dudley, P. (2011). Lesson Study development in England: From school networks to national policy. *International Journal for Lesson and Learning Studies*, 1(1), 85-100.

Dudley, P. (2013). Teacher learning in Lesson Study: What interaction-level discourse analysis revealed about how teachers utilised imagination, tacit knowledge of teaching and fresh evidence of pupils learning, to develop practice knowledge and so enhance their pupils' learning. *Teaching and Teacher Education*, 34, 107-121.

Dutch Schools Inspectorate. (2016). De staat van het Onderwijs [The state of Education]. Onderwijsverslag [Educational report] 2014-2015. Utrecht: Dutch Schools Inspectorate.

Feiman-Nemser, S. (2001). From preparation to practice: Designing a continuum to strengthen and sustain teaching. *Teachers College Record*, 103(6), 1013-1055.

Fernandez, C., & Chokshi, S. (2002). A practical guide to translating lesson study for a US setting. *Phi Delta Kappan*, 84(2), 128-134.

Hammerness, K., Darling-Hammond, L., Bransford, J., Berliner, D., Cochran-Smith, M., McDonald, M., & Zeichner, K. (2005). How teachers learn and develop. In L. Darling-Hammond & J. Bransford (Eds.), *Preparing teachers for a changing world: What teachers should learn and be able to do* (pp. 358-389). San Francisco, CA: Jossey-Bass.

Hargreaves, A. (2000). Four ages of professionalism and professional learning. *Teachers and Teaching: Theory and Practice*, 6(2), 151-182.

Huang, R., & Shimizu, Y. (2016). Improving teaching, developing teachers and teacher educators, and linking theory and practice through lesson study in mathematics: An international perspective. *ZDM*, 48(4), 393-409.

Kooy, M., & Van Veen, K. (2012). *Teacher learning that matters: International perspectives* (pp. 22-43). New York: Routledge.

Lave, J., & Wenger, E. (1991). *Situated learning: Legitimate peripheral participation*. Cambridge: Cambridge University Press.

Lewis, C., Perry, R., & Hurd, J. (2009). Improving mathematics instruction through lesson study: A theoretical model and North American case. *Journal of Mathematics Teacher Education*, 12(4), 285-304.

Lieberman, A., & Pointer Mace, D. (2010). Making practice public: Teacher learning in the 21st century. *Journal of Teacher Education*, 61(1-2), 77-88.

Onderwijscoöperatie. (2016). *De staat van de leraar* [The state of the teacher]. Utrecht: Onderwijscoöperatie.

Runesson, U. (2015). Pedagogical and learning theories and the improvement and development of lesson and learning studies. *International Journal for Lesson and Learning Studies*, 4(3), 186-193.

Ryan, R. M., & Deci, E. L. (2000). Self-Determination Theory and the facilitation of intrinsic motivation, social development, and well-being. *American Psychologist*, 55(1), 68-78.

Salas, E., Sims, D. E., & Burke, C. S. (2005). Is there a "Big Five" in teamwork? *Small Group Research*, 36(5), 555-599.

Scheerens, J. (2010). Teachers' professional development: Europe in international comparison. An analysis of teachers' professional development based on the OECD's Teaching and Learning International Survey (TALIS). Luxembourg: Office for Official Publications of the European Union.

Schön, D. A. (1983). *The reflective practitioner*. Aldershot: Arena.

Stepanek, J., Appel, G., Leong, M., Mangan, M. T., & Mitchell, M. (2007). *Leading lesson study: A practical guide for teachers and educators*. Thousand Oaks, CA: Corwin Press.

Stigler, J. W., & Hiebert, J. (1999). *The teaching gap: Best ideas from the world's teachers for improving education in the classroom*. New York: The Free Press.

Stigler, J. W., & Hiebert, J. (2016). Lesson study, improvement, and the importing of cultural routines. *ZDM*, 48(4), 581-587.

Stoll, L., Bolam, R., McMahon, A., Wallace, M., & Thomas, S. (2006). Professional learning communities: A review of the literature. *Journal of Educational Change*, 7(4), 221-258.

Takahashi, A., & McDougal, T. (2016). Collaborative lesson research: maximizing the impact of lesson study. *ZDM*, 48(4), 513-526.

Thurlings, M., & den Brok, P. (2014). Leraren leren als gelijken: wat werkt? [Teachers learn as equals: what is effective?]. Eindhoven: Eindhoven School of Education, Technische Universiteit Eindhoven.

Tweede Kamer. (2013). Nadere invulling impuls leraren tekortvakken [Further details impulse for teachers of subjects where there is teacher shortage]. Vergaderjaar [Meeting year] 2012-2013, 27 923, nr. 151.

www.duo.nl/zakelijk/VO/bekostiging/maatwerk_muo/professionele_
leergemeenschappen.asp

Verhoef, N., Tall, D., Coenders, F., & Van Smaalen, D. (2014). The complexities of a lesson study in a Dutch situation: Mathematics teacher learning. *International Journal of Science and Mathematics Education*, 12(4), 859-881.

Vermunt, J. D., & Verloop, N. (1999). Congruence and friction between learning and teaching. *Learning and Instruction*, 9, 257-280.

Villegas-Reimers, E. (2003). Teacher professional development: An international review of the literature. Paris: UNESCO International Institute for Educational Planning.

Wei, R. C., Darling-Hammond, L., Andree, A., Richardson, N., & Orphanos, S. (2009). Professional learning in the learning profession: A status report on teacher development in the United States and abroad. Dallas, TX: National Staff Development Council.

Xu, H., & Pedder, D. (2014). Lesson Study: An international review of the research. In P. Dudley (Ed.), *Lesson study: professional learning for our time* (pp. 29-58). London/New York: Routledge.

제9장

지속가능한 문해력 성취를 위한 학습네트워크

메이 쿠인 라이(Mei Kuin Lai)
& 스튜어트 맥노턴(Stuart McNaughton)

9.1 도입

전문적 학습네트워크는 학교현장을 혁신하고자 하는 교사들의 전문성 개발을 위한 효과적인 방식이 되고 있다. 이 책에서 정의하는 전문적 학습네트워크는 학교 안팎에서 교수-학습을 혁신하기 위해 일상적 실천 공동체 밖에 있는 다른 사람들과 협력적 학습을 추진하는 집단을 말한다. 이 장에서는 원주민과 소수민족 학생들의 성취도를 향상시킨 문해력 향상 프로그램[Lai 외, 2009; McNaughton 외, 2012]을 지속하기 위한 목적으로 설치된 다수의 학교 내 그리고 학교 간 전문적 학습네트워크를 중점적으로 다루고자 한다. 일부 전문적 학습네트워크는 학교의 일상적 실천 공동체 밖에서 개발되었고, 다른 전문적 학습네트워크들은 일상적 실천 공동체(즉, 학교의 전문적 학습네트워크 또는 전문적 학습공동체)와 통합되었다. 이러한 통합은 성취를 지속하도록 전문적 학습네트워크가 기능하는 데 기여했고, 전문적 학습공동체와 전문적 학습네트워크의 지속가능성에 중요한 의미를 던져 주었다. 이 장에서는 전문적 학습네트워크, 전문적 학습공동체, 그리고 지속가능성의 측면에서 간략하게 문헌연구를 하고[9.2], 본 연구의 맥락을 간단히 설명하고[9.3], 접근법에 대해 설명하고자 한다.[9.4] 그리고 전문적 학습네트워크의 구조와 구성 내용을 설명하고, 우리의 지식이 전문적 학습네트워크를 통해 어떻게 공유되었는지를 기술한다.[9.5, 9.6] 마지막으로, 우리의 연구 결과에 대한 토론을 통해 뉴질랜드의 교육정책 환경에 미친 영향을 포함하여

전문적 학습네트워크에 영향을 미쳤을 수 있는 조건들에 대해 논의하고자 한다.[9.7]

9.2 전문적 학습공동체, 전문적 학습네트워크 그리고 지속가능성

지속가능성sustainability은 다양한 방식으로 이해될 수 있다. 결과물로 이해될 수도 있는데, 예를 들어 문해력 향상 프로그램이 완료된 후에도 문해력 성취도가 계속적으로 향상되면 이 프로그램은 지속성이 있다고 할 수 있다. 지속가능성은 과정으로도 생각할 수 있다. 예를 들어, 학교에서 프로그램 운영 기간에 활용한 문해력 향상을 위한 전략을 계속 사용할 때 문해력 프로그램이 지속된다고 한다. 후자의 견해에서는 학교 시스템과 과정, 수업 현장과 학생의 결과를 증진하기 위해 설계된 활동들을 계속하고 유지하는 것을 지속가능성으로 보는 것이다.[Datnow, 2005] 그러나 이 경우 우리가 프로그램의 행위와 활동, 수업 현장에서 효과적인 것에 대해 그리고 관련 결과와 어떻게 연관되는지를 전부 다 알고 있다는 것을 전제로 한다.[Borman, 2005] 또한 새로운 교과 과정이나 새로운 기술과 같은 시스템적 변화와 상관없이 그리고 인구통계학적 변화와 같은 학교의 변화에 상관없이 프로그램 활동들이 이후에도 여전히 적용 가능하다는 것을 전제로 한다.[Lai 외, 2009]

지속가능성을 문해력 향상 프로그램 유지에 초점을 맞춰 생각하기보다는 유의미한 학생 성과를 달성하기 위한 혁신을 계속하는 과정으로 보는 것이 더 맞을 것 같다. 즉, 학교 지도자들과 교사들이 유의미한 학생 성과를 성취하기 위해 자신들의 실천을 개선하는 노력을 계속하는 과정으로 보는 것이다. 혁신의 지속은 데이터 분석을 통해 이루어질 수 있는데, 이 데이터는 새로운 학교 및 학생의 요구에 부응하기 위해 어떤 프로그램이나 활동, 수업 현장이 유지되거나 수정되어야 하는지를 결정하는 데 사용된다.[Lai 외, 2009] 전문성 개발과 프로그램 운영에 대한 데이터 기반 문제 해결 접근법에 관한 연구는 수업 현장에서의 변화와 연관될 수 있고, 프로그램 중간과 후의 개선된 성과와도 연관될 수 있다.[예를 들어 Timperley 외, 2007의 증거종합(evidence synthesis) 모범사례; Carlson 외, 2011 참조]

개별 교사와 학교 지도자가 자신의 실천을 살펴볼 때, 다른 사람들과 토론함으로써 더 많은 아이디어를 얻을 수 있다.[Bryk 외, 2015] 우선, 전문적 학습공동체와 전문적 학습네트워크에서의 데이터 기반 토론은 학생과 교사의 요구를 파악하기 위해 참가자들이 협업적으로 데이터를 분석해야 하고, 학생들의 요구를 해결하기 위해 수업 방식을 수정하며, 그 성과를 평가하는 것이 필요하다.[예를 들어 Lai & Schildkamp, 2016 참조] 이러한 유형의 토론은 참가자들이 (증거를 사용하여) 자신들의 방식을 다른 사람들에게 설명하고 정당화해야 하므로, 자신들의 생각을 명확히 해야 한다. 이는 결과적으로 참가자들의 생각을 명확히 하는 데 도움이 되고, 당연하게 받아들였던 가정이나 지식에서의 차이를 파악하게 해주기 때문에 자신들의 실천을 혁신하는 데 도움이 된다. 개별적 탐구와 성찰을 통해서도 교사와 학교 지도자들은 생각의 차이를 파악할 수 있지만, 자신들만의 '관찰의 한계'를 넘어서지 못하는 경우가 자주 있다.[Little, 2003: 917] 즉, 기존에 갖고 있던 교수-학습에 대한 개념이 오히려 스스로 개발할 수 있는 해법을 제한한다는 것이다. 지식과 생각이 다른 사람들과의 토론을 통해 개인 간의 관점 차이를 극복할 수 있다. 설명을 할 때도 다양한 시각과 가정을 가지고 할 수 있고 비판과 도전을 받을 수도 있는 것이다.

따라서 전문적 학습공동체나 전문적 학습네트워크에서의 데이터 기반 토론은 지식의 집단적 창출과 검증을 통해 교사들이 자신의 실천을 점검하고 향상시키는 효과를 가져왔다.Cochran-Smith & Lytle, 1999; Wenger, 1998 즉, 교사들은 전문적 학습네트워크에 새로운 지식을 도입함으로써 서로 도움을 주고 서로의 기존 지식을 비판할 수 있다. 전문적 학습공동체나 전문적 학습네트워크를 통해 콘텐츠와 교수법을 습득하기도 하지만, 교수-학습에 관한 기존의 가정들이 도전을 받고 비판을 받기도 한다.Little, 2003

만일 전문적 학습공동체나 전문적 학습네트워크가 각 구성원이 다양한 유형과 형식의 지식을 그룹에 가져오는 방식으로 구안되었다면, 학습자의 요구를 해결할 수 있는 지식의 풀pool이 훨씬 더 커질 수 있다.Bryk 외, 2015; Earl & Timperley, 2008; Wenger, 1998 학교 밖의 다른 공동체와 네트워킹하는 것, 예를 들어 다른 학교와 네트워킹을 하거나 외부 전문가와 네트워킹하는 것 또한 지식의 풀을 더 향상시킬 수 있다. 이 부분에서 전문적 학습네트워크는 학교 공동체를 넘어서 다른 공동체들까지 포함하기 때문에 전문적 학습공동체보다 장점이 있다. 개인이 자신의 관점에 갇히는 것처럼, 학교 역시 학교를 넘어서 다른 기관에서 비슷한 문제를 어떻게 해결하고 있는지를 살펴보지 못하면 비슷한 상황에 갇힐 수 있다. 여러 프로그램을 운영해 보면 학교 밖의 전문가를 포함하는 전문적 학습네트워크가 학생들의 성취도 개선에 도움이 된다는 점이 확인된다.예를 들어 Lai & McNaughton, 2016

그러나 이 접근법에는 위험 요소가 동반된다. 전문적 학습공동체와 전문적 학습네트워크는 실제 수업할 시간을 뺏을 수 있기 때문에 기회비용이 있다고 인식될 수 있다. 전문적 학습네트워크는 일반적인 학교 학습공동체에 부가적인 것이기 때문에 기회비용이 더 많을 수 있다. 여러 전문적 학습네트워크로 구성된 복잡한 네트워크는 해체되고 연결이 끊어질 가능성이 있다. 한 전문적 학습네트워크에서 학습하고 활동하는 것이 다른 전문적 학습네트워크와는 관련이 없거나 적을 수 있기 때문이다. 이는 결과적으로 교사의 실천과 학생의 성취를 개선하는 효과를 감소시킬 가능성이 있다. 전문적 학습공동체와 전문적 학습네트워크의 일관성에 초점을 둔 연구는 아니지만, 이 연구에서 수업 프로그램의 일관성이 강한 학교들이 그렇지 않은 학교들보다 더 높은 성과를 보인 것으로 나타났다.Newmann 외, 2001 이처럼 전문적 학습공동체와 전문적 학습네트워크의 설계와 설치에서 일관성을 확보하기 위한 지도자들의 역할이 중요하다.

학교 지도자들은 전문적 학습공동체의 성공적 조성과 운영, 지속가능성에도 관여하여, 전문적 학습공동체가 충족할 수 있는 자원과 구조들을 최적화하고 전문적 학습공동체를 증진하는 등의 역할을 해 왔다.Bolam 외, 2005 이러한 지도부의 과업들은 학생의 성취도 향상과 관련된 것으로 파악되는 더 일반적 차원의 효과적 지도력과 비슷한 것으로 Robinson, Lloyd & Rowe, 2008의 메타분석 참조, 목표와 기대치의 확립, 전략적 자원 조달, 홍보, 참여, 교사 학습과 개발의 촉진, 고품질 수업의 확보, 정돈되고 도움이 되는 환경의 확보 등이 해당한다. 전문적 학습공동체의 개발과 관련하여 필자들은 교사의 학습 및 개발을 이끌고 참여하는 차원이 학생 성과에도 가장 큰 효과를 낼 수 있다는 것을 파악했다. 이는 전문적 학습공동체를 이끌고 여기에 참여하는 지도자들이 전문적 학습공동체를 만들고 지원하는 일 말고도 학생들의 성과(여기에서 정의된 지속가능성의 목표)에 더 큰 영향을 미칠 가능성이 있음을 시사한다. 지도부의 중요성은 전문적 학습네트워크에서 더 강조된다. 전문적 학습네트워크가 학교의 일상적 학습공동체 밖에서 이루어지기 때문에 가장 적합한 지도부 구조는 어떤 것이고 누가 이끌어야 하는지, 그리고 전문적 학습네트워크의 성공을 책임지는 사람은 누구인지가 명확하지 않을 수 있다.

(학교 간 그리고 학교 내) 전문적 학습공동체와 전문적 학습네트워크가 프로그램 운영과 연관된 긍정적 결과를 지속시키기 위해서는 이 목표를 최적화할 수 있는 디자인 원칙을 이해하는 것이 중요하다. 여기에는 교사들이 학교 밖 지식을 스스로 활용할 수 있도록 전문적 학습네트워크가 어떻게 도움이 되는지가 포함된다. 학교 내에 전문적 학습공동체를 만들고 유지하는 것도 어렵고^{Bolam 외, 2005} 전문적 학습네트워크는 더욱 그렇다는 것을 감안할 때, 이러한 이해는 더 중요하다. 게다가 전문적 학습공동체나 전문적 학습네트워크로 간주되는 것들에 대한 문헌이 방대하다는 것, 또 전문적 학습공동체나 전문적 학습네트워크의 특성이 처음 맥락을 넘어서 일반화될 수 있는지 여부가 명확하지 못하다는 것은 특정 환경에 현재의 이론적 결과들을 적용하는 데 한계가 된다.^{예를 들어 Fulton 외, 2010의 지식합성(knowledge synthesis) 참조} 다시 말해, 전반적으로 전문적 학습공동체와 전문적 학습네트워크의 효과적 특성이 무엇인지는 알려져 있지만, 특정 환경에서 성공적인 전문적 학습공동체와 전문적 학습네트워크를 설계하기 위해 그 특성들을 어떻게 사용할지에 대해서는 별로 알려진 바가 없다. 볼람 등^{Bolam 외, 2005: i}의 전문적 학습공동체에 관한 결론이 여기서 가장 관련이 높은데, 이는 전문적 학습네트워크에도 동일하게 적용된다. 볼람 등이 지적하는 것은 "일반적으로 전문적 학습공동체들이 공통의 특성들을 가지고 있고 비슷한 프로세스를 채택하지만, 하나의 전문적 학습공동체를 개발하는 실제적 측면들은 특정 맥락과 환경의 특정 조건들―단계, 크기, 위치 등―에서만 이해되고 작동될 수 있다"는 것이다. 전문적 학습네트워크와 관련해서도 어떻게 성공적인 설계를 할 것인가의 실제적 측면들은 전문적 학습네트워크의 맥락과 환경의 관점에서 가장 잘 이해되고 작동된다는 것을 의미한다. 그렇다면 교사와 학교 지도자들이 자신들의 전문적 학습네트워크를 구축하도록 지원하는 데 중요한 것은 특정 맥락 내

에서 설계하는 방법에 관해 자세한 설명을 하는 사례연구들일 것이다. 이러한 자세한 설명은 교사와 학교 지도자들이 자신들의 맥락에서 전문적 학습네트워크를 구축할 때 맥락과 환경이 어떤 가능성과 장애를 제공하는지를 살펴볼 수 있도록 돕는다. 따라서 우리는 원주민과 소수민족 학생들의 성취도를 개선시킨 문해력 프로그램의 지속가능성을 촉진하기 위해 학교 클러스터가 구축한 여러 학교 간·학교 내 전문적 학습네트워크들에 관한 자세한 설명을 제공하고자 한다. 개별 전문적 학습네트워크의 구조, 구성 및 지도부, 그리고 전문적 학습네트워크 간의 연결성(학교 내·학교 간 전문적 학습네트워크 양쪽 모두에서의 연결성)을 집중적으로 살펴본다.

9.3 연구의 맥락

이 사례연구가 진행된 곳은 뉴질랜드로, 8세에서 14세 학생들의 문해력을 증진하기 위한 프로그램에 참여한 학교교육 혁신 클러스터에 속한 7개 학교가 대상이다. 클러스터의 리더는 클러스터 내 한 학교의 초등부(1학년~6학년) 부장이다.[1] 이 클러스터 구조는 문해력 향상 프로그램이 실시되기 전에, 교육부가 학교교육을 혁신하기 위해 학교 간 전문적 학습네트워크를 개발하는 초기 단계에 설치되었다(클러스터 전문적 학습네트워크 구조는 뒤에서 자세히 다룰 것이다). 클러스터 내 학교들은 데실Decile 1로 분류된 학교들이다. 데실 1에 속하는 학교들은 사회경제적으로 하류층에 해당하는 학생의 비율이 가장 높은 10분위의

---

1. 이 학교는 '캠퍼스'로 불리고 1학년부터 13학년까지 있다. 총괄 교장이 한 명 있고, 캠퍼스 내 초등부와 중고등부를 관장하는 부장이 있다.

학교들이다. 학생들은 주로 원주민(마오리족)과 소수민족(태평양 국가들) 출신이고, 이 학교들은 오랫동안 학업성취도가 낮은 상태에 있었다.[Lai 외, 2009]

문해력 향상 프로그램은 3년에 걸쳐 진행되었고, 프로그램의 주요 요소는 전문적 학습공동체와 전문적 학습네트워크에서의 관련 데이터에 대한 공동 분석과 토론이었다. 즉, 일부 토론은 학교의 일상적 실천 공동체 밖에 있는 전문적 학습네트워크에서 진행되었고, 나머지는 학교의 일상적 실천 공동체와 함께 진행되었다. 프로그램이 진행되는 동안에 성취도가 유의미하게 증가하여 평균 학생들의 성취도가 기대치에 도달했는데, 프로그램 전에는 기대치 범위 아래 있었다.[Lai 외, 2009] 기존 학교와 클러스터 전문적 학습공동체와 전문적 학습네트워크를 활용하여 전문성 개발을 증진시켰고, 문해교육과 데이터 분석을 통해 나온 중요한 내용을 기존의 전문적 학습공동체와 전문적 학습네트워크에 포함시켰다. 또한 연구자들이 전문적 학습공동체와 전문적 학습네트워크에 공식적으로 참여했으며, 프로그램의 일환으로 추가적인 데이터들을 수집하고 분석했다(예: 교사관찰 표본). 리더 교사들을 위한 추가적인 전문적 학습네트워크가 프로그램 2년 차에 설치되어, 성취도 향상에 중요한 것으로 파악되는 특정 문해교육 방법론을 학습하고 실험하도록 했다. 마지막 해에는 연구 콘퍼런스가 진행되어 프로그램에 참여한 모든 교사가 학생들의 학습이 개선되는 영역을 파악하고 그 개선 결과를 클러스터 내 다른 교사들에게 발표했다(리더 교사는 각 학교에서 문해력 프로그램을 이끌고 지속하는 책임을 가진 교사를 말한다). 프로그램의 자세한 내용은 라이 등[Lai 외, 2009]에서 살펴볼 수 있다.

문해력 향상 프로그램의 지속가능성을 조사하는 후속 연구가 이 프로그램이 끝난 직후 2년 동안 진행되었다.[예: Lai 외, 2009] 이 연구에는 프로그램 후의 성취도를 측정하는 성취도 데이터의 수집, 학교 지도자들과의 인터뷰, 설문 조사(교육학적 지식과 리더십), 주요 문서(예; 학교 평가 일정)의 분석, 표집된 전문적 학습공동체 및 전문적 학습네트워크에 대한 관찰 등이 포함되었다. 이 모든 것들은 지속가능성에 관한 행위이론theory of action[2] 개발에 사용되었다. 행위이론에는 지속가능성에 장애가 되는 것과 지속가능성을 도와주는 것 등이 포함된다. 프로그램 후 2년간의 성취도는 위계적 선형 모델Hierarchical Linear Model, HLM의 통계 방법을 사용하여 연구자들이 검토했다. 성취도는 프로그램 기간에 향상되었던 비율과 비슷하게 계속 향상되었다. 즉, 기대되었던 향상도가 4개월간 지속되었다.Lai 외, 2009 이는 주목할 만한 향상인데, 그 이유는 프로그램이 끝난 후에도 성취도의 향상이 지속되었다는 연구가 드물기 때문이다.Timperley 외, 2007 학교 지도자들의 행위이론에서는 학생 성취도를 지속시키기 위해 네트워크의 데이터를 분석하고 사용하는 것이 강조되었다.Lai 외, 2007 또한 프로그램을 학교의 핵심 업무로 만들고 일관된 교육 프로그램을 지속하는 것이 중요하다는 점도 강조되었다.

9.4 접근법

이 장에서는 지금까지 구체적으로 다루지 않았던 지속가능성에 관한 2년간의 대규모 사례연구의 한 부분을 다룬다. 이는 지속가능성 기간의 학교 간·학교 내 전문적 학습네트워크에 관한 것으로 2년간 사례연구를 통해 수집된 데이터에 관한 질적인 2차 분석이다. 데이터 수집 방법은 다른 논문Lai 외, 2009에 상세히 설명되어 있다. 우리는 학교와 전

---

2. 행위이론: 원인과 결과를 연결하는 가설로, 특정한 행위를 취했을 때 그 행위가 특정한 결과를 나타낼 것이라고 예상하는 가설-역자.

문적 학습네트워크 클러스터의 복합적인 구조와 연결성을 설명하기 위해 여러 가지 자료를 사용했다. 사용된 자료의 출처는 (a) 2차 연도 초에 진행된 학교 지도자 및 클러스터 지도자와의 인터뷰(클러스터 지도자는 학교 지도자이기도 했기 때문에 두 가지 역할을 맡고 있었음), (b) 관련 학교 문서(데이터를 다각화하고 인터뷰 내용의 세부 내역을 제공하는 데 적합한 것으로 인터뷰를 통해 파악된 문서들), (c) 각 학교에서의 전문적 학습네트워크 관찰 표본 등이다. 학교 지도자들과의 인터뷰는 학교 내 전문적 학습네트워크의 구조와 구성을 결정하는 데 사용되었다. 여기에는 학교당 하나의 전문적 학습네트워크 회의 표본을 관찰하고 학교 문서를 통해 파악한 이러한 회의들을 다각화triangulation[3]하는 방법이 사용되었다. 예를 들어 학교 지도자가 수업 현장을 개선하기 위해서 학교 내 여러 전문적 학습네트워크들이 데이터를 분석하고 사용하는 것에 중점을 두었다고 말을 하면, 우리는 학교 문서(예: 학교 일정과 회의록 등)를 확인하여 그 명제를 입증했고 회의에 참관하여 그 관심 정도가 앞에서 언급한 바와 같은지를 확인했다. (클러스터 지도자를 겸하고 있는) 학교 지도자들과의 인터뷰에서는 클러스터 전문적 학습네트워크에 관한 자세한 내용을 다루었다. 모든 클러스터 회의들이 나열되어 있는 클러스터 연간 일정과 클러스터 회의 기록과 같은 클러스터 문서의 다각화도 이루어졌다.

연구 데이터 외에도 여기에 있는 전문적 학습네트워크에 관한 기술은 저자들의 내부자적 시각도 반영하고 있다. 두 저자 모두 문해력 성취도를 향상시킨 프로그램에 참여했고 문해력 향상 프로그램 이전에도 클러스터와 함께 작업했다. 프로그램이 끝난 후 제1저자는 연구 회원

---

3. Triangulation: 연구 결과의 신뢰도와 타당도를 증가시키기 위해 사용되는 방법-역자.

으로 클러스터 전문적 학습네트워크에 계속 참여했고, 교장 클러스터 전문적 학습네트워크를 주도했다(자세한 내용은 다음 장에서 다룰 것이다). 제2저자는 클러스터 전문적 학습네트워크의 준회원으로 클러스터의 초대를 받고 참석했다. 이처럼 두 저자는 이 연구에서 내부자와 외부자가 되는 독특한 위치에서 클러스터 전문적 학습네트워크의 구조, 구성, 내용을 직접적으로 검증할 수 있었다.

9.5 연구 결과

동일한 목적을 달성하기 위해 설계된 여러 전문적 학습네트워크들이 학교 안팎으로 다양한 단계로 존재했다. 그 목적은 효과적으로 실천을 지향하고 문해력을 개선하기 위해 데이터를 분석하는 것이다. [표 9.1]은 클러스터 전체에 있는 학교들의 전문적 학습네트워크(학교 간·학교 내 전문적 학습네트워크)를 나타낸 것으로 문해력, 구성원, 주요 내용을 제시하고 있다. 학교 및 클러스터 전문적 학습네트워크들은 문해력 향상 프로그램과 동일했고, 전문적 학습네트워크의 내용도 교수-학습을 개선하기 위해 성취도 데이터를 분석하고 사용하는 것에 초점을 두었다. 학교 내 전문적 학습네트워크는 기존의 학교에 있던 전문적 학습공동체를 활용했기 때문에 추가적인 전문적 학습네트워크를 따로 만들 필요가 없었다. 결국 전문적 학습네트워크는 학교 전문적 학습공동체와 통합되었다.

각 학교 내 전문적 학습네트워크와 클러스터 전체를 아우르는 전문적 학습네트워크는 문해력에 초점을 맞췄다. 클러스터 내의 학교들은 문해력 데이터를 수집하기 위해 공통의 표준화된 평가 방법을 사용했다. 이 방법은 문해력 성취도를 토의하는 시작점이기도 했고 어떤

[표 9.1] 학교 내·학교 간 전문적 학습네트워크의 특성들

전문적 학습네트워크 단계	전문적 학습네트워크 지도자	전문적 학습네트워크 구성원	전문적 학습네트워크 내용
학교 내 전문적 학습네트워크			
고위관리자팀 (SMT)	교장(또는 교장이 위임한 지도자)	교장과 간부직 지도자(주로 부교장 또는 교장 대리로, 리더 교사일 수도 있음) 즉, 한 학교의 전체 SMT	학교 전체의 문해력 성취도 데이터를 분석하여 경향성과 유형을 결정하고 성취도 유형을 설명하기 위한 지도부와 운영진의 전략을 개발. 여기에는 하위집단(개별 연도의 수준, 민족, 성별 등)의 분석과 시간에 따른 경향성이 포함됨. 진행 중인 성취도를 모니터링하고 지도부와 운영진의 전략을 수정. 전략을 평가.
신디케이트 (주니어)	리더 교사	리더 교사, 학교의 주니어 단계 (전형적으로 5세에서 7세)를 가르치는 모든 교사들	SMT 전문적 학습네트워크와 비슷하지만 다음의 사항에 초점을 맞춤 (a) 수업 현장을 개선하기 위한 주니어 단계의 문해 성취도 데이터와 개별 학급의 성취도 데이터 (b) 문해 성취도를 개선하기 위한 특정 수업 현장
신디케이트[4] (시니어)	리더 교사	리더 교사, 학교의 시니어 단계 (전형적으로 8세에서 13세)를 가르치는 모든 교사들	SMT 전문적 학습네트워크와 비슷하지만 다음의 사항에 초점을 맞춤 (a) 수업 현장을 개선하기 위한 시니어 단계의 문해 성취도 데이터와 개별 학급의 성취도 데이터 (b) 문해 성취도를 개선하기 위한 특정 수업 현장
스태프	교장 또는 위임받은 지도자 (예: 리더 교사)	학교의 모든 교직 종사자	SMT 전문적 학습네트워크와 비슷하지만 전체적인 학교 데이터에 초점을 맞춤. 여기에는 신디케이트들이 신디케이트 단계의 데이터를 검토하거나 교사들이 자신의 교실 데이터를 검토하는 회의의 한 섹션이 포함됨.

*이 표의 각 행은 각자 별개의 전문적 학습네트워크임.
*신디케이트(Syndicate)는 학교의 동일한 학년 단계들을 가르치는 모든 교사로 구성되어 있음.

---

4. 뉴질랜드 교육에서 신디케이트 제도는 학교마다 조금씩 다르나, 1학년에서 8학년까지 운영되는 초등학교(Full Primary School)의 경우, 1학년에서 3학년까지를 주니어(Junior) 신디케이트, 4학년부터 8학년까지를 시니어(Senior) 신디케이트로 분류한다.-역자.

전문적 학습네트워크 단계	전문적 학습네트워크 지도자	전문적 학습네트워크 구성원	전문적 학습네트워크 내용
학교 간 전문적 학습네트워크(클러스터)			
클러스터 지도자	클러스터 지도자 (클러스터 지도자는 모든 학교 간 클러스터들의 총괄 리더이기도 했음)	클러스터 내의 모든 교장들과 리더 교사들, 연 구자, 교육부를 대표하는 사람	클러스터 전체의 성취도 데이터와 개 별 학교 데이터를 분석하여 경향성과 유형을 결정하고 성취도 유형을 설명 할 수 있는 지도부와 운영진 전략을 개발. 진행 중인 성취도를 모니터링하고 지 도부와 운영진 전략을 수정. 전략을 평가.
교장	클러스터 지도자와 협업하는 연구자	클러스터 내 모 든 학교의 교장 들, 연구자, 교 육부를 대표하 는 사람	클러스터 지도자 전문적 학습네트워 크와 비슷하지만 데이터의 분석과 토 론에 관계된 리더십 실천에 초점을 두 고 있음.
리더 교사 (주니어 신디케이트)	각 주니어 스쿨 신디케이트의 리더 교사들로부터 임명받은 리더 교사	각 학교에 있는 주니어 신디케 이트의 모든 리 더 교사들	클러스터 리더 전문적 학습네트워크 와 비슷하지만 학교의 주니어 단계에 초점을 맞춤.
리더 교사 (시니어 신디케이트)	각 시니어 스쿨 신디케이트의 리더 교사들로부터 임명받은 리더 교사	각 학교에 있는 시니어 신디케 이트의 모든 리 더 교사들	클러스터 리더 전문적 학습네트워크 와 비슷하지만 학교의 시니어 단계에 초점을 맞춤.
특별 행사: 행위 연구 곤퍼린스	콘퍼런스 위원회가 조직	모든 교사와 클 러스터 전체의 학교 지도자들, 전문적 학습네 트워크에 있는 연구자들	행위 연구(action research)를 통해 교사들이 개선할 수 있는 학생 학습 의 영역을 파악하고, 교사의 교실이나 신디케이트에서 학습의 영역을 개선 하는 프로젝트를 설계하며, 그 연구 내용을 콘퍼런스에서 다른 교사들과 토의함. 리더 교사들은 교사들이 프 로젝트를 진행하는지 확인하는 1차적 책임을 지고 있음.
특별 행사: 전략적 기획 수립	클러스터 지도자와 위원회가 조직	모든 리더 교사, 교장, 클러스터 내 각 학교에서 1명씩 지정된 사람들	1년 중에 진전된 내용에 대한 데이터 (개별 학교와 클러스터)를 평가하고 다음 해를 위한 전략적 계획을 수립.

형태든 개선점을 측정하기 위한 수단이기도 했다(뉴질랜드에는 국가적으로 의무화된 초등학교용 평가 도구가 없다. 각 학교는 성취도를 측정하기 위해 다양한 표준화된 또는 비표준화 읽기 평가 방법들 중에서 선택할 수 있다). 이 데이터들은 각 전문적 학습네트워크에서 분석되고 토의되었다. 이 프로그램은 시험을 위한 수업이 아니었고 평가되는 것들로 수업 내용을 제한하지도 않았다. 시험은 학생들의 강점과 약점을 이해하는 시작점으로 사용되었고, 성취도를 향상시킬 수 있는 수업의 실제를 개발하기 위해 사용되었다. 예를 들어, 테스트 데이터에서 학생들의 약점은 빈칸 넣기(문단에 빈칸들이 있고 학생들이 그 빈칸에 들어갈 말을 채워 넣는 것)였다. 교사들은 학생들에게 시험의 빈칸 넣기 문단을 제공하여 연습시키지 않았다. 대신에 이 과업에서 파악된 학습 요구사항을 해결할 수 있는 수업 전략 개발에 집중했다. 즉, 단어를 채워 넣기 전에 의미를 파악할 수 있도록 전체 문단을 읽거나 단어들이 문단과 어떤 관련성이 있는지를 이해하기 위한 수업 전략을 개발했다.

9.5.1 전문적 학습네트워크의 구조, 구성, 내용

9.5.1.1 학교 내 전문적 학습네트워크

각 학교는 기존 학교 내 회의들 중 일부를 전문적 학습네트워크 회의로 통합하여 추가적인 회의들을 개설할 필요가 없었다. 학교 내 전문적 학습네트워크는 모두 성취도를 향상시키기 위해 데이터를 분석하는 같은 목적이 있었지만, 각 학교의 전문적 학습네트워크 단계에서는 데이터의 분석과 각 단계에 적합한 후속 행위들에 초점을 맞췄다. 예를 들어, 고위관리자팀SMT 전문적 학습네트워크는 데이터로부터 발생하는 유형들을 고려하여 성취도를 향상시키기 위한 전략과 정책을 고위 지도자들이 개발하는 방법에 초점을 맞췄다. 신디케이트 단계의 전문적 학습네트워크는 교사의 교실에 있는 학생들(개별 학생 수준의 데이터 포함)과 신디케이트 단계의 경향성 및 유형들에 초점을 맞췄다. 스태프 전문적 학습네트워크는 전체 학교에서의 공유된 목적과 이해를 전개하기 위해 그리고 학교의 여러 단계에서 발생하는 분석들 간의 일관성을 확보하기 위해 전체 학교 데이터에 관해 토론했다. 예를 들어, 한 학교에서 전문적 학습네트워크 지도자들은(학교간 클러스터 전문적 학습네트워크 참여를 통해, 이에 관해서는 뒤에 설명) 수업 기간에 이룬 학생들의 성취도가 여름방학 동안 사라진다는 문제점을 발견했다. 지도부와 운영진의 시각에서 어떻게 해야 이 문제를 가장 잘 해결할 수 있는지를 토의했다. 스태프 전문적 학습네트워크에서는 이 문제를 지도자들에게 제시했으며 모든 스태프가 토론에 참여했다. 신디케이트 단계의 전문적 학습네트워크에서는 여름방학 동안 문해교육을 촉진하기 위한 전략들에 초점이 맞춰졌다. 이 전략들은 이후에 다시 고위관리자팀SMT으로 피드백되었다.

여러 전문적 학습네트워크들에서 구성원과 지도자들이 서로 중복되는 구조를 가지고 있어서 학교 내 전문적 학습네트워크들 간에 지식과 실천을 공유하는 데 도움이 되었다. 각 학교의 지도자(교장, 리더 교사들)는 자신들의 역할에 적합한 모든 클러스터 전문적 학습네트워크에 같이 참여했다. 예를 들어, 리더 교사들은 전형적으로 세 가지 PLN(스태프, SMT, 주니어 또는 시니어 신디케이트) 또는 두 가지 PLN(신디케이트와 스태프)에 소속되었다. 그들의 역할은 신디케이트 전문적 학습네트워크를 이끌고 교장이 이끄는 스태프 전문적 학습네트워크를 지원하거나 스태프 전문적 학습네트워크를 이끄는 것이었다.[표 9.1] 참고 교사들은 2개의 전문적 학습네트워크(스태프 전문적 학습네트워크와 주니어 또는 시니어 신디케이트)에 소속되었다. 이러한 방식으로 학교의 모든 스태프는 최소한 2개의 전문적 학습네트워크에 참여했다.

9.5.1.2 학교 간 (클러스터) 전문적 학습네트워크

많은 수의 학교 간 전문적 학습네트워크가 존재했고, 이들은 교사와 학교 지도자들로 구성되었다. 구성원들의 역할은 학교 내 전문적 학습네트워크 구성원들의 직책에 따라 정해졌다(예: 교장 전문적 학습네트워크, 주니어 신디케이트의 리더 교사 등).[표 9.1] 참조 학교 간 전문적 학습네트워크에는 추가적인 구성원들이 있었는데, 한 명은 연구자(제1저자)로 문해력 향상 프로그램에 관여했고 프로그램이 완료된 후에도 클러스터와 계속 연구를 했다. 또 다른 한 명은 교육부를 대표해서 참여한 사람으로 학교들이 참여하고 있는 학교교육 혁신 계획을 담당했다. 또한 원래 문해력 향상 프로그램을 운영했던 연구센터도 추가적인 지원을 제공했는데, 문해 관련 데이터를 수집하고 분석하는 것과 전문적 학습네트워크가 이용했던 개별 학교와 클러스터를 위한 분석 보고서 작성을 지원했다.

각 전문적 학습네트워크는 회의 일정을 정했고, 이 회의들은 학교 근무시간 동안 이루어졌다. 구성원들은 회의 참여를 위해 학교 업무에서 '해방'되었다. 예를 들어, 회의 시간에는 그 전문적 학습네트워크 구성원의 업무를 대신할 다른 교직원을 배치했다. 학교 지도자들은 구성원들이 외부 전문적 학습네트워크 회의를 하는 것에 대한 추가적인 자금 지원이 없었기 때문에 세심한 예산 배정을 통해 기존의 학교 예산을 여기에 사용했다. 모든 전문적 학습네트워크 회의 클러스터 일정은 기록되었다. 우리가 연구를 진행했던 해의 클러스터 일정에는 8개의 클러스터 지도자 전문적 학습네트워크, 8개의 교장 전문적 학습네트워크, 8개의 리더 교사(시니어) 전문적 학습네트워크, 6개의 리더 교사(주니어) 전문적 학습네트워크가 있었다. 정기적인 것 외에도 클러스터 일정에는 '특별 이벤트'라고 하는 2개의 더 큰 전문적 학습네트워크 행사가 있었다. 첫 번째 행사는 연말에 개최된 전체 학교의 스태프들을 위한 행위

연구 콘퍼런스(1일 일정)였고, 두 번째 행사는 3일 일정의 전략적 기획 전문적 학습네트워크였다. 클러스터 전문적 학습네트워크와 특별 행사들은 연간 클러스터 일정에 포함되어 모든 클러스터 구성원들에게 한 해 전에 제시되어서 모두가 그 날짜를 우선시할 수 있었다. 클러스터는 더 광범위한 전문적 학습네트워크(지도자들의 학습네트워크)의 일부이기도 했다. 지도자들의 학습네트워크에는 교육부 학교교육 혁신 클러스터 소속 지도자와 연구자가 포함되었다. 연구자는 서로 학습하는 클러스터 학습을 촉진했고, 최신 연구 성과와 연구자들에 접근할 수 있도록 지원했다. 이 광범위한 네트워크는 이 책의 주제를 벗어나기 때문에 더 자세한 기술은 생략하겠다.

학교 간 전문적 학습네트워크는 모두 클러스터 내 학교들의 성취도를 향상시키기 위해 데이터를 분석한다는 동일한 목적이 있었다. 여기에는 학교들이 가지고 있는 독해 관련 공통의 문제들을 파악하는 것과, 다른 학교들에서는 이 문제를 어떻게 해결하는지를 배우는 것 등이 포함되었다. 그러나 개별 네트워크 단계에서는 데이터 분석과 각 단계에 적합한 후속 행위에 초점을 두었다. 예를 들어, 리더 교사들과 교장들의 전문적 학습네트워크는 클러스터 및 각 학교 전체의 성취도 유형을 고려하여 성취도를 향상시키기 위한 리더십 전략과 정책을 클러스터 단계에서 어떻게 개발할 것인가에 중점을 두었다. 기존 교사들을 유지하면서 새로운 교사들을 클러스터로 유인하는 것에도 중점을 두었는데, 교사를 유지하는 것이 클러스터 내 모든 학교의 공통된 문제였고 일부 사례에서 성취도가 낮은 것과 연관되는 것으로 데이터에 나타났기 때문이다. 학교 간 클러스터들은 자원을 하나로 모으는 작업도 했다. 예를 들어 (시니어) 리더 교사 전문적 학습네트워크는 추천 도서 목록 작업을 했다. 방과후나 방학 중에 읽을 책을 학생과 학부모들이 선택하는 것을 돕기 위해 다양한 유형의 독자들(책을 읽기 싫어하는 학생, 남학생

등)에게 가장 효과적인 책들을 추천 도서 목록에 포함시켰다.

여러 구성원과 지도자들이 중복되는 구조여서 학교 내 전문적 학습 네트워크들 전체가 지식과 실천을 공유하는 데 도움이 되었다. 각 학교의 교장들은 자신들의 역할에 알맞은 모든 전문적 학습네트워크에 참여했다(클러스터 지도자 전문적 학습네트워크와 교장 전문적 학습네트워크 등). 리더 교사들은 2개의 전문적 학습네트워크에 참여했다(클러스터 지도자 전문적 학습네트워크와 주니어 리더 교사 전문적 학습네트워크 또는 시니어 리더 교사 전문적 학습네트워크). 교장들과 리더 교사들은 2개의 특별 행사에 참여했다. 교사들은 학교에서 전문적 학습네트워크를 이끄는 직책을 가지고 있지 않으면 1개의 특별행사(행위연구 콘퍼런스)에만 참여했다.

지도부를 살펴보면, 모든 학교 간 전문적 학습네트워크들을 총괄하는 지도자가 있었다. 총괄 지도자는 클러스터 지도부 팀과 함께 학교 간 전문적 학습네트워크의 리더십과 일관성을 책임졌다. 클러스터 지도부 팀에는 클러스터 지도자 전문적 학습네트워크를 이끄는 총괄 클러스터 지도자가 있고 다른 학교 간 전문적 학습네트워크 지도자들(예: 시니어 신디케이트 리더 교사들의 리더 등)이 있었다. 총괄 지도자는 학교의 지원으로 근무시간을 할애하여 관련 업무를 진행했다. 업무 경비는 클러스터 내 다른 학교들의 출자금으로 충당했고 다른 지원금 등으로 예산 지원이 되는 경우도 있었다.

9.6 전문적 학습네트워크 간의 지식 공유 방법

각 전문적 학습네트워크가 의도하는 것은 수업과 학교현장의 혁신, 문해력 성취도 향상을 위한 데이터 분석을 통한 지식의 구축이었다.[표 9.1]

학습력을 제고하기 위해 개별 네트워크에서 얻은 지식을 학교 내·학교 간 전문적 학습네트워크와 공유할 수 있도록 네트워크를 구성했다. 각 네트워크에는 자신들이 이끌거나 참여하고 있는 다른 전문적 학습네트워크와 지식을 공유하는 직책을 가진 사람들이 존재했다. 예를 들어 클러스터 지도자 전문적 학습네트워크 참가자(리더 교사, 교장)는 학교 전문적 학습네트워크의 리더이기도 했고, 클러스터 지도자·학교의 전문적 학습네트워크에서 개발된 지식을 공유하고 있었다. (각 학교에서 공식적인 직책인) 리더 교사의 역할은 클러스터 전문적 학습네트워크와 학교 전문적 학습네트워크 간의 지식 공유를 촉진하는 것으로 클러스터에서 설계했다. 또한 전문적 학습네트워크 사이의 지식 공유를 목적으로 하는 구조화된 문서 기록들도 있었다. 예를 들어, 클러스터 지도자 전문적 학습네트워크는 다른 클러스터 전문적 학습네트워크로부터 피드백을 받고 함께 토론하기 위한 시간을 일정에 포함했다. 그리고 이 피드백과 토론은 다른 클러스터 전문적 학습네트워크 지도자들이 진행했다. 구조화된 메커니즘과 공식적 역할에 추가적, 비공식적으로도 지식 공유가 네트워크들 전체에서 이루어졌다. 그 이유는 학교 지도자들과 교사들이 학교 내·학교 간의 여러 네트워크에 참여하고 있었기 때문이다. 이렇듯 전문적 학습네트워크들 전체에서 지식 공유가 될 것이라는 예상은 프로그램이 이루어지기 전에 확립되었고, 프로그램 이후에는 더 강화되었다.

아래 그림들이 나타내는 것은 학교 내 전문적 학습네트워크 간의 지식 공유[그림 9.1], 클러스터 내 전문적 학습네트워크 간의 지식 공유[그림 9.2], 학교와 클러스터 간의 지식 공유(학교와 클러스터 전문적 학습네트워크 간의 지식 공유가 어떻게 이루어지는지 그 사례)[그림 9.3]이다. 각 그림에서 화살표는 지식 공유의 방향을 나타낸다(각 그림은 특별 행사 전문적 학습네트워크에서의 지식 공유는 포함하고 있지 않은데, 특별 행사들은 일회성 행사이기 때문이다). [그림 9.3]에서 클러스터 전문적 학습네트워크는 이탤릭체로 되어 있다. 이 그림들은 전문적 학습네트워크 간에 지식이 어떻게 공유되는지에 관해 지도자들의 이해를 돕기 위한 유용한 시각적 장치이지만, 이 그림들은 논의되고 있는 다양한 이슈들을 일반화한 것이고, [그림 9.2]도 학교 전체를 일반화했음에 유의할 필요가 있다. 이 그림들은 접근 가능한 문서 기록들과 다른 보조적 증거들을 토대로 하고 있다. 문서 기록들과 다른 증거들은 학교마다 달랐다. 더욱이 이 연구는 2차적 데이터 분석이어서, 추가적인 데이터를 수집할 기회가 없었다. 이 말은 데이터가 불충분할 때 우리는 그 간격을 메우기 위해 내부자 지식을 사용했다는 의미이다. 따라서 이 그림들은 사용 가능한 데이터와 우리의 내부자 지식의 분석을 기반으로 한 클러스터 내 지식 공유에 대한 우리의 해석이다.

학교 전문적 학습네트워크[그림 9.1]와 클러스터 전문적 학습네트워크[그림 9.2]에는 양방향의 지식 공유가 존재한다. 예를 들어 고위관리자팀SMT에서 토의된 지식은 스태프 전문적 학습네트워크에서 토의되었고, 스태프 전문적 학습네트워크에서 생겨난 새로운 지식은 고위관리자팀 전문적 학습네트워크에 피드백되었다. 다른 전문적 학습네트워크와의 지식 공유 책임을 지고 있는 사람은 전문적 학습네트워크 지도자였다.[표 9.1] 참고 교사들과 학교 지도자들이 여러 전문적 학습네트워크에 속해 있었기 때문에 비공식적인 지식 공유도 전문적 학습네트워크들 간에 생겨났다. 각 학교에서 스태프 전문적 학습네트워크와 신디케이트 단계 전문적 학습네트워크에 소속되어 있는 교사들은 두 개의 전문적 학습네트워크 간에 지식을 공유하리라는 기대를 받았다. 이러한 측면에서 전문적 학습네트워크 전체에서의 지식 공유는 전문적 학습네트워크 지도자와 구성원들 간에 전달되었고, 모든 전문적 학습네트워크는 어떤 방식으로든 다른 전문적 학습네트워크와 연결되어 있었다.

[그림 9.1] 학교 내 전문적 학습네트워크(PLN) 간의 지식 공유

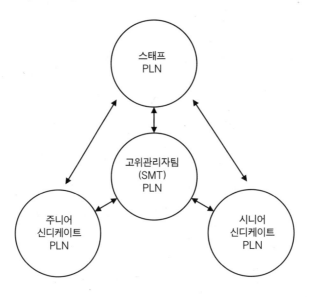

[그림 9.2] 클러스터 내 전문적 학습네트워크(PLN) 간의 지식 공유

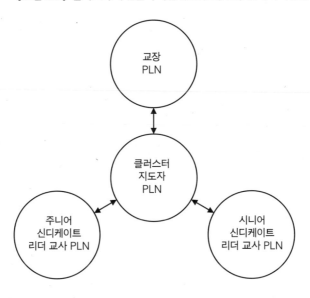

하나의 학교와 클러스터 사이에서 일어나는 지식 공유도 클러스터와 학교들 사이에 이루어졌던 것과 마찬가지로 양방향으로 이루어졌다. [그림 9.3]은 이러한 지식 공유의 사례를 나타내고 있다. 예를 들어 클러스터 전문적 학습네트워크에서 토의된 지식은 학교 전문적 학습네트워크에서 토의되었고, 학교 전문적 학습네트워크의 성과로 나타난 새로운 지식은 클러스터 전문적 학습네트워크로 피드백되어 독자적 지식을 만들어 냈다. 지식을 다시 학교로 공유하는 책임을 맡은 사람들은 전문적 학습네트워크 참가자들로, 이들은 학교 전문적 학습네트워크의 리더이기도 했다(즉, 각 클러스터 전문적 학습네트워크 구성원들은 자신의 학교 전문적 학습네트워크 지도자로서 두 가지 역할을 하고 있었다. 예를 들어 클러스터 지도자 전문적 학습네트워크와 교장 전문적 학습네트워크의 참가자는 학교 교장인데, 그는 고위관리자팀 전문적 학습네트워크를 이끄는 책임도 지고 있고, 때로 자신의 학교에 있는 스태프 전문적 학습네트워크를 이끌기도 했다). 클러스터에서 학교 방향으로 이루어지는 지식

[그림 9.3] 학교 전문적 학습네트워크(PLN)와 클러스터 전문적 학습네트워크(PLN) 간의 정보 공유

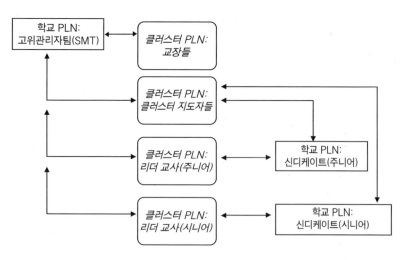

공유나 그 반대 방향으로 이루어지는 지식 공유는 많은 부분 구성원들의 중복을 통해 이루어졌다. 주니어 리더 교사의 전문적 학습네트워크에서 나온 지식은 직접적으로 학교의 주니어 신디케이트로 전달될 수 있는데, 그 이유는 주니어 리더 교사 전문적 학습네트워크의 구성원이 학교의 주니어 신디케이트 전문적 학습네트워크에서 리더일 수 있기 때문이다.

[그림 9.3]은 클러스터 신디케이트 전문적 학습네트워크가 학교 신디케이트 전문적 학습네트워크에 직접적으로 영향을 미치는 것을 나타내고 있지만, 그중 얼마만큼이 개별 학교 고위관리자팀SMT에 의해 조정되었는지는 명확하지가 않다. 학교 고위관리자팀은 [그림 9.1]에서 지식을 공유할 때 중요한 역할을 한 것으로 나타났다. 또한 지식의 출처를 정하는 것도 때로 어려웠다. 이를테면 어떤 이슈에 관한 지식이 한 전문적 학습네트워크에서 시작되어 다른 전문적 학습네트워크로 퍼져 나간 것인지, 아니면 여러 전문적 학습네트워크가 독립적이고 동시적으로 각각의 전문적 학습네트워크에서 동일한 이슈에 관해 토론하고 있었는지 하는 것이다. 이는 전문적 학습네트워크 구성원들이 여러 전문적 학습네트워크에 참여하면서 비슷한 이슈들에 관해 토론했다는 사실 때문이다. 예를 들어, 여름방학 동안에 학생들의 성취도가 떨어진다는 문제가 우리가 참여했던 클러스터 전문적 학습네트워크에서 파악되어, 클러스터가 여름방학 동안의 학습에 초점을 맞추는 촉매제 역할을 했었다. 그러나 다른 학교들의 경우([그림 9.3]의 사례에서 사용된 학교가 아닌 다른 학교들의 경우) 이 문제는 학교 전문적 학습네트워크들에서 이미 파악하여 토의를 마친 것이었고, 이 문제에 관한 개별 연구가 클러스터 토론에 기여했을 수 있다. 이러한 문제는 전문적 학습네트워크가 어떻게 작동하는지를 연구할 수 있는 자료들이 제한적이어서 발생했을 수 있다. 향후의 연구는 지식의 출처를 추적하는 것, 예를 들어 전문적 학

습네트워크 지원에서의 학교 내 지도자들의 역할에 초점이 맞춰질 수 있을 것 같다.

지식 공유의 한 사례는 다음과 같다.[그림 9.4] 참고 클러스터 지도자 전문적 학습네트워크는 연구팀이 제공한 독해력에 관해 수집된 학교 및 클러스터 데이터를 검토했고, 전체 학교들과 개별 학교 편차 모두에서 발견할 수 있는 유형이 있음을 주목했다. 이 사례에서는 낮은 성취도 수준의 학생 중에서 학기 중에 올랐던 점수가 여름방학 후에 떨어진 학생 비율이 높다는 것을 확인했다. 이로 인해 학교 고위관리자팀 전문적 학습네트워크에서는 자신들의 학교 데이터를 검토해 보게 되었고, 자신들의 학교에서 성취도가 낮아진 학생들의 수를 파악했다. 고위관리자팀 전문적 학습네트워크는 신디케이트 단계의 전문적 학습네트워크들이 이 이슈를 해결할 수 있는 구조를 결정했다. 또한 클러스터 지도자 전문적 학습네트워크에서 제시된 데이터로부터 얻은 연구 결과를 스태프 전문적 학습네트워크가 교직원들에게 피드백을 줄 수 있도록 설계했다. 주니어 신디케이트 전문적 학습네트워크에서는 학생들이 향상되었던 점수가 다시 낮아지는 상황에 대해 토의했고, 점수가 다시 낮

[그림 9.4] 학교 전문적 학습네트워크(PLN)와 클러스터 전문적 학습네트워크(PLN) 간의 지식 공유 사례

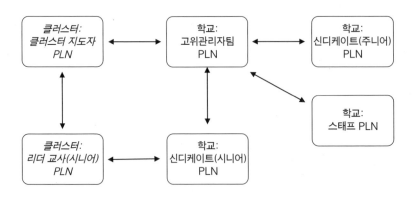

아지는 문제를 해결할 새로운 방법을 모색했다. 여기에는 학부모와 지역 도서관이 협력하여 학생들이 방학 기간에도 독서를 계속하도록 하는 것과 가정에 책과 CD를 같이 대여하는 방안 등이 포함되었다. 스태프 전문적 학습네트워크와 신디케이트(주니어) 전문적 학습네트워크에서 창출된 새로운 지식은 클러스터 전문적 학습네트워크의 토론으로 피드백되었다. 이와 동시에, 리더 교사(시니어) 전문적 학습네트워크에서는 이 이슈의 다른 측면에 관해 작업했다. 즉, 학부모와 학생이 방학 동안 읽기에 적합한 책을 선택하도록 돕는 것이다. 이 전문적 학습네트워크에서는 다양한 유형의 독자들(책을 읽기 싫어하는 학생, 남학생 등)에게 가장 효과적인 책들을 포함하는 추천 도서 목록 작업을 했고, 이 추천 도서 목록은 리더 교사들을 통해 각 학교 전문적 학습네트워크에 공유되었다.

9.7 논의 및 결론

프로그램이 끝날 무렵에는 문해 성취도를 지속하기 위한 학교 내·학교 간 전문적 학습네트워크들이 복잡한 네트워크로 구성되어 있었다. 이 전문적 학습네트워크들은 문해력 향상을 위한 공동의 목적을 공유했고, 성취도 향상을 위해 동일한 방법론을 사용했으며(수업력과 지도력, 관리능력을 향상시킬 수 있도록 하는 데이터 분석 등), 문해 데이터 수집을 위해 동일한 문해력 시험을 사용했다. 네트워크들의 구성이 지식 공유를 적절하게 했다. 교사와 학교 지도자들이 학교 간·학교 내 여러 단계의 전문적 학습네트워크에 참여하고 있었기 때문에, 지식 공유와 리더십을 위한 다양한 기회들이 발생할 수 있었다. 네트워크를 통해 학습하게 된 지식과 리더십은 학교 운영에 도움을 주었고, 클러스터는 그 자체의 목적에 집중할 수 있었다. 또한 진행되고 있는 교육의 난제들을 해결하기 위한 효과적인 실천 내용을 개발할 수 있었다. 결과적으로 교실 현장의 계속적인 변화와 유지에 기여한 것으로 나타났다. 따라서 전문적 학습네트워크의 구조, 구성, 관심이 문해 성취도를 향상시키는 프로세스가 계속되는 것을 가능하게 했다. 이 프로세스는 우리가 지속 가능성으로 정의하는 것과 일치한다.

우리가 제공한 증거들은 성취도의 향상이 전문적 학습네트워크와 연관됨을 입증하고 있다. 전문적 학습공동체의 기본적 가정들을 뒷받침하는 이론적·실증적 내용은 전문적 학습네트워크에도 적용될 수 있다. 여기서 기술한 전문적 학습네트워크는 효과적·전문적 학습공동체 및 네트워크에 관한 문헌들과 일관되는 측면이 많다.효과적인 전문적 학습공동체의 특성들을 보려면 Bolam 외, 2005; Bryk 외, 2015; 그리고 문헌연구에서 언급한 다른 자료들 참조 그리고 전문적 학습공동체가 성취도 향상과 연관된다는 실증적 연구와도 일관되는 측면이 있다.예: Lai & Schildkamp, 2016 데이터 기반의 문제 해결은 이 학교들에서 성취도를 향상시킨 문해 향상 프로그램의 중요한 요소였고Lai 외, 2009, 프로그램과 전문적 학습에서도 (변형된 형태지만) 시사점이 있었으며Lai & McNaughton, 2016; Carlson 외, 2011, 프로그램이 완료된 후 전문적 학습공동체PLC의 중요한 부분이 되었다. 다른 학교의 지도자들과 교사, 연구자들을 포함하는 전문적 학습네트워크는 새로운 지식을 창출하고 기존 지식과 새로운 지식을 비평하기 위해 접근될 수 있는 광범위한 지식의 풀을 가능하게 했다.Earl & Timperley, 2008; Wenger, 1998 네트워크의 복잡성은 네트워크를 해체시킬 가능성을 지니고 있다. 그러나 이 네트워크의 경우 문해 프로그램이 진행되는 동안 만들어져서 프로그램이 끝난 후에도 계속 공유되고 공통의 목적을 가지고 있었기 때문에 강력한 일관성이 있는 것으로 나타났다. 이러한 상황을 통해 비전과 방향성이 만들어지고 자원이 관리되었는데, 이는 효과적인 전문적 학습공동체 설계에서 나타나는 특성들이다.예: Bolam 외, 2005; Earl & Katz, 2006 구성원들이 여러 전문적 학습네트워크에 소속된다는 것은 모든 구성원이 목적을 공유하고, 새로운 구성원을 전문적 학습네트워크의 공유된 목적으로 안내할 수 있게 했다. 연구 결과는 성취도를 지속하기 위해 설치된 전문적 학습네트워크와 프로그램이 완료된 후 이루어진 성취도 향상 간에 잠재적 연결성이 있다는 것을 나타낸다.

학교 내·학교 간 전문적 학습네트워크의 복잡성을 고려할 때, 전문적 학습네트워크 지도자(학교 및 클러스터 전문적 학습네트워크 지도자들)의 역할은 매우 중요하다. 이는 미국의 20개 교육개혁 프로그램들의 효과적인 리더십의 특성을 검토한 퓨랙Peurach, 2016의 연구와도 일관된다. 그는 미국의 25년 동안의 교육개혁에서 네트워크 지도자들이 '변화의 중요한 동인'임을 확인해 주었다. 이 교육개혁의 목표는 사회적 혜택을 받지 못한 학생들의 교육 성과를 향상시키기 위하여 대규모의 증거기반evidence-informed 및 증거가 입증된evidence-proven 혁신들을 만들어 내는 것이었다. 우리가 지금까지 설명한 맥락에서 지도자들은 계속적인 개선이 이루어지는 데 필요한 많은 책임과 실천을 입증해 보였다.Robinson 외, 2008의 메타분석 참조 그들은 또한 전문적 학습공동체를 설치하고 유지하는 데에서 중요한 리더십 특성들을 보여 왔다.Bolam 외, 2005; Fulton 외, 2010 구체적으로 설명하면, 학교 지도자들은 최소한 1개의 학교 전문적 학습네트워크를 이끌면서 클러스터 전문적 학습네트워크와 학교 전문적 학습네트워크 모두에 참여했다. 이는 로빈슨 등의 메타분석에서 파악된 학생 성취도에 가장 큰 영향을 미치는 리더십의 차원(교사 학습과 개발에 참여하고 이끄는 차원)과 일관된다. 전문적 학습네트워크의 구조와 구성은 지도자들이 전문적 학습네트워크를 통해 독해 성취도를 지속하는 공유된 목표를 공동으로 증진하고 유지했다는 것을 더 자세히 나타내고 있다. 학교와 클러스터에 있는 모든 전문적 학습네트워크는 학교와 클러스터 지도자들에 의해 설계되어 동일한 목표에 집중했고, 지도자들은 모든 스태프가 동일한 목표를 달성하고자 여러 전문적 학습네트워크에 참여하고 있는지를 확인했다. 이는 효과적인 전문적 학습공동체 개발과도 연결되고예: Earl & Katz, 2006, 전문적 학습네트워크에도 적용된다. 지도자들은 또한 참여 교사들을 위해 학교 업무를 조정함으로써 전문적 학습네트워크에 자원을 배치했다. 참여를 극대화하기 위해 학교 전문적 학습네트워크는 학교 업무시간 중에 열리도록 했고 기존 회의 일정을 조정했다. 클러스터 전문적 학습네트워크는 연간 클러스터 일정을 확정하여 전문적 학습네트워크 일정이 우선시되고 그 시간이 보호되도록 했다. 학교 전문적 학습네트워크도 마찬가지였다. 이러한 방식으로 전문적 학습네트워크는 학교와 클러스터의 일상적 일정으로 만들어졌고 지도자들도 이를 고수했다.Bolam 외, 2005

지도자의 중요성을 고려할 때, 전문적 학습네트워크 지도자들의 역할을 더 잘 이해할 필요가 있다. 특히, 여기서 했던 것과 같은 방식으로 지도자들이 구조와 내용을 개발하는 행위이론에서는 더욱 그러하다. 기존 학교구조와 자원의 제약 속에서 그 목표에 부응하는 전문적 학습네트워크를 개발하는 것은 복잡한 문제 해결 과업이다. 그리고 관리해야 할 리스크도 존재하는데, 첫 번째는 교실에서 교사들을 차출하는 것과 관련된 기회비용에 관한 것이고 두 번째는 더 광범위한 학교의 목표와 일관된 전문적 학습네트워크의 유지에 관한 것이다. 첫 번째 리스크는 전문적 학습네트워크에 관여하는 적정수준을 판단하고 적절한 교수-학습 시간을 정하기 위한 비용편익분석을 필요로 한다. 두 번째 리스크는 교육적 일관성을 유지하기 위해 지도자들이 구조와 프로세스를 개발해야 한다는 점이다. 문제 해결 논리를 명시적으로 만드는 것은 다른 사람들이 자신의 환경에서 이 문제를 어떻게 해결할지를 이해하기 위한 전문적 학습네트워크를 개발하고자 할 때 도움이 될 수 있다. 이와 같은 실천적 시사점은 특정 맥락과 환경의 특정 조건에서만 이해되고 효력이 있기 때문이다.예를 들어 Bolan 외, 2005 참조 이와 더불어, 교사들이 참여하고 있는 전문적 학습네트워크에 대한 교사들의 이해도를 점검하는 것도 중요하다. 다양한 문서 그리고 교사들을 통해 설명되는 구조의 일관성이 높게 나타나도, 그것은 전문적 학습네트워크에서의 교사들의 경험이 아닐 수도 있다. 전문적 학습네트워크의 업무들이 부가적인 업무로 인식될 수 있기 때문에 교사들의 적극적 참여에 장애가 될 수 있다. 또한 한 전문적 학습네트워크에서 다른 네트워크로 지식이 어떻게 공유되는지를 더 체계적으로 추적하는 것도 중요할 것이다. 그 방법에는 전체 전문적 학습네트워크에서 지식이 공유되는지, 또 이 프로세스를 거치는 동안 지식의 성질이 어떻게 변하는지에 관한 다양한 방식의 검토와 이 다양한 방식들이 미치는 영향을 검토하는 것 등이 포함된다.

학교 내 전문적 학습네트워크는 기존 학교 전문적 학습공동체로 통합되어 학교의 일상적인 학습공동체 활동에서 추가적으로 더 진행되지 않았다. 따라서 이 장에서 전문적 학습네트워크라는 용어를 학교 내·학교 간 전문적 학습네트워크에 대해 모두 사용하고 있지만 학교 내 전문적 학습네트워크는 실제로는 전문적 학습네트워크가 아니라고 주장할 수도 있다. 왜냐하면 학교 내 전문적 학습네트워크는 학교의 일반적인 학습공동체이기 때문이다(이 책에서 브라운과 푸트먼이 정의한 전문적 학습네트워크는 학교의 일반적 학습공동체에 부가적인 것이다). 다시 말해, 전문적 학습네트워크는 학교의 전문적 학습공동체로 흡수되었고, 전문적 학습네트워크의 업무는 일반적인 학교 업무로 변형되었다. 그러나 그 반대를 주장할 수도 있다. 즉, 전문적 학습네트워크가 그 목적을 위해 단순히 학습공동체를 이용하는 것이고 본질적으로 학교 내 전문적 학습공동체가 전문적 학습네트워크와 같은 역할을 한다는 것이다. 전문적 학습공동체와 전문적 학습네트워크의 차이를 검토하는 것이 본 연구의 의도는 아니다. 우리의 연구 결과가 시사하는 바는 전문적 학습네트워크가 지속가능하게 되려면 학교의 핵심 커뮤니티 속으로 통합되어야 한다는 것이다. 그렇지 않으면 전문적 학습네트워크를 지속하기 위한 시간과 자원이 부족해질 수 있다. 여기서 강조하는 것은 전문적 학습공동체와 전문적 학습네트워크 모두 지속가능성에서 중요한 역할을 하고 있다는 것이다. 그리고 이 두 종류의 공동체들이 확연히 서로 다른 것인지, 또 이 둘이 지속가능성에 어떻게 기여할 수 있는지에 관해 더 많은 연구가 진행될 수 있을 것이다.

문해력 성취도 지속을 위해 전문적 학습네트워크가 어떻게 유지되고 사용되었는지에 대해서 중요한 역할을 했을 두 가지 조건이 더 있다. 하나는 네트워킹의 준비 단계이다. 모든 현장 커뮤니티들이 그렇듯이, 한 커뮤니티가 효과적으로 작동하기 위해 필요한 규약, 규범, 가치, 실천을 명시적이고 의도에 맞게 개발할 필요가 있고, 이렇게 개발하는 데에는 시간이 걸린다.^{Wenger, 1998} 여기의 전문적 학습네트워크들은 문해력 프로그램 이전과 프로그램 중에 진행된 클러스터에서 중심이 되고 있었다. 따라서 문해력 프로그램을 지속하기 위해 전문적 학습네트워크를 사용하는 것은 새로운 네트워크의 설립이라기보다는 기존 전문적 학습네트워크의 확장으로 볼 수 있다. 또 다른 시사점은 전문적 학습네트워크가 지도자들에게 지속가능성의 수단이면서 동시에 지속가능성의 대상으로 인식되었다는 것이다. 전문적 학습네트워크는 성취도를 지속하기 위해 구축되었고, 또한 지속되어야 할 필요가 있는 프로그램에서 창출된 실제이기도 했다. 이처럼 프로그램 내에 구축된 전문적 학습네트워크를 지속하는 것(지속가능성을 위한 전문적 학습네트워크) 역시 전문적 학습네트워크를 통해 이루어진 성취도를 지속하는(전문적 학습네트워크의 지속가능성) 수단이 되었다. 따라서 전문적 학습네트워크를 사용하지 않고 다른 종류의 프로그램에 참여한 학교들에서 전문적 학습네트워크를 인식할 때 프로그램을 통해 이루어진 성취도를 지속하는 방식으로 인식할지는 명확하지 않다. 더욱이 프로그램의 지속가능성을 향상시키기 위해 전문적 학습네트워크를 의도적으로 포함하여 설계한 것이므로 이러한 조건하에서 전문적 학습네트워크를 지속하는 것이 더 쉬웠을 수 있다. 전문적 학습네트워크의 지속가능성과 지속가능성을 위한 전문적 학습공동체에서의 프로그램의 역할은 더 연구되어야 할 필요가 있다.

두 번째 조건은 전문적 학습네트워크에 대한 국가 교육정책 환경의 영향이다. 앞서 기술한 바와 같이, 뉴질랜드 정책 환경을 고려해 보면 데이터 분석과 활용에 초점을 두는 전문적 학습네트워크 개발을 지원하고 있다는 점이 중요하다. 예를 들어, 최근 교육부에서는 학교 간 전문적 학습네트워크를 시작했다.뉴질랜드 교육부, 연도 미상 더욱이 뉴질랜드 교육체제에는 고등학교 졸업 단계에 실시하는 국가시험은 있지만 강력한 하향식의 고부담 책무성을 갖는 국가시험은 없다. 리스크가 높은 책임성이나 국가적 시험제도가 없는 셈이다.Lai & Schildkamp, 2016 이러한 조건하에서 학교들은 수업 실천과 학생들에 관한 정보들을 더 많이 공유하고자 할 것이며, 따라서 네트워크가 활성화될 수 있다.

● 이 연구 및 개발 프로그램은 교수-학습 연구 이니셔티브(뉴질랜드 교육연구위원회), 울프피셔기금(Woolf Fisher Trust), 뉴질랜드 교육부의 지원금을 받아 실시했다. 이 프로젝트는 지도자, 교사, 울프피셔연구센터 회원들의 긴밀한 협력의 결과로 이루어진 것이다.

참고문헌

Bolam, R., McMahon, A., Stoll, L., Thomas, S., & Wallace, M. (2005). *Creating and sustaining professional learning communities*. Research Report Number 637. London, England: General Teaching Council for England, Department for Education and Skills.

Borman, G. (2005). National efforts to bring reform to scale in high-poverty schools: Outcomes and implications. In L. Parker (Ed.), *Review of research in education* (Vol. 29, pp. 1-28). Washington, DC: American Educational Research Association.

Bryk A. S., Gomez L. M., Grunow A., & LeMahieu P. G. (2015). *Learning to improve: How America's schools can get better at getting better*. Cambridge, MA: Harvard Education Press.

Carlson, D., Borman, G. D., & Robinson, M. (2011). A multistate district-level cluster randomized trial of the impact of data-driven reform on reading and mathematics achievement. *Educational Evaluation and Policy Analysis*, 33(3), 378-398.

Cochran-Smith, M., & Lytle, S. (1999). Relationships of knowledge and practice: Teacher learning in communities. *Review of Research in Education*, 24, 249-305.

Datnow, A. (2005). The sustainability of comprehensive school reform models in changing district and state contexts. *Educational Administration Quarterly*, 41(1), 121-153.

Earl, L., & Katz, S. (2006). *Leading in a data rich world*. Thousand Oaks, CA: Corwin Press.

Earl, L., & Timperley, H. (Eds.). (2008). *Evidence-based conversations to improve educational practices*. Netherlands: Kluwer/Springer Academic Publishers.

Fulton, K., Doerr, H., & Britton, T. (2010). *STEM teachers in professional learning communities: A knowledge synthesis*. Washington, DC: National Commission on Teaching & America's Future & West Ed.

Lai, M. K., & McNaughton, S. (2016). The impact of data use professional development on student achievement. *Teaching and Teacher Education*, 60, 434-443.

Lai, M. K., & Schildkamp, K. (2016). In-service teacher professional learning: Use of assessment in data-based decision-making. In G. T. Brown & L. Harris (Eds.), *Handbook of human and social conditions in assessment* (pp. 77-94). New York: Routledge.

Lai, M. K., McNaughton, S., & Timperley, H. (2007). *Sustainability of professional learning final milestone report*. Auckland, New Zealand: Uniservices Ltd.

Lai, M. K., McNaughton, S., Amituanai-Toloa, M., Turner, R., & Hsiao, S. (2009). Sustained acceleration of achievement in reading comprehension: The New Zealand experience. *Reading Research Quarterly*, 44(1), 30-56.

Little, J. (2003). Inside teacher community: Representations of classroom practice. *Teachers College Record*, 105(6), 913-945.

McNaughton, S., Lai, M. K., & Hsiao, S. (2012). Testing the effectiveness of an intervention model based on data use: A replication series across clusters of schools. *School Effectiveness and School Improvement*, 23(2), 203-228.

Ministry of Education (n.d.). *Communities of Learning: Kāhui Ako*. Retrieved from www.education.govt.nz/ministry-of-education/col/

Newmann, F., Smith, B., Allensworth, E., & Bryk, S. (2001). Instructional program coherence: What it is and why it should guide school improvement policy. *Educational Evaluation and Policy Analysis*, 23(4), 297-321.

Peurach, D. J. (2016). Innovating at the nexus of impact and improvement: Leading educational improvement networks. *Educational Researcher*, 45(7), 421-429.

Robinson, V. M. J., Lloyd, C., & Rowe, K. J. (2008). The impact of leadership on student outcomes: An analysis of the differential effects of leadership type. *Educational Administration Quarterly*, 44(5), 635-674.

Timperley, H., Wilson, A., Barrar, H., & Fung, I. (2007). *Best evidence synthesis iterations (BES) on professional learning and development*. Wellington, New Zealand: Ministry of Education.

Wenger, E. (1998). *Communities of practice: Learning, meaning, and identity*. Cambridge: Cambridge University Press.

제10장

현상의 이면을 살펴보기

전문적 학습네트워크의 사회적 측면 검토

조엘 로드웨이(Joelle Rodway)

10.1 도입

이 장에서는 전문적 학습네트워크 내의 관계의 중요성을 탐색하고 숙고하는 새로운 방법을 사회학적 관점에서[10.2] 다루고자 한다. 이 장 전체를 통해 사회관계망 분석Social Network Analysis의 핵심 개념과 측정에 대해 설명하고, 사회적 학습네트워크의 현장 활용 사례를 제공하는 최근 연구의 결과를 이용하여 그 효용성을 살펴보고자 한다.[10.3, 10.4] 전체 네트워크 차원에서 사회관계망 분석에 대해 살펴보고, 응집성 cohesion과 집중도centralization와 같은 네트워크 개념들이 전체 네트워크를 이해하는 데 어떻게 도움이 되는지도 살펴볼 것이다. 말하자면, 전체적인 그림에 대해 설명하려 한다.[10.5] 또한 현저성prominence, 중심 성centrality, 위세prestige 같은 용어들도 소개하는데, 이는 개인별 단계의 네트워크에서 발생하고 있는 것들을 자세히 살펴볼 수 있게 해 준다.[10.6] 이 방법론과 도구들은 네트워크에서 현상의 이면을 들여다볼 수 있게 하고, 네트워크 내에서 벌어지는 활동에 대한 견고한 이해를 가능하게 한다. 먼저, 사회관계망 분석SNA의 세부적인 내용에 앞서 사회관계망 연구가 왜 중요한지 설명하고자 한다.[10.2]

10.2 사회관계망의 중요성

네트워크는 넓은 의미로 "서로 연결되어 있는 사람들이나 사물들의 집단 또는 시스템"옥스퍼드 온라인 사전, 2015을 말한다. 지구상에 다른 것과 연결되어 있지 않은 것은 하나도 없다. 우리는 어떤 방식이건 네트워크에 속해 있다. 이는 건강하고 생산적인 삶의 유지에 필요한 관계를 구축하기 위해 우리가 서로와 연결됨으로써 이루어진다. 우리는 선행연구를 통해 관계가 신뢰를 구축한다는 것을 알고 있고Tschannen-Moran, 2004; Bryk & Schneider, 2002, 지식의 교류를 촉진하며Haythornthwaite, 1996; Cross & Parker, 2004 개인들이 자신을 둘러싼 세계를 의미 있게 만든다는 것을 알고 있다.Weick, 1995 관계는 중요하다. 그리고 네트워크의 존재를 구성하는 것은 네트워크 내의 관계 형태이다. 그러나 교육의 변화 전략의 사회적 측면을 전문적으로 다루는 엄격한 연구들이 증가하고 있음에도 불구하고, 이러한 개념들이 교육정책 입안자들의 관심을 끄는 데에는 어려움이 많았다.Quintero, 2017

교육 시스템은 복잡하게 작동되고 학교는 복합적인 장소이다. 개인들은 자신의 업무를 집합적으로 이해한다.Coburn, 2005; Weick, 1995 그리고 관계의 중요성은 교육 연구 분야 전체에서 자주 강조되고 있다. 지난 십여 년간 사회관계망 분석과 같은 혁신적 연구 방법론을 사용하는 교육학 연구자들이 급증했다. 이는 학교 시스템 내 행위자들 사이의 상호작용 형태가 업무에 어떤 영향을 미치는가를 연구하기 위한 것으로, 교사 협업Moolenaar, 2012, 리더십Spillane 외, 2015, 연구증거의 사용Finnegan & Daly, 2015, 혁신의 전파Frank 외, 2004, 심지어는 부정적 관계의 효과Daly 외, 2015와 연결 관계의 소멸Spillane & Shirrell, 2017에 이르기까지 다양한 연구들이 사회관계망의 관점을 통해 탐구되어 왔다. 이 연구들은 학교의 일상생활과 학교 시스템 내 관계의 중요성을 정량적으로 그리고 정성적으로 밝히는 데 기여했다.

　교육자들이 오늘날 직면하고 있는 점점 더 복잡해지는 이슈들을 해결하는 데 필요한 협업적 전문성collaborative professionalism에 대한 관심이 높아지면서 전문적 학습네트워크가 교육적 변화 전략으로 사용되는 빈도가 높아지고 있다. 전문적 학습네트워크는 '네트워크'라는 용어의 일상적 사용 사례를 보여 주는데, 여러 교육자로 구성된 집단이 공유하고 있는 목표를 달성하기 위해 협업하는 것 등이 이에 해당한다.Degenne & Forsé, 1999 이 맥락에서 강조되는 것이 바로 집단이고 그 집단 내에 존재하는 집합적 지식과 지혜이다. 이 장에서는 네트워크의 사회학sociology of a network에 주목하는데, 전문적 학습네트워크의 동기와 전문적 학습네트워크를 뒷받침하는 조직의 조건을 넘어 네트워크 현상의 이면에서 발생하는 것들로 이동해 가는 것이다. 여기서의 목적은 네트워크 참가자들 간의 상호작용 형태가 학교혁신 아젠다를 끌고 나가는 데 필요한 전문적 자본을 어떻게 구축하는지를 제도와 학교 그리고 학교 지도자들이 이해할 수 있도록 '보이지 않는 것을 보이게 하는 것'Cross 외, 2002이다. 이를 위해 이 개념들의 이해에 도움이 되는 실증적 사례를 제시하고자 한다.

10.3 준비 단계: 이해를 돕기 위한 실증적 사례

　아동청소년정신건강Child and Youth Mental Health, CYMH 프로그램은 캐나다 네트워크의 한 사례Rodway, 2015a 참조로, 학교의 정신건강 정책 개발을 위해 연구기반 지식을 사용하는 것에 명시적으로 중점을 두는 전문적 학습네트워크의 한 유형이다.Davies & Nutley, 2008 정신건강 프로그램과 교육구school districts의 협업 내용은 (1) 효과적인 정신건강, 웰빙

증진에 필요한 조직의 조건을 구축하고, (2) 교육자들이 이러한 종류의 업무에 참여할 수 있는 역량을 기르며, (3) 정신건강 증진과 예방 프로그램을 교육구가 실시하는 것을 지원하는 것이다. 프로그램 책임자를 포함한 정신건강 프로그램 코치들은 사회복지와 학교심리학 관련 전문지식을 지닌 사람들이다. 이들은 증거기반의 도구와 자료, 실행 지원을 제공하는 것을 통해 업무를 수행하는데, 이 도구와 자료 등은 제휴 기관들과 다른 아동·청소년 건강증진 전문가들의 자문을 통해 개발되었다. 프로그램의 일환으로 각 참여 교육구는 온타리오주 교육부의 지원을 받아 정신건강 담당자Mental Health Leader, MHL를 1명씩 채용했다. 담당자의 주요 업무는 지역학교의 정신건강 정책과 프로그램 개발의 조정이다. 이들은 프로그램 코치와 공식적으로 조를 이루어 활동하고, 이렇게 함으로써 공식적인 회의 외에도 지원을 위해 연결할 수 있다. 공식적인 회의에는 전문적 학습을 위해 그룹에 포함된 모든 사람이 온타리오주 전역에서 모인다. [그림 10.1]은 아동청소년정신건강 프로그램의 처음 2년 동안인 2011~2013년의 조직도이다.

[그림 10.1] 아동청소년정신건강(CYMH) 프로젝트의 조직도

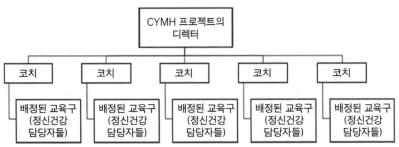

이 사례연구는 다음의 질문에 따라 이루어졌다. 참가자들이 교육구에서 증거기반의 학교 정신건강 정책을 뒷받침하는 연구자료들을 찾고, 이해하며 공유하고 활용하는 활동을 아동청소년정신건강CYMH 프

로그램 내의 상호작용은 어떤 방식으로 촉진하거나 제한하는가? 참가자는 교육구 2개 코호트의 정신건강 담당자들(N=31)과 정신건강 코치들(N=16, 디렉터도 코치로 포함)이다. 연구의 일환으로 참가자들은 설문조사에 응했는데, 그 내용은 공식적으로 조직화된 전문적 학습 행사가 아닌 상황에서 구성원들의 상호작용에 관해 묻는 사회관계망 질문들이었다. 이 상호작용을 통해서 참가자들은 비형식적 사회관계망informal social networks을 형성했는데, 이 연구가 초점을 두고 있는 부분이었다.상세한 내용은 Rodway, 2015b 참조

사회관계망 이론과 개념들이 전문적 학습네트워크 내에서 일어나고 있는 것들을 밝히는 데 어떻게 사용될 수 있는지를 설명하고자 한다. 이를 위해 여기서는 2개의 CYMH 네트워크인 연구지식 네트워크와 일반정보 네트워크에서 얻은 데이터를 활용한다. 예를 들어 고도의 집중화된 네트워크(예: 소수의 사람에게 집중된 활동을 하는 네트워크)는 장기적으로 볼 때 왜 소멸의 위험이 있는지, 그리고 공식적 프로그램 설계는 왜 프로그램 이행 중에 그룹 내의 상호작용의 형태를 정확하게 반영하지 못하는지를 설명할 것이다. 즉, 사회관계망 분석을 이용하여 전문적 학습네트워크 현상의 이면을 살펴보고 '스토리 이면의 스토리'Vodicka, 2015를 찾아내는 방법을 설명하고자 한다. 전문적 학습네트워크에 대해 사회학적 이해를 하게 되면 동료들 간의 연결이 어떻게 그들의 과업을 가능하게 하거나 제한하는지에 관한 중요하면서도 때로 놓칠 수도 있는 통찰을 얻을 수 있다. 이러한 사실을 학교나 학교장, 그리고 전문적 학습을 담당하는 교육자들이 인식하는 것은 대단히 중요하다. 먼저, 모든 전문적 학습네트워크의 토대가 되는 사람들과 그들을 잇는 연결관계에 대해 살펴보고자 한다.

10.4 사회관계망의 빌딩블록: 행위자들 그리고 연결관계

사회학적 관점에서 볼 때, 네트워크는 두 가지로 구성된다. 하나는 행위자들이고 다른 하나는 그 행위자들 서로를 연결하는 연결관계이다. 행위자들은 개인일 수도 있고(학생, 교사, 교장 등), 집합적 주체일 수도 있다(학교, 교육구, 학교 시스템 등). 연결관계는 한 행위자를 다른 행위자와 연결하는 모든 유형의 관계를 나타낸다. 사회관계망 연구에서 흔히 연구되고 있는 연결관계 유형에는 사회적 관계(누구의 친구, 누구의 학생 등), 정신적 관계(좋아하는 것, 신뢰하는 것 등), 상호작용(조언 등), 흐름(정보, 돈 등)이 포함된다.[Borgatti & Ofem, 2010] 더 나아가 연결관계는 도구적이거나 표현적인 것으로 알려져 있다. 도구적 연결관계 instrumental ties는 조언이나 정보와 같은 자원이 교류되는 관계를 말하는 것으로 어떤 과업을 수행할 수 있도록 도움을 준다. 반면, 표현적 연결관계expressive ties는 친구관계나 어떤 일을 할 수 있게 사회적·정서적 지원을 하는 표현의 흐름을 말한다. 사회관계망의 관점을 취한다는 것은 현상의 사회적 연결관계를 더 잘 이해하기 위해 이러한 관계적 형태들에 중점을 두는 것을 의미한다. 특히, 네트워크 내에서의 관계의 양과 질이 네트워크 내 행위자들을 연결하는 정도에 중점을 두는 것이다.[Carolan, 2013; Scott, 2017] 사회관계망 분석에서 유용한 측면 중 하나는 바로 사회적 상호관계의 복잡한 형태를 시각화해 내는 능력이다. 관계망 지도는 네트워크를 이해하는 중요한 첫 단계이다.

10.4.1 관계망 지도에서 행위자와 연결관계를 시각화하기

소시오그램sociogram이라고 불리는 관계망 지도는 네트워크 내의 활동 형태들이 어떻게 나타나는지를 그래픽으로 보여 주는 특수 소프트웨어들(예를 들어, NetDraw 또는 Gephi 등)을 사용하여 생성할 수 있다. [그림 10.2]는 정신건강 일반정보 네트워크 내의 상호작용을 시각화하고 있다. 앞에서 기술한 바와 같이 연구에는 31명의 교육구 정신건강 담당자와 6명의 코치가 참여하여 총 37명의 행위자가 관계망 지도 내에 있다. 관계망 지도에서 각 행위자는 노드node라고 하는 점 모양으로 나타난다. 이 지도에서 노드는 서로 다른 모양과 색상으로 되어 있다. 이 경우에 흰색 삼각형은 정신건강 코치를 나타내고 검은색 원은 1번 코호트의 정신건강 담당자, 회색 원은 2번 코호트의 정신건강 담당자들이다.

관계망 지도는 관계망에 관한 다양한 정보를 제공한다. 이 지도에서 바로 알 수 있는 것은 네트워크 내 모든 사람이 다른 사람들과 연결되어 있고 고립된 사람이 없다는 것이다. 다시 말해, 배제된 사람이 아무도 없다. 따라서 모든 사람이 자신들의 동료로부터 정보를 얻거나 동료에게 정보를 제공하고 있다. 이는 중요한 통찰인데, 고립된 사람이 있

[그림 10.2] 아동청소년정신건강(CYMH) 일반정보 네트워크

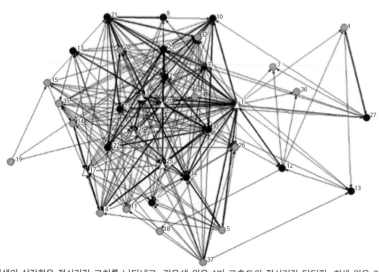

흰색의 삼각형은 정신건강 코치를 나타내고, 검은색 원은 1번 코호트의 정신건강 담당자, 회색 원은 2번 코호트의 정신건강 담당자를 나타낸다. 굵은 검은색 선은 상호적 연결관계를 나타낸다.

다는 것은 어떤 행위자의 경우 집단 내에 존재하는 자원들(조언, 정보, 사회적 지원 등)에 대한 접근이나 그로부터의 혜택을 전혀 받을 수 없음을 의미하기 때문이다. 고립이 존재한다는 것은 모두의 이익을 위해 모든 구성원의 참여를 최대화할 수 있게 전문적 학습네트워크PLN 지도자들과 참가자들이 개조하거나 재조직하는 행위가 필요하다는 신호이다.

또한 이 관계망 지도를 통해 네트워크 내에서 누가 자원을 찾고 있고 누가 제공하고 있는지를 알 수 있다. 누가 누구로부터 자원을 구하는지를 모를 때, 그 관계를 무방향 연결관계undirected ties라고 한다. 이것은 두 행위자(또는 노드)를 연결하는 직선으로 표현되어 있다. 자원의 흐름 방향을 알 수 있을 때는, 이를 방향 연결관계directed ties라고 하며, 관계망 지도에서는 화살표가 자원을 찾는 쪽에서 자원을 제공하는 쪽으로 향하는 것으로 나타난다. [그림 10.2]의 오른쪽에 있는 #12 검은색 원(1번 코호트의 정신건강 담당자)을 보면, 다른 노드들과 연결되어 있는 화살표의 방향으로 이 사람이 5명으로부터 정보를 구하고 있음을 알 수 있다(노드#1, 노드#7, 노드#8, 노드#18, 노드#36). 즉, 노드#12에서 시작된 화살표가 5명의 동료를 향하고 있다. 또한 이 지도를 통해 노드#12는 3명(노드#1, 노드#13, 노드#30)에게 정보를 제공하고 있다는 것을 알려 준다. 이 사람들로부터 시작된 화살표가 12번을 향하고 있기 때문이다. 따라서 행위자#12는 일반정보 네트워크에서 동료들과 7개의 연결을 가지고 있다. 행위자들의 연결관계의 양방향성은 네트워크 내에서 사람들이 활동적인 정도와 방식을 나타낸다(즉, 양쪽에서 서로 정보를 구하고 제공한다). 사회관계망 분석을 더 깊이 들어가면, 이러한 연결관계를 묘사하기 위해 사용할 수 있는 사회관계망 통계를 배우게 된다. 그러나 여기서 강조하고 있는 것은 이 지도에서 네트워크 내의 모든 사람이 어떤 방식으로든 활동적임을 나타낸다는 것이다.

상호적 연결관계reciprocal ties는 자원이 양방향으로 흐르는 경우인데, 두 행위자가 서로 자원을 구하면서 제공하는 것이다. 이 지도에서 굵은 검은색 선이 상호적 연결관계를 나타낸다. [그림 10.2]에서, 노드#12는 노드#1과 상호적 연결관계를 공유한다. 즉, 두 사람이 서로 정보를 구하기도 하면서 정보를 제공하고 있다. 이 관계망 지도에 굵은 선과 얇은 선이 섞여 있는 것은 이 네트워크가 상호적 연결관계뿐만 아니라 정보가 한 방향으로만 흐르는(얇은 회색 선) 연결관계도 많다는 것을 알려 준다. 여기서 명확한 것은 이 네트워크 내에서 대부분의 연결관계가 한 방향으로 흐른다는 것-자원의 흐름이 한 사람에서 다른 사람으로 단일 방향으로 흐른다는 것이다. 연결관계의 방향성과 비슷하게, 네트워크 내의 상호적 연결관계의 총비율을 나타내는 일련의 사회관계망 척도들도 있다. 이에 관해서는 뒤에서 그 통계를 살펴볼 것이고 전체 네트워크 단계의 사회적 네트워크 분석 논의에서 그 중요성을 다룰 것이다. 지금 단계에서는 상호적 연결관계가 적은 네트워크는 위계적 구조를 갖는 경향이 있다는 것을 이해하는 게 중요하다.Carolan, 2013 이러한 경향은 관계망 지도를 통해 분명하게 드러난다.

속성변수들attribute variables은 네트워크 내 관계들의 유형에 관한 더 많은 정보를 제공할 수 있고 통계 분석을 증진하기 위해 네트워크 변수들과 결합할 수 있다.Borgatti 외, 2013 [그림 10.2]에서는 노드 속성으로 어느 코호트에 속하는지(즉, 1번 코호트 또는 2번 코호트)와 정신건강 프로그램에서 참가자들의 역할(즉, 코치 또는 정신건강 담당자)을 사용했다. 노드#12의 속성 데이터가 나타내는 것은-노드의 색과 모양으로 대표되는데- 이 사람이 1번 코호트의 정신건강 담당자(검은색 원)이고, 2번 코호트의 동료 4명(회색 원의 #8, #7, #36, #18)으로부터 정보를 구하고 있으며, 1번 코호트의 동료 2명(검은색 원, #13, #30)에게 정보를 제공하고 있고, 1명의 코치(흰색 삼각형 #1)와는 정보를 구하기도

하면서 제공하기도 한다는 것이다. 그렇다면 이것이 실제적으로 어떻게 관련이 있는가 하는 질문을 할 수 있을 것이다.

예를 들어 이 그룹 내의 코호트 간 상호작용에 관심이 있으면, 노드#12의 상호작용 형태는 코호트 간에 상호작용을 하는 개인임을 알 수 있고, 이후로도 추가적으로 더 알아볼 수 있을 것이다. 또한 노드#12는 코치#1과만 상호작용하는 것이 분명하게 나타나는데, 코치#1은 프로그램 디렉터로 참여하고 있고 특정 정신건강 담당자의 코치로 공식적으로 배정되지는 않았다. 이 연구 결과는 좀 특이하다. 왜 이 정신건강 담당자는 프로그램 설계상 배정된 코치와 상호작용하지 않는가? 이 사례에서 분명히 나타나는 바와 같이 네트워크 시각화와 결합된 속성 데이터는 관계적 유형에 대한 중요한 예비적 통찰을 제공한다. 그리고 그 관계적 유형들은 네트워크 분석의 단계와 관심 질문에 따라 추가적인 분석으로 이어지게 할 수 있다.

정신건강 일반정보 네트워크를 사례로 사용하여, 우리는 행위자actors와 연결관계ties라는 사회적 관계망의 기본적인 빌딩블록building block을 다루어 봤다. 각각의 네트워크 행위자는 단수의 존재 또는 집합적 그룹으로 나타날 수 있음을 알게 되었고, 연결관계는 방향성이 있을 수도 있고 없을 수도 있으며, 상호적일 수도 있고 상호적이 아닐 수도 있음을 알게 되었다. 정신건강 정보 네트워크와 관련해서는 네트워크 내에 3개 집단(코치들의 집단과 2개의 정신건강 담당자 코호트들)이 있고, 모두가 네트워크 내에서 최소한 한 명의 다른 사람과 연결되어 있다는 것도 알게 되었다. 정보는 일반적으로 한 방향으로 흐른다(즉, 한 사람에게서 다른 사람에게로 흐른다). 그러나 때로 정보가 두 사람 사이에서 양방향으로 흐르는 경우도 있고, 정신건강 담당자가 공식적 프로그램 구조에서 자신에게 배정되지 않은 코치와만 상호작용하는 사례가 최소한 한 번 이상 나타나고 있다. 이처럼 우리가 찾고자 하는 것을 알고 있다면 관계망 지도에서 쉽게 찾을 수 있는 이러한 단순한 특성을 기반으로, 우리는 이 네트워크 내에서 일어나고 있는 것에 대한 전체적인 느낌을 파악할 수 있다.

이러한 개념들은 사회관계망의 토대로서 여러 단계에서 분석될 수 있다.[Kadushi, 2012] 이 장에서는 특히 두 가지 단계의 분석에 초점을 맞추고자 하는데, 전체 네트워크 단계로 시작하여 그 후에 자아중심적egocentric 분석 단계로 이어진다.

10.5 큰 그림: 전체 네트워크를 살펴보기

전체적인 네트워크 단계의 분석은 완전 네트워크 분석complete network analysis이라고도 하는데, 전체 네트워크 내의 모든 연결관계에 걸친 상호작용의 집합적 형태에 초점을 맞춘다. 전체적인 네트워크 단계에 적용될 수 있는 척도는 여러 가지가 있다.[Carolan, 2013 참조] 그러나 선택되는 척도는 네트워크 연구가 어떤 이론적 프레임에 위치하는가에 따라 달라질 수 있다. 사회관계망 분석은 단순히 방법론이기만 한 것이 아니라 사회관계망 데이터를 의미 있게 만드는 데 필요한 일련의 보완적 이론들을 포함하고 있다.[Robbins, 2015] 정신건강 연구는 네트워크 내의 사회적 자본의 교류에 대한 상호작용 형태를 관찰한 결과에 초점을 두는 네트워크 이론의 영향을 받았다.[Borgatti & Ofem, 2010 참조] 본 연구에서는 네트워크 응집력network cohesion이라는 이론적 개념-정보의 흐름에 관한 이론적 함의를 지닌 개념-을 분석에 활용했다. 이어지는 10.5.1에서는 네트워크 이론의 관점에서 네트워크 응집력에 관해 설명하고, 이어서 밀도density와 집중도라는 두 가지 사회관계망 척도가 정신건강 일반정보 네트워크에 어떻게 적용되어 지식의 이동 방법을 더 잘 이해할 수 있도록 도와주는지를 설명한다.

10.5.1 응집력

응집력은 네트워크 구성원들이 서로 연결된 정도를 말한다. 즉, 네트워크 내 전체적인 연결성의 정도를 말한다.[Vasserman & Faust, 1994] 프렐[Prell, 2012: 166]은 응집력이란 네트워크 구성원이 변화할 때 "네트워크가 해체되는 정도 대비 네트워크가 '함께하는' 정도"라고 설명한다. 네트워크가 응집력이 있으면, 구성원들이 서로 긴밀하게 연결되어 있고, 잘 연결된 네트워크를 통해 자원의 흐름이 더 쉬워진다.[Kadushin, 2012; Moody & White, 2003] 네트워크 내 응집력의 단계를 결정할 수 있게 해 주는 사회관계망 척도는 여러 가지가 있다. 여기서는 밀도와 집중도라는 두 가지 척도에 초점을 맞춘다.

10.5.1.1 밀도

밀도는 네트워크 내 활동의 정도를 측정한다.[Scott, 2017] 네트워크 내 연결관계가 많을수록 밀도가 높고, 네트워크의 밀도가 높을수록 응집력이 강하다.[Borgatti 외, 2013] 밀도는 네트워크 내에서 연결관계가 가능한 총수 대비 현존하는 연결관계 수의 비율로 계산되기도 하고, 딜 등[Deal 외, 2009: 30]이 설명하는 바와 같이, "실제 연결된 수를 연결 가능한 수로 나눈 것"이다. 밀도가 100%일 때(D=1.0), 모두가 다른 누군가와 연결되어 있는 것이다. 즉, 모든 개별 구성원은 네트워크 내에서 다른 구성원과 연결관계를 공유하고 있는 것이다. 밀도는 네트워크 내 전체 행위자들 수의 함수이므로 다른 네트워크와의 비교가 어려울 수 있다. 따라서 네트워크 특성(예: 크기 등)이 먼저 고려되어야 유의미한 네트워크 비교를 할 수 있다.[Borgatti 외, 2013]

더 나아가, 사회관계망 관점social network perspective은 네트워크 활동을 설명하기 위해 일련의 방법론적 도구들을 사용하는 것만을 의미하지는 않는다. 사회관계망 관점도 네트워크 관련 이론(예: 네트워크 이론, 사회적 자본 이론, 확산 등)을 이용하여 네트워크 연구 결과를 이해할 수 있게 한다. 네트워크 이론 관점에서 볼 때, 이론적으로 연결관계의 밀도가 낮은 사회관계망과 비교하여 밀도가 높은 사회관계망에서 자원의 흐름이 더 쉽고 직접적이 된다.Reagans & McEvily, 2003 네트워크 내에 연결관계가 많을수록 이를 통해 정보가 더 쉽게 교류될 수 있다. 따라서 밀도는 네트워크를 통해 정보가 얼마나 효율적으로 움직이는지를 연구할 수 있게 돕는 척도이다.

본 연구에서 두 가지 서로 다른 유형의 정보 네트워크에 관한 데이터가 수집되었다. 이는 연구지식과 일반정보로 네트워크의 비교를 가능하게 했다. CYMH 네트워크에는 37명의 행위자가 있다. 따라서 이 네트워크에서 가능한 연결관계는 1,332개이다(37×(37-1)=1,332).[1] 실제로 일반정보 네트워크는 294개의 연결관계를 가지고 있다. 따라서 22%의 밀도(D=294/1,332=0.22)이다. 또는 이 네트워크에 존재하는 모든 가능한 연결관계의 22%라고 할 수 있다. 반면, 연구지식 네트워크는 127개의 연결관계를 가지고 있다. 따라서 밀도는 더 낮은 9.5%(D=0.095)이다. [그림 10.3]은 일반정보 네트워크와 연구지식 네트워크의 비교를 나타낸다. 여기서도 앞의 네트워크 지도와 동일한 속성 특성들을 사용하고 있다(흰색 삼각형=정신건강 코치, 검은색 원=1번 코호트의 정신건강 담당자, 회색 원=1번 코호트의 정신건강 담당자).

네트워크 밀도의 차이는 네트워크 지도[그림 10.3] 참조에서 일반정보 네트워크에 있는 연결관계의 수(즉, 검은색 선)와 연구지식 네트워크가 대

---

1. 연결관계의 최대 수를 정하는 이 수식은 네트워크 내 전체 사람 수(N)에 이 숫자에서 1을 뺀 수(N-1)를 곱한 것으로 N(N-1)이다.-저자.

[그림 10.3A] 일반정보 네트워크와 연구지식 네트워크 간의 밀도 비교

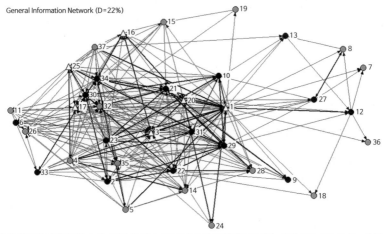

General Information Network (D=22%)

흰색 삼각형은 정신건강 코치, 검은색 원은 1번 코호트의 정신건강 담당자, 회색 원은 2번 코호트의 정신
건강 담당자를 나타낸다. 굵은 검은색 선은 상호적 연결관계를 나타낸다.

[그림 10.3B]

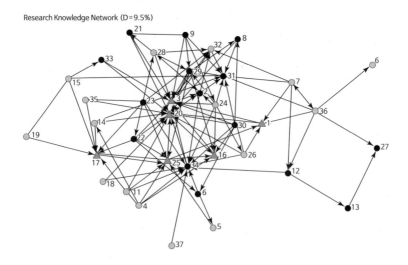

Research Knowledge Network (D=9.5%)

비되어 시각적으로 나타난다. 밀도가 높은 네트워크를 통한 정보의 흐름이 더 쉽다는 것을 보여 준 네트워크 이론을 상기해 보자. 밀도가 100%(D=1.0)에 가까울수록 네트워크 구성원들 간의 정보의 흐름이 더 수월하다. 연결 가능한 관계 총수의 비율을 고려할 때, 일반정보 네트워크와 연구지식 네트워크 모두 상대적으로 낮은 수준의 활동량을 가지고 있다. 그러나 하나의 정보 흐름을 다른 정보 흐름과 비교할 때, CYMH 프로그램 내에서 일반정보의 흐름이 연구지식의 흐름보다 훨씬 수월하다고 할 수 있다. 일반정보 네트워크 내의 연결관계가 2배 이상 많기 때문이다. 특정의 통계 절차 Hanneman & Riddle, 2005를 사용할 때,[2] 두 네트워크 사이의 밀도 비교에서 나타나는 것은 일반정보 네트워크와 비교하여 연구지식 네트워크에 유의미하게 적은 연결관계가 존재한다는 것이다. 연구지식 네트워크의 활동량이 유의미하게 적다. CYMH 프로그램 내에서 지식의 이동에 관한 이러한 유형의 상호작용들이 시사하는 바는 무엇인가?

일반적으로는 밀도 점수를 높음, 중간, 낮음으로 분류하려 할 것이다. 이 네트워크 내에 작동하고 있는 독자적인 맥락 때문에 그러한 임계치를 설정하는 것은 불가능하다. 그러나 이 CYMH 네트워크의 경우에는 연결 가능한 관계 중에서 실제로는 적은 비율로만 존재한다. 특히, 잠재적 상호작용 10개 중 하나 정도만 발생하는 연구지식 네트워크의 경우 더욱 그러하다. 네트워크 퍼실리테이터들이 비형식적 사회관계망(즉, 공식적으로 조직된 전문적 학습 기회들이 아닌 곳에서 발행하는 상호작용

---

2. 사회관계망 데이터들은 상호의존적이기 때문에 이 데이터들에 항상 표준적인 통계 절차를 적용할 수는 없다. 그 이유는 표준적 통계 절차가 이러한 사례들에서 필요한 상호의존성의 가정을 어기기 때문이다. 그래서 이러한 특정성을 다루는 척도와 절차들이 개발되어 왔다. (이 사례에서와 같은) 동일한 크기의 네트워크 밀도를 비교할 때, 표준 대응표본 t-검정과 아주 유사한 절차에 부트스트랩(bootstrap) 기법을 사용하여 네트워크 비교를 한다(주 4번 참조). 더 자세한 내용은 Hanneman & Riddle (2005) 참조-저자.

들) 내에서 정보가 더 쉽게 교류되기를 원한다면, 이러한 상호작용 유형을 제약하는 조건들을 해결해야만 한다. 반면, 기대하는 것이 주로 공식적 학습 행사들 내에서의 연구지식의 교류라면, 활동량이 이 정도로 낮은 것은 프로그램의 행위이론을 기반으로 할 때 문제가 되지 않을 수 있다. CYMH 네트워크에 관한 사회관계망 시각은 프로그램 리더들이 네트워크가 앞으로 나아가도록 어떻게 촉진해야 하는지를 알려 주는 중요한 피드백 메커니즘을 제공한다.

밀도는 유용한 척도이지만, 네트워크 응집성을 평가하기 위해 사용할 때 고려해야 할 몇 가지 중요한 특성이 있다. 앞에서 언급한 바와 같이 밀도는 네트워크의 크기에 대해 민감하다.[Borgatti 외, 2013] 네트워크 안에 사람이 적을수록 모든 사람이 서로와 연결되기가 훨씬 쉽다. 더 나아가, 네트워크 내의 모든 사람에게 관계가 펼쳐져 있는 정도는 우리가 네트워크 내의 연결관계의 총수에만 초점을 맞출 때는 고려되지 않는다. 네트워크의 밀도가 상당히 높지만, 한 구성원(또는 특정 구성원들의 집단)에게만 불균형하게 연결관계가 집중되고 다른 구성원들에는 그렇지 않을 수도 있다. 이러한 경우에, 개별 척도로서의 밀도는 그 자체로는 네트워크 응집성의 가장 효과적인 지표가 되지 못한다. 따라서 우리는 집중도와 같은 추가적인 사회관계망 척도를 고려하여 네트워크가 응집성이 있는지에 대해 더 심화된 통찰을 해 봐야 한다.[Wasserman & Faust, 1994]

10.5.1.2 집중도

집중도는 네트워크 내의 활동이 한 개인 또는 소그룹의 개인들에게 집중하는 정도를 나타낸다. 이를 설명하기 위해서 '별 그래프star graph'를 사용하는데, 완벽하게 집중화된 네트워크는 별 모양 구조이기 때문에 그렇게 부른다.[그림 10.4] 참고

[그림 10.4] 별 그래프 - 완전하게 집중화된 네트워크

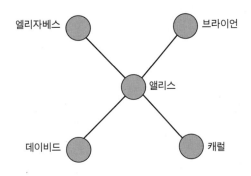

이 허구적 네트워크 지도에서 앨리스는 모두와 연결관계를 가지고 있다(4개의 연결관계를 가지고 있다). 반면, 다른 사람들은 앨리스하고 만 연결관계를 가지고 있다(각각이 앨리스와 연결관계 하나만 가지고 있다). 앨리스는 이 네트워크 구조에서 엄청난 권력의 위치에 있는데, 그 이유는 앨리스가 이 네트워크 내에서 자원의 흐름을 통제하기 때문이다.Carolan, 2013 이 네트워크에 있는 다른 사람이 또 다른 사람의 자원으로 연결되려면, 앨리스가 그 관계를 촉진하는 것에 의존해야 한다. 이러한 방식으로 앨리스는 문지기gatekeeping 기능을 수행하면서 이 집단 내에서 어떤 자원을 움직일 것인지에 대한 강력한 통제력을 가지고 있다. 전문적 학습네트워크의 맥락에서 이것이 의미하는 바는 앨리스가 PLN 내의 정보 등 모든 자원의 흐름을 통제한다는 것이다. 만약 캐럴이 엘리자베스로부터 정보를 얻고자 하면, 앨리스를 통해야만 한다. 이는 네트워크 내의 모든 사람에게 해당된다. 이것이 앨리스에게는 이익이 될 수 있지만, 네트워크 내 다수의 다른 사람들에게는 이익이 되지 않는다.

집중도CD가 높은 것은 네트워크 응집성이 낮은 것을 나타낸다. 중심 인물들을 제거하면 네트워크 내 활동량이 감소하기 때문이다.Prell, 2012 따라서 응집성과 집중도 사이에는 역의 관계가 있다. 네트워크 활동이

특정의 사람이나 소수에게 집중될수록 응집성은 낮아진다. '핵심 인물들key players'[Borgatti, 2003]을 제거하면 연결이 끊어진 네트워크를 초래할 것이기 때문이다. 만일, 어떤 이유로 [그림 10.4]의 허구적 네트워크에서 앨리스가 제거되면, 그 네트워크 내에는 다른 연결이 하나도 없게 된다. 여기서는 상호작용 형태가 어느 정도로 CYMH 프로그램 내의 소수의 행위자에게 집중되어 일부 개인이 다른 사람들보다 더 많은 힘을 갖게 되는지를 탐색하기 위해 집중도를 척도로 사용했다. 이제 그 방법을 설명하고자 한다.

본 아동청소년정신건강CYMH 연구에서 일반정보 네트워크와 연구지식 네트워크의 방향 데이터directed data를 수집한 것을 다시 살펴보면, 각각의 네트워크에서 정보를 구하는 자와 정보를 제공하는 자를 파악할 수 있다. 방향 데이터는 각 네트워크에 다음의 세 가지 집중도 점수의 사용을 허용한다. (1) 전체적 집중도 점수overall centralization scores-연결관계의 방향을 무시하고 전체적인 네트워크 활동이 소수의 행위자에게 집중되는 정도에 관한 대략적 개념을 제시한다. (2) 외향연결 집중도outdegree centralization-자원을 구하는 행동이 소수 행위자에 얼마나 집중되는지를 측정한다. (3) 내향연결 집중도indegree centralization-자원 제공자들은 얼마나 소수의 행위자로 제한되어 있는지를 보여 준다. [표 10.1]은 일반정보 네트워크와 연구지식 네트워크에 대한 이 세 가지 집중도 점수를 나타낸다. 이 점수들은 상관계수와 비슷하게 해석될 수 있다. 수치가 1.0에 가까울수록, 네트워크 내 상호작

[표 10.1] CYMH 일반정보 네트워크와 연구지식 네트워크의 집중도 점수

네트워크	전체적 점수	외향연결(구하는)	내향연결(제공하는)
일반정보	0.824	0.801	0.344
연구지식	0.134	0.130	0.444

용의 형태는 별 모양의 (집중화된) 구조를 강하게 띤다.

일반정보 네트워크는 전체적으로 매우 집중화되어 있다(CD=0.82). 그러나 방향성이 있는 집중도CD 점수들은 자원을 구하는 행동(외향연결)의 형태가 자원을 제공하는 형태(내향연결)보다 훨씬 더 소수의 사람에 집중되어 있다는 것을 보여 준다. 즉, 다른 사람들보다 정보를 훨씬 더 많이 구하는 구성원들이 몇 명 있다. 대조적으로, 연구지식 네트워크에 대한 전체적 집중도 점수는 활동이 네트워크 구성원 전체에 상당히 고루 퍼져 있음을 나타낸다. 그러나 누가 누구에게 연구지식을 제공하는가(내향연결)를 고려하면, 이 활동이 일부에게 집중되는 경향이 있음을 알 수 있다(CD=0.44). 이 두 네트워크에서의 집중도 수준은 모두 네트워크 응집성에 부정적 영향을 미친다. 이 두 경우에서 상호작용의 형태들은 모두 전형적으로 소수의 개인에게 초점을 맞추고 있다. 일반정보 네트워크 내에는 다른 사람들보다 더 빈번하게 정보를 구하는 소수의 사람이 있다. 연구지식 네트워크에는 다른 사람들보다 더 자주 연구기반 정보를 제공하는 소수의 사람이 있다. 두 경우에서 이 사람들을 CYMH 네트워크에서 제거하게 되면, 네트워크 내 활동량은 상당히 줄어들 것이다. 따라서 밀도 통계학에 부가적으로 이러한 집중도 결과가 추가적인 증거로 제시하는 것은 비형식 정보 네트워크는 어느 것도 응집성이 없다는 것이다. 정보는 CYMH의 비형식적 네트워크에서처럼 흐름이 원활하지 못한 것으로 보인다.

이 척도들은 그 자체로 일반정보 네트워크와 연구지식 네트워크가 활발하지 않고(밀도) 상호작용의 형태가 다소 특정 집단에 집중되어 있다는 것을(집중도) 나타낸다. 그러나 집중도 척도가 그 사람들이 누구인지를 알려 주지는 않는다. 정보를 구하고 있는 사람들은 누구인가? 누가 다른 사람들에게 더 자주 연구지식을 제공하고 있는가? 이를 고려하기 위해서 우리는 네트워크 내 상호작용의 개별 형태들-자기중심적 네트워크 단계를 더 자세히 살펴보아야 한다. 이것이 10.6에서 초점을 두고 있는 내용이다.

10.6 확대해 보기: 네트워크의 자아중심적 관점

자아중심적egocentric 네트워크 단계에서 우리는 상호작용의 개별 형태들에 초점을 맞춘다. 개별 행위자들이 초점의 대상이다. 따라서 이 분석 단계에서 서로 다른 사회관계망 분석 도구들을 사용한다(그러나 뒤에서 살펴보겠지만, 전체 네트워크 단계의 척도와 자아중심적 네트워크 단계는 서로 관련된다). 앞에서 설명한 바와 같이 선택되는 척도는 작동되는 이론적 프레임워크에 따라 달라질 수 있다. 본 연구에서는 현저성에 초점을 맞추어 네트워크 내 중심이 되는 행위자들이 누구인지를 파악하는 데 중점을 두고자 한다. 현저성이 무엇인지 그리고 현저성이 CYMH 정보 네트워크에 관해 무엇을 알려 주는지를 더 자세히 살펴보겠다.

10.6.1 현저성

초기 네트워크 학자들은 네트워크 내의 일부 행위자가 다른 사람들보다 더 중요하다는 생각을 했고, 오늘날에도 그 생각이 존재하고 있다. 행위자들이 현저하거나 중요하다고 간주되는 경우는 다른 사람들과의 연결관계가 '네트워크 내 다른 행위자들에게 특히 가시적인' 결과로 나타날 때이다.[Wasserman & Faust, 1994: 172] 이들은 네트워크 내 중심적 인물로 고려되고 네트워크 내 다른 사람들이 누리지 못하는 특권(예: 자원에 더 쉽게 접근 등)을 누린다.[Freeman, 1979]

네트워크 내에서 '가시적'인 것의 의미를 더 명확히 이해하도록 돕기 위해, 노크와 버트[Knoke & Burt, 1983]는 현저성의 두 가지 유형인 중심성과 위세를 제시한다. 용어에 나타나는 바와 같이, 중심성은 네트워크 내 활동의 중심에 있는 행위자들을 강조한다. 그러나 네트워크 내 중심 인물들이 항상 연결관계의 수가 가장 많은 행위자인 것은 아니다. 행위자가 네트워크 내에서 얼마나 중심적인가를 결정하는 데 사용될 수 있는 다양한 유형의 중심성 척도들이 있다. 보르가티 등[Borgatti 외, 2013: 164]이 지적하는 바와 같이, 중심성은 '하나가 아니라 일련의 개념들'로서, 한 행위자가 네트워크 내 관계적 유형들에 어떻게 기여하는지를 이해할 수 있게 도와준다.[3] 네트워크에서 누가 중심적인 행위자인지를 파악하고 어떤 네트워크 조건들이 그 중심성에 기여하는지를 이해함으로써, 우리는 네트워크 내에서 무엇이 일어나고 있는지를 더 잘 이해할 수 있게 된다.[Prell, 2012]

반면, 위세는 네트워크 내 관계의 방향(즉, 진출하는/찾는 연결관계 대비 진입하는/받는 연결관계)을 파악할 수 있을 때만 결정될 수 있다. 행위자들의 위세의 단계는 '더 많은 연결관계의 대상이 될수록' 증가한다.[Vasserman & Faust, 1994: 174] 즉, 위세가 높은 행위자들은 네트워크 내에서 가장 많은 연결관계를 받는 자들이다. 이러한 방식으로 행위자는 네트워크의 중심이 될 수 있지만(예를 들어, 네트워크 내 다른 많은 행위자에게 연결함으로써 더 많은 밖으로 나가는 연결관계를 보유하게 되는 경우), 반드시 위세가 높다고는 할 수 없다(예를 들어, 안으로 들어오는 연결관계를 많이 받지 못하는 경우). 네트워크 내 위세가 높은 행위자들을 파악하는 방법 중 하나는 연결중심성degree centrality이라는 척도를 사

---

3. 연결성 기반 척도(degree-based measures)를 넘어서 확장되는 많은 유형의 중심성이 존재한다. Borgatti, Everett & Johnson(2013), Carolan(2013), Prell(2012), Wasserman & Faust(1994)는 네트워크가 어떻게 기능하는지 이해하고자 할 때 개념적이고 방법론적으로 고려될 수 있는 여러 유형의 중심성에 관한 훌륭한 설명을 하고 있다.-저자.

용하는 것이다.

10.6.1.1 연결중심성

단순하게 말해서, 연결중심성은 네트워크 내의 각 행위자가 가지고 있는 연결관계의 수를 세는 것이다.[Freeman, 1979] 연결중심성은 흔하게 사용되는 사회관계망 척도로 집중도 개념과 밀접한 관련이 있다. 집중도가 전체 네트워크 단계를 보면서 소수의 행위자에 집중되는 연결관계의 비율을 고려하는 것이라면, 연결중심성은 각 개인의 개별 점수를 보는 것이다. 네트워크 현저성 측정 방법인 연결중심성은 네트워크 내 전체적인 활동 수준에서 어느 특정 행위자가 중요한지를 파악할 수 있게 해 준다.

네트워크의 방향을 알 수 있으면 연결중심성은 두 가지 방식으로 계산될 수 있다. 외향연결 중심성Outdegree centrality 점수는 한 행위자가 네트워크 내 다른 사람으로부터 자원을 구하는(즉, 진출하는/찾는 연결관계) 회수를 계산한다. 내향연결 중심성Indegree centrality 점수는 한 행위자가 자원을 제공하려는 다른 행위자에 의해 찾아지는(즉, 진입하는/받는 연결관계) 회수를 계산한다. [표 10.2]는 일반정보 네트워크와 연구지식 네트워크의 외향연결 중심성 점수와 내향연결 중심성 점수의 분포를 나타내고 있다. 37명의 구성원이 있는 네트워크에서 얻을 수 있는 연결중심성 원점수의 최대치[4]는 36이다. (스스로와 연결되는 관계는 계산하지 않는다!)

---

4. 이 장에서 원점수(raw scores)를 보고했는데, 이것은 네트워크 내에서 사람들이 가지고 있는 실제 연결관계의 수를 말한다. 그러나 원점수를 보고하는 것이 다른 크기의 네트워크(즉, 다른 구성원을 가진 2개의 다른 네트워크)의 비교를 쉽게 해 주지는 않는다. 이러한 경우에는 정상분포 점수(normalized scores)를 보고해야 하는데, 이것은 사회관계망 소프트웨어를 통해 쉽게 얻어질 수 있다. 더 자세한 설명은 Carolan(2013) 참조-저자.

[표 10.2] 외향연결 중심성 점수와 내향연결 중심성 점수의 분포

네트워크	외향연결(Outdegree)				내향연결(Indegree)			
	M	SD	Min.	Max.	M	SD	Min.	Max.
일반정보								
전체	7.95	7.553	0	36	7.95	5.196	1	20
정신건강 담당자	6.94	5.341	0	18	7.06	4.753	1	19
코치	15.80	14.096	4	36	11.60	5.505	5	20
연구지식								
전체	3.43	2.243	0	8	3.43	4.953	0	19
정신건강 담당자	3.58	2.335	0	8	2.03	3.240	0	14
코치	3.20	1.095	2	5	11.00	6.892	5	19

전반적으로 아동청소년정신건강CYMH 네트워크 내에서 사람들은 일반정보 연결관계(평균 8개)를 지식연구 연결관계(평균 3개)보다 더 많이 보유하고 있다. 그러나 분산시킨disaggregated 데이터를 살펴보면, 다양한 유형들이 나타난다. 일반정보 네트워크 내에서 코치들은 정신건강 담당자들과 비교하여 외향연결 및 내향연결 중심성 점수들이 더 높다. 이는 코치들이 이 정보 네트워크 내에서 정보를 다른 사람들로부터 구하거나 다른 사람들에게 제공하는 측면에서 가장 활동적이라는 것을 나타낸다. 연구지식 네트워크에서 정신건강 담당자와 코치들은 진출하는outgoing 연결관계에서는 비슷한 수치를 유지하지만(즉, 이들은 비슷한 규칙성을 가지고 지식정보를 구하고 있지만), 코치들이 통계적으로 유의미하게 더 높은 진입하는incoming 연결관계 수를 가지고 있다. 이는 코치들이 이 집단 내에서 연구지식의 출처일 때가 가장 많다는 의미이다.[5]

전체적으로, 이러한 두 정보 네트워크 내의 자아중심적 (또는 개인적) 활동 수준에 초점을 맞춤으로써 우리가 알게 된 것은 코치들이 네

트워크 내에서 일반정보를 찾고 이를 다른 구성원들에게 제공하는 것에서 가장 활동적인 참가자들이라는 것이다. 또한 코치와 정신건강 담당자들이 비슷한 빈도로 연구지식을 찾고 있지만, 코치들이 연구지식을 다른 사람에게 가장 높은 빈도로 제공하고 있기 때문에 연구지식 네트워크 내에서 가장 위세가 높은 행위자들이 되고 있다. 이러한 지식과 전체적인 네트워크 수준의 통찰을 사용하여 이 네트워크를 완전히 이해하려면 어떻게 해야 하는가? 10.7에서는 연구지식 네트워크를 중심으로 전체 네트워크 시점과 자아중심적 네트워크 시점에서의 집합적 식견을 이해할 수 있도록 도울 것이다.

10.7 종합: 자아중심적 분석을 사용한 전체 네트워크의 이해

네트워크 척도들은 다양한 단계의 분석에 사용되지만 서로 관련될 수 있다. 집중도(전체 네트워크 단계의 척도)와 연결중심성(자아중심적 단계의 척도)이 두 개의 그러한 척도이다. [표 10.1]에서 연구지식 네트워크에 대한 집중도 점수는, 밀도가 낮은 네트워크임에도 불구하고

---

5. 연결중심성 점수는 정량적 데이터 분석 소프트웨어(예: SPSS)로 옮길 수 있다. 여기서 전통적인 평균값차(mean difference) 테스트를 실시하여 네트워크 및 서로 다른 집단 간 활동 수준에서 통계적으로 유의미한 차이가 존재하는지 여부를 탐구한다. 예를 들어, 필자는 대응표본 t-검정(paired samples t-test)을 실시했는데, 두 네트워크 간에 외향(진출) 연결관계와 내향(진입) 연결관계 평균 수에서 통계적으로 유의미한 차이를 나타냈다(즉, 이러한 연구 결과가 우연히 나타난 것이 아니라는 것이다). 두 상황에서 모두, 연구지식 네트워크는 평균적으로 유의미하게 적은 수의 연결관계를 보유하고 있다(외향연결: t(36)=3.621, p⟨0.001; 내향연결: t(36)=-5.081, p⟨0.001). 더 나아가 독립표본 t-검정(independent samples t-test)에서는 정신건강 담당자들이 연구지식 네트워크 내에서 통계적으로 유의미하게 적은 수의 진입하는 연결관계를 받았다는 것을 나타냈다(t(4.29)=-2.859, p⟨0.05). 여기서도 사회관계망 분석과 전통적 통계 분석의 결합이 이 네트워크들 내에서 정확하게 어떤 일이 일어나는가에 대한 통찰을 얻을 수 있게 도와주고 있다.

(D=9.5%), 진입하는 연결관계(내향연결)의 형태는 다소 집중되어 있었다(CD=44%). 따라서 이 네트워크 내의 '핵심 인물들'Borgatti, 2003이 누구인지 찾아내려 함으로써 이러한 연구 결과에 대한 추가적인 심층 연구가 필요했다. 연결중심성 척도는 네트워크 내에서 자원에 가장 많이 접근하거나 자원을 가장 많이 통제하는 개인들을 파악할 수 있게 해 준다. 이 절에서는 여러 단계의 네트워크 분석이 어떻게 서로 보완되고, 네트워크 이면에서 일어나고 있는 것들을 더 잘 이해할 수 있게 하는지를 밝히기 위해 연구지식 네트워크에만 초점을 맞추었다.

아동청소년정신건강CYMH 연구의 맥락에서, 상호작용의 형태들이 연구지식의 흐름을 어떻게 가능하게 하거나 제한하는지를 살펴보고 있다. CYMH 연구지식 네트워크에서 코치는 다른 사람들이 연구지식의 출처로 자주 찾는 사람들이다. 코치는 이 네트워크에서 중심적 인물이 될 가능성이 크다. 원 데이터를 살펴보고 누가 가장 높은 연결내향 중심성을 가지고 있는가를 살펴보는 것에 추가적으로, 노드 속성으로 연결중심성 점수를 사용하는 네트워크 지도를 그리는 것은 유용한 보완적 기법이다. [그림 10.5]는 연구지식 네트워크를 나타내고 있는데, 이 그림에서만 지도에 있는 노드들의 크기가 내향연결 중심성 점수에 부합한다(즉 [그림 10.3]의 지도와 차별화된다). 노드의 크기가 클수록 행위자가 더 많이 네트워크 내의 동료에게 연구기반 정보를 제공한 것이다(즉, 진입하는 연결관계를 받은 것이다).

이 네트워크 지도에서 4명의 개인(#3, #20, #31, #34)의 노드가 다른 사람들보다 훨씬 크다는 것이 바로 명확하게 나타난다. 이 4명은 이 네트워크 내에서 연구지식의 출처로 더 자주 다른 사람들에 의해 찾아졌다는 것을 의미한다. 이 지도에서 또 다른 시각화된 노드 속성은-프로그램 역할(코치와 정신건강 담당자)과 코호트 소속(1번 코호트 또는 2번 코호트)-이들 중 2명은 코치이고(흰색 삼각형 #3, #20), 2명은 1번 코호

[그림 10.5] 내향연결 중심성으로 크기가 정해진 노드들로 이루어진 연구지식 네트워크 지도

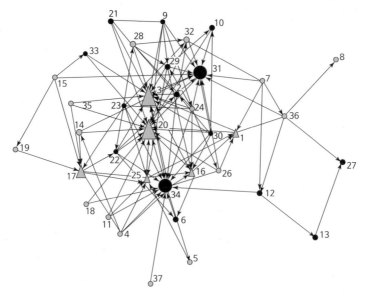

노드 크기가 클수록 행위자들이 받는 연결관계가 더 많다. 흰색 삼각형은 정신건강 코치를, 검은색 원은 1번 코호트 정신건강 담당자를, 회색 원은 2번 코호트 정신건강 담당자를 나타낸다.

트의 정신건강 담당자(검은색 원 #31, #34)라는 것을 나타낸다. 노드 크기를 근거로 할 때, 나머지 프로그램 스태프들도 네트워크 내의 다른 정신건강 담당자들보다 연구기반 정보의 출처가 되는 경우가–그 빈도가 훨씬 적기는 해도–많았다는 것 역시 명백하다. 이 사실은 네트워크에 대한 우리의 이해를 한 단계 더 높여 준다. 이 내용을 설명하기 위해서는 이 형태들의 함의에 대한 이론적 이해로 되돌아가는 것이 필요하고, CYMH 프로그램 내의 연구지식을 움직이는 데에서 이 집중화된 형태들의 결과는 무엇일지를 고려하는 것이 필요하다.

연구지식 네트워크는 응집성이 낮은 것으로 나타났는데, 그 이유는 활동의 수준이 낮았고 지배적인 연구지식 제공자로 기능하는 개인들이 적다는 사실 때문이다. 여기서 나타나는 바는 일부 사람들이 연구지식

흐름에 대해 다른 사람들보다 더 많은 통제를 하고 있고 네트워크의 장기적인 지속가능성은 취약하다는 것이다. [그림 10.6]은 핵심 인물들이 제거되었을 때 연구지식 네트워크에서 어떤 상황이 벌어지는가를 나타낸다.Rodway, 2015a 역시 참조 이 네트워크 지도는 4명의 핵심 인물이 제거되었을 때 네트워크 활동이 절반 이하로 감소한다는 것을 명확히 보여준다(밀도는 9.5%에서 4.4%로 감소되었다). 네트워크에서 연구기반 정보의 다른 주요 출처가 되는 사람들(즉, 나머지 코치들)을 더 제거하고 나면, 네트워크 활동은 더 감소되어, 모든 가능한 연결관계 중 2.6%만이 존재하게 된다. 이 네트워크는 거의 완전하게 해체되었다고 할 수 있다.Prell, 2012 참고

이러한 연구 결과들은 또한 CYMH 프로그램 내에서 누가 누구에게 연구지식 정보를 제공하는지의 측면에서 위계적 구조를 나타내고 있다. 몇몇 개인은 네트워크 내에서 어떤 연구지식이 이동하고 있고 누가 비

[그림 10.6A] 중심인물들이 네트워크 지도에서 제거되었을 때
연구지식 네트워크에서 나타나는 권력 이양의 모습 지도

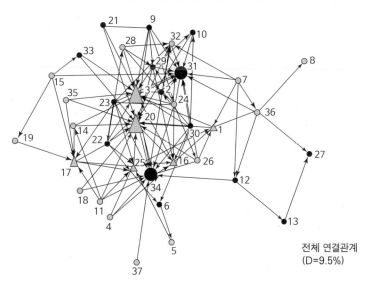

전체 연결관계
(D=9.5%)

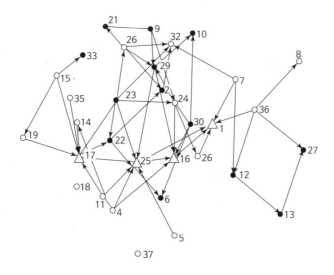

[그림 10.6B] 핵심 인물들과 코치들이 제거되었을 때(D=2.6%)

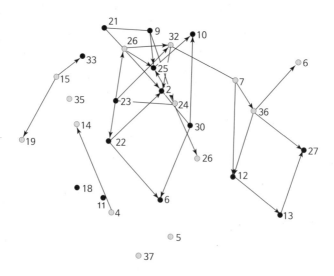

[그림 10.6C] 핵심 인물들이 제거되었을 때(D=4.4%)

형식 네트워크를 통해 이에 접근할 수 있는지에 대해 더 많은 권력과 통제권을 갖는다. 앞에서 행위자와 연결관계에 관해 살펴볼 때 네트워크 내 대부분의 연결관계가 상호적이지 않다고(즉, 상호적 연결관계가 아니라고) 했었다. 이 연결관계는 또한 연구지식 네트워크 내 위세를 가진 소수의 행위자가 있다는 주장에 힘을 실어 준다. 이 소수 행위자의 활동이 집단 내 연구지식의 교류를 주도하고 있다.

연결중심성 척도는 네트워크의 크기에 민감하고[Wasserman & Faust, 1994], 동일한 네트워크 내 행위자들 간의 비교에서만 의미 있게 사용된다.[Prell, 2012] 여기서 나타난 바와 같이, 전체 네트워크 수준의 분석에서 네트워크 내 집중화된 활동 유형들을 나타내면, 연결중심성 척도는 중심성과 위세 측면에서 누가 현저하게 두드러지는 행위자인지를 정하기 위해 사용될 수 있다. 이 경우에서 모든 코치가 연구지식 네트워크 내에서 중심이 되고 있지만, 특히 2명의 프로그램 스태프(#3, #20)가 주어진 네트워크 내에서 다른 사람들보다 더 위세가 강하다. 이 사람들이 보유하고 있는 진입 연결관계의 수가 더 많다는 것을 고려할 때 그러하다. 더 나아가, 네트워크 지도가 명확하게 나타내고 있는 바와 같이, 2명의 정신건강 담당자가 중심적이고 위세 있는 네트워크 행위자로 두드러진다. 다른 유형의 분석(예: 자아중심적 단계)에 초점을 둔 관련 속성을 파악할 수 있도록 전체 네트워크 척도들을 사용함으로써, 네트워크 내에서 사람들이 다른 사람들과 상호작용하는 방식에 관한 훌륭한 정량적 설명을 전개할 수 있다. 10.8에서는 우리가 사용했던 사회관계망 이론과 분석 방법들을 통해 CYMH 정보 네트워크에 관해 살펴봤던 모든 것들을 요약한다.

10.8 사회관계망 분석이 CYMH 프로그램에서의 지식 이동에 관해 알려 주는 것

아동과청소년정신건강CYMH 프로그램은 전문적 학습네트워크의 특정 형태이다. 즉, 증거기반의 학교정신건강 정책 개발을 촉진하기 위해 교육구 인력과 연구지식을 연결하기 위해 노력하는 연구 중개 네트워크이다. 이 프로그램의 행위이론에서 가정하는 것은 공식적 코치를 배정하고 이 코치가 정신건강 담당자들과 함께 1년 동안 코호트 동료들과 상호작용함으로써, 교육구 인력들이 개발할 필요가 있는 자원에 접근할 수 있고 지역의 니즈에 부응하는 연구기반 정신건강 프로그램을 실행할 수 있다는 것이다. 이 연구에서는 사회관계망 이론과 방법들을 사용하여 CYMH 프로그램의 비형식 상호작용 형태들(즉, 공식적 네트워크 학습 행사 밖에서 이루어지는 상호작용)이 교육구 정신건강 담당자들로 하여금 이 업무를 수행하기 위해 연구지식을 찾고, 이해하며, 공유하고, 사용하는 방식을 어떻게 촉진 그리고/또는 제한하는지를 탐구했다.

이 장에서 설명한 바와 같이, 사회관계망 분석 방법은 CYMH 네트워크들에 관한 여러 가지 식견을 발생시켰고, 집단 내에서의 일반정보와 연구지식의 흐름을 비교할 수 있게 해 주었다. 전체적인 네트워크 단계에서 볼 때, 네트워크 내의 수준이 약했다는 것이 명백하다. 특히 연구지식의 비형식적 교류에서 그러했다. 이 결과가 시사하는 바는 공식적인 전문적 학습 행사들이 정신건강 담당자들 간의 연구지식 교류에서 (비형식 교류보다) 더 중요한 역할을 했으리라는 것이다. 형식적 학습 기회들이 CYMH 전략의 중요한 부분이기 때문에[Rodway, 2015b 참조], 이것이 네트워크 지도부 팀 입장에서 문제가 있는 것으로 인식되지는 않았을 것이다. 그러나 만약 프로젝트 지도부가 지식을 심도 있게 사용(연구 등)하기 위해 비형식적 CYMH 네트워크에 의존하고 있었다면, 이 네트워크에 나타나는 상호작용 형태들이 시사하는 것은 이 자원들이 더 빠르고 효율적으로 움직일 가능성이 적다는 것이다. 특히, 네트워크 활동이 특정 소수의 개인에게 집중되기 때문이다. 여기서 이 프로그램과 관련하여 사회관계망 연구 결과들이 해석되어야 하는 방식들이 강조되면서 중요한 피드백 메커니즘을 제공하고 있다. 또한 상호작용의 형태들에 관한 정보를 제공하고, 그 상호작용이 전문적 학습네트워크의 활동에 어떤 영향을 미치는지에 관한 정보를 제공하고 있다.

이 결과들은 개인적 단계의 활동을 살펴봄으로써 더 심도가 깊어졌다. 일반정보 네트워크에서 코치들이 정신건강 담당자들보다 더 활동적이었다는 것은 명백했다. 정신건강 코치들은 이 네트워크에서 정신건강 담당자들보다 더 자주 동료들로부터 정보를 구하고 동료들에게 정보를 제공했다. 이 프로그램의 행위이론이 비형식 네트워크가 정신건강 담당자들에게 상호작용하도록 기회를 제공하는 것으로 되어 있었다면, 연구 결과에서는 그러한 일이 자주 일어나지 않는다고 나타날 것이다. 연구지식 네트워크 내에서 코치들은 정신건강 담당자들보다 훨씬 더 자주 연구지식을 제공했고, 소수의 행위자에게 집중된 위계적 네트워크 구조를 나타냈으며, 이 소수의 행위자를 제거하면 네트워크 내에서 거의 완전한 권력 이양이 나타났다. 이러한 구조는 정보의 흐름을 제한하는 역할을 할 수 있는데, 어떤 지식이 공유되고 누구와 공유되는지를 제한하기 때문이다. 그러나 이 단계의 집중도는 프로그램의 초기를 고려할 때 예측될 수 있다(이 프로그램의 파일럿 연구 역할을 했던 첫 2년간을 다뤘던 데이터를 볼 때 그러하다). 프로그램 지도부가 연구지식의 흐름을 통제하고 싶어 했을 수도 있다. 이 경우에는 연구 결과가 전혀 문제 될 것이 없다. 이는 특정 이론적 프레임의 경계 내에서뿐만 아니라 전문적 학습네트워크 그 자체의 맥락에서도 사회관계망의 결과를 바라보는 중요성을 강조하는 것이다. 전문적 학습네트워크의 목표와 원하는 활동들 역시 정보가 어떻게 해석되어야 하는지를 알려 준다.

10.9 네트워크 연구의 발전을 위하여

네트워크 개념들은 교육에서 점점 더 많이 다루어지고 있다. 지난 20년간 효과적인 네트워크의 특성을 다루는 연구들이 많이 수행되었다.예: Hite, Williams & Baugh, 2005; Lieberman & Grolnick, 1996; Rincón-Gallardo & Fullan, 2016 그러나 이 연구는 네트워크 활동을 지원하는 외적 조건들을 주로 다루고 있고(예: 공유된 목적, 분산된 리더십 등), 다른 사람들과의 상호작용이 네트워크의 목적을 성취할 수 있게 하거나 제한하는 방법에 대해서는 명시적으로 다루지 않고 있거나 피상적으로만 다루고 있다. 학교혁신과 교육의 변화를 위한 전략으로 네트워크가 어떻게 기능하는지를 완전히 이해하기 위해서 네트워크 연구는 혁신적 연구 방법과 설계가 필요하다.

이 장에서는 사회관계망 분석에 대한 간략한 개요를 제시했고, 사회학적 관점에서 네트워크가 어떻게 작동하는지에 대한 견고한 설명을 교육자들이 전개할 수 있는 다양한 도구들과 개념들로 제기했다. 사회관계망 분석은 사람들(또는 조직이나 집단)이 상호작용할 때 전개될 수 있는 연결성에 초점을 맞출 수 있게 해 주고, 네트워크가 어떻게 기능하는지를 이해하기 위해 복잡한 네트워크 활동을 해체하는 것을 가능하게 해 준다. 네트워크의 형식적 구조에 주목하고 조직적 조건들을 뒷받침하는 것도 중요하지만, 비형식적 구조(즉, 상호작용의 유형들)를 이해하는 것도 동일하게 중요하다. 그렇게 함으로써 전문적 학습네트워크의 이면에서 발생하고 있는 것에 대해 제대로 이해할 수 있다.

분명히 말하자면 사회관계망 분석은 기존 네트워크 연구의 한계를 해결하기 위한 만병통치약이 아니다. 사실 사회관계망 분석도 그 자체로 많은 한계가 있다. 중요하게 고려해야 할 많은 윤리적 함의도 가지고 있다.고려해야 할 윤리적 문제들에 관한 탁월한 논의는 Prell, 2012 참조 그러나 사회적관계망 분석의 세부적 문제들에도 불구하고, 시스템과 학교의 지도자들이 사회관계망의 통찰을 통해 전문적 학습네트워크의 설계와 이행에 관한 정보를 제공할 수 있는 방법을 고려하는 것은 중요하다. 아동과 청소년의 정신건강 프로그램 사례는 비형식적 상호작용의 형태들이 프로그램의 공식적인 행위이론으로부터 벗어날 수 있는지를 보여 주고, 사회관계망 렌즈를 통해 제공되는 피드백을 기반으로 하여 반성과 수정의 기회를 제공하고 있다. 교육에서 네트워크 연구를 더 발전시키기 위해 우리는 네트워크를 연구하는 다른 방법들을 논의하고 그 연구 방법들에서는 어떻게 연구를 진행하는지를 이해할 필요가 있다. 우리는 네트워크를 연구하는 혁신적 접근법들을 그 자체로 학문적 관심의 대상으로서뿐만 아니라 다양한 방법들에서 네트워크 내 행위자들이 다른 행위자들과 어떻게 연결되어 있고, 어떤 결과를 나타내는지를 해체하기 위해 그 다양한 방법들을 어떻게 활용할지의 측면에서도 논의할 필요가 있다. 이론적 관점과 분석적 관점에 관한 사회관계망 시각을 검토해 봄으로써 교육의 지속가능한 혁신을 뒷받침할 수 있는 전문적 학습네트워크의 역할과 의미를 이해하는 데 도움이 될 수 있다.

Borgatti, S. P. (2003). The key player problem. In R. Breiger, K. Carley & P. Pattison (Eds.), *Dynamic social network modelling and analysis: Workshop summary and papers* (pp. 241-252). National Academy of Sciences Press.

Borgatti, S. P., & Ofem, B. (2010). Overview: Social network theory and analysis. In A. J. Daly (Ed.), *Social network theory and educational change* (pp. 17-29). Cambridge, MA: Harvard Education Press.

Borgatti, S. P., Everett, M. G., & Johnson, J. C. (2013). *Analyzing social networks*. Thousand Oaks, CA: Sage Publications.

Bryk, A., & Schneider, B. (2002). *Trust in schools: A core resource for improvement*. New York: Russell Sage Foundation.

Carolan, B. (2013). *Social network analysis and education*. Thousand Oaks, CA: Sage Publications.

Coburn, C. E. (2005). Shaping teacher sensemaking: School leaders and the enactment of reading policy. *Educational Policy*, 19(3), 476-509.

Cross, R. & Parker, A. (2004). *The hidden power of social networks: Understanding what really gets done in organizations*. Cambridge, MA: Harvard Business School Press.

Cross, R., Borgatti, S. P., & Parker, A. (2002). Making invisible work visible: Using social network analysis to support strategic collaboration. *California Management Review*, 44(2), 25-46.

Daly, A. J., Moolenaar, N. M., Liou, Y., Tuytens, M., & del Fresno, M. (2015). Why so difficult? Exploring negative relationships between educational leaders: the role of trust, climate, and efficacy. *American Journal of Education*, 122(1), 1-38.

Davies, H. T. O., & Nutley, S. M. (2008). *Learning more about how research-based knowledge gets used: Guidance in the development of new empirical research*. New York: William T. Grant Foundation.

Deal, T., Purinton, T., & Waetjen, D. C. (2009). *Making sense of social networks in schools*. Thousand Oaks, CA: Corwin Press.

Degenne, A., & Forsé, M. (1999). *Introducing social networks*. Thousand Oaks, CA: Sage Publications.

Finnigan, K. S., & Daly, A. J. (Eds.). (2015). *Using research evidence in education: From the schoolhouse door to Capitol Hill*. New York: Springer International Publishing.

Frank, K. A., Zhao, Y., & Borman, K. (2004). Social capital and the diffusion of innovations within organizations: The case of computer technology in schools. *Sociology of Education*, 77, 148-171.

Freeman, L. C. (1979). Centrality in social networks conceptual clarification. *Social Networks*, 1, 215-239.

Hanneman, R. A., & Riddle, M. (2005). *Introduction to social network methods*. Riverside, CA: University of California, Riverside (published in digital form at http://faculty.ucr.edu/~hanneman/).

Haythornthwaite, C. (1996). Social network analysis: An approach and technique for the study of information exchange. *LISR*, 18, 323-342.

Hite, J., Williams, E., & Baugh S. (2005). Multiple networks of public school administrators: An analysis of network content and structure. *International Journal of Leadership in Education*, 8(2), 91-122.

Kadushin, C. (2012). *Understanding social networks: Theories, concepts, and findings*. New York: Oxford University Press.

Knoke, D., & Burt, R. S. (1983). Prominence. In R. S. Burt & M. J. Minor (Eds.), *Applied network analysis: A methodological introduction* (pp. 195-222). Beverly Hills, CA: Sage Publications.

Lieberman, A., & Grolnick, M. (1996). Networks and reform in American education. *Teachers College Record*, 98(1), 7-45.

Moody, J., & White, D. R. (2003). Structural cohesion and embeddedness: A hierarchical concept of social groups. *American Sociological Review*, 68(1), 103-127. www.jstor.org/sTable/3088904

Moolenaar, N. M. (2012). A social network perspective on teacher collaboration in schools: Theory, methodology, and applications. *American Journal of Education*, 119(1), 7-39.

Prell, C. (2012). *Social network analysis: History, theory, methodology*. Thousand Oaks, CA: Sage Publications.

Quintero, E. (2017). *Teaching in context: The social side of educational reform*. Cambridge, MA: Harvard Education Press.

Reagans, R., & McEvily, B. (2003). Network structure and knowledge transfer: The effects of cohesion and range. *Administrative Science Quarterly*, 48(2), 240-267.

Rincón-Gallardo, S., & Fullan, M. (2016). Essential features of effective networks in education. *Journal of Educational Change*, 1(1), 5-22.

Robbins, G. (2015). *Doing social network research: Network-based research design for social scientists*. Thousand Oaks, CA: Sage Publications.

Rodway, J. (2015a). Connecting the dots: Understanding the flow of research knowledge within a research brokering network. *Education Policy Analysis Archives*, 23(123).

Rodway, J. (2015b). *Mobilizing research knowledge through social networks*. Unpublished Doctoral Dissertation. University of Toronto.

Scott, J. (2017). *Social network analysis: A handbook* (4th edn.). Thousand Oaks, CA: Sage Publications.

Spillane, J. P., Hopkins, M., & Sweet, T. (2015). Intra- and inter-school interactions about instruction: Exploring the conditions for social capital development. *American Journal of Education*, 122(1), 71-110.

Spillane, J. P., & Shirrell, M. (2017). Breaking up isn't hard to do: Exploring the dissolution of teachers' and school leaders' work related ties. *Education Administration Quarterly*. Advance Online Publication. doi:10.1177/0013161X1769655

Tschannen-Moran, M. (2004). *Trust matters: Leadership for successful schools*. San Francisco, CA: Jossey-Bass.

Vodicka, D. (2015, August 19). *The story behind the story: Social capital and the Vista Unified School District*. [Blog post]. Retrieved from www.shankerinstitute.org/blog/story-behind-the-story-social-capital-and-the-vista-unified-school-district

Wasserman, S., & Faust, K. (1994). *Social network analysis: Methods and applications*. New York: Cambridge University Press.

Weick, K. (1995). *Sensemaking in organizations*. Thousand Oaks, CA: Sage Publications.

제11장

전문적 학습네트워크를 통한 지속가능한 학교혁신

미레유 D. 후버스(Mireille Hubers) & 신디 L. 푸트먼(Cindy L. Poortman)

11.1 도입

긍정적 전망을 하는 연구 결과들에도 불구하고, 전문성 개발과 학교혁신은 전문적 학습네트워크 활동의 결과로 자동적으로 발생하는 것이 아니다. 그 효과는 미미하고 결과가 혼합되어 나타날 수도 있다.[Chapman & Muijs, 2014; Hubers 외, 2017; Lomos 외, 2011; Prenger 외, 논문 제출 상태] 예를 들어 후버스 등[Hubers 외, 2017]의 연구에서는 외부 지원이 끝난 후, 학교가 전문적 학습네트워크의 산물들을 이행하기 위해 어떻게 노력하고 있고 전문적 학습네트워크 자체를 끌고 가기 위해 어떻게 노력하고 있는지를 제시하고 있다. 지속적인 학교혁신의 중요성을 고려하면서, 이 장은 그러한 혁신이 전문적 학습네트워크에서 일하는 교사들에 의해 어떻게 지원을 받을 수 있는가에 관한 것이다. 먼저 우리는 학교혁신의 지속성이 무엇을 의미하는지를 설명하고자 한다.[11.2] 둘째, 지속적인 학교혁신이 여러 학교 정책 및 현장으로부터 어떤 영향을 받는가를 기술할 것이다.[11.3] 셋째, 전문적 학습네트워크에서 작동하는 여섯 가지 주요 조건들(집중, 협업, 개별/집단 학습, 반성적인 전문적 탐구, 리더십, 경계 넘나들기)이 학교혁신의 지속을 위해 어떻게 활용될 수 있는지를 논의하고[11.4], 마무리 발언으로 결론 짓고자 한다.[11.5]

11.2 지속적인 학교혁신

전문적 학습네트워크PLN의 목표는 결코 단순히 전문적인 학습네트워크가 되는 것이 아니다.Morrissey, 2000 이것은 목표를 달성하기 위한 수단이다.Stoll 외, 2006 전문적 학습네트워크가 학교 내에 설치되었건 또는 학교 간에 설치되었건, 몇 가지 기준을 충족하면 지속적인 학교혁신을 증진할 수 있는 것으로 간주되고 있다.이 기준들에 대한 자세한 설명은 작성 중인 Hubers의 논문 참조 첫째는 전문적 학습네트워크가 장기적 변화를 촉진하고 있는 경우이다. 이러한 변화는 개별 교사와 학교 지도자의 행동을 통해서만 발생하는 것이 아니라 학교 (또는 학교 네트워크) 내 전체를 통해 발생한다. 이 말의 의미는, 예를 들어 교사가 전문적 학습네트워크의 결과와 산출물(수업 교재, 학교에서의 연구를 수행하는 새로운 접근법 등)을 응용하고 계속 개선해 간다는 것이다. 또한 이 업무가 학교 전체를 통해 촉진된다는 것이다(그 업무가 학교문화의 일부가 되고, 적절한 지원이 가능하다는 것이다).

두 번째 기준은 교사들의 행동과 학교 전체의 이러한 변화가 측정 가능한 긍정적 결과로 항상 나와야 한다는 것이다. 결국 원하는 결과를 성취하는 것이 아니라면 왜 전문적 학습네트워크를 추진하는가 말이다. 스톨 등Stoll 외, 2006에 따르면, 전문적 학습네트워크의 성과물은 항상 학생들에 의해 경험되어야 한다. 간접적으로라도 경험되어야 한다. 예를 들어 교사가 학생들의 과학계열 진로를 동기부여하고 흥미를 주기 위해 과학 커리큘럼을 다시 설계한다고 할 때, 이것이 학생들의 과학에 대한 태도에 어떠한 효과도 없었다고 한다면(심지어 부정적인 효과도 없었다고 한다면), 교사는 전문적 학습네트워크의 방법론을 다시 살펴보고, 그 방법론에서 결과로 나타난 산물들을 다시 점검해야 한다.

지속적인 학교혁신을 증진하기 위한 세 번째 기준은 모든 관련된 교육자들이 주체성을 발휘해야 한다는 것이다. 이 말은 교육자들이 그들의 행동에서 변화를 지속시키는 것 그 이상을 한다는 것을 의미한다. 하그리브스와 핑크Hargreaves & Fink, 2000: 32가 주장하듯이, "지속가능성은 […] 어떤 활동이 주변 환경에서 다른 사람들의 발전을 희생하지 않으면서 현재 그리고 미래에 전개될 수 있게 되는 것"을 말한다. 따라서 교사와 학교 지도자들은 자신의 현장을 혁신하기 위해 적극적으로 노력해야 하고, 변화하는 상황과 필요에 따라 전문적 학습네트워크의 구조를 재정비할 수 있어야 한다. 다시 말해, 교사와 학교 지도자들은 수동적인 추종자나 실행자가 아니라 능동적인 '변화의 행위자'인 것이다.

요약하면, 전문적 학습네트워크와 작업하여 지속적인 학교혁신을 증진할 수 있는 경우는 전문적 학습네트워크와의 작업으로 인한 장기적인 효과적 변화들이 개별 교사들과 학교의 일상적 현장에서 이루어지고, 관련된 모두가 주체적으로 참여할 때이다. 우리는 이를 어떻게 성취할 수 있는가?

11.3 전문적 학습네트워크를 통해 학교혁신을 확립하고 지속하기

학교혁신은 학교의 조직적 일상organizational routines을 변화시키는 것을 통해 지속될 수 있다. 조직적 일상은 학교의 일상적 현장을 구성하는 반복적 행위들을 말한다.March & Simon, 1958; Nelson & Winter, 1982 이 말은 단일의 결정이나 공적 구조 또는 사람이 교사들로 하여금 자신의 행동을 효과적으로 변화시키게 하는 원인이 되지 않는다는 뜻이다. 이 모든 것들은 상호적으로 영향을 미친다.Spillance, 2012 이러한 상호적 영향은 조직적 일상을 구성하는 두 가지 측면을 통해 생겨나는데, 학교의 정책policy과 실천practices을 의미한다고 할 수 있다.^{Sherer & Spillane,} ^[replace]

의 정책policy과 실천practices을 의미한다고 할 수 있다.Sherer & Spillane, 2011 정책은 학교의 광범위한 조직적 시스템을 포함한다. 즉, 표준적인 운영 절차, 당연시되고 있는 규범들, 교육자들의 정책에 대한 주관적인 이해를 말한다. 그 예시가 전문적 학습네트워크와 작업하는 것에 대한 학교의 시각이다. 반면, 조직적 일상의 성과적 측면에는 현장의 실제 업무가 포함된다. 따라서 누가 무엇을 언제 하는가에 관한 것이다. 이것의 예시는 전문적 학습네트워크에 참여하는 매일의 실천이다.

정책과 실천은 상호적으로 영향을 미친다.Spillane, 2012 이 말은 정책이 실천에 영향을 미칠 수 있고, 실천이 정책에 영향을 미칠 수 있다는 것이다. 그 반대의 현상도 일어날 수 있다. 실천은 정책과의 연결 부족으로 인해 어려움을 겪을 수도 있고, 정책도 실천과의 연결 부족으로 어려움을 겪기도 한다. 이 의미는 학교 지도자들과 교사들은 서로 소통을 많이 해야 하고 상대방의 성취와 어려움에 대해 파악하고 있어야 한다는 것이다.

이는 상당히 논리적으로 보이지만 일상적 교육현장에서 정책과 실천에 관해 서로 소통하는 것은 상당히 어려운 것으로 나타나고 있다. 예를 들어, 후버스 등Hubers 외, 2017의 연구에서 일부 학교 지도자들은 대략적으로 구조화된 데이터 사용 정책만 제시하면 되고 전문적 학습네트워크에서 데이터 사용에 관해 공부한 교육자들이 앞장서서 정책에 관해 교직원들에게 알려 줘야 한다고 생각했다. 반면, 전문적 학습네트워크 활동을 하는 교육자들은 점점 더 좌절감을 느꼈는데, 그 이유는 왜 학교 지도자들이 자신들에게 전문적 학습네트워크에 참여하길 바라는지를 알지 못했고, 데이터 사용과 관련된 정책의 부족에도 실망했기 때문이다. 이 시나리오는 한 학교(또는 학교들의 네트워크)에서 모든 이해 당사자가 다른 사람이 먼저 무언가 하기를 기다리는 상황에 놓이기 쉽다는 것을 설명하고 있다. 여기서 누구의 잘못도 아니다. 학교 지도자가 정책에 관해 설명하기 전에 전문적 학습네트워크 교사가 먼저 얘기해 주기를 바라는 이유도 이해가 가고, 전문적 학습네트워크 교사들은 왜 정보를 제공하기 전에 명확한 지시사항을 받는 것이 더 안전하다고 느끼는지 그 이유도 이해가 간다. 이러한 상황에서는 상호의존성을 인식하고 서로에 대한 기대치를 명시적으로 표현하는 것이 중요하다. 더욱이 정책과 실천에서 일상을 형성하기 위해서는 특별한 주의를 기울여야 한다.

조직적 일상이 어떻게 형성되는지를 설명하기 전에 두 가지 중요한 의견을 제시하고자 한다. 첫 번째는 학교혁신의 지속을 전문적 학습네트워크 활동이나 프로그램에 참여하고 난 다음에 이루어져야 하는 것으로 잘못 이해하고 있다는 것이다. 오히려 전문적 학습네트워크가 확립되기 전부터 전문적 학습네트워크를 통한 지속적 학교혁신(그리고 그에 따른 장기적 효과성)을 추진한다는 점을 고려해야만 한다.

또한 지속적 학교혁신은 하루아침에 이루어지지 않는다는 것이다. 드시모네^{Desimone, 2002}가 언급한 바와 같이, 학교가 완전히 혁신되기까지는 5년에서 10년이 걸릴 수 있다. 이 말은 실망을 주려는 게 아니라 효과적인 전문적 학습네트워크가 일상이 되기까지(예: 자원이 끊이지 않고, 명확한 정책이 있으며, 모두가 전문적 학습네트워크 회의를 구조화하는 방법을 알고 있기까지) 얼마나 오래 걸리는지를 설명하고자 하는 것이다. 전문적 학습네트워크의 성과를 더 빨리 얻을 수 없다는 의미는 아니다. 어떤 사람은 첫 번째 회의부터 전문적 학습네트워크에서 얻는 것이 있을 수 있다. 팀 구성원들이 커리큘럼을 완전히 바꾸는 데 관심이 많은 경우에 특히 그러하다. 전문적 학습네트워크와 그 산출물들이 매일의 현장 실천에 완전하게 적용되기까지는 오랜 시간이 걸릴 수 있다. 그러나 처음부터 지속적인 학교혁신에 명확하게 집중하고 있는 경우에는 그 시간이 단축될 수 있다.

11.4 전문적 학습네트워크를 지원하는 조건들

이 책의 제1장에서 전문적 학습네트워크를 통해 지속적인 학교혁신을 지원할 수 있는 여섯 가지 요인들과 조건들-즉 집중, 협업, 개별/집단 학습, 반성적인 전문적 탐구, 리더십, 경계 넘나들기가 제시되었다. 이 조건들을 간략히 요약한 후, 매일의 현장에 이 조건들이 어떻게 적용될 수 있는지를 설명할 것이다. 각 조건이 도움이 되는지를 확인하기 위해서 이 조건들과 관련된 정책과 실천을 정기적으로 평가해야 하고, 모든 당사자가 이해하고 있는 정도가 같은지를 확인해야 한다. 서로 도움이 되는 조건들은 서로 연결되어 있다. 이 말은 한 조건에서의 변화는 다른 조건에서의 변화를 야기할 수 있다는 것을 의미한다.^{Earl 외, 2006}

11.4.1 집중

전문적 학습네트워크를 통해 지속적인 학교혁신을 지원할 수 있는 첫 번째 조건은 집중focus이다. 이 조건은 (최소한) 두 가지 단계에서 역할을 한다. 전문적 학습네트워크의 특정 목적에 대하여 개별 구성원들이 공유의식을 갖도록 해야 한다. 모든 구성원이 전문적 학습네트워크에 참여할 때 정확하게 동일한 목표를 가질 필요는 없다. 목표는 개인적 학습의 목표나, 교육에 대한 비전 등에 따라 다를 수 있기 때문이다. 그러나 이 목표들이 비슷할수록 그리고 전문적 학습네트워크 구성원들이 집단 활동을 하는 이유가 일치할수록 좋은 협업이 이루어지고 모든 사람의 기대치에 부응하기 쉬워진다. 집중이 역할을 하는 두 번째 단계는 전문적 학습네트워크가 개별 학교에서 구현될 때이다. 여기서 집중이 의미하는 것은 전문적 학습네트워크 구성원들과 동료 교사들, 학교 지도자들이 공유된 목적의식을 갖는 것 이상을 말한다. 일상적 교육의 다른 필요성보다 전문적 학습네트워크를 더 우선시하는 것을 의미하기도 한다. 따라서 전문적 학습네트워크 구성원들이 전문적 학습네트워크와 활동을 하기 때문에 다른 일부 과업들과 관련하여 지원을 받는 것(예: 대체수업을 지원받는 것 등)을 의미한다. 이 두 번째 유형의 집중은 첫 번째 유형의 집중을 유지하기 위해 필수적이라는 것을 염두에 두어야 한다. 예를 들어, 학교 지도자들이 전문적 학습네트워크 활동에 완전히 전념하고 있지 않다고 구성원들이 느낄 때(전문적 학습네트워크 구성원들에게 지나치게 많은 경쟁적 과업이 부여되는 경우 등) 전문적 학습네트워크 활동에 대한 집중과 관심이 흐트러질 수 있다. 따라서 전문적 학습네트워크 단계와 학교 내 전문적 학습네트워크 단계 모두에 집중하는 것이 전문적 학습네트워크가 제대로 기능하는 데 필수적이다.

어떻게 해야 그러한 확실한 집중을 할 수 있는가? 학교 지도자들과 교사들에게 가장 중요한 과업은 (1) 특정한 목표를 정하거나 해결할 필요가 있는 문제/어려움/목적을 표시해 두고, (2) 그 문제를 해결하거나 그 목적을 이루기 위한 최선의 전략을 정하는 것이다. 여기서 다른 유형의 변화 전략들보다 전문적 학습네트워크를 선택하는 것과 관련해서 세심한 고려가 필요하다. 따라서 목표를 달성하기 위한 여러 가지 방법들을 생각해 보고, 각각의 장단점을 고려해야 한다. 전문적 학습네트워크가 변화를 위한 최선의 방법이라고 모든 사람이 동의할 때 상당히 공유된 집중을 이미 확보할 수 있게 된다.

전문적 학습네트워크 내의 집중과 관련하여 과정의 초기 단계에, 가급적 전문적 학습네트워크의 시작 전에 공통점을 찾아내는 것이 필요하다. 구성원들의 전문적 학습네트워크 참여 목표가 동일할 필요는 없다. 그러나 그들의 목표가 적극적 참여를 가능하게 하는 방향성을 제시해야 하고, 협업적 활동이 가능해질 여지를 남겨 줘야 하며, 지도부와 지원 인력의 활동과 같은 맥락에 있어야 한다. 다양한 전략들을 활용하여 기대 수준에 대해서 소통하도록 하고 전문적 학습네트워크의 정확한 목적이 무엇인지에 대해서 서로 생각을 나눌 수 있도록 해야 한다. 그 예로 전체 팀과의 브레인스토밍제2장 참조, 초기 단계에서 두 명씩 토론하기, 전체 그룹 토론 등이 있다. 좌장은 다양한 의견들이 있는 단계에서 수렴의 단계로 이끌고 1~2차 회의를 통해서 같은 목적을 공유할 수 있게 이끌어야 한다. 개별 구성원이 제시한 의견들과 전문적 학습네트워크 과정을 지속하기 위한 명확한 방향성 사이에 적절한 균형이 필요하다.

11.4.2 협업과 개별/집단 학습

두 번째 도움이 되는 조건은 협업collaboration이다. 협업은 전문적 학습네트워크 구성원들이 함께 협력하는 방식과 범위를 말하고 있지만, 사실상 누구와 협력을 해야 하는지부터 시작된다. 누가 전문적 학습네트워크에 참여할 것인지를 결정할 때 몇 가지 명확한 기준이 사용된다. 즉, 누가 참여할 시간이 되고, 누구의 역할 프로필이 전문적 학습네트워크의 목표에 맞는지 등이다. 그러나 다른 요인들도 비슷하게 중요하다. 예를 들어 사전 지식, 경험, 개인적 동기부여는 교사들의 학습에 영향을 미치는 중요한 요인인 것으로 연구를 통해 밝혀졌다.Poortman, 2007 다른 고려 사항은 다른 동료들과의 관계와 학교 내에서의 평판과 위치이다. 예를 들어, 어떤 학교에서는 인기가 많고 존경을 받는 교사들을 전문적 학습네트워크에 참여시켰다. 그렇게 하면 이 '인기 있는' 교사들의 지시를 다른 동료들이 잘 따르리라고 생각했기 때문이다.Hubers, 2016; 제3장도 참조 반면, 다른 학교에서는 전반적으로 변화에 저항하는 비판적인 교사들을 의도적으로 선택했다. 그렇게 한 이유는 이러한 교사들이 변화에 참여하게 되면, 나머지 동료 교사들도 변화를 따르리라고 생각했기 때문이다.

팀 구성원들이 전문적 학습네트워크에서 활동을 시작할 때, 팀 구성원들이 심도 있고 적극적으로 협업을 하는 방법을 찾아야 한다. 한편에서는 과업을 나누는 것이 쉽고 효율적일 수 있다. 그러나 다른 한편에서는 팀 구성원들이 그룹의 이해를 촉진하기 위해 협업을 하는 것이 중요하다. 이와 관련된 것이 개별/집단 학습의 지원 조건이다. 이는 개별 구성원들의 사전 지식이 자신들의 학습에만 영향을 미치는 게 아니라 전체 그룹의 학습에 영향을 미친다는 인식을 의미한다. 개별 구성원들의 학습이 부족하면, 전체 그룹의 학습 프로세스가 방해될 수 있다. 따라서 모든 팀 구성원의 과업이 섬세한 균형을 이루도록 하는 것이 필수적이다(시간이 걸리겠지만, 이를 통해 집단이해를 구축할 수 있다). 그리고 책임을 나누는 것도 중요하다(이는 가장 효율적인 선택지이다). 물론 모든 팀 구성원들이 모든 동료 구성원들과 상호작용을 항상 해야 할 필요는 없다. 또한 개별 팀 구성원들이 하는 모든 일을 전체 팀에 설명할 필요도 없다. 그러나 이러한 공유가 적을수록 전문적 학습네트워크 구성원들이 통일된 목표와 행동으로 하나의 팀을 만들어 갈 가능성도 적어진다.Wenger, 1998

성공적인 협업이 실제로 가능하게 하려면, 학교에서도 협조적인 정책을 추진해야 한다. 학교에서는 전문적 학습네트워크 구성원들을 위한 시간과 자원 지원에 적극적이어야 한다. 예를 들어 전문적 학습네트워크 구성원들이 자신들의 진척 상황을 토의할 수 있는 일정이 한 시간도 없을 때 성공적인 협업은 어려울 수 있다. 이는 너무나 명확하여 언급할 필요가 없을 것 같지만, 현실에서는 전문적 학습네트워크 구성원들이 한 번도 서로 만나지 못하는 경우가 종종 발생한다. 이러한 시나리오에서는 전문적 학습네트워크 일정이 명확해질 수 없는 이유로 다른 할 일들의 리스트가 나열되곤 한다. 다행히도 학교 지도자들과 전문적 학습네트워크 구성원들이 전문적 학습네트워크를 확실하게 우선시하고 전문적 학습네트워크 협업이 왜 중요한지를 알고 있으면[11.4.1 참조], 그러한 문제는 감소할 수 있다.

11.4.3 반성적인 전문적 탐구

교사들은 대체로 (다른 학교에서 온) 다른 교사들과 만나서 아이디어와 사례들을 공유하는 것을 매우 중시한다. 그런데 전문적 학습네트워크에서 활동한다는 것은 매일의 현장에서 어떤 일이 일어나는가를 다른 사람들과 이야기하는 것 그 이상이다. 따라서 전문 학습네트워크에 도움이 되는 세 번째 조건은 반성적인 전문적 탐구이다. 이것은 전문적 학습네트워크 구성원들이 다루어야 하는 교육적 이슈들이나 문제들에 관한 대화를 말한다. 여기에는 교수teaching에 관한 기본적인 신념에 대한 토의, 교육학적 동기를 공유하고 설명하는 것, 효과적이지 못한 수업 방법 전반에 대한 의문 제기, 차이와 갈등을 인식하고 대응하기 위한 적극적 방법 찾아내기 등이 해당한다.Little & Horn, 2007; Vangrieken 외, 2015

반성적인 전문적 탐구를 확보하는 방법에는 여러 가지가 있다. 예를 들어 학생들의 학습에서의 진정한 변화를 추동하기 위해 다양한 형태의 증거를 이해하려는 학습 대화를 사용할 수 있다.Earl & Timperley, 2008 이 대화에 관한 추가적인 정보를 위해서는 제3장을 참고하기 바란다. 더 나아가, 브레인스토밍 시간을 통해 팀 구성원들의 적극적인 개인적 참여를 촉진하는 것(예: 어떤 활동에 관해서 할 수 있고, 왜 그러한가?), 그리고 반성적 훈련(전문적 학습네트워크에서 우리가 학습한 것은 무엇인가? 우리가 성취한 것이 예상에 없던 것인가?) 등도 유용하다.Hubers, Poortman, Schildkamp, Pieters & Handelzalts, 2016

11.4.4 리더십

전문적 학습네트워크를 통해 지속적 학교혁신을 지원할 수 있는 네 번째 특성은 리더십leadership이다. 학교 지도자들이 지속적인 교육혁신을 성취하기 위해 중요하기 때문이다.예: Harris & Jones, 2010; Muijs & Harris, 2003 여기서 우리는 공식적 리더십의 역할에 중점을 둘 것이다. 이는 집중을 가능하게 하고, 지적이고 도구적 지원을 제공하며, 발달을 모니터링하고 정보를 전파하는 데 대단히 중요하다.Earl 외, 2006 학교 지도자들은 변혁적 리더십transformational leadership을 보임으로써 이를 달성할 수 있다.

지도자들이 변혁적 리더십을 보이고자 할 때는 세 가지 차원을 고려해야 한다.Geijsel 등, 2009 첫 번째는 비전을 세우는 것으로, 공유된 비전과 목표, 우선 사항을 발전시키는 것을 말한다. 학교 지도자들은 이러한 측면들에 관해 장기적으로 고려해야 한다. 예를 들어, 교사들이 1년간 전문적 학습네트워크에 참여하도록 지원을 받는데, 그 이후에 어떻게 할지, 추가적 참가를 할 것인지 등에 대해서는 아무도 생각을 안 하는 경우가 있을 수 있다. 또한 학교 지도자들은 교사들의 참여를 포함한 그 이상에 대해서 더 큰 그림을 가지고 고려할 필요가 있다. 전문적 학습네트워크의 과정과 결과를 학교 내 다른 사람들과 어떻게 소통하고 공유할 수 있는가? 학교는 그 결과를 어떻게 활용할 것인가. 그리고 전문적 학습네트워크에는 어떠한 의견(혹은 어떠한 방향성)을 제공할 수 있는가? 전문적 학습네트워크 참여가 학교혁신을 위한 비전과는 어떻게 부합하는가? 이 모든 이슈는 학교 지도자들이 전문적 학습네트워크 협업 전과 협업 중일 때, 그리고 협업 후에 고려해야 하는 것들이다. 이러한 것들을 고려해야만 전문적 학습네트워크에 대한 투자를 통해 개별 전문적 학습네트워크 구성원들의 학습 성과를 넘어서 실제로 지속적인 학교혁신으로 이어질 수 있다. 따라서 학교 지도자들은 성취하고자 하는 변화를 위한 단단하고 명확하며 잘 개발된 정책을 수립해야 한다. 이 정책은 단기적 목표와 장기적 목표를 모두 담고 있어야 한다. 단기적 목표와 장기적 목표는 논리적으로 서로 연관되기 때문이다.

변혁적 리더십의 두 번째 차원은 개별적 고려individual consideration로, 개별 교사들의 느낌과 요구를 배려하는 것이다.Geijsel 외, 2009 일상적 현장을 변화시키고자 하는 교사들에 대한 동기부여는 다양할 수 있다.Hubers & Endedijk, 작성 중인 논문 일부 교사들은 새로운 실천을 즉각적으로 실험하기 시작하는 반면, 다른 교사들은 필요한 변화를 반성하는 데 시간이 더 필요하고 실천하기에 앞서 많은 생각을 할 수 있다. 두 가지 상황 모두 괜찮은 것이지만, 이렇게 다양한 교사들은 학교 지도자들로부터 바라는 것에도 차이가 많다는 것을 의미한다(예: 피드백, 칭찬, 자원, 다음 단계를 위한 방향성 등). 따라서 학교 지도자들은 교사들과 대화를 하고 이들의 요구사항에 적극적으로 대응해야 한다.

변혁적 리더십의 세 번째 차원은 지적 자극intellectual stimulation이다.Geijsel 외, 2009 이는 교사들의 전문성 개발을 지원하고 교사들이 자신의 지식과 일상적 실천을 다시 살펴보도록 지속적으로 고무시키는 것을 말한다. 선행연구들에서 교사들은 학교 지도자들이 교사들에게 다양한 유형의 변화를 실험할 수 있도록 하는 여지를 제공할 때 반응이 좋은 것으로 나타났다.Hubers & Endedijk, 작성 중인 논문 더욱이 여기에 강한 협조의 문화가 결합되면 교사들은 실수를 두려워하지 않았다. 이를 통해 교사들은 스스로를 계속적으로 개선시킬 수 있는 동기부여가 되었다.

물론, 지도자가 된다는 것이 반드시 교사들에게 정책을 부과해야 한다는 의미는 아니다. 사실상 교사들과 긴밀히 협력하면서 정책을 개발하는 것은 교사들이 필요한 변화에 전념하도록 돕는 일이다.Moolenaar 외, 2010 또한 정책과 실천은 서로 영향을 미친다.Spillane, 2012 이에 관해서는 11.3도 참조하기 바란다. 따라서 학교 지도자들이 정책을 개발하고, 그 정책이 실행될 수 있는 조치를 하는 것이 중요하다. 즉 정책과 실제적인 실행에 관해 토론하도록 회의를 해 나가야 한다. 이때 전문적 학습네트워크 구성원들의 의견에 반응(명시적으로 환영!)하는 것이 중요하다. 학교 지도자들이 개발한 정책이 (아직) 타당성이 적거나 지나치게 모호할 수 있다. 연구 프로젝트에서 교사들을 인터뷰해 보면, 교사들은 변화 전략의 바람직한 결과에 관해 학교를 위한 비전을 설명할 수 있다. 그러나 이것이 그들의 실천에 어떤 의미가 있는지, 또 그 비전이 실행되게 하려면 무엇을 해야 하는지 질문하면, 그들은 그에 대해서 답하지 못하고 있다. 따라서 전문적 학습네트워크 구성원과 학교 지도자 간에 성공적인 협업이 이루어져야만 최선의 정책과 이의 실행이 가능해질 수 있다. 정책은 실천에 부응해야 하고, 실천은 정책에 부응해야 한다.

11.4.5 경계 넘나들기

전문적 학습네트워크를 통한 지속적인 학교혁신을 위해 중요한 다섯 번째 조건은 경계 넘나들기boundary crossing이다. 이것은 지식 공유의 한 형태이다. 학교(또는 학교 집단) 내의 교사 소그룹에서 어떤 변화의 전략(예를 들면, 새로운 과학 커리큘럼 등)을 실행할 때 그 내용이 궁극적으로 학교 전체로 확산되는 것이 중요하다. 그러나 소수의 교사만이 이 변화에 참여하기 때문에 이는 그렇게 쉬운 일은 아니다. 소수의 개별 교사들은 변화를 위해 협업해 왔고 어떻게 일을 추진할지에 대해 어떻게 대화를 나눌지 그 방법도 탐색해 왔다. 그러나 다른 동료 교사들의 경우, 이를 바로 이해하기 어려울 것이다. 예를 들어 데이터팀에 참여하는 교사들제5장 참조은, 데이터 사용에 관한 지식을 습득한 반면, 동료 교사들은 그렇지 않았다. 따라서 학교 내 모든 사람을 참여시키기 위해서는 전문적 학습네트워크 구성원들이 자신의 지식을 공유하는 것이 중요하다. 이를 위해, 전문적 학습네트워크 구성원들과 동료 교사들 간의 경계를 넘나들 필요가 있다. 이를 통해 변화에 대한 동료 교사들의 이해를 증진시킬 뿐만 아니라 전문적 학습네트워크 구성원들의 이해도 증진시킬 수 있다. 결국 다른 사람과 소통하고 설명함으로써 자신의 지식을 재구조화하고 더욱 명료하게 하는 데도 도움을 받을 수 있다.

경계 넘나들기가 발생하게 하려면, 학교 지도자들과 전문적 학습네트워크 구성원들은 지식이 왜 공유되어야 하는지 그리고 이를 위한 어떤 기회를 찾을 수 있는지에 관한 비전을 같이 만들어야 한다. 예를 들어, 전문적 학습네트워크에 참여하지 않는 동료 교사들의 반응은 어떠할 것이라고 예측해 볼 수 있다. 모든 당사자가 그러한 비전에 합의할 때, 이 비전이 실행될 수 있는 조치들이 취해질 수 있다. 필요한 회의나 스터디 일정을 잡기에 앞서 학교 일정을 수정하고 지식 공유 활동에 (필요한 경우) 예산의 일부를 배치하는 것을 생각해 볼 수 있다.

실제적인 지식 공유 과정이 발생하기 전에 전문적 학습네트워크 구성원들은 아래의 몇 가지 질문을 스스로에게 제기해 볼 필요가 있다.

1. 경계 넘나들기의 비전을 고려할 때, 어떤 콘텐츠들이 공유되어야 하는가? 예를 들어 전문적 학습네트워크에서 지리 과목을 위한 새로운 수업 형식을 설계하고, 학교 네트워크의 모든 지리 교사들이 그 형식을 사용할 때, 이를 위해 어떤 지식이 필요할 것인가? 이에 관해 생각할 때 다양한 '유형'의 지식을 고려해야 한다(예: 특정 지식에 관한 지식, 특정한 정보통신기술ICT 도구, 학교의 규정/정책, 이 형식을 설계한 배경 정보 그리고 이를 어떻게 사용해야 하는지 등).

2. 어느 정도 수준의 상세한 지식을 공유해야 하는가? 특정 활동이 이루어질 것임을 동료 교사들에게 알리거나 그 활동의 성과가 어떠했다는 것을 알리는 정도에 머무는 학교들이 많다. 이 역시 지식을 공유하기 시작하는 좋은 방법이기는 하나, 그 이상의 단계로 나아갈 필요가 있다. '실시 방법how-to-do-this' 리스트를 만들거나 어떤 전략의 기본

이 되는 원칙을 설명하는 것을 통해 할 수 있다(우리는 왜 이것을 해야 하는가? 우리는 왜 그것이 효과가 있을 것으로 생각하는가?). 결국 이 두 단계에서 지식을 논의하는 것은 "우리는 전문적 학습네트워크 협업을 하고 있고 여러 가지를 하고 있다"는 지식보다 사실 더 오래 지속될 수 있다.

3. 어떠한 지식 공유 활동들을 활용할 수 있는가? 동료 교사들과 지식을 공유하는 가장 효과적인 방법은 적극적인 개인적 참여를 통해서이다. 워크숍에 참여한다거나 전문적 학습네트워크 회의를 하는 것 등이 이에 해당한다.Hubers 외, 학술지 게재 승인 이러한 유형의 활동은 다른 것들보다 선호되는데, 그 이유는 동료 교사들에게 전문적 학습네트워크에 관한 구체적인 개념과 그 기대효과를 알려 줄 수 있기 때문이다. 그러나 이 활동이 선택되는 경우는 거의 드물다. 이를 개최하는 데 시간이 너무 많이 들 것으로 생각하고 교육자들이 꺼려 하는 경우가 많기 때문이다. 그러나 반드시 그렇지는 않다. 이미 개발된 자료들을 위주로 활용할 수도 있다. 그리고 30분의 구체적인 경험은 동료 교사들의 열의를 자극하기에 충분하다. 적극적인 개인적 참여를 제공하는 것 외에도 개인적 소통 방법을 활용할 수 있다(예: 공식적인 프레젠테이션, 회의를 통한 새로운 정보 전달, 그리고 심지어 점심시간을 통한 대화 등). 그중에 가장 많이 사용되고 있으면서도 효과가 떨어지는 방식은 문서화된 의사소통이다(예: 이메일이나 뉴스레터의 한 꼭지를 통한 소통). 문서화된 텍스트를 사용하는 이유는 모든 동료 교사들에게 상대적으로 빠르게 전달될 수 있는 방법으로 인식하기 때문이다. 그러나 동료 교사들이 그 문서화된 내용을 항상 읽지 않을 수도 있고, 그 의도된 방식으로 이해하지 않을 수도 있다. 따라서 문서화된 커뮤니케이션은 종이로 된 참고자료로만 사용하고 적극적인 개인적 참여와 개인적 소통을 통한 지식 공유와 함께 사용할 것을 권장한다.

11.5 결론적 제언

이 장에서 우리는 전문적 학습네트워크가 지속적 학교혁신의 확립에 어떻게 사용될 수 있는지를 설명했다. 전문적 학습네트워크 활동을 통해서 얻을 수 있는 장기적이며 효과적인 변화들은 개별 교사의 행동과 일상적 학교현장을 통해서 드러날 수 있고, 그 참가자들은 행위의 주체가 되어야 한다. 더 나아가 전문적 학습네트워크 활동에 도움이 되는 여섯 가지 조건들(집중, 협업, 개별/집단 학습, 반성적인 전문적 탐구, 리더십, 경계 넘나들기)이 지속적인 학교혁신을 어떻게 증진할 수 있는가에 대해서도 알아봤다. 이러한 조건들을 제공할 때는 학교의 개인별 (학습) 맥락이 고려될 필요가 있다. 일부 학교에서는 교사들이 촘촘하고 구조화된 정책과 리더십을 필요로 하는 반면, 다른 학교에서는 교사들이 책임감을 가지고 필요한 변화를 만들어 가는 데 익숙할 수 있다. 그렇기 때문에 우리는 경계 넘나들기를 지원할 수 있는 구체적 전략들을 논의했다. 그러나 이러한 전략들이 성공하려면, 제1장에 기술한 대로 현장 및 더 광범위한 정책적 맥락과 이 전략들이 잘 맞아야 한다. 따라서 이 장의 의미는 전문적 학습네트워크 참가자들이-개별 교육자들과 전체로서의 학교조직 모두가- 전문적 학습네트워크 참여를 통해 지속적인 학교혁신을 어떻게 증진할 것인지를 먼저 생각할 수 있도록 영감을 주는 것이다. 이로써 학교는 학습네트워크를 통해 지속적인 성과를 달성할 수 있다.

참고문헌

Chapman, C., and Muijs, D. (2014). Does school-to-school collaboration promote school improvement? A study of the impact of school federations on student outcomes. *School Effectiveness and School Improvement*, 25(3), 351-393.

Desimone, L. M. (2002). How can comprehensive school reform models be successfully implemented? *Review of Educational Research*, 72(3), 433-479.

Earl, L. M., and Timperley, H. (Eds.). (2008). *Professional learning conversations: Challenges in using evidence for improvement* (Vol. 1). New York: Springer Science and Business Media.

Earl, L., Katz, S., Elgie, S., Ben Jaafar, S., and Foster, L. (2006). *How networked communities work. Final report of the three-year External Evaluation of the Networked Learning Communities Programme*. Nottingham, UK: National College of School Leadership.

Geijsel, F. P., Sleegers, P. J. C., Stoel, R. D., and Kruger, M. D. (2009). The effect of teacher psychological and school organizational and leadership factors on teachers' professional learning in Dutch schools. *Elementary School Journal*, 109(4), 406-427.

Hargreaves, A., and Fink, D. (2000). The three dimensions of reform. *Educational Leadership*, 57(7), 30-34.

Harris, A., and Jones, M. (2010). Professional learning communities and system improvement. *Improving Schools*, 13(2), 172-181. 10.1177/13654 80210376487

Hubers, M. D. (2016). *Capacity building by data team members to sustain schools' data use*. Doctoral Dissertation. Enschede, The Netherlands: Gildeprint.

Hubers, M. D. (in preparation). *Paving the road to sustainable school improvement*.

Hubers, M. D., and Endedijk, M. D. (in preparation). *Persistence prevails:*

Supporting sustainable teacher professional development regarding STEM education.

Hubers, M. D., Poortman, C. L., Schildkamp, K., Pieters, J. M., and Handelzalts, A. (2016). Opening the black box: Knowledge creation in data teams. *Journal of Professional Capital and Community*, 1(1), 41-68.

Hubers, M. D., Poortman, C. L., Schildkamp, K., and Pieters, J. M. (accepted for publication). Spreading the word: Boundary crossers building collective capacity for data use. *Teachers College Record*.

Hubers, M. D., Schildkamp, K., Poortman, C. L., and Pieters, J. M. (2017). The quest for sustained data use: Developing organizational routines. *Teaching and Teacher Education*, 67, 509-521. doi: 10.1016/j.tate.2017.07.007

Little, J. W., and Horn, I. S. (2007). Normalizing problems of practice: Converting routine conversation into a resource for learning in professional communities. In L. Stoll and K. S. Louis (Eds.), *Professional learning communities: Divergence, depth, and dilemmas* (pp. 79-92). Maidenhead: Open University Press.

Lomos, C., Hofman, R. H., and Bosker, R. J. (2011). Professional communities and student achievement-a meta-analysis. *School Effectiveness and School Improvement*, 22(2), 121-148.

March, J. G., and Simon, H. A. (1958). *Organizations*. New York: Wiley.

Moolenaar, N. M., Daly, A. J., and Sleegers, P. J. C. (2010). Occupying the principal position: Examining relationships between transformational leadership, social network position, and schools' innovative climate. *Educational Administration Quarterly*, 46(5), 623-670.

Morrissey, M. S. (2000). *Professional learning communities: An ongoing exploration*. Austin, Texas: Southwest Educational Development Laboratory.

Muijs, D., and Harris, A. (2003). Teacher leadership—Improvement through empowerment? An overview of the literature. *Educational Management and Administration*, 31(4), 437-448.

Nelson, R. R., and Winter, S. G. (1982). *An evolutionary theory of economic change*. Cambridge, MA: Harvard University Press.

Poortman, C. L. (2007). *Workplace learning processes in senior secondary vocational education*. Enschede: University of Twente.

Prenger, R., Poortman, C. L., and Handelzalts, A. (submitted). *The effects of networked professional learning communities.*

Sherer, J. Z., and Spillane, J. P. (2011). Constancy and change in work practice in schools: The role of organizational routines. *Teachers College Record*, 113(3), 611-657.

Spillane, J. P. (2012). Data in practice: Conceptualizing the data-based decision-making phenomena. *Teachers College Record*, 118(2), 113-141.

Stoll, L., Bolam, R., McMahon, A., Wallace, M., and Thomas, S. (2006). Professional learning communities: A review of the literature. *Journal of Educational Change*, 7(4), 221-258.

Vangrieken, K., Dochy, F., Raes, E., and Kyndt, E. (2015). Teacher collaboration: A systematic review. *Educational Research Review*, 15, 17-40.

Wenger, E. (1998). *Communities of practice: Learning, meaning and identity.* Cambridge, England: Cambridge University Press.

제12장

회고와 전망

학습네트워크의 다음 단계는 무엇인가?

앨런 J. 데일리(Alan J. Daly) & 루이즈 스톨(Louise Stoll)[1]

어디서 발생하든 불의는 세상 모든 곳의 정의를 위협한다.
우리는 피할 수 없는 상호성의 네트워크에 얽혀 있고,
운명이라는 외피 하나로 연결되어 있다.
한 사람에게 직접적인 영향을 미치는 것은 모든 사람에게 간접적인 영향을 미친다.
마틴 루서 킹

1963년 마틴 루서 킹 박사는 버밍햄 감옥 안에 앉아서 강렬한 내용의 편지를 썼다. 그 편지의 내용은 우리가 상호의존적이고 서로 연결된 시스템의 일부이며 한 사람에 대한 불의는 모든 사람에 대한 불의라는 핵심 메시지를 알려 주었다. 본질적으로 우리의 개인적·직업적 삶 모두에서 우리는 피할 수 없이 네트워크의 일부이다. 그러므로 그 네트워크가 우리의 일과 목적에 어떻게 연결되어 있는지를 이해하는 것이 중요하다. 이 장에서는 앞의 저자들의 논문들로부터 받은 영감을 바탕으로, 좀 더 광범위한 주요 문제들을 숙고하면서 미래에 진행해 볼 수 있는 몇 가지 가능한 영역들을 제시하고자 한다. 우리는 토론자의 역할에 부합하도록 좀 더 내러티브한 접근법을 채택했다. 앞서서 진행되었던 풍부한 연구들과 심도 있는 참고문헌들을 통해서 우리는 좀 더 중요한 사항들을 몇 가지로 정리해 볼 필요가 있다.

도입

새로운 성당을 지을 임무를 받은 3명의 석공이 있다고 상상해 보자. 첫 번째 석공은 자신을 벽돌 놓는 사람이라고 생각하고, 두 번째 석공은 자신을 벽체를 만드는 사람으로 보고 있다. 세 번째 석공은 자신이

---

1. 두 저자가 모두 이 논문에 동일하게 기여함.

벽돌 놓는 사람이나 벽체 만드는 사람이 아니라 성당을 짓는 장인이라고 생각하고 있다. 우리는 일을 하면서 벽돌이나 개인에만 집중하다가 얼마나 자주 우리가 학습이라는 큰 성당을 짓는 집합체의 일부라는 사실을 잊어버리는가? 앞서 살펴본 장들에서 설명한 바와 같이, 벽돌도 대단히 중요하지만 우리 연구의 핵심은 진정한 관계라는 사회적 접착제로서, 집단적 에너지와 지성을 촉발시켜 우리를 하나로 엮는 중요한 역할을 한다. 우리는 이 책에서 저자들의 개별 논고들도 훌륭하지만 집단적으로 더 거대한 것을 구축하고 있다고 생각한다. 저자들은 네트워크에 관한 아이디어, 개념, 실증적 연구들을 함께 제시하고, 광범위하게 개념화된 교육과 관련한 현안들을 해결하기 위해 어떻게 이 네트워크들이 구성되고 어울릴 수 있는지를 논의하고 있다.

이 책에서는 의미 있는 연구와 혁신을 이루기 위해 다른 사람들과 연결하는 것의 중요성과 사회적 연대의 필요성을 지적한다. 그러나 저자들의 용감하고 단호한 노력에도 불구하고 아직도 개인의 역량에 중점을 두어야 한다는 목소리가 강하고, 우리가 성공을 위해 필요하다고 주장하는 집합성과 상호의존성의 가능성에 대한 목소리는 약한 편이다. 이 책의 내용은 '학습자들의 공동체'를 '학습하는 공동체'로 변화시키는 것의 중요성을 설명하고 있다. 이 두 가지 사이에는 미묘하지만 중요한 차이가 존재한다.

학습learning과 지도력leading은 점점 더 상호작용과 사회성이 강해지고 있다. 더 나아가 학습자와 지도자, 그 운영되는 시스템 내의 변화를 만들어 내기도 한다. 우리는 사회적 세계 속에 살고 있기 때문에 다른 사람들의 영향을 크게 받고 있고, 때로는 우리가 인식하지 못하는 방법으로도 영향을 받는다. 사실상 우리의 행복, 건강, 체중, 심지어 부富에 이르기까지도 우리가 살고 있는 사회관계망social networks의 영향을 받는다고 주장하는 연구들이 늘어나고 있다. 이러한 생각들을 교육에 접목시키는 것이 이 책에서 실제로 기대하는 것이다. 그리고 네트워크 연구 공동체로 협력을 시작함에 따라 우리는 이러한 가능성을 향해 중요한 발걸음을 내딛고 있다.

우리가 지식사회로 한 걸음 더 이행해 가면서 다른 사람들과 협력을 잘하는 능력과 네트워크에 연결하는 능력, 그리고 집단지성을 활용하는 능력의 중요성이 커지고 있다. 지식사회에서는 협력collaboration과 정서지능emotional intelligence, 사회적 역량social skill, 그리고 상호 의존적인 사회적 관계망으로의 연결connecting이 점점 더 필수적으로 되고 있다. 이는 이 책의 각 내용에서 설명하고 있는 바와 같이 타당한 과학적 근거를 바탕으로 한다. 새롭게 전개되고 있는 개념들과 네트워크로부터의 연구 결과들은 우리 지식을 더욱 다채롭게 하고 있다. 그리고 조직과 개인의 변화를 지원하는 네트워크를 학습하고 이끌어 가며 활용하는 우리의 개인적·집단적 능력을 구축해 준다. 이는 이 책을 일관성 있게 관통하고 있는 내용이다. 크라우드 소싱, 시민 과학자, 지식의 오픈소스 공동 창출과 같은 아이디어들은 혁신이 일어나고 있는 새로운 지평을 반영하고 있다. 이는 이 책에서 이미 설명하고 있지만 그외에도 설명할 것들이 더 많이 남아 있다. 네트워크로부터 그리고 네트워크를 넘어서 빠르게 진화하고 있는 이 공간에 대한 이해는 우리가 지식의 축적을 통해 개인적이고 집단적인 학습 능력과 지도 능력을 구축할 수 있게 하고, 전 세계적으로 근본적인 변화를 가능하게 한다.

이 책에 수록된 우리의 연구들과 다른 많은 관련 문헌들에서는 개인적·집단적인 수준의 모든 사회적 연결관계가 양적·질적으로 매우 중요하다는 점을 시사하고 있다. 이 책의 각 장에서 설명한 개념들을 더 심화된 논제로 확장해 보고자 하는 것이 우리의 생각이다.

변화의 촉매제로서의 네트워크

한 시스템 내에서 집단지성을 활용하고 조직의 변화를 이루는 방법에 대한 아이디어는 무궁무진하다. 많은 변화의 주체들이 다양한 공적 구조와 프로세스, 책임성의 지렛대를 활용하여 성과를 증진하려 한다. 이러한 결과물을 개선하기 위한 기술적 접근법은 중요하고 현재까지 많이 연구되고 있지만, 이 변화 방정식에서 일반적으로 놓치고 있었던 것은 -또는 특히 정책적 사고에서 간과되었던 것은- 개인 간의 관계적 연결성이다. 그리고 바로 이 연결성을 통해 변화가 이동한다. 흥미롭게도 이러한 견해는 앞의 각 장에서 기술했던 바와 같이 최근에 더 주목을 받고 있다. 이처럼 조직의 변화와 리더십의 관계적 측면을 중요시하는 프레임워크와 접근법들이 더욱 증가하고 긴요해지고 있다. 우리는 관계적 공간에 점점 더 관여하고 있고 변화의 작업에서 가장 중요한 것에 대해 더 깊이 이해하게 된다. 그런 의미에서 이 책의 내용은 대단히 시의적절하다.

사회적 관계망은 변화와 관련한 사회적 프로세스들이 어떻게 한 시스템 내에서 개인들과 단계들에 확산되어 있는가에 대한 통찰을 제공한다. 이러한 관점은 개인과 개인의 특성에 초점을 두었던 것에서, 그 개인들이 작동하는 더 큰 사회적 관계망의 동적인 지지와 한계를 이해하는 것으로 이동하는 것을 포함하고 있다. 네트워크 연구들은 네트워크 내부와 조직들 간의 관계의 집합이 '관계적 자원relational resources'(태도, 신념, 정보 등)의 흐름을 어떻게 촉진하고 제한하는지에 초점을 둔다. 또한 관련 연구들은 개인과 집단들이 이러한 자원에 어떻게 접근하고 영향을 받으며 활용을 하는지에 대한 통찰을 제공한다. 네트워크 관점은 개인적 속성의 중요성을 대체하는 것이 아니라, 오히려 변화에 관여하는 사회적 프로세스의 동적 영향력을 더 잘 이해하기 위한 일련의 방법론과 보완적 관점을 제시한다. 이에 관해서는 앞의 장들에서 명확히 밝히고 있다.

따라서 네트워크 연구자들은 개인의 속성(성별, 경력, 훈련, 교육, 신념 등)을 기반으로 한 변화의 프로세스를 이해하려 하기보다는, 개인이나 조직이 다른 개인이나 조직과의 사회적 연결관계에 대해 갖는 '입장position'의 결과와 영향력에 초점을 둔다. 그리고 네트워크의 전체적인 사회적 구조에도 초점을 둔다. 많은 경우, 사회적 관계망 이론가들이 제시하는 것은 기본적인 사회적 구조가 자원의 유형과 접근성, 그리고 네트워크 내의 행위자에게 유입되는 정도를 결정한다는 것이다. 따라서 일부 학자들은 "무엇을 아느냐가 중요한 것이 아니라 누구를 아느냐가 중요하다"는 옛말이 더 정확히는 "누구를 아느냐가 무엇을 아느냐를 정의한다"가 될 수 있다고 말하고 있다.

앞의 장들에서 지적한 대로, 진화하는 맥락에서 성공적이 되기 위해서 우리는 개인적 역량의 발달을 넘어서 집단의 가능성을 더 많이 이해하도록 해야 한다. 우리 연구에서 제시한 바와 같이 조직은 학습 능력을 지니고 있다. 이를 통해 조직은 다양한 요구와 압력의 균형을 잡고, 전통적인 개인적 '임시방편'을 넘어서 기존의 역량을 활용하고 새로운 접근법을 개발하는 방향으로 나아간다. 개인적 역량과 훈련이 유용하지만, 우리는 변화가 생겨나게 하는 데 필요한 다양한 유형의 '자본capital'을 고려해야 한다. 이처럼 우리는 개인적 역량의 개발을 지원하는 시스템뿐만 아니라, 의도적이고 전략적 방법으로 개인 간의 역량 집합을 연결하는 (사회적 자본) 시스템이 필요하다. 인간과 사회적 자본을 연결하고 개인들을 이러한 방법으로 활동에 참여하게 하는 것은 전문적 자본의 형태로 혁신과 기회를 창출한다. 그리고 이는 우리 활동의 중심이 되어 왔다. 다시 말해, 사회적 자본은 독립적이거나 인적 자본의 대체물이 아니라는 것이다. 앞의 장들을 살펴볼 때, 사회적·인적 자본의 논의는 서로 다른 자본의 문제가 아니라 배경과 전경의 문제 그 이상이 된다. 진정한 힘은 이러한 유형의 자본들이 서로 교차되고 연결되고 같이 구축되는 지점에 있다.

앞에서 강조해 왔듯이 우리는 다양한 형태와 많은 맥락의 사회적 관계들의 중요성과 관련한 재등장을 대비하고 있다. 관계는 예전부터 지금까지 항상 중요한 것이었다. 그러나 지금 오랫동안 시행착오와 엄격한 책임, 압력/스트레스를 견뎌 온 개인들은 변화할 준비가 되어 있다. 우리는 그 변화를 변화의 시스템에 인적·사회적 자본을 재투자하는 관점에서 보고 있다. 21세기의 일work은 사실과 숫자, 기계적 학습에 관한 것뿐만이 아니라 지적이고 전문적 자본을 창출하고 다양한 활동의 장에 존재하는 지식을 창출, 개발, 관리, 교환하는 것에 관한 것이다. 따라서 지식의 창출은 사회문화적으로 내장된 프로세스로서, 사회적 관계망 속에 살고 있는 사람들을 통해 그들과 함께 이루어질 수 있다. 그리고 그러한 네트워크는 다양한 맥락의 교육자들의 노력과 불가피하게 연결되어 있다. 개인적·집단적 성과물과 혁신적 변화에 중요한 것은 그 유대관계의 양과 질이다.

우리 관계의 질

변화의 '사회적 역할social work'의 중요성은 여러 리더십 연구 논문들에서 반복적으로 강조되었다. 조력, 질문, 능동적 듣기, 협업과 같은 대인관계 능력은 대부분의 조직 구성원들이 가지고 있는 것으로 추정되곤 한다. 그러나 그렇지 않은 경우들도 있고 그러한 대인관계 능력의 부재가 노력을 망치기도 한다. 연구들에서 시사하는 바는 이러한 중요한 능력과 관련된 지원과 훈련이 협업에 도움이 되고, 협업에서 가장 중요한 것은 우리 관계의 질quality이다. 또한 앞으로 논의하겠지만, 정서적 연결관계의 역할 역시 중요한 것으로, 마음 챙김mindfulness과 관련한 과학도 발전하고 있다.

우리가 관계의 질을 생각할 때, 신뢰와 연관 지어 생각한다. 이에 관해서는 앞에서 명시적으로 언급되었거나 확인된 바 있다. 신뢰는 결정적이고 다면적인 구인construct이다. 우리가 누군가를 '신뢰'한다고 할 때, 이 말에는 박애, 배려, 열린 마음 그리고 서로에게 마음을 터놓을 수 있는 능력 등이 포함된다. 모든 상호작용은 이와 관련된 어느 정도의 리스크를 가지고 있고, 신뢰의 수준이 높을수록 상호작용의 '거래비용transaction cost'이 감소한다. 신뢰가 중요한 이유는, 네트워크 내에 신뢰가 존재할 때 개인들은 복합적인 지식을 더 잘 공유할 수 있고, 신뢰가 낮은 환경에서 발생할 수 있는 사회적 부담을 피할 수 있기 때문이다. 신뢰가 높은 맥락은 어려움과 난관이 있는 공유 영역에서 개인들이 서로에게 열려 있는 자발성을 지원한다. 현재의 교육자들을 변화시키려면 우리는 그 취약성을 끌어안아야 하고, 열린 마음이 되고 우리 자신보다 다른 사람을 먼저 생각해야 한다. 앞의 장들에서 간접적으로만 언급되고 직접적이거나 명시적으로 논의되지 않았던 견해는 탁월함과 변화는 상호의존적이며, 한 사람의 성공이나 실패는 모든 사람의 성공이나 실패라는 것이다. 이는 마틴 루서 킹 박사가 많은 사람을 감동시킨 편지에서 지적한 바와 같다.

네트워크를 구축하는 핵심에 무엇이 있는가를 이해하고자 한다면, 그것은 수용성과 위험을 감수하고자 하는 자발성이다. 공정, 혁신, 현장의 개선, 변화, 관계 등 이 모든 것들에는 일정 수준의 수용성이 필요하다. 우리 스스로 안전함을 느끼고 다른 사람도 안전함을 느낄 수 있는 상황을 지원하는 것은 변화와 성장을 위해 가장 중요하다. 이에 관해 이 책의 모든 장에서 공감하고 있지만, 중심적인 논제로 다루고 있지는 않다. 우리 자신과 우리의 삶을 공유하는 다른 사람들, 그리고 우리가 협업하는 네트워크가 가장 잘되기를 원한다면, 수용성과 다른 사람들을 지원하는 헌신이 있어야 한다. 이 결정적인 개인적·전문적 성장 요소가 없이는 심도 있고 지속적인 변화는 어려울 것이다.

따라서 협업을 위해 단순히 시간과 방향성을 제공하는 것만으로는 수직적 팀과 수평적 팀 간의 의미 있는 협력이나 신뢰를 구축하기가 어렵다. 그러한 형식적인 구조는 진정한 협력과는 반대되는 억지로 만들어진 협력관계의 문화를 의도치 않게 형성할 수 있다. 사실상 '강제적인' 협력은 개인에게 상당히 어려운 상황을 조성할 수 있다. 협력하지 않으려는 강한 비형식적 압박과 협력하고자 하는 동일한 강도의 형식적 압박 사이의 균형을 맞추어야 하기 때문이다. 그런 의미에서 누군가의 '저항'은 믿음 체계에 대한 어떤 충돌로 나타나는 것이 아니라 강력한 사회적 힘social force과 그 반대되는 사회적 힘 사이에서 교착상태에 빠진 것으로 나타나게 된다. 협조와 목적성을 만들고 육성하는 환경은 심도 있는 협력을 가능하게 하는 데 대단히 중요하다. 그러한 맥락에서 이제 앞의 장들에서 시사하고 있는 영향력 높은 몇 가지 영역에 대해 논의하고자 한다.

전망: 학습네트워크의 다음 단계는 무엇인가?

앞의 장들의 주요 논제를 짚어 보고 나서, 미래를 전망하면서 고려해 봐야 할 다섯 가지 영역과 미래 방향성을 제시하고자 한다.

개념적 명확성을 향하여

네트워크는 다양하고 복합적인 행위자들과 조직들로 이루어진 다양한 환경에서 생겨나고 유지될 수 있다. 이러한 다양성은 앞의 장들에서 밝힌 바와 같이 이 책의 강점이며, 저자들은 여러 장에서 유용한 통찰을 제공하는 다양한 맥락의 흥미로운 사례들을 제시하고 있다. 또한 이 책은 의미 있는 관점을 제공함과 동시에, 더 예리한 개념적 이해와 언어의 관점에서 네트워크 공간에서의 활동의 다음 단계를 제시하고 있다.

이 책에 있는 다양한 연구의 강점은 더 큰 영역에서 극복해야 할 가장 중요한 개념적, 실제적 장애물이 무엇인지를 드러내 주는 것이다. '네트워크'라는 용어는 더 명확하게 규정되어야 한다. 명확성이 없으면 이처럼 확장되고 있는 공간의 경우 서로 다른 공간으로부터 얻은 결과들을 이해하기 어렵게 되기 때문이다. 앞의 장들은 다양한 각도에서 '전문적 학습네트워크'의 정의를 내리고 있다. 그러나 이 정의들은 너무 광범위하기 때문에 네트워크에 관한 깊고 일반화된 지식을 정확히 설명하기가 어렵다. 우리가 이 연구의 초기 단계에 있기 때문에, 전문적 학습의 맥락에서 '네트워크'라는 용어의 의미를 이해하기 위해 더 목적성을 가지고 연구해야 할 필요가 있다. 사회관계망 분석에서 사용되는 '네트워크'는 한 학교 내의 사람들과 많은 학교에 있는 사람들 간의 연결을 의미할 수 있다. 대부분의 사람이 직장생활 시간의 대부분을 보내고 있는 한 학교에서 동료 교사들과 일을 한다는 것은, 나와는 다른 동료라고 해도, 전혀 다른 맥락의 다른 학교 동료 교사들과 일하는 것과는 완전히 다르다. 그럼에도 두 가지 모두 하나의 사례로서의 네트워크로 지칭된다. 엄밀함과 관련성의 간격을 잇고자 한다면, 더 정확한 언어와 명확한 도구를 사용하여 이 작업이 실현될 수 있게 하고 연구자들과 정책 입안자, 현장 실무자들이 서로 대화할 수 있어야 한다.

학습의 깊이와 넓이를 보장하기

이 책은 여러 나라의 다양한 전문적 학습네트워크 사례들을 제시하고 있다. 네트워크 형태의 협업이 점차 국제적으로 전문성의 특성으로 강하게 인식되고 있음을 고려해 본다면 이는 참으로 고무적인 현상이다. 그러나 아직도 많은 국가에서 네트워킹이 표준화되지는 않았다. 국제교수·학습환경조사TALIS의 연구 결과에 따르면, 설문에 응한 중등학교 교사의 45%가 자신의 학교에서 동료 교사의 수업을 참관한 적이 한 번도 없다고 했고, 19%는 다른 학교 교사들의 수업을 참관했다고 했으며, 37%가 교사 네트워크에 참여했다고 답했다.OECD, 2013 이러한 응답의 배경에는 시간 부족이나 그러한 상호작용을 지원하는 규범의 부족과 같은 구조적 장애가 원인이 될 수 있다. 그러나 데이터를 공유하고, 동료를 관찰하고, 새로운 관행을 만들어 내는 등 업무를 진지하게 검토할 수 있도록 개방하는 '탈개인화'의 실천은 그 도전의 수준이 높아질수록 사람들을 불편하게 만들기도 한다. 대부분의 영향력 있는 전문적 학습에 관한 논문들에서 강조하고 있는 것은 도전적 사고가 실천을 변화시키는 토대이다. 일부 교사 네트워크는 피상적 수준의 대화를 넘어서는 경우가 거의 없는데, 그 이유는 자신들이 안주한 편안함에서 벗어나는 것을 선호하지 않기 때문일 수도 있고, 학생들의 학습 경험, 웰빙, 결과의 차이를 만들 수 있는 실천 방법에 대해서 제대로 알지 못하기 때문일 수도 있다. '학습'이라는 단어는 가볍게 다뤄져서는 안 된다. 학습은 성장으로 이어져야 하지만, 기존의 신념과 이해, 행동의 현재 상황을 '깨는 것'이 쉽지 않다. '가설'과 해석과 같은 과정들, 스웨덴과 네덜란드 데이터팀 프로그램의 결론 단계, 네덜란드의 수업연구를 통한 지식과 신념을 변화시키려는 계획적 목표, 뉴질랜드에서 교사들이 사고를 명확히 하도록 지도받는 방법과 당연하게 생각하는 추정들을 파악하는 방법 등은 참가자들을 새롭고 아주 불편한 영역으로 내몰려는 의도를 깔고 있다. 하지만 우리는 이곳에 더 나은 활동을 추구할 좋은 기회가 놓여 있다고 믿는다. 이는 변화와 리더십 작업에서 감수성의 개념을 전면에 내세우겠다는 우리의 생각과 일맥상통한다.

새로운 도전을 만들어 가고 이를 더 심화시키도록 하는 전문적 학습 네트워크를 촉진시키는 데 필요한 능력을 교사들과 교장들이 어느 정도 갖추고 있는가는 확실치가 않다. 이 책을 쓴 사람들은 대부분 외부 연구자들로, 교사들이 경험한 네트워킹을 직접 촉진하거나 다른 사람들이 촉진하는 것을 관찰해 왔다. 그리고 이 팀들은 노련하지만, 누구에게나 그러한 노련함이나 전문성이 내재되어 있다는 것을 의미하지는 않는다. 네덜란드의 교사디자인팀을 다룬 장에서 제시하는 바와 같이 두 번째 해에 더 많은 참여를 하게 하는 것은 팀 코치들을 지원하는 방법을 연구팀이 개발했기 때문이다.

또한 더 깊이 들어간다는 것은 네트워크의 전문적 학습 경험의 한 부분인 자기평가에서 더 잘하게 됨을 의미한다. 일부 사례들에서는 전통적인 정성적 및 정량적 평가를 제시하고 있다. 이 책에 나타난 다른 사례들로는, 커크패트릭Kirkpatrick 효과성 수준 측정이나 영어연구 학습네트워크 연구 관여도에 관한 평가에서, 네트워킹 프로그램이 참가자들로 하여금 학교의 다른 동료 교사들이 연구를 통해 알게 된 실천을 많이 사용하도록 각인시킬 수 있는가를 측정하는 방법 등이 있다. 필연적으로 교실이나 학교에서의 특정 프로그램을 살펴보면서 여러 수준에서의 영향력을 평가하는 것은 학습네트워크가 현장의 변화나 학생들의 학습 경험과 성과에 어떤 영향을 미치는가를 살펴보는 것과는 다를 수밖에 없다. 이는 교사와 지도자가 서로 다른 학교에 소속되어 있을 때는 훨씬 더 복잡해진다. 교육자들이 네트워킹에 관여하는 데는 여러 가지 이유가 있다. 그리고 그 이유는 연구자들이 관심을 보이는 이유와는 다를 수 있다. 따라서 네트워크를 둘러싼 이러한 복잡한 기술들과 규범, 신념의 상호작용을 더 잘 분석할 필요가 있다.

기술공학을 통해 전문적 학습네트워크가 어떻게 향상될 수 있는지에 대한 탐구

현재의 빠르게 변화하는 세계에서 사람들은 실시간 정보와 일상생활의 연결을 위해 소셜미디어를 점점 더 많이 사용하고 있다. 약 20억 명 또는 전 세계 인구의 3분의 1이 SNS를 사용하여 지리적, 문화적, 경제적 경계를 넘어 다른 사람들과 자원들을 찾고 있다. 이러한 트렌드는 모바일 장비와 SNS 사용이 일상화됨에 따라 더욱 증가할 것으로 예측된다. 이렇게 성장하고 있는 소셜미디어 공간에서, 교육자들과 학부모들 그리고 공동체가 기술공학이 불러일으킬 가능성이 있는 고품질의 기회와 학습을 찾아내고 감별하며 이용하는 방법을 아는 것이 점점 더 중요해질 것이다. 특히 오늘날 청소년들의 '네트워크 리터러시' 능력에 관해서 더 분명히 인식할 필요가 있다. 이와 동시에, 교사들의 네트워크 리터러시에도 주목해야 한다. 교사들은 지식과 전문성을 계속적으로 학교 내부와 외부에서 발전시켜 가고 있다.

기술공학이 미래의 학습을 추진하는 유일한 수단은 아닐 테지만, 기술은 분명 귀중한 자원이고 광범위한 도구적 수단의 일부이며, 다양한 목소리와 관점을 모을 가능성을 지니고 있다. 네크워크와 기술의 관계를 고려할 때, 이 책의 대부분의 사례에서 이 영역이 탐구되지 않았다. 오스트리아의 가상의 전문적 학습공동체 사례에서 저자들이 심화된 디지털 네트워킹을 제안한 것을 제외하고는 가상학습에 관한 사례들이 제대로 제시되지 않았다. 조직화된 네트워킹 행사를 위해 큰 네트워크들이 하나로 모이는 경우가 아니라면, 특정 맥락 속의 학교에 갇혀 있는 학습이 일반적이었다. 이는 이 책의 한계는 아니다. 오히려 가상의 디지털 소셜미디어 공간의 가능성이 우리가 탐구해야 할 영역이며, 개념적 명확성을 확장해 나갈 수 있는 영역이다.

관계적 공간을 지원하는 조건들에 대해서 주목하기

'네트워크'의 광범위한 개념에 대해 더 연구할 필요성이 있지만, 이 연구의 핵심은 관계를 가장 중요하게 보는 개념으로, '관계적 공간 relational space의 관점'에서 세계를 보는 것이다. 이는 사회관계망과 공동체 교육연구에 관한 캐나다 사례에서 특히 강조되고 있다. 앞서 살펴본 바와 같이 몇몇 주목할 만한 예외적 상황을 제외하고는 지나치게 오랜 기간 교육계의 노력은 인적 자본에 집중되어 왔다. 즉, 교육에서의 변화와 혁신에서 가장 중요한 것은 훈련, 교육 경험이라고 보는 견해가 지배적이었다. 이러한 시각은 사회적 자본의 관점이 강해지면서 약해지기 시작했다. 사회적 자본의 관점에서는 개인들 사이의 관계와 일련의 유대가 중요한 것으로 인식되고 있고, 최근의 OECD 연구가 지적하는 바와 같이 교사들 간의 관계가 강할수록 자기효능감이 더 높아진다고 보고 있다. 우리 책의 일부 장들에서 제시한 바와 같이 인적 자본과 사회적 자본의 결합이 더 유망한 것으로 보고 있다. 따라서 브리티시컬럼비아주의 사례를 다룬 장에서 교육자들은 "소속감을 느끼는 것"이다. 이는 전경과 배경의 문제가 되는데, 우리는 사회적 자본 영역을 전경으로 두고 인적 자본의 영역을 배경으로 두고 있다.

당연히, 변화와 혁신은 쉽지 않다. 네트워크가 관여되건 그렇지 않건 마찬가지다. 가르치기와 리더십은 헌신, 에너지, 인내심, 공감, 창의력, 문제 해결에서의 적응력, 그리고 계속 학습하고자 하는 의지를 필요로 한다. 많은 나라에서 교사들은 아이들(그리고 학부모나 보호자들)과 함께하면서 다양한 어려움에 부딪치고, 직업상 요구되는 것들이 많으며, 강한 책임감의 기준을 직면하고 있다. 따라서 교사와 지도자들이 회복탄력성을 유지하기는 점점 더 힘들어질 수 있다. 직장에서의 웰빙과 이를 어떻게 증진할 것인가에 관한 다양한 부문의 국제적인 연구 증거들은 동료들과의 연결과 학습의 기회를 직장 웰빙의 주요 요소로 파악하고 있다. 전문적 학습네트워크가 이것을 제공할 수 있지만, 네트워크된 학습과 교사의 웰빙 간의 관계를 더 이해할 필요가 있다. 우리가 만들고 지원하는 네트워크의 유형들을 고려해 보면, 신경과학neuroscience 연구들을 통해 나타난 바와 같이, 일은 웰빙의 주요 요소인 마음 챙김이 잘되도록 돕는다. 따라서 비록 관계들도 중요하지만, 서로를 돌보는 방식, 우리의 감수성의 정도, 그리고 전문적인 영역에서의 관계들이 어떤 양상을 보이는지에 관심을 기울이기는 연구와 실천 측면에서 새롭고 흥미로운 영역이 될 수 있다.

이 책에서는 관계의 중요성이 이 텍스트의 핵심 사항이지만, 브리티시 컬럼비아 사례와 같이 관계의 질에 관심을 갖는 것 역시 중요하다. 연결 관계의 질이라고 할 때 우리는 신뢰의 정도와 상호 얼마나 받아들일 수 있는지를 이야기한다. 수용성은 가장 많이 간과되어 온 특성 중 하나이면서도 관계 질의 개선에서 중요한 관계적 능력이다. 또한 이는 21세기를 위한 리더십 능력이라고 우리는 주장한다(다소 과한 명제일 수 있으나, 우리는 여기에 강조점을 두고 싶다). 이러한 높은 품질의 연결관계도 웰빙, 배려, 마음 챙김에 관한 사상의 핵심이고, 네트워크의 중요성에 관해서는 끝도 없이 얘기할 수 있다. 그러나 웰빙의 핵심을 이해하고 인간성과 겸손을 겸비하는 것의 의미를 이해하지 않는 한, 심도 있는 변화에 도달할 가능성은 적어 보인다. 이제 질문은 잘 지내기 위한 웰빙의 조건들을 어떻게 조성할 것인가와 이 책 안에서 그리고 이 책을 넘어서 생각할 수 있는 교육 시스템에 대해 이것이 시사하는 바는 무엇인가 하는 것이다. 웰빙과 목적성은 단순히 긍정 편향적Pollyanna 세계관[2]을 필요로 하는 것이 아니라 관점을 확장, 성장, 개방하는 관점에서 최선에 이를 수 있도록 사람들을 끊임없이 지원한다. 우리의 차이점에 의해 규정되기보다는 스스로가 이를 인식함으로써 더 강해지며, 이로 인해 더 많은 것을 할 수 있는 영역으로 나아갈 수 있다.

시스템 관점으로 이동하기-내부와 외부의 관점

관계의 양과 질에 집중하는 것은 웰빙과 마음의 안녕을 우선시하는 장소에서만 효과적일 뿐 아니라, 그들이 속한 시스템이 효과적일 때 가능하다. 개인들의 네트워크와 학교 내·학교 간 집단들의 네트워크에 초점을 맞출 때, 그 활동들이 주요 일상적 활동의 장 내에서 지원되고 연결되는지를 검토하는 것이 매우 중요하다. 그러나 너무나 오랫동안 우리는 변화와 혁신을 별개의 차원들(교실, 학교 또는 학교의 네트워크)에서 개념화해 왔다. 이제 심도 있는 변화와 지속가능한 웰빙을 위해서 우리는 시스템에 집중해야 한다. 브리티시컬럼비아 사례에서의 "우리 자신, 학생들 그리고 맥락들 사이의 합의된 의미와 관계의 시스템"을 통해 이를 확인할 수 있다. 또한 오스트리아의 훨씬 더 넓은 범위의 중등학교 개혁정책 내에서의 학습디자이너 네트워크 사례, 그리고 독일에서 수직적 네트워크가 "유치원, 초등학교, 중등학교, 대학교나 직업훈련기관 사이에 발생할 수 있는 간격"을 개선하려는 목적이 있고, '학습 영역 learning regions'이라는 용어가 모든 교육 당사자 사이의 협업을 증진하는 것 등에서도 확인할 수 있다.

세상은 서로 연결되어 있고 서로 의존하는 곳이며, 이 현실을 살아가면서 우리는 새로운 방향으로 나아갈 수 있다. 1600년대에 존 던John Donne이 "종이 울릴 때 그 종은 그대를 위해 울리는 것"이라고 한 의미(우리는 모두 인류의 한 부분이므로 어느 한 사람의 죽음은 우리 모두

---

2. Pollyanna 원리는 사람들이 불쾌한 항목보다 즐거운 항목을 더 정확하게 기억하는 경향을 말한다(위키피디아).

의 상실이라는 의미-역자)를 우리가 진정으로 이해할 때 우리는 의미 있
는 걸음을 한 발짝 내딛는 것이다. 우리의 강점을 기반으로 하여, 목적
이 서로 연결되어 있고, 취약성을 끌어안으며 시스템 안팎으로 웰빙을
향상시키는 것은 이 책의 여러 장에서 제시하고 있는 어려운 문제점들
을 이겨 낼 가능성을 보여 준다. 지금까지 전문적 학습네트워크에서의
성인의 웰빙을 다루어 왔지만 우리가 네트워킹을 하는 이유도 잊지 말
아야 한다. 그것은 아동과 청소년을 위한 변화를 이루기 위한 것이다.
교육 평가에서 더 나은 결과를 내기 위한 끊임없는 노력은 시험 및 평
가 준비의 불안 수준을 높이는 결과를 낳았다. 이는 학생의 웰빙에 관
한 PISA 연구에서 강조된 바 있다. 이 책의 여러 장에서 시스템적 관점
을 언급하고 있기는 하지만, 우리는 여전히 시스템 리더십의 시작이 어
떻게 발생하는지에 관해 더 연구할 여지가 있다고 생각한다.

결론

이 글에서 제시된 생각들을 고려할 때, 왜 우리는 개인이 학교나 공
동체에 들어오면 그들의 사회적인 관계망은 영향력을 상실한다고 생각
해야 할까? 네트워크가 건강이나 행복, 미래 진로, 세계관과 같이 개인
적인 것에 영향을 미칠 수 있다면, 우리가 일하는 것에도 분명 영향을
미친다. 변화는 기술적 계획이나 청사진에서만 생겨나는 것이 아니고,
상호작용, 협업, 그리고 개인들을 이해하는 것을 통해서도 일어난다. 이
처럼 네트워크를 통한 관계성의 상호의존성은 궁극적으로 변화의 방향,
속도, 깊이를 조절하고, 영향을 미치며, 심지어 결정할 수 있다. 따라서
일을 하고 있는 개인들 간의 사회적 연결관계의 양과 질 모두를 검토하
는 것은 변화가 일어나는지 혹은 일어나지 않는지를 이해하는 데에서

중요하다. 우리는 사회적 존재이다. 그리고 현재의 네트워크적 접근법은 일반적 시야로 볼 때 잘 보이지 않는 진짜 관계를 개발하고 개선하는 데 필요한 통찰과 식견을 제공한다. 그러나 우리가 확인한 영역으로 더 확장시켜 나가지 않으면 중심축을 상실하게 되며, 이 개념이 약속하는 강점을 얻을 수 없는 또 다른 접근 방법으로 퇴보될 수밖에 없다.

글쓴이 소개

플로어 빈호르스트(Floor Binkhorst)

2010년 네덜란드 라트바우트Radboud대학교에서 자연과학 석사학위를 받았다. 과학 커뮤니케이션과 교육에 특별한 관심이 있으며, 석사 논문은 중등 학생들의 과학에 대한 태도와 직업 선택에 초점을 맞추었다. 석사학위를 받은 이후, 과학 교육을 더욱 매력적으로 만드는 것을 목표로 한 베타기술지식센터Kenniscentrum Bèta Techniek에서 프로젝트 매니저로 일했다. 이 역할을 하면서 그녀는 이러한 프로젝트에서 교사들이 종종 효과적인 역할을 한다는 것을 경험했다. 2013년 부터 네덜란드 트벤테Twente대학교에서 박사과정을 이수하고 있으며, 중등학교 교사들이 교육 자료를 (재)설계하기 위해 협력하는 교사디자인팀Teacher Design Teams에 대한 연구를 진행하고 있다. 이 프로젝트의 목적은 교사디자인팀의 기능을 이해하고 이러한 팀의 구현을 지원하는 도구를 개발하는 것이다. 플로어는 2017년 10월 박사학위 논문을 제출할 예정이다.

울프 블로싱(Ulf Blossing)

스웨덴 고센버그Gothenburg대학교 교육 및 특수교육 학부의 부교수. 그는 약 30명의 연구자와 12명의 박사과정 학생들이 참여하는 PAGE(Power and Agency of Education, 교육의 권력과 주체성) 연구의 리더이자, 교육 리더십 관련 교장 프로그램과 석사학위 과정의 리더이다. 그의 연구 관심사는 학교혁신과 리더십이다. 그는 변화 요인의 역할과 조직 능력을 향상시키기 위한 학교 리더의 행동을 조사하는 실천연구 프로젝트를 수행해 왔다. 최근에는 성공적이거나 실패한 학교에 관한 프로젝트에 참여했다. 또한 학업성취도가 낮은 학교를 지원하는 국가 자문위원회의 일원이기도 하다.

크리스 브라운(Chris Brown, 편집자)

영국 포츠머스대학교 교육학부 교수. 교육정책과 실천에 증거 자료가 어떻게 도움이 될 수 있는지에 대해서 오랫동안 관심을 가져왔으며, 『교육 연구와 증거의 활용Leading the Use of Research and Evidence in Schools』 등의 책과 다수의 논문을 작성했고 이를 북미에서 발표했다. 크리스는 다양한 자금 지원을 받는 프로젝트들을 수행한 경험이 있으며, 그중 많은 프로젝트가 실천가들이 최상의 실천 방법을 확인하고 이를 확산시킬 수 있도록 돕기 위한 것이다. 최근에는 영국의 1004개 초등학교와 함께 자신의 연구 결과를 적용할 수 있도록 하는 교육개발기금의 지원을 받았다. 이 외에도 영국이 증거기반의 학교 시스템으로 얼마나 진전되고 있는지 평가하는 교육부 과제도 수행했다.

앨런 J. 데일리(Alan J. Daly)

캘리포니아대학교(샌디에이고) 교육학 연구 부문의 교수이자 학과장. 이전에 교사, 지역 심리학자, 현장 행정가 등 다양한 직책에서 16년 이상의 교육 경험을 쌓았다. 이를 통해 학교 내에서 새로운 실천 방법이 채택되거나 그렇지 않은 이유에 대한 안목을 갖추었다. 그는 동료들과 함께 학교 지도자, 학교운영위원이 어떻게 연구, 효과적인 실천, 다양한 지식, 사회적 자본 등을 활용해서 학생들에게 성과를 만들어 갈 수 있는가에 관한 연구를 수행했다(예: Finnigan & Daly, 2012 참조). 또한 그는 교육 분야에서 사회관계망 분석을 이해하고 활용하는 방법을 개척했다.

아니카 듀베넥(Anika Duveneck)

베를린자유대학교FU 미래교육연구소 연구원. 그녀는 현재의 지방 정치에 대해 비판적인 관점을 갖고 지방 교육 정치를 연구하고 있으며, 연구 결과는 국제 학계에서 출간되었을 뿐만 아니라 정치적·실제적인 논쟁거리를 만들어 내기도 했다. 독일 지방 교육 행정 관련 자문위원으로 활동하며, 청소년 활동 분야의 전문가로도 활동하고 있다. 현재 '도시 개발의 한 전략으로 교육을 어떻게 해야 하는가'라는 연구 프로젝트에 참여하고 있다(연방정부의 교육과 연구부처로부터 지원받음).

페이지 피셔(Paige Fisher)

밴쿠버 아일랜드대학교 교육학부 교수. 연구 관심 분야는 교사교육, 형성평가, 문화교육 및 협력하는 전문적 학습 영역이다. 현재 추진하는 연구 프로젝트는 학교 통합 관련 교사교육, 글로벌 교육 및 농촌교육과 국제적 맥락에서의 교육과 관련되어 있다. 대학교와 다양한 유형의 교육활동에 관심을 기울이는 '학자-실천가'로서, 그녀는 소속 대학VIU의 혁신적 교육 리더십 센터 소장이며, 캐나다 교사교육협회CATE, 나나이모 원주민 센터NAC, 나나이모 교육구를 위한 전문적 학습공동체Nuca Mat Tatalut의 운영위원이다. 또한 다이제스트의 편집자이며, 학교교육 효과성과 혁신을 위한 국제회의ICSEI 운영위원이다.

앤디 하그리브스(Andy Hargreaves)

보스턴 칼리지 교육학부 교수. 온타리오 교육연구소의 국제교육변화센터의 공동 설립자였다. 30권 이상의 책을 저술하거나 편집했으며, 그중 일부는 미국 교육학회AERA, 미국 도서관협회 및 미국 교사교육대학협회에서 우수 도서상을 수상했다. 『전문적 자본: 학교수업을 탈바꿈하기*Professional Capital: Transforming Teaching in Every School*』(2012, Michael Fullan 공저)는 2015년 그라우마이어Grawemeyer 교육상을 비롯해 여러 가지 상을 받았다. 그는 온타리오 주지사의 교육 자문관, 학술 저널의 편집자로도 활동하고 있으며, 학교교육 효과성과 혁신을 위한 국제회의ICSEI 선임 회장으로 활동하고 있다. 그는 스웨덴 웁살라대학교로부터 명예박사학위를 받았다. 2015년 1월, 미국 정책에 가장 많은 영향력을 미친 학자 중에서 여섯 번째로 선정되었다.

미레유 D. 후버스(Mireille D. Hubers)

네덜란드 트벤테대학교 교육과학부 조교수. 박사학위 논문은 교사들이 자신의 학교 내에서 데이터 활용 능력을 유지하기 위한 능력 구축에 대한 탐구이다. 개인 및 조직적 학습을 통해 학교가 혁신 전략을 유지할 수 있는 방법에 관심을 두는 연구를 수행하고 있다. 그녀는 자신의 연구를 정기적으로 출판하고 발표하고 있는데, 예를 들어 2017년에 발표한 「공유하고 성공하라: 데이터팀 네트워크 구조에서 지식 공유 및 전달 능력의 발달」이라는 논문이 있다. 또한 학교와 같은 기관에서 지속가능성이라는 문제에 어떻게 대처해야 하는지를 지원하는 워크숍을 조직하기도 했다.

미하엘 크뤼거(Michael Krüger)

독일 루트비히스부르크Ludwigsburg 교육대학의 선임 연구원으로 국제 교육 리더십과 행정학부 부학과장 겸 국제 교육 행정 프로그램 코디네이터로 활동하고 있다. 이 프로그램은 이집트 헬완Helwan대학교와의 협력으로 제공되는 국제 석사과정이다. 또한 그는 교육기관의 질 관리 시스템을 평가하는 연구자이며 비형식 교육 영역에서 오랜 경력을 바탕으로 활동했다. 또한 교육행정 분야의 많은 프로젝트, 예를 들어 질 관리 시스템 도입, 기관의 업무 사항 제시, 교육기관의 마케팅 전략 및 관리 시스템 구축 등을 수행해 왔다. 교육 리더십 프로그램의 교육과정 관련 책도 출판했다.

메이 쿠인 라이(Mei Kuin Lai)

뉴질랜드 오클랜드대학교 교육학부 선임 강사. 교육학부 소속의 울프 피셔Woolf Fisher 연구센터의 부소장으로, 센터의 동료들과 함께 2015년 오클랜드대학교 연구 우수상을 받았다. 원주민 및 소수민족의 성취도 향상을 위한 대규모 프로젝트를 주도해 왔으며, 우수 학술지에 논문을 발표했다. 또한 뉴질랜드 교육부를 비롯한 국내외(말레이시아, 스웨덴, 네델란드 등)에서 강연과 자문 활동을 하고 있다. 그녀는 학교 및 정책 결정자와 협력하여 교육 격차를 극복하기 위한 효과적인 교육 프로그램 설계자이며 실천적 연구자이다.

스튜어트 맥노턴(Stuart McNaughton)

뉴질랜드 오클랜드대학교 교육학 교수, 울프 피셔 연구센터 센터장. 그는 센터의 동료들과 함께 2015년에 오클랜드대학교 연구 우수상을 받았다. 현재 뉴질랜드 교육부의 과학 자문위원장이며, 국제 문해 명예의 전당International Reading Hall of Fame 회원으로 선정되었다. 최근 중국 동중국대학교East China Normal

University의 우수 해외 교수로 임명되었다. 그의 연구 관심사는 문해력 및 언어 발달, 언어 발달에서의 문화의 역할, 교육 격차 극복을 위한 효과적인 교육 프로그램 디자인 등이다.

야나 네헤스(Jaana Nehez)

스웨덴 헬싱보리Helsingborg시의 학교 및 청소년 서비스 부서에서 강사 및 전략 개발자. 전략 개발자로서 학교 지도자와 교사들이 데이터에 기반한 혁신 프로젝트를 수행하도록 지원한다. 지난 2년간 4개의 데이터팀의 코치 역할을 맡아 학교 지도자와 교사들이 데이터를 기반으로 혁신 작업을 수행하도록 지원했다. 또한 박사학위를 취득했으며, 고센버그대학교와 할름스타드Halmstad대학교에서 교사 및 학교 지도자 교육을 담당하고 있다. 그녀는 학교 리더십과 학교혁신에 중점을 두고 있으며, 최근 수행한 연구 프로젝트는 교사 리더들에 관한 것이다.

신디 L. 푸트먼(Cindy L. Poortman, 편집자)

네덜란드 트벤테대학교 조교수. 교사와 학교 지도자의 팀 및 네트워크에서의 전문성 개발에 관한 연구를 수행하는 그녀는 네덜란드의 '전문적 학습공동체 개발을 위한 실험'이라는 국가 프로젝트의 리더이다. 이 프로젝트는 서로 다른 학교의 5~15명의 교사가 참여하는 23개 전문적 학습공동체가 학생들을 위한 새로운 학습 자료와 연구 기술을 개발하는 것이다. 또한 데이터팀 프로젝트의 공동 프로젝트 리더인데, 이 프로젝트는 50개 이상의 학교에서 6~8명의 교사와 학교 지도자로 이루어진 내부 및 교내 팀이 데이터 기반 의사결정 능력과 문제해결 능력을 향상시키는 코칭을 제공한다. 또한 (학교 내/학교 간) 교사 디자인 네트워크에 관한 박사학위 논문을 지도하고 있다.

릴라나 프렌저(Rilana Prenger)

네덜란드 트벤테대학교 박사후 연구원. 2012년 심리학 박사학위를 받았으며, 현재는 전문성 개발 분야에서 연구를 수행하고 있다. 그녀는 '전문적 학습공동체 개발을 위한 실험'에서 23개의 서로 연결된 전문적 학습공동체의 효과성과 지속가능성에 관해서 연구하고 있다. 또한 데이터팀 프로젝트에도 참여하고 있다. 데이터 사용과 관련되는 교사 개인의 심리적 요인을 밝히고, 학교 내에서 데이터팀이 어떻게 하면 지속될 수 있는지 밝히려는 연구를 수행하고 있다.

조엘 로드웨이(Joelle Rodway)

토론토대학교 온타리오 교육연구소Ontario Institute for Studies in Education 방문 연구원 및 강사. 중등학교 교사 경력이 있으며, 현장실천가의 관점에서 교육연구를 수행하려고 노력하고 있다. 주요 연구 분야는 사회적 자본이 전체 시스템 교육 개혁에 미치는 영향력에 관한 것이다. 구체적으로, 교사들이 교육정책을 개발하고 이해하며 실행해 나가기 위해 서로의 사회적 네트워크를 어떻게 활용하는지 분석한다. 그리고 이러한 과정이 교육 시스템의 개선에 어떤 영향을 미치는지를 연구한다. 이를 통해 교육정책 개발 및 실행 과정에서 교사들의 사회적 자본이 중요한 역할을 한다는 점을 밝히고, 이를 통해 교육 시스템을 혁신하는 방법을 탐구하고자 한다. 그녀는 현재 캐나다와 미국에서 리더십, 정책 및 교육 개혁과 관련된 다양한 프로젝트에 참여하고 있다.

리비아 로슬러(Livia Roessler)

인스브루크Innsbruck대학교 교육연구소의 연구원. 그는 교육혁신과 변화, 특히 교육 리더십, 학교혁신 및 지역 학교의 발전에 더 많은 관심이 있다. 현재 진행 중인 프로젝트Modellregion Bildung Zillertal에서는 종합학교제도의 성공 요인과 비도시 지역에서 학교 개선을 위한 지원 구조에 관한 연구를 수행하고 있다. 그녀의 활동 중에서 핵심적인 측면은 질적인 기준에 초점을 맞춘 현장에 적합한 발전 전략을 사용하는 것인데, 이는 학교 내부 구성원들과 협력자들과 함께 증거 자료에 기반한 학교혁신의 기초가 된다. 또한 오스트리아 국립학교학습센터에서 일하며, 전국적인 시스템 개혁에 참여하고 있다. 독일어권의 혁신적인 학습환경 네트워크의 회원이기도 하다.

캐시 샌퍼드(Kathy Sanford)

빅토리아대학교 교육학부 소속 교수. 연구 관심사는 교사 교육, 평가, 포트폴리오, 비형식 및 무형식 성인교육, 양성평등교육 및 다중문해력 등이다. 현재 진행 중인 연구 프로젝트에는 통합학교의 교사교육, 교사교육에서의 전문적 학습과 청소년과 성인을 위한 비형식 교육 등이 포함되어 있다. 또한 학습을 위한 대안적인 공간, 다양한 학습 방법에 관심이 있다. 그리고 다양성을 포용하며 교육의 재개념화를 위해 새로운 기술공학적 교육 방법과 도구들을 통합하는 데 관심을 기울이고 있다. 현장의 교사들과 협력하면서 초중등학교와 대학의 학습 환경에 대해서 다시 구상하고 재창조하려고 노력해 왔다. 또한 브리티시컬럼비아 지역의 변화된 교육과정에 부합할 수 있는 평가의 유형에 관해서도 관심을 기울여왔다. 최근 발표한 논문으로는 「교사교육에서의 결합조직 찾기: 수업을 위한 전문적 학습의 새로운 공간 창출Finding the Connective Issue in Teacher Education: Creating New Spaces for Professional Learning to Teach」(2017)과 「교과과정 이론과 교사교육: 관계의 재구성Curriculum Theory and Teacher Education: Reframing the Relationship」(2017)이 있다.

킴 실드캄프(Kim Schildkamp)

네덜란드 트벤테대학교 행동, 경영 및 사회과학 부서의 부교수. 그녀의 연구는 데이터 기반 의사결정과 형성적 평가 영역이다. 미국 교육학회AERA, 남아프리카공화국 프리토리아대학교, 뉴질랜드 오클랜드대학교 등에서 초청 강연자 및 강연자로 활동했다. 학교교육 효과성과 혁신을 위한 국제회의ICSEI 회장이며, ICSEI 데이터 사용 네트워크의 위원장이다. 연구 관련 상을 받았으며 (평가) 데이터 사용에 관한 책을 출간했다. 그녀는 데이터팀 운영 방법론을 개발했으며,

『교육에서의 데이터 기반 의사결정: 도전과 기회Data-Based Decision Making in Education: Challenges and Opportunities』의 편집자이다.

리턴 슈넬르트(Leyton Schnellert)

브리티시컬럼비아대학교 오카나간 캠퍼스 교육학부 조교수로서, 브리티시컬럼비아와 북서부지역에서 동료들과 연구모임에 참여하고 있다. 그의 연구는 어떻게 교사, 학습자, 학습에서 학생 다양성, 포용적 교육, 자기 및 상호 규제를 다루는지에 관한 것이다. 또한 학생과 교사가 자신들의 지식에 기초해서 참여적, 협력적, 문화적 다양성을 수용하는 학습공동체를 어떻게 만들어 갈 수 있는가에 관심을 기울이고 있다. 그는 브리티시컬럼비아 지역사회 연구소 교육연구팀의 좌장이며, 이 지역 교육자문위원회의 공동의장이다. 그의 연구는 관계적이고 공동체를 존중하는 삶과 학습에 대한 인식론적 지향성을 포함하고 있다. 최근 출판물로 『스스로 그리고 함께 조정하는 학습자로서의 교사Teachers as Self-and Co-regulating Learners』(2016), 『마음챙김 교육과정을 통한 공동체 (재)구성The Inspirited Nature of Mindful Curricular Enactment's Community (Re)making』(2017), 『상호적 학습을 통한 교사, 팀, 학교의 변화Teacher, Team and School Change through Reciprocal Learning』(2017) 등이 있다.

루이즈 스톨(Louise Stoll)

전문적 학습공동체, 학습네트워크, 창의적 리더십, 리더십 개발 등을 강조하면서 '학교, 지역 및 국가 시스템이 어떻게 학습 능력을 만드는가'라는 문제를 탐구하고 있다. 또한 연구와 현장을 연결하는 방법 탐구에도 관심이 있다. 2016년 영국에서 가장 영향력 있는 더브렛(Debrett) 500인 명부(『Debrett's 500』은 영국에서 가장 영향력 있는 500명의 인물을 선정하는 명부이다. 선정 기준에는 인물의 영향력, 명성, 사회적 지위, 기여도, 성과 등이다–옮긴이 주) 중 한 명으로 선정되었다. 학교교육 효과성과 혁신을 위한 국제회의ICSEI 의장을 역임했고, 영국 사회과학아카데미의 회원으로, 이 분야의 전문가로 인정받고 있다. 최근에는 네트워크형 전문적 학습공동체가 학교의 중간 관리자들이 연구 결과들을 어떻게 잘 활용하도록 하는지 연구하고 있다. 또한 효과적인 전문적 학습공동체에 관한 연구를 기반으로 한 자료를 작성하고 출판했으며(예: Stoll 등, 2006; Stoll, 2015), 다양한 논문도 발표했다.

피에르 툴로위츠키(Pierre Tulowitzki)

독일 루트비히스부르크 교육대학 조교수. 이집트 헬완대학교와 협력하는 대학원 석사과정의 국제 교육관리 과정의 담당자이며 국제 교육 리더십과 관리과정의 학과장이다. 교육 리더십과 학교혁신 분야의 다양한 주제에 관한 연구를 수행, 발표 및 출간했으며 다양한 워크숍과 회의를 통해 학교와 학교 리더들과 함께 교육적 변화를 위해 노력하고 있다. 그는 학교교육 효과성과 혁신을 위한 국제회의ICSEI의 이사로 활동하며, 유럽 교육학회EERA 교육 리더십 네트워크의 총괄을 맡고 있다.

시브리히 더프리스(Siebrich de Vries)

네덜란드 호로닝언Groningen대학교에서 교사교육자, 연구원 및 수업연구 관련 프로젝트 책임자로 있다. 호로닝언대학교에서 프랑스어 및 응용 언어학을 공부한 후 네덜란드 북부 지역의 여러 중등, 고등교육 기관에서 프랑스어 교사를 했다. 1991년 호로닝언대학교에 합류하여 프랑스어 교수법에 관한 강의를 하며 교사교육자로 일했으며, 이후 중등 및 고등교육 기관에서 교사의 전문성 개발 분야에서 일했다. 2014년 박사학위를 받았는데, 논문은 '교사들의 교육적 신념과 전문성 개발 참여 사이의 관계'에 관한 연구였다. 현재 네덜란드에서 수업연구와 실행에 관한 분야에 관심을 기울이고 있다.

타냐 웨스트폴-그라이터(Tanja Westfall-Greiter)

오스트리아 국립 학습센터 공동 소장으로, 교육제도 개혁과 관련된 전문적 네트워크를 지원하는 역할을 맡고 있다. 그중에서도 '새로운 중학교Neue Mittelschule, NMS'를 포함한 학교 개혁과 관련된 전문적 네트워크를 지원하고 있다. 또한 이탈리아 트렌티노주에서 '학습 주도Leading Learning' 프로그램 공동 디자이너로 활동했으며, 인스브루크Innsbruck대학교의 교사교육 및 학교 연구소에서 연구원으로 일했다. 그녀의 연구는 학교 경험, 학습 현상 및 교사의 리더십을 확인하기 위해서 비네트vignette 방법론 활용에 초점을 맞추고 있다. 그녀는 다양한 교실에서 일어나는 개인학습과 그 전개 과정을 다루는 프로젝트에 참여하고 있으며, 학교 방문을 통해 비네트 방법론의 지속적인 활용에 관심을 기울이고 있다. 학생들의 경험을 포착하는 비네트 방법론은 전문적 학습과 자기 평가를 위한 증거 자료로 활용된다. 그녀는 세계적 수준의 다양한 네트워크의 일원이며 경제협력개발기구OECD의 여러 프로젝트에도 참여한 경력이 있다.

삶의 행복을 꿈꾸는 교육은
어디에서 오는가?

● **교육혁명을 앞당기는 배움책 이야기** 혁신교육의 철학과 잉걸진 미래를 만나다!

● **비고츠키 선집** 발달과 협력의 교육학 어떻게 읽을 것인가?

01 생각과 말　　　　　　　　　　　　　　L.S. 비고츠키 지음 | 배희철·김용호·D. 켈로그 옮김 | 690쪽 | 값 33,000원

02 도구와 기호　　　　　　　　　　　　　비고츠키·루리야 지음 | 비고츠키 연구회 옮김 | 336쪽 | 값 16,000원

03 어린이 자기행동숙달의 역사와 발달 I　　L.S. 비고츠키 지음 | 비고츠키 연구회 옮김 | 564쪽 | 값 28,000원

04 어린이 자기행동숙달의 역사와 발달 II　 L.S. 비고츠키 지음 | 비고츠키 연구회 옮김 | 552쪽 | 값 28,000원

05 어린이의 상상과 창조　　　　　　　　 L.S. 비고츠키 지음 | 비고츠키 연구회 옮김 | 280쪽 | 값 15,000원

06 성장과 분화　　　　　　　　　　　　　L.S. 비고츠키 지음 | 비고츠키 연구회 옮김 | 308쪽 | 값 15,000원

07 연령과 위기　　　　　　　　　　　　　L.S. 비고츠키 지음 | 비고츠키 연구회 옮김 | 336쪽 | 값 17,000원

08 의식과 숙달　　　　　　　　　　　　　L.S 비고츠키 | 비고츠키 연구회 옮김 | 348쪽 | 값 17,000원

09 분열과 사랑　　　　　　　　　　　　　L.S. 비고츠키 지음 | 비고츠키 연구회 옮김 | 260쪽 | 값 16,000원

10 성애와 갈등　　　　　　　　　　　　　L.S. 비고츠키 지음 | 비고츠키 연구회 옮김 | 268쪽 | 값 17,000원

11 흥미와 개념　　　　　　　　　　　　　L.S. 비고츠키 지음 | 비고츠키 연구회 옮김 | 408쪽 | 값 21,000원

12 인격과 세계관　　　　　　　　　　　　L.S. 비고츠키 지음 | 비고츠키 연구회 옮김 | 372쪽 | 값 22,000원

13 정서 학설 I　　　　　　　　　　　　　L.S. 비고츠키 지음 | 비고츠키 연구회 옮김 | 584쪽 | 값 35,000원

14 정서 학설 II　　　　　　　　　　　　 L.S. 비고츠키 지음 | 비고츠키 연구회 옮김 | 480쪽 | 값 35,000원

비고츠키와 인지 발달의 비밀　　　　　　 A.R. 루리야 지음 | 배희철 옮김 | 280쪽 | 값 15,000원

비고츠키의 발달교육이란 무엇인가?　　　 비고츠키교육학실천연구모임 지음 | 412쪽 | 값 21,000원

비고츠키 철학으로 본 핀란드 교육과정　　 배희철 지음 | 456쪽 | 값 23,000원

비고츠키와 마르크스　　　　　　　　　　 앤디 블런던 외 지음 | 이성우 옮김 | 388쪽 | 값 19,000원

수업과 수업 사이　　　　　　　　　　　　비고츠키 연구회 지음 | 196쪽 | 값 12,000원

관계의 교육학, 비고츠키　　　　　　　　 진보교육연구소 비고츠키교육학실천연구모임 지음 | 300쪽 | 값 15,000원

교사와 부모를 위한 발달교육이란 무엇인가?　현광일 지음 | 380쪽 | 값 18,000원

비고츠키 생각과 말 쉽게 읽기　　　　　　 진보교육연구소 비고츠키교육학실천연구모임 지음 | 316쪽 | 값 15,000원

교사와 부모를 위한 비고츠키 교육학　　　 카르포프 지음 | 실천교사번역팀 옮김 | 308쪽 | 값 15,000원

레프 비고츠키　　　　　　　　　　　　　 르네 반 데 비어 지음 | 배희철 옮김 | 296쪽 | 값 21,000원

● 경쟁과 차별을 넘어 평등과 협력으로 미래를 열어가는 교육 대전환! 혁신교육 현장 필독서

혐오, 교실에 들어오다	이혜정 외 지음	232쪽	값 15,000원
수업, 슬로리딩과 함께	박경숙 외 지음	268쪽	값 15,000원
물질과의 새로운 만남	베로니카 파치니-케처바우 외 지음	이연선 외 옮김	240쪽	값 15,000원
그림책으로 만나는 인권교육	강진미 외 지음	272쪽	값 18,000원
수업 고수들 수업·교육과정·평가를 말하다	박현숙 외 지음	368쪽	값 17,000원
아이들의 배움은 어떻게 깊어지는가	이시이 준지 지음	방지현·이창희 옮김	200쪽	값 11,000원
미래, 공생교육	김환희 지음	244쪽	값 15,000원
들뢰즈와 가타리를 통해 유아교육 읽기	리세롯 마리엣 올슨 지음	이연선 외 옮김	328쪽	값 17,000원
혁신고등학교, 무엇이 다른가?	김현자 외 지음	344쪽	값 18,000원
시민이 만드는 교육 대전환	심성보·김태정 지음	248쪽	값 15,000원
평화교육 과거, 현재 그리고 미래를 그리다	모니샤 바자즈 외 지음	권순정 외 옮김	268쪽	값 18,000원
마을교육공동체란 무엇인가?	서용선 외 지음	360쪽	값 17,000원
강화도의 기억을 걷다	최보길 지음	276쪽	값 14,000원
체육 교사, 수업을 말하다	전용진 지음	304쪽	값 15,000원
평화의 교육과정 섬김의 리더십	이준원·이형빈 지음	292쪽	값 16,000원
마을로 걸어간 교사들, 마을교육과정을 그리다	백윤애 외 지음	336쪽	값 16,000원
혁신교육지구와 마을교육공동체는 어떻게 만들어지는가?	김태정 지음	376쪽	값 18,000원
서울대 10개 만들기	김종영 지음	348쪽	값 18,000원
선생님, 통일이 뭐예요?	정경호 지음	252쪽	값 13,000원
함께 배움 학생 주도 배움 중심 수업 이렇게 한다	니시카와 준 지음	백경석 옮김	280쪽	값 15,000원
다정한 교실에서 20,000시간	강정희 지음	296쪽	값 16,000원
즐거운 세계사 수업	김은석 지음	328쪽	값 13,000원
학교를 개선하는 교장 지속가능한 학교 혁신을 위한 실천 전략	마이클 풀란 지음	서동연·정효준 옮김	216쪽	값 13,000원
선생님, 민주시민교육이 뭐예요?	염경미 지음	244쪽	값 15,000원
교육혁신의 시대 배움의 공간을 상상하다	함영기 외 지음	264쪽	값 17,000원
도덕 수업, 책으로 묻고 윤리로 답하다	울산도덕교사모임 지음	320쪽	값 15,000원
교육과 민주주의	필라르 오카디즈 외 지음	유성상 옮김	420쪽	값 25,000원
교육회복과 적극적 시민교육	강순원 지음	228쪽	값 15,000원
비판적 미디어 리터러시 가이드	더글러스 켈너·제프 세어 지음	여은호·원숙경 옮김	252쪽	값 18,000원
지속가능한 마을, 교육, 공동체를 위하여	강영택 지음	328쪽	값 18,000원

참된 삶과 교육에 관한
생각 줍기